크루즈 경영

CRUISE

MANAGEMENT

김성국 · 박명섭

박영사

저자 서문

지구 표면의 71%를 차지하는 바다는 지구상 마지막 미개척 영역이다. 특히 3면이 바다로 둘러싸여 있고, 해상 영토가 육상의 4배가 넘는 한국에 있어 바다의 가치는 더욱 크다. 바다는 저렴하고 안전한 크루즈 항로, 무역 항로, 해저 자원 그리고 수산물 등을 통해 큰 국부를 창출해 줬다.

오늘날 관광의 새로운 상품으로 부각되고 있는 크루즈선은 항해 중 선상에서 여가를 즐기고 항해 중간에는 기항을 통한 관광과 새로운 경험뿐 아니라 선박의 편의 시설을 이용하면서 위락을 목적으로 하는 여객선이다. 크루즈선은 지정된 항만 간을 오가는 정기여객선과 달리 언제든지 항로를 변경하여 크루즈 고객이 원하는 항만으로 크루즈 상품을 구성하는 부정기선의 특징이 있다. 한번 항구가 지정되면 항로를 폐쇄할 때까지 고정적으로 기항해야 하는 여객선과는 전혀 다른 성격이다. 정통적인 크루즈선은 미국의 경우 하절기에는 카리브해, 동절기에는 알래스카로 기항하는 상품을 운영하며 항구는 매번 변경된다.

크루즈선은 유명 관광지를 방문하기 위한 운송수단으로서 항공기, 철도와 경쟁하던 여객선이 아니라 새로운 방식으로 고객을 확보하고 있다. 이미 20세기가 끝날 무렵에 세계적인 크루즈 선사들은 단순한 위락이나 휴가가 아니라, 선상에서 기항지 언어 습득과 기항지에서의 자원봉사 활동을 하는 크루즈 상품을 출시하였다. 요즘은 선박이 아니면 접근할 수 없는 남극과 북극의 빙하 크루즈, 피요르드 협곡 운항 크루즈, 파나마운하 통과 크루즈 등의 독특한 상품이 성행하고 있다. 더 나아가 기항지로 이동하기 위해 크루즈선에 승선하는 것이 아니라, 크루즈선 자체를 거대한 위락시설, 즉 여행목적지로 인식하여 항해 종료일까지 크루즈선에 머무르는 관광객이 증가하고 있다.

동북아 지역을 중심으로 한 아시아 크루즈 시장은 지속적인 경제 성장, 독특한 관광지 그리고 양호한 지리적 조건에 힘입어 새로운 크루즈 시장으로 부상하고 있다. 현재 동북아 크루즈 시장은 중국이 주도하는 시장이며 상해 – 한국 – 일본으로 연결되는 항로 구성이 기본적이고 10일 이하의 단기 크루즈이다. 크루즈 관광객의 절대 다수가 중국 상해를 출항한 중국인이며 주요 기항지는 상해에서 가까운 후쿠오카와 오키나와에 집중되고 있다. 한편 우리나라를 포함한 한중일 주요항만에 기항하는 크루즈선은 총톤수 7만톤 이상의 대형선박들이 해가 갈수록 증가하고 있다. 이것은 크루즈 선사가 규모의 경제를 통한 승객 인당 운항단가의 인하라는 목적에서 비롯되고 있다. 따라서 막대한 자본을 확보하지 못한 사업자는 시장진입이 점점 어려워지고 있다. 2015년에 크루즈산업의 육성 및 지원에 관한 법률이 시행되었지만 2024년 현재 우리나라 바다에는 외국적 크루즈선만이 항해를 하고 있어 안타깝다.

우리 기업이 국적 크루즈선을 가동하기 위해서는 중고선이든 신조선이든 먼저 선박이 있어야 한다. 2012년에 설립되어 1년 만에 폐업한 크루즈 선사 이후에 아직까지 국적 크루즈 선사가 나타나지 않고 있다. 하지만 국적 크루즈선의 출범을 앞당겨 본격적인 크루즈 대중화 시대로 진입해야 한다. "바다에서 새로운 가치를 찾고, 바다를 국민의 행복 공간으로 만든다." 이는 한때 해양수산부의 미션이었는데, 당시 이 문구를 보고 이보다 더 좋은 미션은 없다고 생각했다. 하지만 우리는 세월호 참사와 한진해운 파산 사태를 겪었다. 바다에서 새로운 가치를 찾기는커녕 기존의 가치도 잃었으며, 바다가 국민의 불행 공간이 돼 버리지 않았던가. 이런 점에서 바다를 행복의 공간으로 느끼게 하고, 바다에서 새로운 가치를 창출하기 위해 국적 크루즈선이 절실하다 하겠다.

머지않은 시기에 국적 크루즈 사업자가 나타난다면 초기에는 한·중·일 중심의 동북아 크루즈 항로를 개척한 후에 북미시장과 유럽시장에서 영업을 확대하는 것을 기대할 수 있을 것이다. 또는 운영되고 있는 크루즈 선사를 인수하여 바로 해외의 크루즈 시장에 진입하는 것도 가능하다. 여기에는 크루즈선 도입에 필요한 선박금융과 표적시장 진입을 위한 경영전략이 필요하다.

크루즈 선사는 편의치적제도를 활용해 인건비가 싼 나라에서 선원을 고용하고, 건조비가 싼 나라에서 선박을 건조하며, 융자조건이 좋은 나라에서 선박 건조 자금을 조달하고, 선박의 국적 등록 조건과 비용이 선사에 유리한 나라를 선택해 선박을 등록하는 등 매우 다국적으로 해운기업을 경영한다. 이는 전세계 외항 해운업계의 지극히 당연한 현상이다.

오늘날 기업은 경영에 가장 유리한 곳에서 필요한 생산 요소와 경영 자원을 아웃소싱하고 있다. 크루즈 선사라고 예외일 수는 없다. 외항선사는 국적의 아웃소싱이라 할 수 있는 편의치적제도를 오래전부터 적극적으로 활용해 왔다. 선박 등록비만 받고 선박의 관리에는 전혀 관여하지 않는 것이 편의치적이다. 크루즈 경영에서는 전세계적으로 통용되고 있는 이러한 해운기업의 운영방식을 이해하여야 한다.

이 바다를 통해 웃고 우는 사람들, 살고 죽는 사람들 그리고 이 바다로 즐기고 싸우는 세계 속에서 지구가 생긴 이래 육지에 비해 모습이 지금도 크게 바뀌지 않은 바다를 지구인이 자손만대 편히롭게 사용하고 지킬 수 있기를 바라나, 크루즈선이 우리 바다를 분쟁의 바다가 아니라 행복·기쁨·치유·안락·평화·자유·우호·협력의 바다로 만들 것으로 믿어 의심치 않는다.

　필자는 38년 넘게 대학 강단에서 강의·연구를 해 왔는데, 그 키워드는 바다와 연관이 있다. 국내에서는 무역학, 일본에서는 경영학, 영국과 미국에서는 경제학을 베이스로 바다 관련 사회과학적인 연구를 해 왔다. 1986년 구 부산수산대학교 교수 시절에 선원교육 이수 후 선원수첩을 발급받아 약 2달간 원양어업 실습선에 승선도 해보고, 매년 1-2회 학생들과 함께 한일 간 여객선을 승선해 왔다. 뱃사람들에 비하면 훨씬 뒤떨어지지만, 그동안 다양한 모습의 바다를 여러 선박에서 경험하려고 노력해 왔다. 공동 저자인 김성국은 필자와 같은 연구분야에서 만난 지가 약 30년이 되었다. 그동안 사제지간이 되었으며 제자는 한국해양대학교 항해학과를 졸업한 후 선박의 항해사로서 원양을 항해했던 전문가이며 해운산업에 해박한 지식을 갖고 있는 연구자이다.

　대학원에서 해운론 강좌를 담당했던 우리는 공통된 관심을 가지고 오랫동안 크루즈산업을 천착하고 본서를 집필하였다. 지금까지 발간된 크루즈 관련 국내외 저서와는 아주 차별화된 내용을 담고자 노력했다. 관광의 측면에 치우치거나, 유투브 쇼츠와 같은 크루즈 관련 단편적인 내용을 모은 책이나, 크루즈 가이드북 같은 책에서 벗어나고자 했다. 한마디로 이론적이면서도 실제적인 내용을 다루었다. 그리고 해운, 항해, 경제, 경영, 금융, 관광, 법리 등의 관점에서 학제적으로 저술했다.

　국적 크루즈선의 도입이 기대되는 시점에 크루즈 경영자, 소비자, 학생 그리고 여행사 등에게 필요한 내용을 종합적으로 논하였지만 여전히 부족한 부분이 많다. 선학제현의 가르침을 청한다.

　마지막으로 이 책의 발간을 도와 주신 박영사의 안상준 대표님과 편집부 여러분께 심심한 감사의 마음을 전한다.

2024년 바다의 날에 부산항국제여객터미널에서
저자를 대표하여 박명섭 씀

추천사

여러분께 소개하는 『크루즈 경영』은 바다를 행복과 기쁨, 안락의 공간으로 만들기 위한 노력의 일환으로, 우리나라 해운계에서 아직 활성화되지 않은 크루즈 산업에 대한 심도 있는 저술입니다. 주로 선진국이 운영하고 있는 크루즈 산업은 한국 해운산업이 도전해야 할 중요한 분야로 자리 잡고 있습니다.

이 책의 저자인 성균관대학교 박명섭 명예교수와 국립목포해양대학교 김성국 교수는 저와 함께 연구활동을 하고 있는 한국해양비즈니스학회의 이사장과 편집위원장으로서 한국크루즈산업협회를 운영하고 있습니다. 저자들은 해운과 무역분야에서 뛰어난 성과를 내고 있는 전문가들로, 특히 선박에 직접 승선할 수 있는 면허를 보유한 몇 안 되는 학자들이기에, 크루즈 선박과 산업을 체계적으로 설명하고 있습니다.

이 책은 크루즈 산업의 발전 과정과 앞으로 나아가야 할 방향에 대한 귀중한 통찰을 독자들에게 제공합니다. 크루즈 산업은 단순한 여행 수단을 넘어 문화 교류와 경제적 기회를 창출하는 중요한 역할을 하고 있습니다. 특히 한국은 아름다운 해안선과 다양한 관광 자원을 보유하고 있어, 크루즈 관광의 잠재력이 무궁무진합니다. 저자는 이러한 잠재력을 극대화하기 위한 전략과 실행 방안을 제시하며, 독자들이 크루즈 산업에 대한 이해를 넓힐 수 있도록 돕고 있습니다.

저는 이 책이 해양 산업에 관심을 가진 모든 이들에게 큰 도움이 될 것이라고 확신합니다. 특히 학생, 연구자, 그리고 크루즈 산업에 종사하는 전문가들에게 많은 영감을 줄 것입니다. 저자는 크루즈 경영에 대한 깊이 있는 이해를 바탕으로, 이 산업이 나아가야 할 방향을 제시하며, 독자들이 실질적인 행동으로 이어질 수 있도록 유도하고 있습니다.

이 책이 크루즈 산업의 발전에 대한 귀중한 가르침을 전달할 것이라 믿으며,『크루즈 경영』을 통해 많은 이들이 바다의 아름다움과 다양한 경험을 재발견하길 바랍니다. 이 책이 독자들에게 크루즈 산업의 매력을 알리고, 관광산업의 새로운 가능성을 제시하는 길잡이가 되기를 기대합니다.

2024년 광복절을 맞이하며

국립목포해양대학교 총장
한국해양비즈니스학회 고문   공학박사 한원희

목차

제1부

크루즈 산업

이곳보다 더 평온한 삶이 있으리라고는 생각할 수 없다.
파란 바다에는 잔잔한 수평선만이 끝없이 펼쳐져 있고 배의 속력으로 인해
기분 좋은 산들바람이 연신 불어온다.
편지, 전보가 오거나 신문이 배달되지도 않는다.
세상의 온갖 기쁨, 비탄, 불안, 재앙, 사고에 관한 소식은
아무것도 들리지 않는 것이다.
이곳은 세상과는 멀리 떨어진 다른 세계이다.

문학가 Mark Twain(1897)의 Following The Equator 내용 중

제1장
해운과 크루즈

1.1.1. 크루즈 어원

크루즈(cruise)는 영어로 '유람선으로 여행하다' 혹은 '순항하다'는 의미의 동사로 사용되거나 명사로 '유람선', '크루즈선'을 의미하는 단어이다. 이 단어는 현대에 와서 여행 산업에서 중요한 위치를 차지하게 되었으며, 많은 사람들이 크루즈 여행을 통해 편안하고 럭셔리한 휴가를 즐기고 있다. 그러나 크루즈(cureise) 단어 자체는 흥미로운 역사적 기원을 가지고 있으며, 여러 문화와 언어를 통해 변형되고 발전해왔다.

크루즈(cruise)에 'r'이 붙은 크루저(cruiser)는 군함의 일종인 '순양함(巡洋艦)'을 지칭한다. 순양함은 해군에서 중요한 역할을 수행하는 군함으로, 주로 순찰, 정찰, 호위 임무 등을 수행한다. 또한, 크루저(cruiser)는 숙박 기능을 갖춘 범선인 '크루저 요트'를 의미하기도 한다. 이러한 크루저 요트는 레저 활동이나 장거리 항해에 사용되며, 고급스러운 시설과 편의 시설을 갖추고 있어 많은 사람들이 선호하는 여행 수단 중 하나이다. 오늘날 크루저(cruiser)는 여객선의 대표격인 '크루즈선'으로도 사용되며, 이는 대형 유람선을 의미한다. 이러한 크루즈선은 수천 명의 승객을 태우고 다양한 기항지를 방문하며, 다양한 엔터테인먼트와 편의 시설을 제공한다.

크루즈(cruise)와 크루저(cruiser)의 어원은 라틴어의 '십자가(†)'를 뜻하는 crux의 속격 crucis에 기원을 두고 있다. 이 단어는 네덜란드어에서 kruis 형태로 사용되다가, 시간이 흐르면서 의미와 형태가 변형되었다. 원래의 의미인 '십자가'는 중세 유럽에서 중요한 종교적 상징으로 사용되었으며, 이는 곧 '순항하다'는 의미로 확장되었다. 중세 시대의 해양 탐험과 항해가 활발해지면서, '순항하다'는 의미의 단어가 필요하게 되었고, 이를 표현하기 위해 kruis가 사용되었다.

시간이 흐르면서 kruis는 '순항하다'와 '순양함', '유람선'으로 변용되었다. 특히, 17세기와 18세기에는 유럽 각국이 해양 탐험과 무역을 통해 세계로 진출하면서, 해군과 상선의 역할이 더욱 중요해졌다. 이러한 배경 속에서 kruis는 다양한 해양 활동을 의미하는 단어로 사용되기 시작했다. 영어에서는 이를 차용하여 cruise라는 단어가 만들어졌으며, 이는 '유람선으로 여행하다', '순항하다'는 의미로 사용되었다.

현대에 와서 크루즈(cruise)는 여행 산업에서 중요한 위치를 차지하게 되었다. 크루즈 여행은 대형 유람선을 이용하여 여러 기항지를 방문하며, 다양한 엔터테인먼트와 편의 시설을 제공하는 형태로 발전하였다. 이러한 크루즈 여행은 많은 사람들에게 새로운 경험과 여유로운 휴식을 제공하며, 전 세계적으로 많은 인기를 끌고 있다. 크루즈선은 현대 기술과 디자인을 통해 더욱 편안하고 안전한 여행을 제공하며, 다양한 고객의 요구를 충족시키기 위해 끊임없이 발전하고 있다.

크루저(cruiser) 역시 다양한 의미로 사용되며, 군함, 요트, 여객선 등 여러 형태로 발전해왔다. 특히 순양함은 해군에서 중요한 역할을 수행하며, 전투와 방어, 정찰 등의 임무를 수행하는 데 필수적인 군함이다. 또한, 크루저 요트는 레저 활동과 장거리 항해에 사용되며, 고급스러운 시설과 편의 시설을 갖추고 있어 많은 사람들이 선호하는 여행 수단 중 하나이다.

크루즈(cruise)와 크루저(cruiser)는 역사적 배경과 언어적 변형을 통해 발전해온 단어들로, 원래의 의미인 '십자가'에서 출발하여, '순항하다', '순양함', '유람선' 등 다양한 의미로 변용되었으며, 현대 사회에서 다양한 형태로 사용되고 있다. 이러한 단어들의 변천사는 언어의 발전과 문화적 교류의 흥미로운 예를 보여주며, 크루즈의 다양한 의미와 사용법을 이해하는 데 중요한 배경을 제공한다.

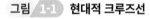

그림 1-1 현대적 크루즈선

Royal Caribbean's Oasis Class

 그림 1-2 크루저 요트	그림 1-3 해군 순양함

Bavaria 46 Cruiser

USS Port Royal

개화기에 우리나라 해사용어에 많은 영향을 준 일본에서는 cruise를 '선박으로 순유(巡遊)하다, 순항(巡航)하다'라고 번역하였다. 佐波宣平(1971)는 cruise가 변용된 과정에 대하여 다음과 같이 설명하고 있다.

> 네덜란드는 오랜 기간 동안 해상패권을 놓고 다툰 주요 해양국가였다. 하지만 네덜란드인은 스페인과 잉글랜드가 신대륙의 부를 통해 빠르게 성장함에 따라 그 토대를 상실하게 되었다. 이에 따라 게르만계(Germanic) 언어를 사용하는 선원들이 화물과 여객운송 업무를 그만두고 경쟁국가의 화물선을 약탈하는 해적으로 변화하였다. 이와 같은 해적선들은 정해진 계획에 따라 항해를 하는 것이 아니라 약탈하기 위한 보물운반선을 찾기 위하여 해상로를 따라 왔다 갔다하는 '갈지자(之) 항해'를 게르만어로 kruisen(횡단하다)라고 하였다. 영국인들이 17세기 말에 이 네덜란드 단어를 받아들여 cruise로 변형하였다. 오랫동안 이 낱말은 적함을 찾아 바다를 갈지자로 순항하는 함정처럼 '십자형(十) 항해'를 가리키는 용어로 사용하였다. 유람선의 선주들도 특정한 계획 없이 항해하는 것에 대해 이 용어를 사용하기 시작했고 증기선이 관광여행을 저렴하고 대중적으로 만들게 됨에 따라 대다수의 유람 항해도 cruise로 불리게 되었다.

1.1.2. 크루즈 정의

다수의 여객을 승선시키는 '크루즈'를 행하는 여객선을 cruise ship(크루즈 객선 혹은 크루즈선)이라고 부른다. 선박은 내수 혹은 바다의 교통(transportation)에서 사용되는 운송도구를 사용한다.

크루즈선은 여객을 운송하는 해운의 한 분야로서 우리나라에서는 해운업의 분류에 여객운송사업이 포함된다. 여기서 해운(shipping, ocean shipping, ocean transportation, carriage by sea)이라는 것은 織田政夫(1975)가 해상운송이라는 현상을 표현하는 용어의 준말로, 바다를 통로(way)로 하고 선박을 도구(vehicle)로 하여 인간이나 재화를 장소적으로 이전하는 현상이라고 정의하였다.

[그림 1-4]와 같이 인간 및 재화 상호 간에 가로 놓인 공간적인 간격을 극복하기 위한 사회적 이동을 교통(交通)이라고 하는데, 넓은 의미로 운송(transportation)과 통신(communication)으로 구분된다. 여기서 운송은 육운(도로운송, 철도운송), 수운(해상운송, 내수운송), 공운(항공운송)으로 다시 구분될 수 있다(정영석, 2005).

그림 1-4 교통의 개념 구성도

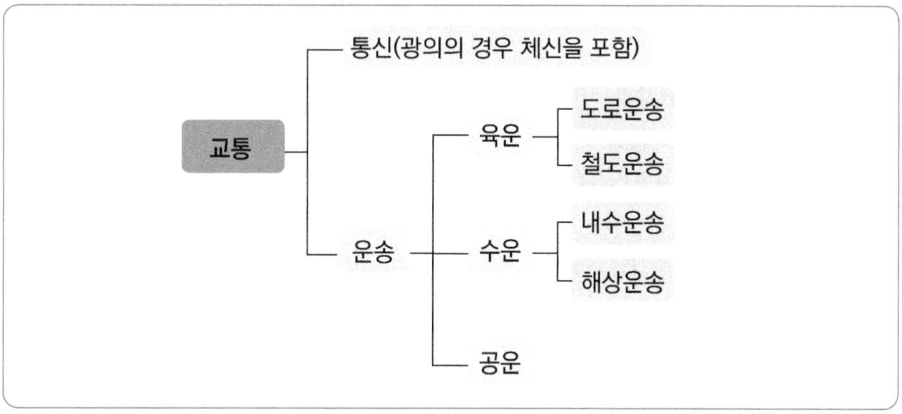

해상운송에 해당하는 대상은 우리나라에서는 여객(passenger)과 화물(cargo)운송이 해당된다. 크루즈는 해상여객운송사업(marine passenger transportation services)의 업태가 되며 '해운법'에는 다음과 같이 정의되어 있다.

- **해운법[법률 제19807호, 2024.5.1. 시행]**
  제2조(정의) 이 법에서 사용하는 용어의 뜻은 다음과 같다.
  1. "해운업"이란 해상여객운송사업, 해상화물운송사업, 해운중개업, 해운대리점업, 선박대여업 및 선박관리업을 말한다.
  1의2. "여객선"이란 「선박안전법」 제2조 제10호에 따른 선박으로서 해양수산부령으로 정하는 선박을 말한다.

2. "해상여객운송사업"이란 해상이나 해상과 접하여 있는 내륙수로(內陸水路)에서 여객선 또는 「선박법」 제1조의2 제1항 제1호에 따른 수면비행선박(이하 "여객선 등"이라 한다)으로 사람 또는 사람과 물건을 운송하거나 이에 따르는 업무를 처리하는 사업으로서 「항만운송사업법」 제2조 제4항에 따른 항만운송관련사업 외의 것을 말한다.

여기서 다루는 해상여객운송사업은 내항 정기 여객운송사업, 내항 부정기 여객운송사업, 외항 정기 여객운송사업, 외항 부정기 여객운송사업, 순항 여객운송사업, 복합 해상여객운송사업이 해당된다. 이 가운데 크루즈는 '순항(巡航) 여객운송사업'임을 법적으로 명명하고 있다.

● **해운법[법률 제19807호, 2024.5.1. 시행]**
제3조(사업의 종류) 해상여객운송사업의 종류는 다음과 같다.
1. 내항 정기 여객운송사업: 국내항[해상이나 해상에 접하여 있는 내륙수로에 있는 장소로서 상시(常時) 선박에 사람이 타고 내리거나 물건을 싣고 내릴 수 있는 장소를 포함한다. 이하 같다]과 국내항 사이를 일정한 항로와 일정표에 따라 운항하는 해상여객운송사업
2. 내항 부정기 여객운송사업: 국내항과 국내항 사이를 일정한 일정표에 따르지 아니하고 운항하는 해상여객운송사업
3. 외항 정기 여객운송사업: 국내항과 외국항 사이 또는 외국항과 외국항 사이를 일정한 항로와 일정표에 따라 운항하는 해상여객운송사업
4. 외항 부정기 여객운송사업: 국내항과 외국항 사이 또는 외국항과 외국항 사이를 일정한 항로와 일정표에 따르지 아니하고 운항하는 해상여객운송사업
5. 순항(巡航) 여객운송사업: 해당 선박 안에 숙박시설, 식음료시설, 위락시설 등 편의시설을 갖춘 대통령령으로 정하는 규모 이상의 여객선을 이용하여 관광을 목적으로 해상을 순회하여 운항(국내외의 관광지에 기항하는 경우를 포함한다)하는 해상여객운송사업
6. 복합 해상여객운송사업: 제1호부터 제4호까지의 규정 중 어느 하나의 사업과 제5호의 사업을 함께 수행하는 해상여객운송사업

한편 우리나라에는 '크루즈산업의 육성 및 지원에 관한 법률'에 크루즈선을 순항(巡航) 여객운송사업과 복합 해상여객운송사업에 사용하는 선박으로 정의하고 있다.

그림 1-5 크루즈선의 크기 비교

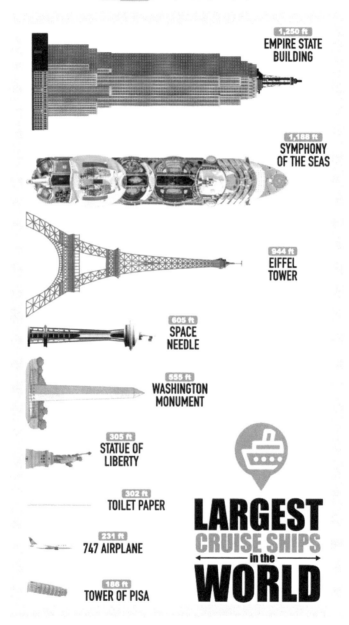

자료: gangwaze.com

• 크루즈 산업의 육성 및 지원에 관한 법률[법률 제16571호, 2020.2.28. 시행]

제2조(정의) 이 법에서 사용하는 용어의 뜻은 다음과 같다.

1. "크루즈선"이란 국적 크루즈선과 외국적 크루즈선을 말한다.

2. "국적 크루즈선"이란 「해운법」 제3조 제5호에 따른 순항(巡航) 여객운송사업에 사용하
   는 선박 및 같은 조 제6호에 따른 복합 해상여객운송사업에 사용하는 선박으로서 대통령
   령으로 정하는 선박을 말한다.
3. "외국적 크루즈선"이란 국적 크루즈선에 상응하는 외국선박으로 외국정부로부터 관련
   사업의 승인이나 면허 등을 받은 자가 해당 사업에 사용하는 선박을 말한다.
4. "국제순항 크루즈선"이란 국적 크루즈선 중 국내항과 외국항 사이 또는 외국항과 외국항
   사이를 주된 사업구역으로 운항하는 크루즈선을 말한다.
5. "크루즈산업"이란 크루즈선 및 승객과 관련된 재화와 서비스를 통하여 부가가치를 창출
   하는 산업을 말한다.
6. "크루즈 시설"이란 크루즈선의 접안(接岸)과 승객의 이용에 필요한 「항만법」 제2조 제5
   호에 따른 항만시설을 말한다.
7. "국적 크루즈사업자"란 「해운법」 제4조에 따라 순항 여객운송사업면허를 받은 자 및 복
   합 해상여객운송사업면허를 받은 자로서 대통령령으로 정하는 자를 말한다.
8. "기항"이란 크루즈선이 관광 등의 목적으로 특정 항만에 잠시 들르는 것을 말한다.

　따라서 크루즈를 이해하기 위해서는 해운과 관련된 용어, 법규, 관습을 학습해야 한다. 크루
즈는 복잡한 시스템과 구조를 가지고 있어 이를 제대로 이해하려면 해운 분야에 대한 깊은 이해
가 필요하다. 특히 해운은 국제적인 성격이 강해, 크루즈 산업에 적용되는 규칙과 법규는 국제적
인 표준을 따르는 경우가 많다. 이는 국제 협약을 통해 다루어지며, 각국의 법규와 관습을 초월하
는 국제적인 규범을 형성한다.

　예를 들어 승객(乘客)과 여객(旅客)은 passenger의 의미로 볼 수 있다. 우리나라의 '크루즈산업
의 육성 및 지원에 관한 법률'에서는 '승객'으로 표기하고 있지만, 선박법, 선박직원법, 해운법에
서는 '여객'으로 표기하고 있다. 따라서 해운업계에서는 주로 '여객'이라는 용어를 사용한다. 단
여행객(旅行客)은 traveler의 의미로서 교통수단을 이용하는 승객이나 여객보다는 여행 자체에 초
점을 맞추어서 사용할 경우에 사용한다.

　육상에 있는 호텔은 해당 국가의 법규를 따르는 반면, 크루즈는 국제 관습이 우선된다. 오늘
날 바다의 표준으로 굳어진 영국의 관습법이 크루즈 산업에 많이 적용되는데, 이는 영국의 오랜
해양 역사와 전통 때문이다. 따라서 크루즈 산업에 관심 있는 사람들은 영국의 관습법에 대한 이
해가 필요하다.

　호텔관광 전공자들이 크루즈를 접할 때, 이러한 국제적인 관습과 법규는 생소할 수 있다. 호
텔은 고정된 위치에서 운영되며 특정 국가의 법규를 따르지만, 크루즈는 여러 국가의 해역을 항
해하며 국제 규범을 준수해야 한다. 이러한 차이로 인해 크루즈 전문가가 부족한 현실이 존재하

며, 이는 크루즈 산업의 발전에 있어 중요한 과제 중 하나이다.

본서는 크루즈 여행을 즐기려는 여객의 입장이 아닌, 크루즈 산업을 주도하는 산업계를 위한 방향으로 설정되어 있다. 기존의 많은 서적들이 크루즈 여행을 중심으로 기술된 반면, 본서는 크루즈 산업의 구조와 운영, 법규와 관습 등에 초점을 맞추고 있다. 이는 해운 분야의 접근이 배제된 기존의 크루즈 여행 중심 서적과는 차별성이 있다.

1.2 크루즈 특성

1.2.1. 일반 특성

크르즈의 정의는 연구자별로 다르게 설명하고 있으나 일반적인 특성은 선박과 호텔을 합쳐놓은 시설적 특성과 운영적 특성이 내재되어 있다.

Kendall(1986)은 크루즈를 위락 추구 여행자들에게 다수의 매력적인 항만를 방문하게 하는 해안 항해 여행이라고 정의하고 있다. 또한 Mancini(2011)는 크루즈의 정의를 '선박을 통한 휴가 여행'으로 표현된다.

그러나 이 간결한 문구는 오늘날의 크루즈 산업에 포함된 광범위한 다양성을 모두 포함하지는 못한다. 오늘날에는 현대적 크루즈(contemporary cruise), 전통 크루즈(traditional cruise), 모험 또는 탐험 크루즈(adventure or expedition cruise), 세계일주 크루즈(world cruise), 연안 크루즈(coastal cruise), 위치조정 크루즈(Rpositioning cruise), 페리 크루즈(ferry cruise), 강 크루즈(river cruise) 및 컨퍼런스 크루즈(cruise conference), 배우려는 동기를 가진 사람들을 위한 대학 크루즈(semester at sea), 아파트가 있는 크루즈(residential cruise), 테마 크루즈(themed cruise), 어디에도 없는 초단기 휴가 크루즈(short break cruise), 럭셔리 크루즈(luxury cruise), 저가 크루즈(budget cruise) 등 다양하다.

이와 반면에 미국에서 크루즈선의 법적 정의는 총톤수(gross tonnage, GT) 100톤 이상의 여객선으로서 12명 이상의 여객(passenger)을 승선시켜 24시간 이상 항해하며, 그중 일부가 공해(high sea)상에 있으며, 여객이 미국 또는 그 영토에서 승선(embark)하거나 하선(disembark)하는 것이다(Cornell Law, 2017).

미국의 정의에서 주목해야 하는 규정이 12명 이상의 여객은 국제해사기구(IMO; International Maritime Organization)에서 정하고 있는 규정이다. IMO는 영국 런던에 본부를 두고 있는 유엔 산하의 국제기구로서 2022년 현재 회원 175개국과 준회원 3개국이 가입되어 있다. 지구의 바다는 지구 모두가 이용할 수 있기 때문에 대부분의 국가가 가입되어 있다. 우리가 생각할 수 있는 대부분의 선진국은 가입되어 있으며 우리나라는 1962년에 가입하였다. 뿐만 아니라 바다가 없는 산악국가인 스위스는 1955년, 내륙국가 몽골은 1996년에 가입하였고 전세계에서 가장 폐쇄적인 북한도 1986년에 가입하였다.

　IMO에 가입한 전세계가 준수하고 있는 대표적인 국제 협약으로 SOLAS(International Convention for the Safety of Life at Sea, 해상에서의 인명의 안전을 위한 국제 협약)가 있다. 여객선 타이타닉호(RMS Titanic)가 1912년에 대규모 해상인명사고가 발생하여 국제사회가 유사사고의 재발을 막고자 1914년에 채택한 협약이다. 국제 협약인 SOLAS의 여객, 여객선, 화물선에 대한 정의는 다음과 같다.

> **● 해상에서의 인명의 안전을 위한 국제 협약(Signed at London on 10 June 1948)**
> **제2규칙 정의**
> 별단의 명문규정이 없는 한 규칙의 적용상
> (e) 여객(passenger)이란 다음에 계시하는 자 외의 자를 말한다.
> 　(i) 선장(master) 및 그 자격여하에 불구하고 승선하여 선박의 업무에 고용되고 혹은
> 　　종사하는 선원(crew) 혹은 기타의 자(other persons)
> 　(ii) 1세 미만의 소아(child)
> (f) 여객선(passenger ship)이라 12인을 초과하는 여객을 수송하는 선박을 말한다.
> (g) 화물선(cargo ship)이란 여객선이 아닌 선박을 말한다.

　SOLAS에서는 선박을 여객선(passenger ship)과 화물선(cargo ship)으로 나누었다. 여기에서 여객은 선장, 선원 등 선박의 업무에 종사하지 않는 1세 이상의 사람을 말한다. 이러한 조건을 만족하면서 여객 12인 이상을 승선시켜야 여객선으로 분류된다. 국제 협약은 협약 가입국이 국내법으로 수용하기 때문에 대부분의 국가에서는 여객선인 크루즈선은 12인 이상의 여객이 승선해야 한다. 간혹 국내법이 국제 협약보다 우선시 되는 후진국이 있을 수 있으나 우리나라의 경우 헌법 제6조 제1항에 의거하여 체결, 공포된 조약과 국제법규는 국내법과 같은 효력을 가지고 있다.

> **● 대한민국헌법 [헌법 제10호, 1988.2.25. 시행]**
> **제6조**
> ① 헌법에 의하여 체결 · 공포된 조약과 일반적으로 승인된 국제법규는 국내법과 같은 효력
> 　를 가신나.
> ② 외국인은 국제법과 조약이 정하는 바에 의하여 그 지위가 보장된다.

또한 IMO가 SOLAS 만큼이나 중요하게 생각하고 있는 MARPOL(International Convention for the Prevention of Pollution from Ships, 선박으로부터의 오염방지를 위한 국제 협약)에서는 크루즈 여객선 (Cruise Passenger Ship)이라는 이름으로 정의하고 있다.

- **International Convention for the Prevention of Pollution from Ships**
  Annex VI - Regulations for the Prevention of Air Pollution from Ships
  Chapter 1 - General
  Regulation 2 – Definitions
  2 For the purpose of chapter 4:
  11 Cruise passenger ship in relation to chapter 4 means a passenger ship not having a cargo deck, designed exclusively for commercial transportation of passengers in overnight accommodations on a sea voyage.(제5장에서 정의하는 크루즈 여객선(Cruise passenger ship)은 화물 갑판이 없는 여객선(passenger ship) 으로, 해상 항해 시 야간 숙박 시설에서 여객을 상업적으로 수송하기 위해 전용으로 설계된 것을 의미한다)

영국에서는 크루즈 정의는 다르게 표현된다(Department for Transport, 2016). 크루즈는 오로지 위락이나 레크리에이션을 목적으로 운영되는 해상 또는 내륙수로를 통한 운송 서비스를 의미하며, 숙박 및 기타 시설에 의해 보완되며 선내에서 2침상일수(bed-day)를 초과해야 한다.

일본에서는 크루즈의 특성을 다음과 같이 설명하고 있다(クルーズアドバイザー認定委員会, 2022).

① 선박에 승선하는 것과 자체적인 여행의 주목적이 1개로 일치해야 한다. 즉 선박은 중요한 관광 목적지(destination)이다. destination을 기항지 혹은 목적지로 표현할 수 있다. 일반적으로 크루즈선은 여러 기항지(destination)를 중간에 들렀다가 최종 목적지(final destination)에 도착하는 것이 일반적인 항해일정이다. 하지만 destination을 기항지 혹은 목적지로 엄격하게 구별하여 사용하지 않는다. 그 이유는 크루즈선의 운항일정 가운데 기항지에서 다른 일정의 크루즈 상품으로 승선하는 여객도 있고 하선하는 여객도 있기 때문에 목적지는 가변적이 될 수 있기 때문이다.

② 항공기나 철도 등의 대체 운송기관으로서 선박여행을 하는 것이 아니어야 한다.

③ 단순한 운송기관이 아니고 선박 내에서 레저를 즐기고 해상 생활(ocean life)을 즐기는 것이 주목적이 되어야 한다.

④ 원칙적으로 선박 내에 숙박이 동반되어야 한다.

1.2.2. 크루즈의 요소

우리가 살고 있는 행성인 지구(地球, Earth)의 어원을 살펴보면, "땅"을 뜻하는 원시 게르만어 erþō에서 유래하여 독일어 erde, 네덜란드어 aarde, 영어 earth로 발전하였다. 그러나 지구 표면의 71%가 물로 덮여 있으므로, "땅"을 의미하는 이 명칭은 과학적으로는 적합하지 않다. 지표면을 덮고 있는 물의 96%는 바닷물이기 때문에, 우리의 행성을 바다로 뒤덮인 블루마블(The Blue Marble)이라고 부르는 것이 더 적절할 것이다(Petsko, 2011).

지구의 대부분이 물로 덮여 있다는 사실은 우리의 생활 방식과 이동 수단에도 큰 영향을 미친다. 특히, 전 세계를 여행하는 경우 육로를 통해 이동하는 것보다 하늘과 바다를 건너서 이동하는 경우가 많아질 수밖에 없다. 이는 국제 항공 및 해양 운송의 발달과도 밀접한 관련이 있다. 항공기는 대륙 간의 긴 거리를 빠르게 이동할 수 있게 해주며, 선박은 대량의 화물을 효율적으로 운반할 수 있게 해준다. 따라서 현대 사회에서는 육로보다 항로와 해로를 이용한 이동이 더욱 보편화되고 있다. 이러한 변화는 지구의 지리적 특성과 밀접하게 연관되어 있으며, 우리가 살아가는 방식과 세계를 이해하는 방식에도 큰 영향을 미친다.

항공 여행은 변화하는 레저 활동을 지원하는 데 주요한 영향을 미치는 것으로 연구됐지만. 여행 초보자가 선박을 수상 리조트(Floating Resorts)로 사용하여 해상 및 수상 휴가를 고려할 수 있는 여지는 아직도 남아있다.

Day and McRae(2001)에 따르면 크루즈선은 세계에서 가장 인기 있는 여행지로의 쉬운 접근을 제공한다. 이 간단한 이유 때문에 크루즈 업계가 현재 누리고 있는 성공의 열쇠라고 설명할 수 있다. 크루즈 여행은 편리하고 다양한 목적지를 한 번에 방문할 수 있는 장점이 있어 많은 여행객들에게 인기를 끌고 있다. 특히 유럽과 지중해 지역은 역사와 문화가 풍부하고 아름다운 자연 경관을 자랑하여 크루즈 여행의 주요 목적지로 자리 잡고 있다.

[표 1-1]은 Euromonitor(2019)의 보고서에서 발췌한 자료로서 세계적으로 관광객이 많이 방문하는 도시 100개 중 상위 25개 도시를 나열하고 있다. Euromonitor International의 이 보고서는 전 세계 도시들의 관광객 유입 현황을 분석하여 인기 있는 관광지를 선정한 것이다. 2018년 기준으로 선정된 상위 도시는 관광지로서의 인기가 높으며, 크루즈 선사들은 항해 구역과 일정을 계획할 때 이러한 도시들을 우선적으로 고려한다.

크루즈 여행은 단순히 이동 수단을 제공하는 것에 그치지 않고, 다양한 문화 체험과 휴식을 동시에 제공한다. 여행객들은 크루즈선을 타고 여러 도시를 방문하며 각 도시의 매력을 체험할 수 있다. 예를 들어, 크루즈 여행 중에는 바르셀로나의 고디 건축물, 로마의 고대 유적지, 아테네의 파르테논 신전 등을 방문할 수 있다. 이러한 도시들은 역사적, 문화적 가치가 높아 관광객들에게 큰 매력을 제공한다.

또한, 크루즈 여행은 편리함과 안락함을 동시에 제공한다. 여행객들은 크루즈선에서 다양한 편의시설과 엔터테인먼트를 즐길 수 있으며, 이동 중에도 편안한 휴식을 취할 수 있다. 이러한 이유로 크루즈 여행은 가족 여행, 신혼여행, 은퇴 여행 등 다양한 형태의 여행으로 인기를 끌고 있다.

크루즈 여행은 세계에서 가장 인기 있는 여행지로의 쉬운 접근을 제공하며, 크루즈 업계의 성공에 중요한 역할을 하고 있다. Euromonitor(2019)의 자료에 따르면, 상위 25개 도시는 크루즈 여행의 주요 목적지로서 크루즈 선사들이 항해 구역과 일정을 계획할 때 우선적으로 고려하는 도시들이다. 이러한 요소들이 결합되어 크루즈 여행은 많은 사람들에게 매력적인 여행 옵션으로 자리 잡고 있다.

표 1-1 **관광지로 인기 있는 세계 도시**

Hong Kong	Dubai	Shenzhen	Taipei
Bangkok	New York City	Mumbai	Mecca
London	Kuala Lumpur	Phuket	Guangzhou
Macau	Istanbul	Rome	Prague
Singapore	Delhi	Tokyo	Medina
Paris	Antalya	Pattaya	Seoul

자료: Euromonitor(2019).

Cartwright and Baird(1999)에 따르면 크루즈 여행에 대한 경험은 여러 가지 측면에서 강력한 여행 동기를 형성한다. 크루즈 여행의 주요 특징으로 안전성(safe), 사교적(social) 분위기, 고객 중심(customer friendly), 서비스 중심(service-oriented)의 시스템을 강조하고 있다. 크루즈선은 여객들에게 제2의 집과 같은 편안함을 제공하며, 다양한 기항지를 쉽고 지속적으로 방문할 수 있는 접근성을 제공한다. 이러한 요소들은 크루즈 여행을 더욱 매력적으로 만들며, 많은 여행객들이 크루즈선을 통해 새로운 경험과 휴식을 즐기게 된다.

크루즈 여행은 여객들이 선상 생활에 곧 익숙해지도록 돕는다. 선상 프로그램은 잘 짜여져 있으며, 다양한 기항지 활동도 제공되어 여행객들이 언제나 새로운 경험을 할 수 있다. Gibson(2003)에 따르면, 이러한 다양한 프로그램과 활동들은 여객들이 크루즈 여행의 여유로움을 쉽게 즐길 수 있도록 도와준다. 크루즈 여행이 제공하는 학습, 문화 체험, 커리큘럼 및 사회적 상호작용의 중요성을 강조하였다. 이 논문에서 그는 크루즈 여행이 단순한 이동 수단 이상의 가치를 지니며, 여행객들에게 풍부한 경험을 제공한다고 주장하였다.

그러나 모든 사람들이 크루즈 여행을 긍정적으로 인식하는 것은 아니다. Dickinson and Vladimir(2007)에 따르면, 크루즈 여행을 고려하지 않거나 원하지 않는 사람들을 대상으로 한 조사 결과, 크루즈에 대한 부정적인 인식도 존재한다는 것을 발견하였다. 이들은 크루즈 여행에 대해 여러 가지 부정적인 의견을 가지고 있었으며, 이는 크루즈 업계가 해결해야 할 중요한 과제로 남아 있다.

[표 1-2]는 이러한 부정적인 인식을 나타내는 데이터를 포함하고 있다. 이 표는 크루즈 여행을 꺼리는 사람들이 제기한 주요 불만 사항을 요약한 것이다. 예를 들어, 일부 사람들은 크루즈선이 폐쇄적이고 혼잡하다고 느끼며, 특정 기항지에서의 활동이 제한적이라는 점을 지적하였다. 또한, 바다에서의 장기간 여행에 대한 불안감이나 선상 생활의 단조로움에 대한 우려도 있었다. 이러한 부정적인 인식들은 크루즈 업계가 여행객들의 다양한 요구를 충족시키기 위해 계속해서 개선해야 할 부분을 시사한다.

크루즈 여행은 강력한 여행 동기를 형성하는 여러 가지 긍정적인 측면을 가지고 있지만, 동시에 부정적인 인식도 존재한다. 크루즈 업계는 이러한 부정적인 인식을 해결하고, 모든 여행객들이 만족할 수 있는 여행 경험을 제공하기 위해 지속적인 노력이 필요하다. Cartwright와 Baird(1999), Gibson(2003), 그리고 Dickinson과 Vladimir(2007)의 연구는 크루즈 여행의 장점과 단점을 균형 있게 이해할 수 있는 중요한 자료를 제공하며, 크루즈 업계의 발전 방향을 제시한다.

표 1-2 크루즈 관광의 부정적 요인

요인	부정적 이유
비용	크루즈 관광 상품은 비쌀 것이다
독점성	크루즈는 부유한 엘리트층의 사교를 위한 관광 상품이다
가족동반금지	크루즈는 어린이를 동반한 가족보다는 노년 부부를 위한 상품이다
밀실공포증	선박은 밀폐되어 있는 조용한 공간이다
배멀리	의사결정에 있어서 배멀미에 대한 우려가 앞선다

1.2.3. 고유 특성

Papathanassis and Beckmann(2011)은 크루즈 비즈니스 활동이 해양 관광, 크루즈 관광 또는 실제로 해양 레저라는 분야에 포함될 수 있음을 확인했다. 이는 크루즈선 운영의 전문적이고 고객 특정적인 측면을 묘사하기 위한 환대 및 관광 중심의 세계관을 반영한다. 크루즈 산업은 지속적으로 성장하고 있으며, 그 규모는 계속해서 엄청나게 증가하고 있다. 관광 산업 내에서 작지만 중요한 부문으로 간주되는 경우가 많다(Lück, Maher, and Stewart, 2010).

크루즈가 육상 패키지 관광과 비교할 때 관광의 한 분야(sector)라는 용어를 사용할 수 있지만, 크루즈 사업의 고유한 특성과 속성을 인식한다면 이 용어만으로는 충분하지 않다고 주장한다. 이는 크루즈 사업이 단순한 분야를 넘어 별도의 산업이라는 주장의 근거가 된다.

크루즈 산업의 독특한 특성을 이해하기 위해 [그림 1-6]과 같이 문화(Culture), 계약(Contract), 맥락(Context) 및 공동체(Community)의 4C가 제시된다. 이 4C는 크루즈를 산업으로 분류하는 요소를 강조하기 위한 패러다임으로 사용된다. 많은 산업의 경우와 마찬가지로, 크루즈 산업과 해양 산업 및 관광 또는 레저 산업과 같은 다른 산업과의 경계는 명확하지 않다. 그러나 4C를 검토함으로써 크루즈 비즈니스 모델을 뒷받침하는 고유한 문제를 이해하는 데 도움이 된다. Gibson and Parkman(2019)은 크루즈 산업을 구성하는 4C를 다음과 같이 설명한다.

그림 1-6 크루즈 산업의 4C

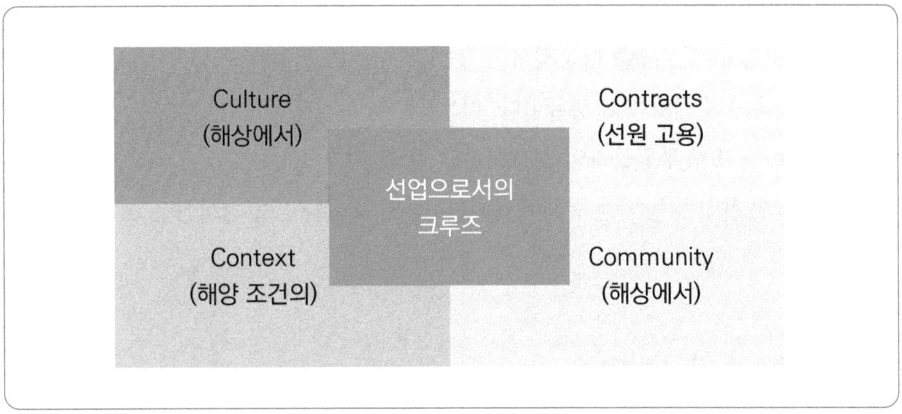

자료: Gibson and Parkman(2019).

① 문화(Culture)

크루즈 문화는 해양 문화와 환대 문화의 혼합으로 형성된다. 크루즈 문화는 유니폼, 계급, 선박, 여객실 등으로 시각적으로 독특하며 이색적이다. 이는 크루즈 승객들에게 독특한 경험과 감각을 제공하며, 크루즈 산업의 매력을 높이는 요소로 작용한다.

② 계약(Contract)

크루즈 계약은 선박을 연중무휴 24시간 운항해야 하는 필요성을 반영한다. 크루즈 선박에서 근무하는 선원들은 국가 규정이 아닌 국제 규정을 따르며, 선박에 거주하고 근무한다. 이는 크루즈 산업의 운영 효율성을 높이는 동시에, 다양한 국가 출신의 선원들이 함께 생활하고 일하는 독특한 환경을 조성한다.

③ 맥락(Context)

크루즈선에 탑승하는 맥락은 크루즈선이 항해하는 동안 풍경 또는 바다 경관이 변한다는 것을 의미한다. 휴가 목적지는 여행자들에게 매력적인 차원과 여행 시 이동의 자유에 대한 잠재적인 정치적 문제를 모두 제공한다. 또한, 선박은 날씨, 도피, 그리고 안전 측면에서 의미하는 모든 것을 포함한 채로 바다에 있다는 것이다. 이는 크루즈 여행의 매력을 더욱 높이는 요소로 작용한다.

④ 공동체(Community)

크루즈 승무원 공동체는 종종 다국적이며, 선상 규정의 적용을 받는다. 승무원들은 크루즈선에서 긴밀하게 접촉하며 근로하고 생활한다. 이는 승무원들이 적응하고 효과적인 모습을 보여야 하는 위치에 있는 동료 승무원들과의 상호작용을 통해 이루어진다. 이러한 공동체적 특성은 크루즈 산업의 운영 효율성을 높이는 동시에, 승무원들 간의 유대감을 강화하는 데 기여한다.

1.3 크루즈 연구 방법

1.3.1. 연구 프레임워크

크루즈 분야의 연구는 해운의 특성과 선박의 기술적 측면을 이해하는 동시에 호텔관광업의 특성도 함께 이해해야 한다. 이러한 이유로 크루즈 분야의 연구는 다각적인 측면에서 학습과 연구가 진행되어야 한다. 크루즈선은 선박과 호텔의 특성을 동시에 가지고 있기 때문에, 크루즈 관광과 크루즈 산업을 대상으로 다양한 연구가 이루어지고 있다.

출판된 크루즈 관련 문헌을 주제별로 분석한 결과 Papathanassis and Beckmann(2011)은 여러 가지 새로운 주제를 제안했다. 이들이 제안한 크루즈 연구 프레임워크는 [그림 1-7]과 같이 정리할 수 있다. 보다 구체적으로 이 프레임워크는 다음과 같이 설명된다.

첫째, 연구 영역에는 크루즈 선원, 크루즈 여객, 목적지, 크루즈 운영자, 그리고 크루즈선이 포함된다. 이는 크루즈 산업의 주요 구성 요소들을 포괄적으로 다루고 있으며, 각 구성 요소가 연구의 중요한 대상임을 나타낸다.

둘째, 이들의 상호 관계를 분석한다. 예를 들어, 목적지와 여객 간의 관계, 여객과 선원 간의 관계 등 다양한 상호작용을 통해 크루즈 산업의 복잡한 네트워크를 이해하려는 시도가 포함된다. 이는 각 구성 요소 간의 상호 작용이 크루즈 경험과 운영에 어떠한 영향을 미치는지를 분석하는 데 중점을 둔다.

셋째, 추출된 주제들로는 크루즈 마켓, 크루즈와 지역사회, 크루즈 선상사회, 그리고 크루즈 운영이 있다. 크루즈 마켓은 시장 조사와 소비자 행동을 포함하며, 크루즈와 지역사회는 크루즈 산업이 지역 경제와 사회에 미치는 영향을 연구한다. 크루즈 선상사회는 선상에서의 사회적 구조와 문화를 분석하며, 크루즈 운영은 효율적인 운영과 관리 방안을 연구한다.

그림 1-7 크루즈 연구 프레임워크

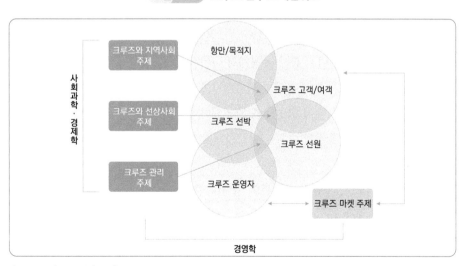

자료: Papathanassis(2017).

이러한 프레임워크는 크루즈 산업의 다각적인 측면을 체계적으로 분석하고 이해하는 데 도움을 주며, 연구자들이 보다 구체적이고 심도 있는 연구를 수행할 수 있는 기초를 제공한다. 크루즈 산업은 단순한 여행 산업을 넘어서, 복잡한 사회적, 경제적, 기술적 요소들이 얽혀 있는 분야이므로, 이러한 체계적인 접근이 필수적이다. 연구자들은 이 프레임워크를 토대로 다양한 연구를 진행함으로써 크루즈 산업에 대한 이해를 더욱 깊이 있게 할 수 있다.

1.3.2. 연구 주제

1.3.2.1. 크루즈와 지역사회

크루즈와 지역사회(cruises and society) 주제는 기항지에 대해 크루즈선과 그 여객이 미치는 영향을 포함한다. 흔히 크루즈가 유람선 그 이상이라는 찬사를 받는다. 이는 크루즈가 단순한 해상 여행 수단이 아니라, 복잡하고 다차원적인 여행 경험을 제공하기 때문이다. 크루즈는 각 기항지에서의 관광 활동을 통해 지역 경제에 기여하고, 문화적 교류를 촉진시키며, 동시에 환경에 미치는 영향을 고려해야 하는 중요한 역할을 한다.

선박이 항만을 떠날 수 없는 것처럼, 크루즈도 여행 일정을 포기할 수 없다. 이는 크루즈가 특정한 항로를 따라 정해진 일정에 맞추어 운영되기 때문이다. 이러한 특성은 크루즈 산업이 지역사회와 긴밀하게 연결되어 있음을 의미한다. 실제로 크루즈 관련 논문의 4분의 1은 사회적, 경제적 문제와 기항지에서의 순항 활동이 환경에 미치는 영향을 다루고 있다. 이는 크루즈 산업이 단순히 경제적 이익을 추구하는 것을 넘어, 지속 가능성과 사회적 책임을 중요하게 고려해야 함을 시사한다.

한편 지속 가능성은 일반적으로 관광, 특히 크루즈의 핵심적인 문제이다. 지속 가능한 관광은 자연적, 문화적 자원을 보호하면서 동시에 경제적 이익을 창출하는 것을 목표로 한다. Lester and Weiden(2004)은 카리브해 크루즈 관광의 이해관계자와 자연 환경, 그리고 미래에 대해 연구하며, 크루즈 산업이 지속 가능성을 유지하기 위해 고려해야 할 다양한 요소를 제시하였다. 이는 크루즈 관광이 지역사회와 자연 환경에 미치는 영향을 최소화하면서, 긍정적인 영향을 극대화하려는 노력이 필요함을 강조한다.

윤리적 의무와는 별도로, 자연적 자원뿐만 아니라 문화적 자원도 휴가 경험의 핵심이다. 예를 들어, 알래스카의 경우 Stewart and Draper(2006, 2009)는 북극 캐나다 지역의 지속 가능한 크루즈 관광에 대해 연구하면서, 통합 해안 관리 접근법을 제안하였다. 이는 크루즈 관광이 지역사회의 문화적, 환경적 자원을 보호하면서도 관광객들에게 풍부한 경험을 제공할 수 있는 방안을 모색하는 것이다. 또한, 갈라파고스 제도와 같은 지역의 경우, 환경 관리는 지속가능성에 중요한 역할을 한다. 이는 이러한 지역들이 독특한 자연 환경을 가지고 있으며, 이를 보호하는 것이 관광의 지속 가능성을 보장하는 데 필수적이기 때문이다.

연구자의 관점에서 다양한 연구 주제를 확보할 수 있다. 예를 들어, 크루즈 선원 및 반복 여행자가 여행 일정의 지역 문화(예: 카리브해, 북해)에 어느 정도 몰입하고 있는가? 이는 크루즈 여행이 단순한 관광을 넘어, 문화적 이해와 교류를 촉진할 수 있는지에 대한 질문이다. 또한, 여행 일정이 선내의 관행과 절차뿐만 아니라 케이터링(catering)에 어떤 영향을 미치는가? 이는 크루즈 선박 내의 운영 방식과 서비스가 기항지의 문화와 어떻게 상호작용하는지를 탐구할 수 있는 주제이다. 마지막으로, 현지인들은 크루즈선, 선원, 관광객들과 어떻게 상호작용하고 인식하는가? 이는 크루즈 관광이 지역사회에 미치는 사회적, 문화적 영향을 분석하는 데 중요한 질문이다.

이와 같은 연구 주제들은 크루즈 산업이 지역사회와 어떻게 상호작용하고, 이를 통해 지속 가능한 발전을 도모할 수 있는지를 이해하는 데 중요한 기여를 할 수 있다. 크루즈와 지역사회 간의 관계를 심도 있게 분석함으로써, 크루즈 산업이 직면한 다양한 도전과 기회를 파악하고, 이를 통해 보다 지속 가능한 미래를 설계할 수 있을 것이다.

1.3.2.2. 크루즈와 선상사회

크루즈 산업은 최근 몇 년 동안 급격한 성장을 보이고 있으며, 특히 크루즈 직원과 여객 간의 상호작용 및 크루즈선에서의 생활과 근무 경험에 대한 관심이 높아지고 있다. 이 분야의 연구는 안전, 생활 조건, 하위 문화의 형성, 조직 간의 관계, 일과 삶의 균형, 감각 만들기 및 정체성 등 다양한 주제에 중점을 두고 있다.

크루즈선은 좁은 공간, 고유한 해양적 특성 및 전통, 그리고 다양한 인구학적 배경을 가진 선원과 여객이 뒤섞여 있어 매우 복잡한 사회 환경을 형성한다. 이러한 상황 속에서 선내에서의 사회 생활과 인간 행동에 대한 연구는 매우 중요하다. 이 연구를 통해 얻어진 지식은 휴양지, 노인 거주지, 대학 캠퍼스, 항공모함 등 다른 유사한 사회 환경과 쉽게 비교될 수 있다.

최근 크루즈선은 떠다니는 리조트(Floating Resort)라는 목표를 지향하면서 규모가 점점 커지고 있다. 이에 따라 더욱 많은 인력이 필요하게 되었다. 크루즈선은 대부분 국제 협약에 따라 운영되기 때문에, 승무원 즉 선원과 스탭 모두가 편의치적(Flags of Convenience)된 인력에 의해 유지된다. 이러한 인적 자원의 국제화는 노사 관리 및 윤리적 의무와 같은 새로운 연구 주제를 제기한다.

크루즈선에서의 생활 조건은 여객과 승무원 모두에게 중요한 문제다. 승무원들은 주로 좁은 공간에서 생활하며, 장시간 근무와 육체적, 정신적 스트레스에 시달리기 쉽다. 이러한 죠건은 승무원의 건강과 복지에 큰 영향을 미칠 수 있으며, 이에 대한 철저한 연구와 개선이 필요하다. 또한, 여객과의 상호작용은 승무원의 일상적인 업무의 중요한 부분을 차지하며, 이 과정에서 발생할 수 있는 다양한 문제를 해결하기 위한 방안도 필요하다.

하위 문화의 형성도 중요한 연구 주제다. 크루즈선 내에서 다양한 국적과 문화적 배경을 가진 사람들이 모여 생활하다 보니, 자연스럽게 독특한 하위 문화가 형성된다. 이러한 하위 문화는 승무원 간의 단결력과 소속감을 높이는 데 기여할 수 있지만, 동시에 갈등의 원인이 될 수도 있다.

조직 간의 관계는 크루즈선 운영의 효율성에 큰 영향을 미친다. 승무원과 관리층 간의 원활한 소통과 협력이 필요하며, 이를 위한 체계적인 관리와 교육이 중요하다. 또한, 크루즈선 운영에 있어서 일과 삶의 균형을 맞추는 것도 중요한 과제다. 승무원들이 과도한 업무 부담을 지지 않도록 적절한 휴식과 여가 시간을 보장하는 것이 필요하다.

감각 만들기와 정체성도 중요한 연구 주제다. 크루즈선에서의 경험은 승무원과 여객 모두에게 강렬한 감각적 경험을 제공한다. 이러한 경험은 개인의 정체성 형성에 큰 영향을 미칠 수 있으며, 이를 통해 크루즈선에서의 생활이 개인의 삶에 어떤 변화를 가져오는지 연구할 수 있다.

크루즈선 내의 사회 생활과 인간 행동에 대한 연구는 복잡하고 다층적인 문제를 다루며, 이를 통해 크루즈 산업의 발전과 관련된 다양한 문제를 해결할 수 있는 중요한 지식을 제공할 수 있다. 이러한 연구는 크루즈 산업뿐만 아니라 다른 유사한 사회 환경에서도 유용하게 활용될 수 있을 것이다.

1.3.2.3. 크루즈 마켓

크루즈 마켓(Cruise Market) 주제는 크루즈 운영자와 실제 및 잠재적 여객 간의 관계에 초점을 맞추고 있다. 크루즈 관련 논문의 약 3분의 1은 크루즈 분야의 마케팅 관행과 관련이 있다. 시장 동향 및 소비 분석, 수요 예측, 고객 기대치 및 가격 문제는 여전히 매우 관련성이 높다. 이는 비즈니스 이해 관계자의 중요성을 반영하는 것으로 추정된다.

일반적으로, 관광업과 크루즈 사업은 모두 용량 관련 리스크(Capacity-Related Risk)에 영향을 받으며, 이러한 위험은 사업의 진행에 있어 중요한 요소이다. 해당 사업의 성장은 용량의 증가와 함께 이루어지므로, 효과적인 관리는 장기적으로 조직의 생존에 중요하다. 지난 5년 동안 여객 수보다 침대(Berth)로 대표되는 크루즈 용량이 더 높은 비율로 증가하고 있다(Papathanassis, 2008).

이러한 맥락에서 수요에 영향을 미치거나 예측하는 연구는 용량 리스크 관리에 도움이 되므로 매우 중요하다. 크루즈 산업은 그 특성상 고정된 운항 일정과 제한된 자원을 가지고 있기 때문에, 수요 예측의 정확노는 사업의 싱공에 직접적인 영향을 미친다. 만약 수요 예측이 부정확하다면, 과잉 공급으로 인한 비용 증가나 수익 손실이 발생할 수 있다. 따라서, 수요 예측을 위한 정교한 분석과 모델링은 크루즈 운영자에게 필수적이다.

또한, 고객 기대치와 가격 문제는 크루즈 마켓에서 중요한 역할을 한다. 고객의 기대치를 충족시키지 못하면 고객 만족도가 낮아지고, 이는 재방문율과 추천율에 부정적인 영향을 미친다. 반면, 적절한 가격 책정은 고객의 가격 민감도를 고려하여 수익을 극대화하는 데 도움이 된다. 이에 따라, 크루즈 운영자는 고객의 요구와 기대를 철저히 분석하고, 이를 바탕으로 마케팅 전략을 수립해야 한다.

크루즈 마켓의 또 다른 중요한 요소는 시장 동향과 소비 분석이다. 시장 동향을 파악하면 크루즈 운영자는 변화하는 고객의 선호도와 여행 패턴에 대응할 수 있다. 예를 들어, 특정 지역의 크루즈 수요가 증가하면 해당 지역으로의 운항을 늘리거나, 새로운 목적지를 개발하는 등의 전략을 통해 시장 점유율을 확대할 수 있다. 소비 분석은 고객의 구매 행동을 이해하고, 이를 바탕으로 맞춤형 서비스와 프로모션을 제공하는 데 도움이 된다.

크루즈 마켓 연구는 크루즈 운영자에게 매우 중요한 정보를 제공하며, 이를 통해 사업의 성공을 도모할 수 있다. 크루즈 산업의 복잡성과 특수성을 고려할 때, 철저한 분석과 예측이 필요하며, 이를 바탕으로 한 전략적 의사결정이 중요하다. 크루즈 마켓 연구는 용량 리스크 관리, 수요 예측, 고객 기대치 분석, 가격 책정, 시장 동향 파악 등 다양한 측면에서 크루즈 운영자에게 필수적인 지식을 제공한다. 이러한 연구는 크루즈 산업의 지속 가능한 성장과 발전을 위해 필수적이며, 크루즈 운영자가 시장에서 경쟁력을 유지하는 데 중요한 역할을 한다.

1.3.2.4. 크루즈 관리

크루즈 관리(Cruise Administration) 주제는 크루즈 운영자들이 그들의 선대(Fleet), 크루즈선, 직원들을 어떻게 관리하는지에 관한 것이다. 크루즈 운영자의 가치 사슬과 핵심 프로세스의 연구는 적다. 크루즈 운영에 대한 경영 연구와 과학적 관찰과 실험은 제한적이다. 크루즈선에서 호텔 운영과 크루즈 운영을 구분하는 것이 중요하다. 크루즈 운영은 육상 및 선박 기반 자원의 전략적, 전술적, 운영적 관리를 포함하는 더 넓은 범위를 가지고 있다.

여행 일정 계획, 선박 자금조달, 용선(Charter) 및 수익률 관리와 같은 프로세스는 운영 연구 기법과 정보 시스템 개발 방법에 대한 분야별 연구 및 적용에 큰 잠재력을 제공한다. 크루즈 운영은 단순히 선박을 운항하는 것 이상의 복잡한 과정으로, 다양한 요소들이 상호작용하며 운영 효율성을 극대화하는 것이 목표이다. 예를 들어, 여행 일정 계획은 고객의 요구와 시장 동향을 반영하여 최적의 경로와 일정을 설계하는 것을 포함하며, 이는 수익성에 직접적인 영향을 미친다.

한편 해결해야 할 여러 해양 기술 및 설계 과제(예: 추진 기술, 에너지 관리 및 선박 설계)가 있다. 이러한 기술적 과제는 크루즈 운영의 효율성과 안전성을 높이는 데 중요한 역할을 한다. 예를 들어, 추진 기술의 발전은 연료 효율성을 높이고 환경 영향을 최소화하는 데 기여할 수 있으며, 에너지 관리는 운영 비용을 줄이는 동시에 환경 보호에 기여할 수 있다.

또한, 크루즈 운영에서 중요한 요소 중 하나는 안전 관리이다. 콩코디아(Costa Concordia) 사고는 21세기 들어서 가장 큰 해상사고로 기록되고 있는 사고로서 이탈리아 이솔라 델 질리오(Isola del Giglio)에 2012년 1월 13일 좌초하였다. 콩코디아(Concordia)호는 여객 3,206명, 승무원 1,023명을 승선하여 운항 중이었으며 사고로 인해 사망자 32명, 부상자 157명이 발생하였다. 이 사고는 크루즈 산업에 큰 충격을 주었으며, 이후 해양 비상 절차와 안전 기술의 개선에 대한 연구가 활발히 이루어졌다.

Marine Casualties Investigative Body(2013)의 보고서에 따르면, 이 사고는 크루즈 운영자들에게 안전 관리의 중요성을 다시 한 번 상기시키는 계기가 되었다. 보고서는 사고의 원인과 대응 과정을 분석하여 향후 비슷한 사고를 방지하기 위한 권고사항을 제시하였다. 이러한 연구는 크루즈 운영자들이 보다 안전하고 효율적인 운영을 위해 필요한 기술과 절차를 개발하는 데 중요한 기초 자료를 제공한다.

크루즈 운영의 또 다른 중요한 측면은 직원 관리이다. 크루즈선의 직원들은 고객에게 고품질의 서비스를 제공함으로써 고객 만족도를 높이는 데 중요한 역할을 한다. 따라서, 직원들의 교육과 훈련, 복지 및 근로 조건 개선은 크루즈 운영의 성공에 필수적이다. 직원들의 동기 부여와 참여를 높이기 위한 다양한 전략이 필요하며, 이는 조직의 장기적인 성공과도 직결된다.

크루즈 관리는 복잡하고 다면적인 과정으로, 다양한 요소들이 상호작용하며 운영의 효율성과 안전성을 극대화하는 것이 목표이다. 크루즈 운영자들은 선대 관리, 여행 일정 계획, 자금조달, 용선, 수익률 관리 등 다양한 프로세스를 효과적으로 관리해야 하며, 이를 위해 최신 기술과 정보 시스템을 활용할 필요가 있다. 또한, 안전 관리와 직원 관리는 크루즈 운영의 성공에 있어 매우 중요한 요소이다. 크루즈 운영에 대한 경영 연구와 과학적 관찰, 실험이 더 많이 이루어져야 하며, 이를 통해 크루즈 산업의 지속 가능한 성장과 발전을 도모할 수 있다.

크루즈선대(cruise fleet)를 관리하는 것은 크루즈선에 탑승한 호텔 부서를 관리하는 것과 근본적으로 다르다. 호텔 부서는 주로 승객들에게 고품질의 서비스를 제공하기 위해 전략적 관리, 관리 회계, 인적 자원 계획 및 개발, 공급망 관리 및 아웃소싱 등의 일상적인 업무를 수행한다. 이는 호텔 운영의 기술적 및 일반적 측면을 모두 포함하며, 고객 만족도를 높이기 위한 다양한 전략을 필요로 한다.

그림 1-8 콩코디아호 사고

Costa Concordia

반면, 크루즈선대 관리는 더 넓은 범위의 전략적, 전술적, 운영적 관리를 포함하며, 선박의 운항 효율성, 안전성, 환경적 지속 가능성을 극대화하는 것을 목표로 한다. 예를 들어, 여행 일정 계획, 자금조달, 용선(charter), 수익률 관리 등은 크루즈선대 관리의 중요한 요소이다. 이러한 요소들은 크루즈 운영의 성공에 직접적인 영향을 미친다.

크루즈 분야에서 경쟁과 집중도의 증가는 이 연구 주제의 중요성과 타당성을 강조한다. 크루즈 산업은 지속적으로 성장하고 있으며, 이에 따라 경쟁이 치열해지고 있다. 따라서 크루즈 운영자들은 더욱 효율적이고 혁신적인 방법을 통해 경쟁 우위를 확보해야 한다.

비즈니스 관리는 크루즈 관광 연구에 변화를 가져 잠재력을 가지고 있다. Papathanassis and Beckmann(2011)은 크루즈 관광을 "인간, 조직 및 지리적 실체 간의 상호작용에 의해 생성되는 사회경제적 시스템이며, 해상 교통이 가능한 여가 경험을 생산하는 것"으로 정의한다. 이 정의는 크루즈 관광의 복잡성과 다면성을 잘 나타내며, 크루즈 운영의 다양한 요소들이 어떻게 상호작용하는지를 이해하는 데 중요한 통찰을 제공한다. 크루즈 운영자는 이러한 상호작용을 효과적으로 관리함으로써 고객에게 최상의 여가 경험을 제공하고, 동시에 운영 효율성을 극대화할 수 있다.

MSC 크루즈의 역사

MSC 크루즈(MSC Cruises)는 1988년에 설립된 크루즈 부문에서 비교적 새로운 진입자이지만, 30년 만에 세계에서 네 번째로 큰 크루즈 선사가 되었다.

2017년 말 현재 이 크루즈 선사는 14척의 크루즈선대를 보유하고 있다. 2026년까지 매년 초대형 선박을 취항시킬 계획이며 2020년에는 세 번째로 큰 크루즈선 선대를 확보할 것으로 전망된다. 이 기간 동안 크루즈선 건조에 93억 유로라는 사상 초유의 투자를 하고 있다.

MSC 크루즈는 전통 있는 해운선사인 MSC(Mediterranean Shipping Company)의 일부이다. MSC는 300여년전 이탈리아에서 설립되었으며 현재 스위스 제네바에 본사를 두고 있는 세계에서 두 번째로 큰 컨테이너 해운회사의 일부이다.

1988년 MSC 크루즈가 정기선 몬터레이(Monterey)를 인수하면서 여객 운송이 시작되었다. 이듬해 MSC 크루즈는 아킬레 라우로(Achille Lauro) 1척으로 구성된 라우로 크루즈 선사(Lauro cruise line)을 인수했다. 1995년 랩소디(Rhapsody)와 멜로디(Melody)라는 두 척의 크루즈선을 추가하였다. MSC 크루즈가 더 큰 MSC 그룹의 자회사로 공식적으로 설립될 때까지 6년 동안 2척의 크루즈선으로 유지했다.

MSC의 크루즈선은 1990년 당시 상당히 혁명적인 개념으로 유럽인들에게 저렴한 크루즈 휴가를 제공하는 것을 전제로 시작되었다. 오늘날 유럽에 기반을 둔 크루즈선은 주로 지중해에서 카니발(Carnival Corporation) 소유의 코스타 크루즈 선사(Costa Cruises)와 함께 치열하게 경쟁하고 있다. 하지만 MSC 크루즈는 보다 넓은 구역을 항행하며 영업 중인데 유럽을 넘어 아메리카와 남아프리카까지 운항하며, 남미와 남아프리카에서 운영 중인 가장 큰 크루즈 선사이다.

MSC의 초기 선대에는 MSC 멜로디와 MSC 랩소디가 있었는데 2009년에 퇴역했다.

2003년에 최고경영자 피에란세스코 바고(Pierfrancesco Vago)가 MSC 크루즈에 취임하면서 현재의 성장 경로로 설정한 55억 유로 규모의 대규모 투자 프로그램을 시작했다. 처음으로 이 선사는 자체적으로 새로운 크루즈선 시리즈를 주문했다. 59,058톤, 1,445명의 여객을 승선시키는 리리카(MSC Lirica)를 2003년에 진수하였고 보다 큰 1,756명의 여객의 승선이 가능한 오페라(MSC Opera)를 2004년에 취항하였다.

2004년까지 MSC 크루즈는 8척의 크루즈선을 운영했고, 현재는 없어진 퍼스트유럽/페스티벌(First European/Festival)에서 여러 척의 선박을 인수함으로써 선대를 강화했다.

58,625톤, 1,566명 승선이 가능한 아르모니아(MSC Armonia)와 신포니아(MSC Sinfonia)라는 두 척의 크루즈선은 2억 달러 규모의 개장(refurbishment) 프로그램을 거쳤다.

뮤지카(MSC Musica)와 함께 더 크고, 더 많은 편의시설을 갖추고, 훨씬 더 높은 비율의 개인 베란다를 특징으로 하는 새로운 종류의 선박이 도입되었다. 연속해서 2006년 6월에 오케스트라(MSC Orchestra, 2007년 봄), 포에시아(MSC Poesia, 2008년 봄), 그리고 마그니파(MSC Magnifica, 2010년 봄)가 취항하였다.

이 항로는 2008년 11월, 판타지아(MSC Fantasia)와 2009년 봄, 스플렌디다(MSC Splendida) 등 133,500톤급 3,300명 규모의 선박을 취항하면서 한 걸음 더 나아갔다. 디비나(MSC Divina)는 2012년에, 프레지오사(MSC Preziosa)는 2013년에 연속적으로 취항하였다. 같은 해에 피에란세스코 바고는 최고경영자에서 물러나 총괄회장이 되었다. MSC 크루즈의 최고경영자로 경쟁회사인 코스타 크루즈의 최고경영자였던 지아니 오노라토(Gianni Onorato)를 영입하였다.

MSC 크루즈는 마이애미에 디비나(Divina in Miami)를 근거지로 하여 2013년부터 미국 시장에서 큰 활약을 펼쳤다. 그러나 이 항로는 언어, 서비스, 음식, 오락 면에서 어떠한 조정도 하지 않았다. 그 결과 여객들은 나쁜 평가로 응답했다. MSC 크루즈는 이에 주목하고 포괄적인 승무원 재교육 프로그램과 요리 및 엔터테인먼트에서 상당한 향상을 가져왔다. 그 결과는 이제 매우 인기 있는 크루즈가 되었다. MSC 크루즈는 2017년 말 마이애미에 두 번째 선박인 16만 톤, 4134명의 여객이 탑승가능한 씨사이드(MSC Seaside)를 기반으로 운영하기 시작했다.

MSC 크루즈는 2017년에 또 다른 초대형 선박인 4,475명의 승선규모의 메라빌리아(MSC Meraviglia)를 도입하여 6월에 유럽에서 첫 선을 보였다. 그리고 2019년에 미국으로 영업구역을 변경했다.

한편 자매선인 벨리시마(Bellissima)는 2018년에 취항했고 자매선 씨사이드(Seaside), 씨뷰(Seaview)는 2018년 6월에 데뷔했다. 2026년까지 1년에 한 척씩 크루즈선이 도입되는데 아직은 이름이 알려지지 않았지만, 2021년과 2022년에 선보이는 새롭게 도입되는 에보 클래스(EVO-Class)와 월드 클래스(World-Class)라는 두 개의 새로운 클래스로 구성된다.

출처: Adam Coulter(2022), "MSC Cruises History", cruisecritic. https://www.cruisecritic.com

제1장 참고문헌

이종인(1985), 『해운실무』, 부산: 한국해양대학 해사도서출판부.

정영석(2005), 『해운실무: 법과 실무를 중심으로』, 부산: 해인출판사.

Cartwright, Roger and Baird, Carolyn(1999), The Development and Growth of the Cruise Industry, Oxford: Butterworth-Heinemann.

Cornell Law(2017), Definitions: 22 CFR 41.0. Retrieved September 2017, from https://www.law.cornell.edu/cfr/text/22/41.0

Day, C., and McRae, K.(Eds.)(2001), Cruise Guide to Europe and the Mediterranean, London: Dorling Kinderlsey.

Department for Transport(2016), Regulation(EU) No.1177/2010 concerning the rights of passengers when travelling by sea and inland waterways. Retrieved September 2017, from https://www.gov.uk/government/uploads/system/uploads/attachment_data/file/573025/eu-regulation-maritime-passenger-rights-note-0.pdf

Dickinson, Bob and Vladimir, Andy(2007), Selling the Sea: An Inside Look at the Cruise Industry, New York: Wiley.

Euromonitor(2019), Top 100 City Destinations: 2019 Edition, London: Euromonitor International.

Gibson, Philip(2003), Learning, culture, curriculum and college: A social anthropology, PhD, University of Exeter.

Gibson, Philip and Parkman, Richard(2019), Cruise operations management: hospitality perspectives, 3rd ed., New York: Routledge.

Kendall, Lane C.(1986), Business of Shipping, 5th ed., London: Chapman and Hall.

Lester, J. and Weeden, C.(2004), "Stakeholders, the natural environment and the future of Caribbean cruise tourism", International Journal of Tourism Research, Vol. 6, No.1, pp.39-50.

Lück, M., Maher, P. and Stewart, E.(2010), Cruise Tourism in Polar Regions: Promoting Environmental and Social Sustainability? Abingdon, England: Routledge.

Mancini, M.(2011), The CLIA Guide to the Cruise Industry, New York: Delmar Cengage Learning.

Marine Casualties Investigative Body(2013), Report on the safety technical investigation: Cruise Ship

COSTA CONCORDIA Marine casualty on January 13, 2012, Rome, Italy: Ministry of infrastructures and transports.

Papathanassis, A. and Beckmann, I.(2011), "Assessing the 'poverty of cruise theory' hypothesis", Annals of Tourism Research, Vol.3, No.1, pp.153-174.

Papathanassis, A.(2008), Cruise sector growth and destination development: development for cruising vs. development through cruising. Presented in the Meeresnutzung im Jahr 2025: Wirtschaftliche Chancen für Cuxhaven. Industrie- und Handelskammer Stade (Cuxhaven, Germany), 14 November. Available at: http://www.papathanassis.com/images/dlfiles/IHKCruiseDest.pdf.

Petsko, Gregory A.(2011), "The blue marble", Genome Biology, Vol.12, No.4, pp.1-3, https://doi.org/10.1186/gb-2011-12-4-112

Stewart, E. J. and Draper, D.(2006), "Sustainable cruise tourism in Arctic Canada: an integrated coastal management approach", Tourism in Marine Environments, Vol.3, No.2, pp.77-88.

Stewart, E. J. and Draper, D.(2009), "Environmental sustainability and cruise tourism in Arctic Canada". In: Hill, J. and Dale, T.(Eds.), Ecotourism and Environmental Sustainability: Principles and Practice. Ashgate, Farnham, UK.

クルーズアドバイザー認定委員会(2022),『クルーズ教本: クルーズ・コンサルタントコース』, 東京: 日本外航客船協会.

佐波宣平(1971),『海の英語: イギリス海事用語根源』, 東京: 成山堂書店.

織田政夫(1975),『海運経済論』, 東京: 成山堂書店.

작년 한해 크루즈 여행을 경험한 여객의 수가 1천만 명 이상이라는 것은 틀리지 않았다.
현대인의 긴장감과 스트레스를 날려 버릴 수 있는 일상탈출의 기회를 제공하는 크루즈는
오늘날 가장 유명한 여행 형태이다.
크루즈선은 여객을 불과 며칠 만에 유명한 여행지로 데려다 주는
범죄 없고 안전한 최고의 리조트이다.

여행작가 Douglas Ward(2001)의 Complete Guide to Cruising and Cruise Ships 2002 내용 중

제2장
크루즈 발전사

2.1.1. 크루즈 개념의 도입

1858년에 P&O의 실론호(Ceylon)가 유료 운항을 시작하였다. 이 선박은 북유럽의 일부 부유층들이 일조 시간이 짧은 동절기에 일광욕을 즐기기 위해 카나리아 제도(Canary Islands)와 카리브해(Caribbean Sea)를 유람하는 데 사용되었다. 이 시기, 북유럽의 부유층은 추운 겨울철에 따뜻한 기후와 풍부한 일조량을 찾아 머나먼 지역으로 여행을 떠나는 것이 유행이었다.

실론호의 운항은 단순한 교통 수단 이상의 의미를 지녔다. 승객들은 선상에서 다양한 활동과 오락을 즐길 수 있었으며, 이는 오늘날 우리가 알고 있는 크루즈의 기원으로 볼 수 있다. 이러한 점에서 실론호의 운항은 전통적인 의미의 크루즈에 부합하는 세계 최초의 크루즈로 보고 있다.

실론호의 성공적인 운항은 이후 크루즈 산업의 발전에 큰 영향을 미쳤다. 사람들은 더 이상 단순히 목적지에 도착하는 것만을 목표로 하지 않고, 여행 자체를 즐기는 문화를 형성하게 되었다. 이러한 변화는 크루즈 산업의 성장을 촉진하였고, 다양한 크루즈 노선과 선박이 등장하게 되는 배경이 되었다. 이처럼 실론호의 운항은 현대 크루즈 산업의 시초로 평가받고 있다(池田良穂, 2010).

그림 2-1 세계 최초의 크루즈 Ceylon

자료: The Old Peninsular & Oriental Steam Naviagtion Company, http://www.pandosnco.co.uk

당시 대륙 간 인력·물리 이동은 종교 신념에 의존하고 있었으며, 특히 유럽 지역과 미국을 여결하는 주요 항로인 북대서양 항로는 북미 대륙 이주민들의 운송 수요를 충족시키는 데 큰 역할을 했다. 북대서양의 해상 상황이 악화되어 이용객이 감소하는 동절기 동안, 정기 항로의 여객선을 활용하여 부정기 크루즈 사업에 참여하는 선사가 증가하였다. 이러한 추세는 북대서양 항로를 중심으로 선박 자체의 물리적 기능을 향상시키고 다양한 서비스가 추가되기 시작하면서 관련 시장의 경쟁이 심화되었다. 이러한 상황에서 현대적 의미의 크루즈, 즉 정기 해상 여객사업으로의 전환이 이루어졌다.

제1차 세계대전 종전 이후인 1922년에는 최초로 미국 뉴욕에서 출발하여 세계 각 지역을 4개월에 걸쳐 일주하는 크루즈 상품이 개발되었다. 이는 크루즈 여객 산업의 황금기를 맞이하게 된 결정적인 순간이었다. 당시의 일정은 미국 동부의 뉴욕을 출발하여 지중해를 거쳐 수에즈 운하, 인도, 일본을 경유하여 미국 서부의 샌프란시스코까지 선박을 이용한 뒤, 샌프란시스코부터는 대륙횡단열차를 이용하여 뉴욕으로 돌아오는 일정이었다. 이와 같은 대규모 크루즈 여행은 당시로서는 매우 혁신적이었고, 부유층을 중심으로 큰 인기를 끌었다(西田玄, 2016).

당시의 크루즈는 주로 부유층을 대상으로 하고 있었다. 이용되던 선박은 정기선 항로에 배치되던 선박을 그대로 이용하였다. 그리고 선상에서 제공되는 서비스보다는 기항지에서의 관광이 주요 목적이었다. 또한 정기 항로 취항 시보다 여객 수를 줄이고 요금을 할증하는 대신, 서비스의 질적 향상을 도모했다. 이는 크루즈 여행이 단순한 이동 수단을 넘어서, 고급 여행 상품으로 자리잡게 되는 데 중요한 역할을 했다(野間恒, 2008).

당시까지만 해도 크루즈는 소수의 부유층을 위한 고가의 관광 상품으로서의 이미지가 매우 강해 일반인들에게는 진입 장벽이 높았다. 그러나 1970년대에 들어서면서 1주에서 2주가량의 단기간 관광 프로그램을 저가에 제공하는 현대적 의미의 정기 크루즈 비즈니스 모델이 도입되었다. 이는 중산층을 주요 고객으로 하는 관련 시장의 큰 성장을 불러일으켰다. 이로 인해 크루즈 산업은 지속적인 성장과 함께 오늘날에 이르게 되었다.

크루즈 산업의 변화는 단순히 여행의 형태뿐만 아니라, 사회적, 경제적 구조에도 큰 영향을 미쳤다. 초기에는 부유층만을 대상으로 했던 크루즈 여행이 점차 중산층에게도 문을 열면서, 대중화의 길을 걷게 되었다. 이는 더 많은 사람들이 크루즈 여행을 경험할 수 있게 하였고, 크루즈 산업의 발전을 가속화시키는 중요한 계기가 되었다.

또한, 크루즈 산업의 발전은 관련 인프라의 확충과 서비스의 다양화로 이어졌다. 항구 시설의 현대화, 선박의 대형화, 다양한 엔터테인먼트와 식음료 서비스의 제공 등은 크루즈 여행의 매력을 더욱 높이는 요소가 되었다. 이러한 변화는 크루즈 산업이 단순한 여행 산업을 넘어, 하나의 종합적인 문화 산업으로 자리잡는 데 기여했다.

오늘날 크루즈 여행은 단순한 이동 수단을 넘어, 하나의 독립적인 여행 형태로 자리잡았다.

이는 초기의 부유층 중심의 고급 여행에서 벗어나, 다양한 계층의 사람들이 즐길 수 있는 대중적인 여행 형태로 변모한 결과이다. 크루즈 산업의 이러한 변화와 발전은 앞으로도 지속될 것이며, 더 많은 사람들에게 새로운 여행 경험을 제공할 것이다.

2.1.2. 현대 크루즈 시대

제2차 세계대전의 종전 이후, 1959년부터 북대서양 항로에서 제트항공기를 이용한 최초의 상용 항공운송노선이 운용되기 시작하였다. 운송수단으로서 항공기는 신속성이라는 경쟁우위를 가지고 운송시장에서 그 점유율을 확대해 나가기 시작하였다. 아울러 1970년대 초반에 이르러서는 대형 제트여객기가 도입되어 항공운임이 하락됨에 따라 정기여객선이 가지고 있던 가격우위도 약화되었다. 이 때문에 1962년에 약 100만 명 수준이었던 북대서양 항로의 선박 이용객은 1970년에는 25만 명 수준으로 급감하였다(Ward, 2015).

여객선 이용자의 감소로 인해 다수의 선사들은 위기 상황을 타개하기 위해 카리브해, 지중해 및 유럽 등을 주요 항로로 하는 크루즈 여객산업에 역점을 두게 되었다. 이러한 변화는 단순히 새로운 시장을 개척하는 것 이상의 의미를 가지고 있었다. 이는 전 세계적으로 크루즈 여행의 인기를 높이고, 다양한 고객층을 유치하기 위한 전략적인 결정이었다.

유럽에서는 북대서양 항로를 운항하던 선박을 활용하여, 과거 부유층의 전유물로 여겨졌던 크루즈의 전통적인 고급 이미지를 부활시키기 위한 노력을 기울였다. 특히, 영국의 사우스햄프턴(Southampton) 주변 해역과 지중해, 북유럽 등의 지역을 중심으로 중·장기 및 세계 일주 크루즈 상품 등을 중심으로 사업을 운영하였다. 이러한 노력은 주로 부유층을 주요 고객으로 삼아, 고품질의 서비스와 럭셔리한 경험을 제공하는 데 초점을 맞추었다. 이를 통해 유럽의 크루즈 산업은 고급 여행 시장에서의 입지를 다지는 데 성공하였다.

한편 미국의 경우 카리브해 주변 해역을 중심으로 크루즈 사업을 전개해 나갔으며, 그 양상은 유럽과는 조금 달랐다. 미국의 크루즈 산업은 1960년대부터 1970년대에 걸쳐 폭발적으로 성장하기 시작했다. 다양한 지역의 선사 및 여행사들이 앞 다투어 크루즈 마켓에 진입하였고, 이들은 각기 다른 전략을 통해 시장에서의 성공을 거두었다.

미국 선사들의 성공적인 특징은 다음과 같다. 첫째, 대중성을 강조한 크루즈 상품을 개발하였다. 이는 고급 이미지보다는 보다 많은 사람들에게 접근 가능한 가격대의 다양한 프로그램을 제공함으로써 이루어졌다. 둘째, 엔터테인먼트와 편의시설을 강화하였다. 크루즈 선박 내에는 카지노, 영화관, 다양한 레스토랑, 수영장 등의 시설을 마련하여, 승객들이 선상에서 다양한 활동을 즐길 수 있도록 하였다. 셋째, 가족 단위 여행객을 주요 고객층으로 삼았다. 이를 위해 가족 친화적인 프로그램과 시설을 제공하는 데 중점을 두었다.

이와 같은 미국의 크루즈 산업 전략은 대중적인 크루즈 여행의 인기를 높이는 데 크게 기여하였다. 카리브해 지역은 특히 미국인들에게 인기 있는 여행지로 자리 잡았으며, 이는 미국 크루즈 선사들의 매출 증대와 시장 확장에 중요한 역할을 하였다. 이러한 다양한 노력과 전략 덕분에, 크루즈 산업은 과거의 위기를 극복하고, 새로운 전성기를 맞이하게 되었다.

크루즈 마켓에 성공적으로 진입한 미국선사들의 특징은 다음과 같다.
① 정해진 항로를 반복하여 운항하는 정기 크루즈 여객선의 운용
② 미국의 크루즈 거점항인 마이애미를 미국 내륙지역과 연결하는 항공편과 결합한 플라이 앤 크루즈(Fly and Cruise)의 운영
③ 1주일 이내 기간의 단기 크루즈(Short Cruse) 상품의 운영
④ 초대형 선박을 다수 활용하여 규모의 경제를 통한 가격경쟁력의 향상 등을 들 수 있다.

미국 선사들이 구현한 전략을 활용하여 일부 부유층이 아닌 일반 대중을 주요 고객층으로 특정하여 시장을 확대하였으며 이를 통하여 크루즈의 대중화에 크게 기여한 것으로 판단되고 있다. 초기에는 미국시장에 진출한 다수의 선사들 가운데 대형 여객선을 그대로 크루즈 여객선으로 활용하는 경우도 존재하였으나 설비시스템상의 문제 그리고 장기적으로 여객유치의 어려움 등을 고려하여 전용 크루즈 여객선으로의 전환이 이루어졌다. 그러나 단기간에 다수의 전용크루즈 여객선이 시장에 투입됨에 따라 상대적 공급과잉 상황에 직면한 많은 선사들이 경영위기에 직면하게 되었다. 이후, 미국 시장에서 캐주얼 크루즈 여객 시장이 급속하게 성장함으로써 전용 선박들의 대형화가 이루어졌다. 이를 통하여 가격경쟁력을 갖추게 되었으며 선내에 다양한 위락 시설 및 여객 편의설비를 갖춘 선박을 활용할 수 있게 되었다. 이를 바탕으로 다른 지역으로의 시장 확대가 가능해 졌다. 또한 선사간의 인수·합병 등을 통하여 크루즈 마켓이 재편되었으며 그 규모 또한 급속도로 확대되었다(西田玄, 2016).

현대적 크루즈 산업 즉 거대 정기 크루즈 여객선 산업의 성장 비즈니스모델은 1960년대 미국 마이애미를 거점으로 카리브해에서 시작되었다(池田良穗, 2011).

현지에서 관광업을 하던 테드 아리슨(Ted Arison, 1924-1999)이 노르웨이젼 캐리비안라인(현재의 NCL; Norwegian Cruse Line)을 설립하여 누트 클로스터(Knut Kloster, 1929-2020)가 건조한 여객 카

페리 선워드(Sunward)를 이용하여 마이애미를 거점으로 하는 3박 또는 5박의 단기 크루즈(Short Cruse)사업을 개시한 것을 현대적 크루즈 산업의 시발점으로 보고 있다(池田良穂, 2012).

1966년 취항한 선워드(Sunward)는 그 당시 일반적으로 인식되던 전통적인 크루즈의 가격과 비교한다면 파격적으로 저렴한 59달러 수준으로 제시했다. 이러한 가격 경쟁력을 기반으로 일반 중산층을 주요 고객층으로 접근한 선워드(Sunward)는 큰 성공을 이루었다(Cudahy, 2001). 이 선박은 1970년 영화 'Darker than Amber'의 배경과 1989년의 코미디 영화 'Going Overboard'에 등장한다.

그림 2-2 **MS Sunward**

자료: Cudahy(2001).

이후 NCL은 추가적으로 3척의 크루즈 여객선을 신조하였다. 그중 한 척은 1968년에 독일에서 건조한 스타워드(Starward), 이어서 1969년에는 스카이워드(Skyward), 1971년에는 사우스워드(Southward)가 완성되었다.

선워드(Sunward)가 마이애미를 거점으로 3일 또는 4일의 일정으로 크루즈 상품을 운영했던 것에 비하여 신조된 3척의 선박 가운데 2척은 미국 마이애미를 매주 토요일에 출발하여 토요일에 돌아오는 1주간의 크루즈로 나머지 1척은 동일 항로를 2주간의 일정으로 선박들을 운영하였다. 이러한 크루즈 여객선의 운영형태를 정기 크루즈라 하며 현대적 크루즈 산업이 성공하게 된 가장 큰 요인으로 지목되고 있다. 따라서 이는 NCL을 시작으로 이후 전개된 현대적 크루즈 비즈니스모델의 특성을 가장 잘 나타내는 표현이라 할 수 있다.

크루즈 여객선의 제작도 당시의 오션라이너(Ocean Liner)로 불리던 정기여객선과는 다르게 등급가를 없애고 나일 등급하하여 여객실은 좁지만 화장실과 욕실을 갖춘 2인 1실을 기본으로 하는 대신 넓은 공용시설을 마련하였다.

또한 여객들이 지루함을 느끼지 않도록 다양한 이벤트들을 준비하였다. 이러한 현대 크루즈 여객선 산업의 비즈니스 모델을 실제적으로 선박에 구현한 것은 덴마크의 크누드 E. 한센(KNUD E. HANSEN)사의 선박 디자이너였던 타게 완드보르그(Tage Wandborg, 1923-현재)에 의해서였다.

이러한 NCL의 뒤를 이어 현대적 크루즈 산업에 적극적으로 진입한 것은 로얄 캐리비안 크루즈 라인(RCCL; 현재의 로얄 캐리비안 인터내셔날, RCI)이었다. 1960년대, 미국의 마이애미 항을 거점으로 노후 여객선이 주로 활용되던 바하마 항로의 크루즈 실무에 종사하고 있던 관련 업계 실무자 중 일부는 NCL의 성공을 직접 목격하며 기존과는 다른 새로운 크루즈 비즈니스 모델의 발전 가능성에 대한 확신을 가지게 되었으며 이를 구현할 수 있는 새로운 회사의 설립을 모색하게 되었다.

노르웨이의 선박운항사인 앤더스 윌헬름센(Anders Wilhelmsen & Co), 아이엠스 스카우겐(I.M. Skaugen and company), 고타스 라센(Gotaas Larsen)등 3개 회사가 출자하여 1968년에 RCCL을 설립하고, 핀란드에 3척의 1만 8천 톤급 크루즈선 송 오브 노르웨이(Song of Norway), 노르딕 프린스(Nordic Prince), 선 바이킹(Sun Viking)을 발주하였다. 이들 선박들은 외형적으로 범선을 연상시키는 선수, 넓은 갑판과 전망 라운지 등, 새로운 디자인의 도입으로 이전까지의 일반적인 여객선의 이미지와는 다른 혁신적인 크루즈선의 이미지를 소비층에게 각인시켰다. 또한 회사 이름에 붙인 '로열(Royal)'은, NCL보다 고급임을 나타내기 위함이라고 하며 왕관과 닻을 조합한 독특한 마크(Mark)는 항상 혁신을 추구하고자 하는 회사의 좌우명을 상징하는 것으로 알려졌다.

그림 2-3 **Royal Caribbean 상징**

자료: Royal Caribbean Group, https://www.royalcaribbeangroup.com

1970년 처음으로 송 오브 노르웨이(Song of Norway)가 1주일간의 일정으로 카리브해를 운항하는 크루즈 상품으로 운영되었다. NCL과 같이 토요일에 출항하는 일정으로 요금은 290달러 수준이었다. 이어서 1년 단위로 노르딕 프린스(Nordic Prince), 선 바이킹(Sun Viking)이 취항하게 되었다. 이 당시 카리브해의 크루즈 여객 수요는 연간 약 50만 명 수준으로 아직 초기단계였다.

그림 2-4 MS Sun Viking, Song of Norway, Nordic Prince

자료: Royal Caribbean International, http://www.royalcaribbean.com

또한 카리브해 크루즈의 선구자였던 NCL의 공동경영자 테드 아리슨(Ted Arison, 1924-1999)은 1971년 NCL을 떠나 새로운 크루즈 선사인 카니발 크루즈 라인을 설립하게 되었다. 당시 신조 크루즈 여객선을 건조할 여력이 안 되었던 카니발 크루즈 라인은 중고 여객선을 크루즈선으로 개조하여 투입하였으며 앞선 두 회사와의 차별전략으로 요금을 가능한 수준까지 낮추어 젊은 층으로 수요 확대를 노리고 있었으며 이를 통하여 큰 성과를 거두었다(池田良穂, 2012).

그러나 시대의 변화와 함께 1970년대 들어 본격적으로 대형 여객기가 보급됨에 따라 장거리 이동 수단이 선박에서 항공기로 전환되기 시작하였으며 이와 함께 여객선에 대한 수요가 전체적으로 감소했다. 따라서 각 선사들은 여객선의 이미지를 기존의 단순한 이동 수단에서 멀티레저 수단으로 변화시킴으로써 생존을 도모하기 시작했다. 멀티레저 상품으로서 크루즈 여객산업의 이미지를 일반 대중에게 인식시키는 데에 큰 공헌을 한 것은 아이러니하게도 항공기와의 연계를 통해서였다. 이전까지 크루즈 여객선을 이용한 관광 상품들은 일반적으로 몇 개월에 걸친 장기 상품이었기 때문에 일반인들이 부담하기에는 상당한 고가여서 일부 부유층으로 그 고객이 한정될 수밖에 없었다. 이러한 인식을 불식시키기 위하여 승선이 이루어지는 도시까지 항공기를 이용하여 이동하여 승선 한 뒤, 약 1주에서 2주가량을 엄선된 관광지들을 기항하는 상품을 제공한 이후, 하선 한 도시에서 다시 각 고객들의 거주 지역까지 항공기를 이용하는 일명 플라이 앤 크루즈 상품이 도입되었다. 이는 이후 크루즈 여객산업의 주류 상품으로 자리 잡았으며 이를 통하여 크루즈만의 고유한 시장영역을 구축할 수 있었다(水野英雄, 2017).

2.2 ▶ 크루즈 문화 개막

국제여행의 대명사는 선박과 항공기를 이용하는 것이다. 그런데 우리는 언제부터 선박이 아니라 비행기로 해외 여행하는 것을 당연시하게 되었을까?

1957년 통계를 보면 사람들은 대서양 횡단 시 거의 같은 비율로 선박과 비행기를 이용하였다. 그러나 제트 항공기 등장으로 사정은 급변한다. 1965년이 되면 비행기 이용객은 약 4배 늘어난 400만 명, 반면 선박 이용객은 40% 정도 줄어든 65만 명을 기록한다. 1970년대 초반이 되면 그 수치는 1300만 명 대비 10만 명으로 바뀐다. 결국 1970년대 초반 이후부터 대중들은 해외여행이라고 하면 당연히 공항과 비행기를 연상하게 되었다.

제트 비행기의 등장으로 여객선 사업은 사양길을 걸을 수밖에 없었다. 1966년 세계 전체 선대에서 여객선은 6% 미만으로 감소하였고, 대형여객선 유나이티드 스테이트(SS United States)와 레오나르드 다빈치(Leonardo da Vinci)는 1970년대에 역사의 뒤안길로 사라졌다.

SS United States는 1949년 발주되어 1951년부터 대서양 항로에 취항하여 1950년대를 대표하는 당시 최고속의 원양여객선(Ocean Liner)로서 'The Big U'로 별칭되었다. 총톤수 53,330톤, 길이 302미터, 홀수 9.53미터이며 정원은 선원 900명, 여객 1,928명으로 선속은 35노트이다. 취항 당시 미국 선박의 상징으로서 1950년대를 풍미하였으며 1996년 운영 종료 후 박물관 등 활용을 모색하면서 계류 상태로 있다(The Maritime Executive, 2020).

기존의 여객선사 중 일부는 해운 관광사업의 비중을 확대하고 급기야 순수 관광 사업으로 변신을 꾀한다. 그 대표적인 사례가 영국의 P&O선사였다. 1970년대 프린세스 크루즈(Princess Cruises) 선사를 매입한 P&O선사는 세계 3위의 크루즈 선사가 된다.

그러나 전적으로 새로운 크루즈 문화를 창조하면서 크루즈 산업을 석권하는 것은 마이애미(Miami)에 본사를 둔 카니발과 로열 캐리비언이었다. 다소 역설적이지만 이 두 선사 성장의 기폭제는 제트 비행기였다. 비행기는 카리브해와 이전에 별 볼일 없던 마이애미를 크루즈 산업의 중심지로 만들었다. 관광객들은 비행기를 이용하여 플로리다에 도착하여, 그곳에서 일 년 내내 평온하고 햇살이 좋으며, 열대성 기후의 기항지가 촘촘히 연결된 바다로 항해할 수 있었기 때문이다.

테드 아리슨(Ted Arison, 1924-1999)은 단 1척의 선박인 마디그라(Mardi Gras)를 1972년 취항시켜 카니발 크루즈를 창업하였다. 선명인 마디그라(프랑스어: Mardi Gras)는 사육제의 마지막 날을 의미한다. 중세시대에 재의 수요일(Ash Wednesday)과 부활절(Easter Sunday) 사이의 40일간 금식하며 기도를 올리는 사순절(Lent)의 서막을 알리는 행사이다. 프랑스인들은 재의 수요일 전 화요일을 기름진 화요일(Fat Tuesday)이라고 한다.

벤처기업인 카니발이 크루즈 산업에서 성공할 수 있었던 이유는 서방세계의 문화코드에 잘 부합했기 때문이다. 카니발(Carinval)이라는 회사명은 '난장(亂場)' 또는 '축제'를 의미하고, 선박명은 '기름진 화요일(Mardi Gras)'을 뜻한다. 회사의 로고에 행운과 안전항해를 상징하는 고래꼬리를 상징화한 회사 로고가 사용되었으며, 선전문구인 '펀십(Fun Ship, 즐거운 선박)'은 잠재고객들의 흥미를 끌어낼 수 있었다.

카니발은 기존과는 다른 완전히 새로운 시장을 목표로 삼았다. 훨씬 젊은 연령대와 전통적인 삶의 이미지에 얽매이지 않는 크루즈 여행 경험이 없는 고객을 겨냥하였다. 기성세대 여객들이 유람을 하거나 장기간, 한가롭게 여가를 즐긴 것과 대조적으로 카니발은 선박 자체가 주요 목적지가 되는 단기 휴가 크루즈를 운항하였다. 복장 규정이나 '난장'을 제약하는 요소를 제거함으로써, 크루즈 여행은 높은 신분과 특별한 사람들의 전용이라는 이미지를 지워버렸다. 오히려 카니발은 대중성을 환영했고, 선상에서의 소비를 장려하였다(정문수, 2017).

그림 2-5 Mardi Gras 취항식

자료: https://carnival-news.com/about-3/company-history

문화적인 충격은 엄청났다. 경쟁 선사들은 카니발을 '카리브해의 대형 할인매장'이라고 비난했지만, 결국 카니발은 크루즈 산업을 대규모 레저 시장으로 변모시켰다. 1970년에 50만 명이 크루즈로 여행했으며, 20년 후 이 수치는 약 330만 명으로 증가했고, 카니발은 이 중 가장 큰 몫을 차지했다.

카니발의 문화는 가능한 자의식을 벗어난 탐닉을 추구하는 바다 여행을 지향했다. 카니발은 라스베가스와 올란도의 이미지를 모방하고, 디즈니의 방식을 크루즈 선상에 도입했다. 이러한 새로운 문화는 크루즈선이 텔레비전 드라마의 소재가 될 정도로 확산되었다.

프린세스 크루즈선을 배경으로 하는 ABC의 드라마 '사랑의 유람선(The Love Boat)'는 크루즈 산업의 성장기와 맞물려 1977년부터 1986년까지 무려 10년간 지속되었다. 또한 카니발 크루즈는 업계최초로 1984년에 TV에 상업적 광고를 시작하여 업계 선도적 역할을 지속하였다.

그림 2-6 사랑의 유람선 드라마

1977년 사랑의 유람선 드라마 안내

2015년 프린세스크루즈 창립 50주년 기념식의 드라마 출연진

한편 로열 캐리비언(Royal Caribbean) 크루즈 선사는 카니발과 다르게 이전의 바다여행의 매력과 거대한 미국 시장의 잠재력을 결합시켰다. 로열 캐리비언의 선박은 연중 지속적인 크루즈 항해에 적합하도록 그리고 거의 모든 항만에 정박과 입항이 가능하도록 경흘수선(輕吃水船, shallow draft vessel)으로 건조되었다. 선박의 외관은 쾌속범선 '클리퍼(Clipper)'의 뱃머리를 모방하여 '날렵한 요트'처럼 보이게 만들었다. 로열 캐리비언의 상징인 연돌(funnel) 상부에 튀어나온 유리창으로 밀폐된 전망대는 미국 시애틀(Seattle)의 상징인 '스페이스 니들(Space Needle)'을 연상시킨다.

그림 2-7 Carnival과 Royal Caribbean의 연돌과 외관

고래 꼬리

스페이스 니들

Carnival 연돌

Royal Caribbean 연돌

Carnival 외관

Royal Caribbean 외관

자료: Shutterstock.com

로열 캐리비언은 승무원들과 선장, 해기사의 제복에 이르기까지 모든 물품을 주문 제작하였다. 선상의 상부갑판은 개방되었고 햇볕을 즐길 수 있는 수영장이 들어섰다. 여객실은 여객 수를 늘이기 위해 가능한 작게 만들어졌고, 공용 공간에서 돈과 시간을 소비하도록 유도하였다. 로열 캐리비언은 선박의 항차를 가능한 한 줄이고, 여객 대비 승조원의 비용, 특히 선장이나 해기사와 같은 고임금직에 대한 비용을 절감하기 위해 선박의 대형화를 시도하였다. 새로운 혁신을 도모했다는 점에서 카니발과 유사하지만, 로열 캐리비언은 즐거움뿐만 아니라 고상함도 강조하였다.

'난장'을 의미하는 카니발과 '고상함'을 강조하는 로열은 양대 크루즈 선사의 다른 지향점을 보여준다. 그러나 카니발과 로열 캐리비언은 크루즈의 신문화를 창조했고 대중 크루즈 마켓을 만들었다. 여객선 사업의 몰락과 크루즈 산업의 탄생은 전통적인 유럽 항만의 몰락과 마이애미의 부상을 가져왔다. 1960년대 이전 여객선사들이 거의 취항하지 않았던 마이애미가 세계 최대의 크루즈 항만으로 레저와 화려한 야항(Port at Night)의 상징이 된 것은 따지고 보면 여객선사의 몰락을 기회로 활용한 새로운 크루즈 문화의 탄생 때문이다.

2.3 　크루즈 연표

현대적 의미의 크루즈선이 도입된 이후 크루즈 산업에서 주요한 역사적 이슈가 있었다. 연구자마다 견해가 다를 수 있지만 Ward(2023), Gibson and Parkman(2019), CLIA(2024) 등의 연구를 정리하면 [표 2-1]과 같이 정리할 수 있다.

표 2-1　크루즈 역사

연도	내용
1801	예인선 샬럿 던다스(Charlotte Dundas)가 취항하여 최초의 실용적인 증기선(steam-driven vessel)으로 기록
1818	블랙볼 해운회사(Black Ball Line)에서 총톤수424톤 사반나호(Savannah) 취항. 8명의 여객을 영국 리버풀에서 미국 뉴욕까지 28일간 항해를 통해 최초로 대서양 횡단에 성공
1835	스코틀랜드 셰틀랜드(Shetland)와 오크니(Orkney islands)에서 최초의 크루즈 광고 실시. 이 크루즈선은 실제로 운항하지 않았음. 1986년까지 노스오브스코틀랜드·오크니·셰틀랜드 해운회사(North of Scotland, Orkney & Shetland Steam Navigation Company)가 단기 크루즈를 실시하기 까지 크루즈선의 운항은 없었음
1837	페닌슐라 증기선사(Peninsular Steam Navigation company) 설립, 이후 페닌슐라앤오리엔트 증기선사(Peninsular and Oriental Steam and Navigation Company)로 변경. 현재 피앤오 크루즈 선사(P&O)의 전신

1840	새뮤얼 커나드(Samuel Cunard)가 최초로 대서양 횡단 증기선사 설립
1843	이삼바드 킹덤 브루넬(Isambard Kingdom Brunel)의 총톤수 3,270톤 그레이트브리턴(Great Britain) 진수. 최초의 철제선박(iron-hull)으로서 프로펠러(propeller) 추진 선박임
1844	1933년 부터 이베리아 지역(Iberia Peninsular)에서 영업하던 P&O 크루즈가 런던에서 비고(Vigo), 리스본(Lisbon), 몰타(Malta), 이스탄불(Istanbul), 알렉산드리아(Alexandria)까지 크루즈 항해 운영
1858	최초의 크루즈로 알려진 P&O의 실론호(Ceylon)가 유료 운항 시작
1867	작가 마크 트웨인(Mark Twain, 1835-1910)은 P&O가 제공하는 6개월간 런던-흑해 항해를 경험으로 그의 여행기 Innocents Abroad(철부지의 해외여행기)를 발표
1881	실론호(Ceylon)가 순수 여객선 목적으로 선박 개장(refitt)
1910	화이트스타사(White Star)가 46,329GTR 올림픽호(Olympic)를 취항하고 1년뒤 타이타닉(Titanic)으로 개명. 1912년 4월 12일 빙하로 인한 대규모 해상재난사건 발생.
1911	크루즈 전용으로 건조된 최초의 선박인 빅토리아루이스호(Victoria Louise) 취항
1912	커나드사(Cunard)가 라코니아호(Laconia)와 프랑코니아호(Franconia)를 정기 운항을 위한 크루즈선으로 취항
1920~1933	당시 미국에서 불법인 담배 등의 면세품 구매와 도박 등의 목적으로 미국을 출항하여 쿠바(Cuba), 버뮤다(Bermuda), 바하마(Bahamas) 등을 방문하는 '진탕 술마시는 크루즈(booze cruises)'를 허용.
1922	커나드사(Cunard)의 라코니아호(Laconia)가 세계일주 항해. 이 선박은 20,000GRT으로 2,000명의 여객을 위한 3개 등급의 여객실을 보유
1929	P&O사의 비세로리오브인디아호(Viceroy of India) 취항. 이 선박은 당시 최초의 터보전력시스템(turbo-electric power) 이며, 갑판 위 수영장이 있는 최초의 선박이었음. 또한 영국과 인도간의 화물·여객 양용(dual-purpose)의 정기선이었으며 고급 크루즈선 이었음
1930년대	유니온캐슬사(Union Castle)는 남아프리카공화국으로부터의 연휴 관광을 위해 3등실 £30, 2등실 £60, 1등실 £90로 경쟁력 있는 상품을 판매
1934	고급 크루즈 정기선 퀸메리호(Queen Mary) 취항. 승무원 1,174명, 여객 2,000명으로 승무원:여객 비율이 1:2 보다 낮음
1934	유나이트스테이츠정기선사(United States Lines)가 화력발전(oil-fired) 정기선으로 최대선속 25knots를 추진하는 아메리카호(America)를 건조. 1941년에 세계2차대전 군인을 수송함
1938	83,000 GRT급 노르망디호(Normandie)가 뉴욕-리오데자이네로(Rio de Janeiro)-뉴욕의 항로를 21일간 항해 상품 출시. 1인당 상품가격은 US $395~US$8,600
1939	2차 세계대전 발발. 퀸메리(Queen Mary), 퀸엘리자베스(Queen Elizabeth)가 군대 수송용으로 사용
1958	대서양 횡단 상업용 제트항공기(jet-aircraft) 등장으로 크루즈 정기선사 시장에 큰 타격을 줌
1966	영국을 중심으로 크루즈 산업 회복
1970년대	신규 크루즈사 설립 휴가계획자 가운데 1%만이 크루즈 여행 선택. 크루즈사는 항공사와 함께 항공-크루즈(Fly cruise) 상품 개발. TV 드라마 시리즈 The Love Boat(사랑의 유람선)가 1977년에 방송 시작

1979	선상에서 발생하는 수익이 전체 수익의 5%를 차지
1984	카니발 크루즈(Carnival Cruises)가 최초로 TV 광고를 실시
1986	컴퓨터 시스템을 이용한 항해를 도입한 윈스타호(Windstar)는 항해의 낭만(romance of sail)과 현대적인 안락함을 결합
1990년대	크루즈 선사의 합병과 국제화
1999	이글 클래스 선박(Eagle-class vessels)인 보이저오브씨(Voyager of the Sea)와 그랜드프린세스(Grand Princess)는 고도의 정교함과 규모의 경제성을 달성하고, 선박 자체가 휴가목적지 역할(vessel as a destination) 개념이 확립됨
2000년대	보다 세분화되고 라이프 스타일에 맞춘 크루즈 등장. 1980년부터 2000년까지 북미 크루즈 마켓이 연간 8%의 성장 지속세를 보임
2002	전세계 7억명의 관광객 가운데 1,030만명의 관광객이 크루즈 관광으로 추정. 이 가운데 2.4%가 미국인이며 영국인이 1.3%. 1% 이하의 유럽인이 매년 크루즈를 이용함
2003	커나드사(Cunard)의 150,000 GRT급 퀸메리2(Queen Mary 2) 취항
2003	카니발사(Carnival Corporation)가 P&O프린세스크루즈(P&O Princess Cruises)를 인수하면서 세계최대 크루즈 운영회사로 성장
2009	로얄캐러비안사(Royal Caribbean)의 오아시스급(Oasis-class)의 220,000 GRT 오아시스오브씨즈호(Oasis of the Seas)가 취항하여 세계 최대의 크루즈선으로 기록됨.
2006	NCL사가 프리스타일(freestyle) 개념의 크루즈 상품 출시
2010	전세계 크루즈 마켓은 약 300억 달러로 추정되며, 카니발 코퍼레이션(Carnival Corporation)이 전세계 수익의 51.6%의 점유율을 차지하고, 로얄캐러비안(Royal Caribbean)이 전세계 수익의 25.6%를 차지.
2011	카니발 코퍼레이션(Carnival Corporation)이 100번째 크루즈선 취항
2015	액화천연가스(LNG) 추진 크루즈선 건조 증가
2016	여객의 네트워크 사용을 위해 크루즈선에 인터넷 기술 채택
2020~2022	2019년 말 발생한 전세계적인 감염병 COVID19로 인해 크루즈선을 운항 중단하고 2020년 하반기 부터 크루즈선 운항 재개

자료: Ward(2023), Gibson and Parkman(2019), CLIA(2024).

크루즈선에 승선한 여객의 동향을 살펴보면 [그림 2-8]과 같이 전세계적으로 크루즈 산업은 1990년부터 2019년까지 연간 여객 복합 성장률이 6.6%였다. 그러나 COVID-19는 약 11개월간 해상 여객 크루즈 산업을 중단시켰고 그 결과 절반 가까이 여객이 줄어 들었다. 2019년에 27,508,900명의 여객이 이용한 크루즈 산업은 2020년에 7,092,600명으로 폭락하였고 2021년에는 13,903,900명 수준으로 회복되었다. 이것은 2020년 대비 96.2% 증가하였고 2019년 대비 -49.4% 수준이다.

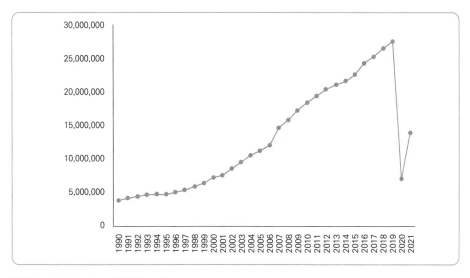

그림 2-8 전세계 크루즈 여객 추이

자료: Cruise Market Watch(2022.11.4.).

[표 2-2]는 2017년부터 2021년 까지 크루즈 여객의 통계인데 COVID-19의 영향이 있어서 대폭적인 감소가 있었던 2010년과 2021년을 굳이 예외로 하지 않더라도 가장 큰 시장은 북미지역임을 알 수 있다. 북미시장의 53% 혹은 미국 전체인구의 24%만이 해상 크루즈를 승선한 경험이 있다. 하지만 1년 동안 총 승선 크루즈 여객은 미국 라스베가스(Las Vegas) 방문객의 절반에 불과하다. 라스베가스의 국제공항인 Harry Reid International Airport을 통한 여객은 2019년에 51,537,638명이 방문하였다(Las Vegas Airport, 2022). 다음으로 유럽지역의 여객은 북미지역의 거의 절반에 해당한다.

표 2-2 전세계 지역별 크루즈 여객

(단위: 명)

연도	북미지역	유럽지역	기타지역	전세계
2017	12,645,600	6,996,000	5,536,400	25,178,000
2018	12,927,800	7,285,100	6,291,700	26,504,600
2019	12,929,200	7,564,900	7,014,800	27,508,900
2020	3,225,500	1,935,300	1,931,800	7,092,600
2021	6,118,596	3,754,580	4,032,711	13,905,900

자료: Cruise Market Watch(2022.11.4.).

하모니크루즈의 비극

약 2년 4개월 전이다. 국내 최초 크루즈 선사인 '하모니크루즈'가 화려하게 출범했다. 말 그대로 우리나라 제1호 크루즈선인 '클럽하모니호'가 바다 위에 처음 떠오르는 순간이었다.

하지만 화려한 순간과 기쁨도 잠시, 하모니크루즈는 출범 1년 만에 클럽하모니호의 임시 휴항을 결정했다. 하모니크루즈는 당시 '선박 정비 및 서비스 재구성'의 이유로 잠정적인 휴항을 선언했지만, 사실상 전액 자본잠식에 빠지며 수백억 원에 달하는 누적 적자에 시달린 것이 본질적인 이유였다.

크루즈선 1척으로 시작한 하모니크루즈는 운항 초기부터 순탄치 못했다. 초반에 배를 들여오는 과정에서 수백억 원대의 투자가 이뤄졌고, 초기 진출이라는 이유로 시행착오는 불가피했다. 즉 운항 초기 '깜짝 특가' 효과를 본 여객수 역시 급감해 결국 배가 멈춰선 것이다.

국토부 통계자료에 따르면 당시 클럽하모니호의 1회 운항당 평균 탑승인원은 513명으로 정원의 절반을 간신히 넘기는 수준이었다. 비수기에는 크루즈를 찾는 여객이 300명도 채 안되는 경우도 많았다. 결국 클럽하모니호는 바다 위 꿈을 제대로 펼쳐보지도 못하고 역사 속으로 사라졌다.

업계 전문가들은 하모니크루즈가 1년 만에 실패한 이유 중 하나를 '정부 규제' 때문이라고 지적한다. 현재 국내법상 영해 내에선 국내외 선박 모두 카지노가 금지돼 있다. 크루즈 산업의 주요 수익원인 카지노 등 기본적으로 크루즈에 설치돼야 할 오락시설 허가를 받지 못했다는 것이다.

해양수산부와 문화관광체육부는 하모니크루즈 좌초 이후인 2013년 7월, 2만톤 이상 선박에 카지노 설치를 허용하는 '크루즈 산업 육성지원 법률안' 발의를 검토하기 시작했다. 하지만 2년이 지난 지금까지 크루즈법은 여전히 표류 중이다.

게다가 정부 부처 간 입장이 달라 크루즈법 찬반 논란만 가열되고 있다. 해수부는 "연내 국적 크루즈선을 띄우겠다"며 적극 나서고 있으나, 문체부는 아예 크루즈선 취항에 힘을 실어주지 않는 형국이다.

유기준 해수부 장관은 얼마 전 크루즈 산업 활성화 대책을 통해 "내국인에게도 선상 카지노를 이용하는 방안을 검토하겠다"고 밝히며, 선상 카지노 허용을 앞장서 주장하고 있다. 외국 크루즈선 카지노에 내국인 출입을 허용하면서 국적선에만 금지하는 건 역차별일 뿐 아니라, 크루즈 산업의 수익 중 4분의 1 이상이 카지노에서 발생한다는 이유에서다. 반면 문체부는 도박 문화 확산, 사행심리 조장 등을 우려해 카지노 허용에 소극적인 모습을 보이고 있다.

결국 크루즈법이 시행되고 국적 크루즈선이 정상적으로 운항되기까지는 △정부부처 간 의견 조율 △내외국인 허용 여부 기준 △내국인 카지노 허가 관련 국민적 공감대 형성 등 명확하게 짚고 넘어가야 할 것들이 많다.

이왕 크루즈법 추진을 결정했으면, 정부의 명확한 방향 설정은 물론 이해당사자들의 입장과 현실적 상황 등을 면밀히 검토해 제2의 하모니크루즈 비극이 다시는 일어나지 않기를 바란다.

출처: 하유미(2015), "제2의 '하모니크루즈의 비극' 다시 일어나지 말아야", 이투데이(2015.6.19.)

제2장 참고문헌

정문수(2017), "여객선사의 몰락과 새로운 크루즈 문화의 탄생", 『SEA&: Monthly Magazine for the Blue Ocean』, 제10월호, http://webzinesean.kr

CLIA(2024), State of the Cruise Industry Report, Washington DC: Cruise Lines International Association.

Cruise Market Watch(2022.11.4.), "Worldwide Cruise Line Market Share", https://cruisemarketwatch.com/market-share

Cudahy, J. Brian(2001), The Cruise Ship Phenomenon in North America, Centreville, Maryland: Cornwell Maritime Press.

Gibson, Philip and Parkman, Richard(2019), Cruise operations management: hospitality perspectives, 3rd ed., New York: Routledge.

Las Vegas Airport(2022), https://www.las-vegas-airport.com

The Maritime Executive(2020), "U.S. Cities Offered SS United States as Cultural Space", https://maritime-executive.com/article/u-s-cities-offered-ss-united-states-as-cultural-space

Ward, Douglas(2023), Insight Guides Cruising & Cruise Ships 2024, London: Insight Guides.

Ward, Douglas(2015), Berlitz Crusing & Cuise Ships 2016, London: Apa Publications.

西田玄(2016), "クルーズの更なる振興に向けて: 観光立国実現に向けたクルーズの重要性", 『立法と調査』, 第380号, pp.98-112.

水野英雄(2017), "アジアにおけるクルーズ市場の拡大による外航クルーズ客船の日本への寄港のクラスター分析", 『椙山女学園大学研究論集』, 第48号, pp.121-130.

野間恒(2008), 『増補 豪華客船の文化史』, 東京: NTT出版.

池田良穂(2010), 『クルーズビジネス論』, 堺: 船と港編集室.

池田良穂(2011), "アメリカでの現代クルーズの成功要因の分析", 『日本クルーズ&フェリー学会論文集』, 第1号, pp.15-18.

池田良穂(2012), "現代クルーズの歴史", 『日本船舶海洋工学会誌』, 第44号, pp.2-8.

Roll on, thou deep and dark blue Ocean—roll!   깊고도 푸른 바다여, 굴러가라!
Ten thousand fleets sweep over thee in vain   수많은 함선들이 헛되이 너를 건너가도,
Man marks the earth with ruin—his control   인간은 땅을 짓밟으며 지배하지만,
Stops with the shore;--upon the watery plain   너의 발길은 너의 경계에서 멈추는구나.
The wrecks are all thy deed, nor doth remain   오직 너의 피조물인 난파선들만이 남아 있을 뿐,
A shadow of man's ravage, save his own,   인간의 파괴의 자취는 사라져 흔적조차도 찾아볼수 없도다.
When for a moment, like a drop of rain,   잠깐의 순간, 빗방울처럼
He sinks into thy depths with bubbling groan,   그가 너의 깊은 품에 스며들어가 울부짖으며 사라지네
Without a grave, unknelled, uncoffined, and unknown.   종묘도 관도 없이 알려지지도 않은 채.

시인 *George Gordon Byron(1812)*의 *Childe Harold's Pilgrimage*의 *Ocean* 시 가운데

제3장
크루즈 비즈니스

3.1.1. 여객 동향

크루즈 산업은 21세기의 유망산업 중 하나로 평가받고 있다. 문화체육관광부는 카지노와 컨벤션과 함께 크루즈 산업을 고부가가치 관광산업으로 분류하고 있으며, 2016년에는 고용노동부가 크루즈선에서의 직업을 신직업으로 채택하기도 했다. 이는 크루즈 산업이 단순한 여가 활동을 넘어 경제적, 사회적으로도 중요한 역할을 하고 있음을 시사한다.

전 세계적으로 활약하고 있는 크루즈 선박은 크루즈선의 정의에 따라 그 대상이 다양하고 편차가 존재한다. 왜냐하면 크루즈선(Cruise Ship)이 있는 반면에 Ship을 포함한 Boat, Yacht, Vessel 등 다양한 형태로 크루즈 관광이나 여행을 제공하는 크루즈 선박(Cruise Vessel)이 존재하기 때문이다. 일반적으로 Boat보다 큰 배를 Ship이라고 하며, 이 두 가지를 모두 포함하는 범주를 Vessel이라고 표현하기 때문에 크루즈 선박(Cruise Vessel)은 크루즈선(Cruise Ship)을 포함하는 개념으로 사용된다.

예를 들어, 우리나라에 존재하는 한국적 크루즈선이라고 불리는 선박의 법률적 용어는 여객선(passenger ship)이다. 해운법(법률 제19807호, 시행 2024. 5. 1.)에 의해 해상여객운송사업 면허를 받은 여객선이 상업적으로 '크루즈'라는 명칭을 사용하고 있지만, 법률적으로 사용되는 크루즈선(cruise ship)과는 다르다.

크루즈산업의 육성 및 지원에 관한 법률(법률 제16571호, 2020.2.28. 시행)에 따르면, 순항 여객운송사업의 면허를 받은 선박을 '크루즈선(cruise ship)'이라고 하는데, 현재까지 국적 크루즈선(Korean-flagged cruise ship) 면허를 받은 회사는 2024년 6월 현재까지 없다. 따라서 현재의 크루즈선은 외국적 크루즈선(foreign-flagged cruise ship)을 제외하고는 크루즈 선박(Cruise Vessel)이라고 표현하는 것이 타당할 것이다.

하지만 크루즈선은 특성상 글로벌 기준을 준수해야 하기 때문에, 세계적으로 통용되는 정의인 미국의 정의를 따르는 것이 보편적이다. 크루즈선사국제협회(Cruise Lines International Association, CLIA) 혹은 플로리다-캐리비언 크루즈협회(Florida-Caribbean Cruise Association, FCCA)에 가입된 크루즈 선사를 대상으로 한정하는 것이 일반적인 관행이다. 이러한 기준에 따르면, 2022년 현재 세계적으로 85개 브랜드의 크루즈선 375척이 운영되고 있다. 이 크루즈선들이 보유한 침상은 총 613,304개이며, 선박당 평균 1,635명의 여객이 승선할 수 있는 규모이다(Mathisen and

Mathisen, 2022). 크루즈 산업은 여전히 큰 규모를 유지하고 있으며, 다양한 브랜드와 선박들이 전 세계적으로 운영되고 있다.

CLIA의 2022년 보고서에 따르면 최근 3년간 가장 많은 크루즈 관광에 참여한 지역은 북미대륙이다. 2021년 기준으로 북미대륙에서 2,215천 명의 여객이 크루즈에 승선하였다. 그러나 COVID-19 팬데믹의 영향으로 인해 2019년의 승선객이 15,408천 명에서 급격히 줄어든 것을 확인할 수 있다. 이는 팬데믹이 크루즈 산업에 미친 심각한 영향을 보여주는 사례 중 하나이다. 북미대륙 다음으로 큰 크루즈 시장은 서유럽이며, 그 뒤를 이어 아시아가 큰 시장을 형성하고 있다.

서유럽의 경우, 2019년에는 7,226천 명의 여객이 크루즈에 승선했으나, 2020년에는 1,223천 명으로 급감하였다. 2021년에는 1,671천 명으로 다소 회복세를 보였으나, 여전히 팬데믹 이전 수준을 회복하지는 못하였다. 아시아의 경우도 마찬가지로, 2019년에는 3,738천 명의 여객이 크루즈를 이용했으나, 2020년에는 497천 명으로 급감하였다. 2021년에는 626천 명으로 소폭 증가하였으나, 여전히 팬데믹 이전 수준에는 미치지 못하고 있다.

남미, 스칸디나비아/아이슬란드, 동유럽, 중동/아라비아, 카리브해, 오스트레일리아/뉴질랜드/태평양, 중앙아메리카, 아프리카 지역 역시 COVID-19 팬데믹의 영향을 크게 받았다. 특히 남미의 경우, 2019년 935천 명의 여객이 크루즈를 이용했으나, 2021년에는 89천 명으로 급감하였다. 스칸디나비아/아이슬란드, 동유럽, 중동/아라비아, 카리브해, 오스트레일리아/뉴질랜드/태평양, 중앙아메리카, 아프리카 지역 역시 비슷한 패턴을 보이며 여객 수가 급감하였다.

CLIA의 분석에 따르면, 이러한 감소는 대부분 팬데믹으로 인한 여행 제한과 안전 우려로 인한 것이다. 그러나 2021년부터는 일부 지역에서 크루즈 여객 수가 다소 회복세를 보이고 있어, 크루즈 산업의 회복 가능성에 대한 기대감을 높이고 있다.

이와 같은 데이터를 통해 크루즈 산업은 여전히 많은 도전과제를 안고 있지만, 동시에 잠재적인 성장 가능성도 가지고 있음을 알 수 있다. 크루즈 산업의 회복과 성장을 위해서는 보다 철저한 안전 대책과 여행자들의 신뢰 회복이 필요할 것이다. 또한, 각 지역별로 특화된 크루즈 여행 상품 개발과 마케팅 전략이 중요하게 작용할 것으로 보인다.

표 3-1 크루즈 여객의 지역별 분포

(단위: 천 명)

지역	2019년	2020년(전년 대비)	2021년(전년 대비)
North America	15,408	3,008(-80.5%)	2,215(-26.4%)
Western Europe	7,226	1,223(-83.1%)	1,671(+36.6%)
Asia	3,738	497(-86.7%)	626(+26.0%)
South America	935	458(-51.0%)	89(-80.7%)
Scandinavia/ Iceland	218	52(-76.2%)	45(-12.7%)
Eastern Europe	263	72(-72.6%)	32(-55.1%)
Middle East/ Arabia	108	8(-92.3%)	22(+168.1%)
Caribbean	57	7(-87.7%)	7(-1.7%)
Australia /NZ/ Pacific	1,351	340(-74.8%)	7(-98.1%)
Central America	49	14(-71.3%)	(-100.0%)
Africa	169	68(-59.6%)	(-100.0%)

자료: CLIA(2022).

크루즈 여객을 국적별로 세분하면 [표 3-2]와 같다. 상위 국가별로 분석하면 가장 많은 크루즈 관광시장은 미국이다. COVID-19에 의한 영향이 없었던 2019년을 기준으로 하면 14,199천 명이었다. 이는 미국이 크루즈 관광에서 가장 큰 시장을 형성하고 있음을 보여준다.

다음으로 크루즈 관광이 활성화된 국가는 독일과 영국이다. 이들 국가에서는 크루즈 여행이 매우 인기가 있으며, 많은 사람들이 크루즈를 통해 여행을 즐기고 있다. 독일의 경우 북해와 발트해를 중심으로 한 크루즈 여행이 매우 활발하며, 영국 역시 대서양과 지중해를 잇는 다양한 크루즈 노선을 운영하고 있다. 이러한 점에서 독일과 영국은 유럽 크루즈 관광 시장의 핵심 국가로 자리매김하고 있다.

한편 중국의 경우에는 COVID-19에 의한 영향으로 인해 2021년에는 거의 크루즈 마켓이 붕괴된 것으로 보인다. 중국은 원래 크루즈 관광 시장이 빠르게 성장하고 있었으나, 팬데믹으로 인해 심각한 타격을 입었다. 이에 따라 많은 크루즈 선사들이 중국 시장에서 철수하거나 운영을 중단하게 되었다. 중국은 아시아 내에서 가장 큰 크루즈 시장 중 하나로 성장할 잠재력을 지니고 있었으나, COVID-19로 인해 그 성장이 급격히 멈추게 된 것이다. 이는 중국 내 크루즈 관광 산업의 재건에 큰 도전과제를 남기게 되었다.

　중국보다 크루즈 관광시장이 먼저 도입된 일본의 경우에는 크루즈 관광 측면에서 보면 존재감이 미미하다. 일본은 크루즈 관광의 역사와 전통이 있음에도 불구하고, 상대적으로 크루즈 여객 수가 적고 시장의 규모가 크지 않다. 이는 일본 내에서 크루즈 여행이 다른 형태의 관광에 비해 덜 대중적이라는 것을 의미한다. 일본은 독특한 문화와 자연경관을 자랑함에도 불구하고, 크루즈 관광이 활성화되지 못한 이유는 다양한 요인이 있을 수 있다. 예를 들어, 일본 내 항구의 제한된 수용 능력, 크루즈 관광에 대한 낮은 인지도 등이 그 원인으로 작용할 수 있다.

　우리나라의 경우에도 크루즈 관광이 활성화되어 있다고 보기는 어렵다. 한국은 지리적으로 크루즈 여행에 유리한 위치에 있음에도 불구하고, 크루즈 관광의 인프라와 인식이 아직 충분히 갖춰지지 않았다. 이에 따라 많은 한국인들이 크루즈 여행을 통해 해외로 나가기보다는 다른 형태의 여행을 선호하는 경향이 있다. 한국은 동북아시아의 중심에 위치하여 크루즈 노선의 중요한 기착지로서의 잠재력이 있지만, 현재까지는 그 잠재력이 충분히 발휘되지 못하고 있다. 한국 내 크루즈 관광의 활성화를 위해서는 보다 체계적인 인프라 구축과 홍보가 필요할 것이다.

표 3-2　크루즈 여객의 국적별 분포

(단위: 천 명)

	2019년	2020년(전년 대비)	2021년(전년 대비)
United States	14,199	2,732(-80.8%)	2,168(-20.7%)
Germany	2,587	531(-79.5%)	576(+8.4%)
UK & Ireland	1,992	259(-87.0%)	479(+84.5%)
Singapore	325	72(-78.0%)	360(+403.1%)
Italy	950	151(-84.1%)	340(+124.6%)
India	313	46(-85.4%)	123(+168.0%)
France	545	146(-73.2%)	116(-20.7%)
Hong Kong	191	36(-81.2%)	77(+113.2%)
Spain	553	45(-91.9%)	74(+65.4%)
Brazil	567	331(-41.7%)	72(-78.3%)
Norway	98	20(-79.3%)	35(+71.2%)
Canada	1,037	257(-75.2%)	33(-87.0%)

Malaysia	121	13(-88.9%)	25(+83.1%)
Taiwan Region	389	83(-78.8%)	23(-71.9%)
Switzerland	140	23(-83.8%)	20(-11.5%)
Austria	136	25(-81.9%)	15(-40.2%)
Mexico	167	18(-89.2%)	14(-24.9%)
Netherlands	123	18(-85.6%)	13(-26.1%)
Japan	296	19(-93.7%)	12(-37.8%)
Mainland China	1,919	205(-89.3%)	6(-97.1%)
Australia	1,241	312(-74.9%)	5(-98.5%)
South Africa	158	67(-57.4%)	(-100.0%)
New Zealand	106	24(-77.6%)	(-100.0%)
Argentina	151	76(-49.8%)	(-100.0%)

자료: CLIA(2022).

3.1.2. 크루즈 목적지

크루즈 여객이 방문하는 주요 여행 목적지(Destination)에 대한 분석은 크루즈 산업의 흐름과 관광 트렌드를 이해하는 데 중요한 역할을 한다. 그런데 Destination이라는 용어를 기항지라고도 하는데, 일반적로 크루즈선은 여러 기항지(Destination)를 중간에 들렀다가 최종 목적지(Final Destination)에 도착하는 것이 일반적인 항해일정을 갖고 있기 때문이다. 하지만 본서에서는 Destination이라는 용어를 기항지와 최종 목적지를 엄격하게 구별하여 사용하지 않는다. 그 이유는 크루즈선의 운항일정 가운데 여객들의 행동 패턴이 다양하기 때문이다. 그 이유는 크루즈 여행 중에 기항지에서 다른 일정의 크루즈 상품으로 갈아타는 여객도 있고, 기항지에서 하선하는 여객도 있기 때문이다.

CLIA(2022)가 조사한 결과인 [표 3-3]에 따르면, 가장 인기가 있는 여행 목적지는 카리브해-바하마-버뮤다(Caribbean-Bahamas-Bermuda) 지역이다. 이 지역은 따뜻한 기후와 아름다운 해변, 다양한 해양 활동 등으로 인해 많은 여행객들의 사랑을 받고 있다. 카리브해의 맑은 바다와 다양한 섬들은 크루즈 여행객들에게 잊지 못할 경험을 제공하기 때문에 이 지역은 항상 크루즈 여행의 인기 목적지로 손꼽히고 있다.

다음으로 인기가 많은 곳은 지중해 지역이다. 지중해 지역은 중서부 지중해(Central & Western Mediterranean)와 동부 지중해(Eastern Mediterranean)로 나누어지는데, 특히 중서부 지중해가 비교적 인기가 많다. 이 지역은 이탈리아, 스페인, 프랑스 등 관광 명소가 밀집해 있어 역사와 문화를 체험할 수 있는 기회가 많다. 로마, 바르셀로나, 니스 등 유명 관광 도시는 크루즈 여행객들에게 다양한 관광 명소와 풍부한 문화 체험을 제공한다.

또한, 중국의 영향으로 아시아 · 중국(Asia & China) 지역도 많은 관광객이 방문하는 곳으로 부상하고 있다. 아시아 지역은 다양한 문화와 역사를 가지고 있으며, 특히 중국은 그 거대한 시장 잠재력으로 인해 많은 크루즈 선사들이 주목하고 있는 지역이다. 상하이, 홍콩, 싱가포르 등 주요 도시들은 크루즈 여행의 중요한 허브로 자리 잡고 있다.

크루즈선의 특성 중 하나는 이동이 가능하다는 점이다. 이로 인해 크루즈 여행 상품은 다양한 목적지를 포함할 수 있다. 예를 들어, 알래스카(Alaska)는 자연의 아름다움을 경험할 수 있는 인기있는 목적지이다. 알래스카 크루즈는 빙하, 야생 동물, 광활한 자연 경관을 감상할 수 있는 기회를 제공하며, 탐험과 모험을 즐기는 여행객들에게 큰 인기를 끌고 있다.

탐사여행(Exploration Destination)도 많은 인기를 얻고 있다. 탐사여행은 일반적인 관광지와는 다른 독특한 경험을 제공하며, 자연과 문화 탐방을 통해 깊이 있는 여행을 즐길 수 있다. 이와 더불어 대서양횡단 및 세계일주(Transatlantic & World Cruise) 크루즈 상품도 많은 인기를 끌고 있다. 대서양을 횡단하거나 세계 여러 지역을 여행하는 이러한 크루즈는 긴 여행 기간 동안 다양한 문화와 풍경을 감상할 수 있는 기회를 제공한다.

반면, 일반적인 관광지로 알려진 하와이(Hawaii)는 크루즈 여객의 목적지로서 그다지 선호되지 않는 것으로 보인다. 하와이는 아름다운 자연 경관과 다양한 액티비티로 유명하지만, 크루즈 여행객들에게는 상대적으로 덜 매력적인 목적지로 평가받고 있다. 이는 하와이의 지리적 위치와 크루즈 노선의 접근성 등의 이유일 수 있다.

이러한 크루즈 관광 목적지는 기존의 육상 호텔 중심의 관광과는 차이가 있다. 크루즈 여행은 이동하면서 다양한 목적지를 방문할 수 있다는 점에서 독특한 매력을 가지고 있다. 이는 여행객들에게 한 곳에 머무르는 것보다 더 다채로운 경험을 제공하며, 다양한 문화와 경관을 감상할 수 있는 기회를 제공한다. 크루즈 여행의 이러한 특성은 많은 여행객들에게 매력적으로 다가가며, 크루즈 산업의 지속적인 성장을 이끄는 중요한 요소가 되고 있다.

표 3-3 크루즈 여객의 목적지 분포

(단위: 천 명)

목적지	2019년	2020년(전년 대비)	2021년(전년 대비)
Caribbean-Bahamas-Bermuda	11,983	2,986(-75%)	1,745(-42%)
Central & Western Mediterrane	3,211	225(-93%)	707(+215%)
Asia & China	3,977	643(-84%)	658(2%)
Northern Europe	1,708	52(-97%)	454(+779%)
Eastern Mediterrane	1,226	30(-98%)	288(+855%)
NA West Coast/ Mexico/ California/ Pacific Coast	1,165	231(-80%)	211(-9%)
Baltics	594	(-100%)	141
Canary Island	496	180(-64%)	133(-26%)
Alaska	1,215	(-100%)	121
Panama Canal/ South America	807	484(-40%)	95(-80%)
Africa/ Middle East	515	267(-48%)	38(-86%)
Exploration Destination	187	11(-94%)	37(226%)
Transatlantic & World Cruise	393	45(-89%)	28(-37%)
Australia/ New Zealand/ Pacific	1,178	366(-69%)	12(-97%)
No Trade Identified	170	151(-11%)	(-100%)
Hawaii	243	43(-82%)	(-100%)
Canada/ New England	302	(-100%)	
기타	304	53(-82%)	84(+57%)

자료: CLIA(2022).

이상의 내용을 기초로 하여 2021년에 목적지로 이동하는 크루즈 여객의 분포는 [그림 3-1]에 잘 나타나 있다. 이 그림은 생키 다이어그램(Sankey Diagram) 또는 생키 차트(Sankey Chart)라고도 불리며, 데이터의 이동이나 흐름을 시각적으로 강조하고 어떤 항목의 기여도가 높은지를 파악하는 데 효과적인 방법이다. 생키 다이어그램은 복잡한 데이터의 흐름을 직관적으로 이해할 수 있게 해주며, 특히 크루즈 여객의 이동 패턴을 분석하는 데 유용하다.

생키 다이어그램에서 노드(Node)는 하나의 데이터 항목을 의미하며, 링크(Link)는 노드와 노드를 연결하여 데이터의 이동 경로를 보여준다. 링크의 두께는 해당 데이터의 크기를 나타내며, 이를 통해 어떤 데이터가 중요한 역할을 하는지를 쉽게 알 수 있다. 예를 들어, 링크의 두께가 두꺼울수록 해당 경로를 통해 이동하는 여객의 수가 많다는 것을 의미한다.

2021년 전세계 크루즈 여객의 총 수는 약 475만 명에 달했으며, 이 중 약 1.4%에 해당하는 6만 7천 명의 여객이 제외된 분석 결과가 [그림 3-1]에 반영되어 있다. 이와 같은 분석 방법은 데이터의 정확성을 높이고, 주요 흐름을 명확히 파악하는 데 도움이 된다.

분석 결과를 보면, 북미대륙의 관광객들은 주로 카리브해-바하마-버뮤다(Caribbean-Bahamas-Bermuda) 지역을 목적지로 선택하고 있다. 이 지역은 북미에서 가까운 거리와 아름다운 해변, 다양한 해양 활동 등으로 인해 많은 인기를 끌고 있다. 카리브해의 맑은 바다와 따뜻한 기후는 북미 관광객들에게 매력적인 여행지로 다가온다.

서유럽에서는 서부 지중해, 북유럽, 발틱해 지역으로 크루즈 여객이 이동하는 경향이 뚜렷하다. 서부 지중해는 이탈리아, 스페인, 프랑스 등 관광 명소가 밀집해 있어 역사와 문화를 체험할 수 있는 기회를 제공한다. 북유럽과 발틱해 지역은 아름다운 자연 경관과 독특한 문화로 인해 많은 관광객들의 발길을 끌고 있다. 이 지역들은 특히 여름철에 크루즈 여행의 인기 목적지로 손꼽힌다.

아시아 지역에서는 많은 크루즈 여객이 아시아·중국을 선택하는 것으로 분석된다. 중국의 거대한 시장 잠재력과 다양한 문화, 역사는 많은 크루즈 여행객들에게 매력적인 요소로 작용하고 있다. 상하이, 홍콩, 싱가포르 등 주요 도시는 크루즈 여행의 중요한 허브로 자리 잡고 있으며, 다양한 관광 명소와 문화 체험을 제공한다.

결과적으로 크루즈선의 목적지는 승선한 지역과 항해가 가능한 지역에 따라 구성되는 것으로 이해할 수 있다. 이는 크루즈 여행이 단순히 한 곳에 머무는 것이 아니라 다양한 목적지를 이동하며 다양한 경험을 제공하는 여행 형태임을 보여준다. 크루즈 여행의 이러한 특성은 여행객들에게 다채로운 경험을 제공하며, 크루즈 산업의 지속적인 성장을 이끄는 중요한 요소가 되고 있다.

생키 다이어그램을 통해 이러한 복잡한 데이터를 시각적으로 쉽게 이해할 수 있으며, 크루즈 여객의 이동 패턴을 명확히 파악할 수 있다. 이는 크루즈 산업 관계자들이 전략적인 결정을 내리는 데 중요한 자료로 활용될 수 있다. 예를 들어, 특정 지역의 크루즈 여행 수요를 분석하고, 이를 바탕으로 새로운 노선을 개발하거나 기존 노선을 최적화할 수 있다. 또한, 여행객들의 선호도를 파악하여 맞춤형 서비스를 제공함으로써 고객 만족도를 높일 수 있다.

그림 3-1 2021년 크루즈 여객의 이동 생키 다이어그램

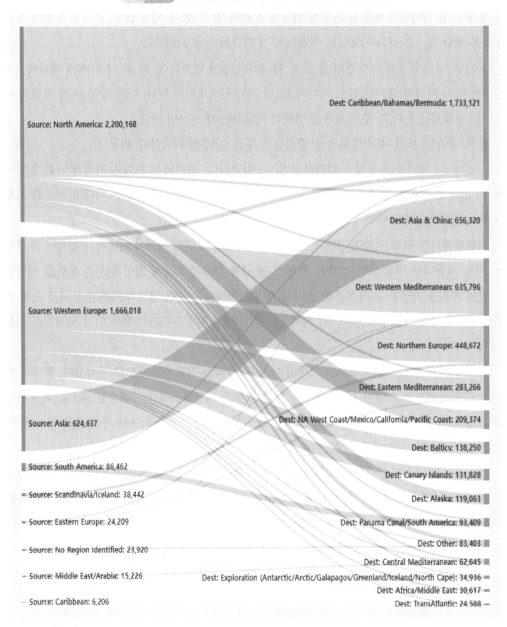

Source: North America: 2,200,168

Dest: Caribbean/Bahamas/Bermuda: 1,733,121

Dest: Asia & China: 656,320

Dest: Western Mediterranean: 635,796

Source: Western Europe: 1,666,018

Dest: Northern Europe: 448,672

Dest: Eastern Mediterranean: 283,266

Dest: NA West Coast/Mexico/California/Pacific Coast: 209,374

Source: Asia: 624,637

Dest: Baltics: 138,250

Source: South America: 86,462

Dest: Canary Islands: 131,828

Source: Scandinavia/Iceland: 38,442

Dest: Alaska: 119,063

Source: Eastern Europe: 24,209

Dest: Panama Canal/South America: 93,409

Source: No Region Identified: 23,920

Dest: Other: 83,403

Dest: Central Mediterranean: 62,645

Source: Middle East/Arabia: 15,226

Dest: Exploration (Antarctic/Arctic/Galapagos/Greenland/Iceland/North Cape): 34,936

Dest: Africa/Middle East: 30,617

Source: Caribbean: 6,206

Dest: TransAtlantic: 24,588

자료: CLIA(2022).

3.2 ▶ 크루즈 선사

3.2.1. 크루즈 마켓

주요 크루즈 선사의 2021년 영업 실적이 [표 3-4]과 같이 Cruise Market Watch(2022.11.4.)에 의해 발표되었다. 발표에 따르면 Carnival 그룹을 비롯한 주요 크루즈 선사의 2021년 실적은 여객수 13,905,800명, 수입은 23,834,840천 달러에 달한다. 크루즈 산업을 지배하고 있는 세계적인 크루즈 선사는 Carnival, RCI, Norwegian, MSC Cruises로 구성된 Big 3+1 형태로 나뉜다. 모기업인 Carnival, RCI, Norwegian은 여러 개의 브랜드를 통해 개별 크루즈 선사를 운영하고 있으며, MSC Cruises는 단일 브랜드로 운영되고 있다.

Carnival 그룹은 2021년 기준으로 전 세계 크루즈 관광 수입의 42.0%, 여객의 37.1%를 점유하고 있는 최대 기업이다. 이 그룹은 AIDA, Carnival, Costa Cruises, Cunard, Holland America, P&O Cruises, P&O Cruises Australia, Princess, Seabourn 등 9개의 개별 브랜드 크루즈 선사를 운영하고 있으며, 대표 브랜드는 Carnival이다.

RCI 그룹은 전 세계 크루즈 관광 수입의 23.6%, 여객의 21.2%를 점유하고 있으며, Azamara, Celebrity, Royal Caribbean, Silversea 등 4개의 개별 브랜드 크루즈 선사를 운영하고 있다. 대표 브랜드는 Royal Caribbean이다.

Norwegian 그룹은 전 세계 크루즈 관광 수입의 9.5%, 여객의 12.6%를 점유하고 있으며, Norwegian, Oceania Cruises, Regent Seven Seas 등 4개의 개별 브랜드 크루즈 선사를 운영하고 있다. 대표 브랜드는 Norwegian이다.

MSC Cruises는 세계적인 해운기업인 MSC 그룹의 일원으로 크루즈 산업에서는 단일 브랜드로 운영되고 있다. MSC Cruises는 전 세계 크루즈 관광 수입의 10.2%, 여객의 6.5%를 점유하고 있어서 단일 브랜드로 운영되는 크루즈 선사 중에서는 3번째로 큰 규모이다.

이와 같이 크루즈 산업은 Carnival, RCI, Norwegian, MSC Cruises라는 Big 3+1의 형태로 이루어져 있으며, 이들은 각각 다양한 브랜드를 통해 글로벌 시장에서 경쟁하고 있다. Carnival 그룹은 가장 많은 브랜드를 운영하며 시장 점유율도 가장 높고, RCI와 Norwegian 그룹도 다수의 브랜드를 통해 시장에서 중요한 역할을 하고 있다. MSC Cruises는 단일 브랜드로 운영되지만, 여전히 중요한 시장 점유율을 가지고 있다. 크루즈 산업의 이러한 구조는 각 기업이 다양한 고객층을 타겟으로 하여 다양한 서비스를 제공하고 있음을 보여준다.

표 3-4 **2021년 크루즈 여객 및 매출액**

모기업	크루즈 브랜드	여객		매출	
		명	비중	달러	비중
Carnival	AIDA	749,300	5.4%	$1,373,710,000	5.8%
	Carnival	2,528,100	18.2%	$1,803,870,000	7.6%
	Costa Cruises	862,400	6.2%	$1,121,190,000	4.7%
	Cunard	99,700	0.7%	$427,110,000	1.8%
	Holland America	384,200	2.8%	$1,095,070,000	4.6%
	P&O Cruises	241,500	1.7%	$466,790,000	2.0%
	P&O Cruises Australia	127,300	0.9%	$134,980,000	0.6%
	Princess	816,300	5.9%	$2,065,350,000	8.7%
	Seabourn	33,800	0.2%	$345,120,000	1.4%
	소계	5,842,600	42.0%	$8,833,190,000	37.1%
RCI	Azamara	31,700	0.2%	$161,530,000	0.7%
	Celebrity	540,000	3.9%	$1,452,300,000	6.1%
	Royal Caribbean	2,657,900	19.1%	$3,048,670,000	12.8%
	Silversea	48,900	0.4%	$391,710,000	1.6%
	소계	3,278,500	23.6%	$5,054,210,000	21.2%
Norwegian	Norwegian	1,200,300	8.6%	$2,057,990,000	8.6%
	Oceania Cruises	71,100	0.5%	$373,140,000	1.6%
	Regent Seven Seas	48,500	0.3%	$565,150,000	2.4%
	소계	1,319,900	9.5%	$2,996,280,000	12.6%

	American Cruise Lines	13,600	0.1%	$37,210,000	0.2%
	Blount Small Ship Adventures	3,900	0.0%	$10,630,000	0.0%
	Celestyal Cruises	64,100	0.5%	$175,440,000	0.7%
	Crystal	40,800	0.3%	$111,640,000	0.5%
	Disney	312,200	2.2%	$653,450,000	2.7%
	Dream Cruises	264,100	1.9%	$723,030,000	3.0%
	Fred Olsen	110,700	0.8%	$303,030,000	1.3%
	Grand Circle Cruise Line	1,900	0.0%	$5,320,000	0.0%
	Hapag Lloyd	48,500	0.3%	$132,910,000	0.6%
	Hebridean Island Cruises	1,900	0.0%	$5,320,000	0.0%
	Hurtigruten	122,300	0.9%	$334,930,000	1.4%
	Lindblad Expeditions	17,500	0.1%	$47,850,000	0.2%
	Marella Cruises	102,900	0.7%	$281,770,000	1.2%
기타	MSC Cruises	1,414,700	10.2%	$1,539,650,000	6.5%
	Paradise Cruise Line	50,500	0.4%	$138,230,000	0.6%
	Phoenix Reisen	43,700	0.3%	$119,620,000	0.5%
	Ponant/Paul Gauguin Cruises	85,400	0.6%	$233,920,000	1.0%
	Quark Expeditions	15,500	0.1%	$42,420,000	0.2%
	Saga Cruises	38,800	0.3%	$106,220,000	0.4%
	SeaDream Yacht Club	3,900	0.0%	$10,630,000	0.0%
	Star Clippers	11,700	0.1%	$31,900,000	0.1%
	Star Cruises	80,200	0.6%	$219,670,000	0.9%
	TUI Cruises	330,100	2.4%	$903,790,000	3.8%
	Viking Cruises	143,700	1.0%	$393,410,000	1.7%
	Virgin Voyages	111,100	0.8%	$304,100,000	1.3%
	Voyages to Antiquity	7,800	0.1%	$21,270,000	0.1%
	Windstar	23,300	0.2%	$63,800,000	0.3%
소계		3,464,800	24.9%	$6,951,160,000	29.2%
총계		13,905,800	100.0%	$23,834,840,000	100.0%

자료: Cruise Market Watch(2022.11.4.).

3.2.2. 크루즈 수익 구성

Cruise Market Watch(2022.11.4.)는 2021년 평균 크루즈 수익을 평균 8일 운항 크루즈 관광의 지출을 대상으로 하여 일일 여객당 비용에 대한 분석을 실시하였다. 여객 1인당 하루 평균 크루즈 비용(average per passenger per day cruise expense)은 $214.25이고, 하루당 티켓가격(per person per day ticket price) $152.12이고 하루당 선상지출(per person per day on board spending)은 $62.13이다.

Syriopoulos, Tsatsaronis and Gorila(2022)는 [표 3-5]와 같이 여객 1인당 크루즈선 매출과 비용을 좀 더 상세하게 분석하였다. 분석에 사용된 크루즈선의 기초자료는 Royal Caribbean Cruises, Ltd., Carnival Corporation and plc, NCL Corporation Ltd., Cruise Lines International Association(CLIA), The Florida-Caribbean Cruise Association(FCCA) 등에서 추출한 자료이다.

분석 결과 매출의 72.22%는 승선권(ticket)에서 발생하고 있다. 승선권을 제외한 선상매출 (onboard spending)은 27.8%로 구성되어 있는데 대부분은 카지노·바(casino & bar)에서 사용되는 비용이 15.3%로 가장 많고 다음으로 기항지 관광(shore excursions)이다. 기항지 관광 매출 가운데 크루즈 선사에 해당하는 매출은 5.6%이다. 승선한 여객이 크루즈 선사가 아닌 기타 여행업체를 사용하는 것은 제외한 금액이다(Syriopoulos, Tsatsaronis and Gorila, 2022).

한편 크루즈 관광을 유지하는 데 사용하는 비용을 살펴보면 대리점수수료가 14.9%로 가장 높다. 다음으로 크루즈선을 운항하는 연료비가 12.4%, 크루즈 선사의 운영비 13.3%, 승무원의 급여 12.6%가 뒤따른다. 그리고 크루즈선의 감가상각비용이 11.0%, 식료품비 6.9%, 선상에서 사용되는 관리비용, 교통비용 등이 사용되고 있다. 비용 항목을 모두 합치면 1인당 1,562달러이며 이에 비하여 매출은 1,791달러이다. 즉, 매출과 비용의 차이가 세전이익(profit before taxes)이 되는데 229달러이다. 이것을 매출에 비교하면 약 12.7%의 영업 마진을 확보하게 된다.

크루즈 여행은 여행의 필수적인 요소인 여객실, 식사, 선상 프로그램 및 시설 등의 서비스 비용이 모두 포함된 올 인클루시브(all-inclusive) 형태의 여행 상품이다. 이러한 특성으로 인해 크루즈 여행은 여행객들에게 편리하고 만족스러운 경험을 제공한다.

표 3-5 여객 1인당 크루즈선 매출 및 비용 구성

매출 항목	$	%	비용 항목	$	%
승선권	1,293	72.2	대리점수수료	233	14.9
선상매출	498	27.8	기타운영비	260	16.6
카지노 · 바	274	15.3	크루즈선 연료비	193	12.4
기항지 관광	100	5.6	선사 운영비	208	13.3
스파	50	2.8	급여	197	12.6
기타	75	4.2	감가상각	172	11.0
			식료품비	107	6.9
			승선관리비	77	4.9
			교통비	59	3.8
			금융비용	56	3.6
매출 합계 a	1,791	100	비용 합계	1,562	100
세전 이익 b	229				
영업 마진 b/a		12.7%			

주: 평균 8일 기준.
자료: Syriopoulos, Tsatsaronis and Gorila(2022).

일반적으로 크루즈나 리조트 등에서 제공되는 올 인클루시브 여행 상품에는 숙박, 주요 식사, 기본적인 선상 활동 및 시설 이용 등이 포함된다. 이를 통해 여행객들은 별도의 비용 지출 없이 편안하고 다양한 경험을 할 수 있다.

하지만 모든 서비스와 시설이 요금에 포함되는 것은 아니다. 일부 선택적인 서비스나 부대 비용, 특별 프로그램 참여 등은 별도의 추가 요금이 발생할 수 있다. 따라서 여행 전 올 인클루시브 요금에 포함된 사항과 불포함된 사항을 사전에 확인하는 것이 중요하다.

대표적인 크루즈 선사인 RCL(로열 캐리비언 크루즈 라인)의 경우, 여객실 타입, 크루즈 기간, 선박 등에 따라 다양한 요금 체계를 적용하고 있다. [표 3-6]에서 확인할 수 있듯이, 요금에 포함되는 서비스와 시설, 그리고 별도 지불이 필요한 부대 비용 등을 자세히 살펴볼 수 있다. 이와 같이 크루즈 여행의 올 인클루시브 요금 구조와 포함/불포함 사항을 사전에 숙지하면, 여행 계획 수립과 실제 여행 시 발생할 수 있는 추가 비용 지출을 효과적으로 관리할 수 있다. 이를 통해 보다 만족스럽고 편안한 크루즈 여행을 즐길 수 있을 것이다.

표 3-6 크루즈선의 비용 구분

구분	포함(무료)	불포함(유료)
식사	윈재머 카페(뷔페), 사파이어 다이닝룸(정찬 레스토랑), 카페 프라머네이드(24시간 오픈, 케익/파이/피자/물/커피 등 음료), 룸서비스(단, 자정~새벽 5시에 룸서비스를 이용 할 경우 US$3.95의 서비스 차지 부과)	와인, 칵테일 등 알코올성 음료, 탄산음료, 소다패키지, 바(Bar)에서 판매하는 음료, 와인패키지, 에스프레소 커피(라떼, 마끼 아또 등 고급 커피, 커피 구입시 케익 무료), 스페셜티 레스토랑(포토피노 등), 유료 아이스크림, 조니로켓(햄버거 등 스낵 및 오리엔탈 누들)
편의시설	암벽등반, 9홀 골프코스, 피트니스 센터, 도서관, 마사지 욕조, 실내외 수영장 및 선베드(타월), 조깅트랙, 아이스 스케이트 링크, 인공파도타기, 스포츠 코트(농구, 배구), 어린이 물놀이시설 등	바이탈리티 미용 서비스(스파), 로얄캐리비안 온라인 인터넷, 전화, 면세점, 의료서비스, 턱시도 대여, 생화, 골프 시뮬레이터
엔터테인먼트	뮤지컬, 마술쇼, 코미디쇼, 바&라운지의 라이브 공연, 나이트클럽, 파티, 보드게임, 과일/얼음 조각 시연 등	카지노, 빙고게임
프로그램	살사/스윙 등의 댄스 강좌, 냅킨/타월 폴딩 강좌, 요리강좌, 건강 및 피부 강습 등	와인 테이스팅, 요가 및 필라테스 클래스 주얼리 메이킹 등
기타	어드벤처 오션(어린이/청소년 프로그램)	기항지 선택 관광, 포토 갤러리(사진 및 DVD 구입), 베이비시터 서비스, 세탁 서비스

자료: RCL.

일반적으로 카지노를 제외한 모든 선내에서는 현금이 통용되지 않으며 기항지 관광, 면세품 구입, 카지노 칩, 와인, 인터넷 이용 등 모든 결제는 승선카드로 지불한다. 하선 당일 아침 고객의 승선카드 사용 내역이 여객실로 전달되며 금액을 확인 한 후, 청구 금액이 틀릴 경우에는 고객 안내 데스크에서 문의한다. 금액이 맞을 경우에는 별도의 절차 없이 하선하면 되며 승선 수속 시 제시했던 신용카드로 자동 청구된다.

3.3 크루즈 선박

3.3.1. 선적지

크루즈선에서 일어나는 관행과 지켜야 하는 법률은 크루즈선이 속한 국적에 따라 달라진다. 우선 기본적으로 범죄가 발생한 장소에 따라 법률을 적용하는 속지주의(terntorial principle) 원칙이 적용된다. 어떤 장소에서 문제가 발생했는지에 따라 어떤 법률을 적용할지 결정한다.

그러나 해당 국가의 영역 외에서도 그 국가의 크루즈선이나 항공기 내에서는 기국주의(Flag State Jurisdiction) 원칙이 적용된다. 국제법상 선박이나 항공기는 자국의 배타적 관할권 아래 있기 때문에, 공해상이나 외국 영토에 있더라도 자국법이 적용된다.

따라서 한국 국적의 크루즈선에서 발생한 문제는 한국법이 적용된다. 선장의 권한과 선내 규율도 중요한 역할을 한다. 선장은 선내 질서유지와 안전을 위해 필요한 조치를 취할 수 있으며, 선내 규율을 어기는 경우 처벌을 내릴 수 있다.

또한 크루즈선은 국제항해를 하기 때문에 국제해사기구(IMO)의 규정들도 준수해야 한다. 이러한 IMO 규정들은 선박의 안전, 해양환경 보호, 선원의 자격 등을 다룬다.

한편 크루즈선 내에서 발생하는 범죄나 사고, 분쟁 등에 대해서는 국제사법재판소나 중재재판소 등을 통해 해결할 수 있다. 하지만 이러한 절차는 복잡하고 시간이 많이 소요되는 편이다.

이처럼 크루즈선에서의 법적 문제는 매우 복잡하여, 여행객들은 이러한 법적 특성을 잘 이해하고 준수해야 한다. 크루즈 여행 시 발생할 수 있는 법적 분쟁을 예방하고 신속하게 해결하기 위해서는 관련 법규와 절차를 사전에 숙지하는 것이 중요하다.

선박은 부동산과 유사한 특성을 가지고 있기 때문에, 선박의 소유관계와 권리관계를 명확히 하기 위해 선박 등록이 필수적이다. 선박 등록을 통해 선박의 다양한 정보, 즉 선박의 명칭, 국적, 톤수, 소유자, 저당권 등이 외부에 공시된다.

선박 등록의 가장 중요한 효과는 선박에 특정 국가의 국적, 즉 선적(船籍)이 부여된다는 것이다. 이는 선박에 관한 섭외적 법률관계에서 준거법 결정의 기준이 된다. 예를 들어, 선박 충돌 사고와 같은 선박 관련 분쟁이 발생할 경우, 선박 등록 국가의 법이 적용된다.

선박 등록은 선박의 법적 지위와 권리관계를 명확히 하는 데 핵심적인 역할을 한다. 사람과 마찬가지로 선박에도 단일 국적 원칙이 적용되어, 선박은 특정 국가의 국적만을 가질 수 있다. 이는 선박의 법적 지위와 권리관계를 명확히 하는 데 중요한 의미를 가진다.

해양법에 관한 국제연합 협약(United Nations Convention on the Law of the Sea, UNCLOS) 제91조에서는 이러한 단일 국적 원칙을 더욱 강화하고 있다. 이 조항에 따르면, 2개국 이상의 국기를 선택적으로 게양하고 항해하는 선박은 어느 국적도 주장할 수 없고 무국적선으로 간주될 수 있다. 이는 선박에 대한 명확한 국적 부여의 필요성을 보여주는 것이다. 따라서 선박 등록은 선박의 소유관계와 권리관계를 명확히 하고, 선박에 특정 국가의 국적을 부여함으로써 선박에 관한 섭외적 법률관계에서 중요한 기준이 된다. 이는 선박이 부동산과 유사한 특성을 가지고 있기 때문에 필요한 제도라고 할 수 있다.

해양법에 관한 국제연합 협약 제91조(선박의 국적)에서는 다음과 같이 규정하고 있다.

- **해양법에 관한 국제연합 협약(Signed at Montego Bay, Jamaica on 10 Dec. 1982)**
  제91조 선박의 국적
  1. 모든 국가는 선박에 대한 자국국적의 부여, 자국영토에서의 선박의 등록 및 자국기를 게양할 권리에 관한 조건을 정한다. 어느 국기를 게양할 자격이 있는 선박은 그 국가의 국적을 가진다. 그 국가와 선박간에는 진정한 관련이 있어야 한다.
  2. 모든 국가는 그 국기를 게양할 권리를 부여한 선박에 대하여 그러한 취지의 서류를 발급한다.

따라서 크루즈선이 등록한 국적에 따라 세금, 법률 적용을 받으며 외교적 처리도 이루어진다. 오늘날 많은 크루즈 선사들은 자신들의 사업에 유리한 세제 해택, 승무원 고용의 효율성, 선박검사, 법률적용의 편리 등에 따라 크루즈선의 국적을 편리하게 등록하고 있다. 이러한 편의치적제도(Flag of Convenience)는 해운업계에서는 오랜 관행으로 활용되어 왔다. [표 3-7]은 2011년 기준의 주요한 크루즈 선사의 편의치적 등록지 자료이다. 가장 많은 선박이 등록된 곳은 바하마이고 주요한 크루즈 기항지인 카리브해에 인근해 있는 곳인 바하마, 파나마, 버뮤다가 크루즈선의 등록지로 인기가 높다.

그러나 이에 비하여 현대적 크루즈 문화가 정착하고 세계 최대의 크루즈 시장인 미국에 등록한 크루즈선은 1척에 불과하다. 이는 미국 내에서 크루즈 산업에 대한 규제가 엄격하고, 세금 및 법률 적용이 까다롭기 때문인 것으로 보인다. 따라서 크루즈 선사들은 자신들의 사업 운영에 유리한 국가에 편의치적을 하는 경향이 있다.

표 3-7 크루즈선의 선적 등록지

선적 등록국	척수	크루즈 선사
Bahamas	59	RCI, NCL, Carnival & Seabourn
Panama	30	Carnival & MSC
Bermuda	23	Princess & P&O
Italy	23	Costa & Aida
Malta	20	Celebrity, Azamara, Pullmantur & Louis
Netherlands	15	Holland America Line
Portugal	9	Classic International & Iberocruceros
United Kingdom	7	Cunard Line & P&O Australia
Marshall Islands	4	Oceania
Japan	4	NYK, Mitsui OSK & Venus
United States	1	NCL America

자료: The Cruise People(2012.3.28.).

그림 3-2 크루즈선의 선적지와 국기

자료: Enchantment of the Seas, Royal Caribbean International.

3.3.2. 크루즈선 대형화

크루즈선의 대형화 추세는 현대 크루즈 산업의 두드러진 특징 중 하나이다. 2000년대 이후 크루즈선의 대형화가 지속되고 있으며, 이러한 추세를 확인할 수 있는 통계 자료가 [표 3-8]에 제시되어 있다.

최근 연구 결과인 Syriopoulos, Tsatsaronis and Gorila(2022)의 분석에 따르면 2019년부터 2025년까지 신규로 건조되는 크루즈선의 동향을 분석해 볼 수 있다. 2019년 취항한 크루즈선의 평균 총톤수는 67.7천 톤이었지만, 2025년에는 평균 117.5천 톤으로 크게 증가할 것으로 예상된다. 이와 함께 승선하는 여객의 적재용량도 평균 1,769명에서 2,758명으로 늘어날 것으로 보인다. 이러한 크루즈선의 대형화에 따라 선가 또한 평균 415백만 달러에서 776백만 달러로 급등할 것으로 예측된다.

특히 2023년을 기점으로 크루즈선의 대형화가 가장 급격하게 진행되었으며, 2024년을 정점으로 그 변화량이 소폭 감소하는 추세를 보이고 있다. 이는 COVID-19 팬데믹의 영향과 친환경 규제 강화로 인해 크루즈선의 대형화가 진정되고 있음을 시사한다.

크루즈선의 대형화는 크루즈 항만의 시설 변화를 요구하고 있다. 크루즈선의 크기가 증가함에 따라 항만 시설의 무한정한 확대가 어려워지고 있기 때문이다. 따라서 크루즈 산업의 지속적인 발전을 위해서는 크루즈선의 대형화 추세와 이에 따른 항만 인프라의 개선이 함께 고려되어야 할 것이다. 또한 오늘날 크루즈 관광의 핵심인 플라이 앤 크루즈(Fly and Cruise)에 수용할 수 있는 항공기의 크기변화 또한 영향요소이기 때문에 향후 크루즈선의 대형화는 어느 정도 진정화될 것으로 전망된다.

뿐만 아니라 세계적인 친환경 규제 특히 이산화탄소 절감조치는 선박에서 기인하는 이산화탄소량을 감소시키기 위해서는 크루즈선의 운항 속력을 감소시키거나 항해거리를 줄이는 방향으로 크루즈선을 운영할 수밖에 없다.

선박에 연료를 공급하는 과정을 벙커링(Bunkering, 연료공급)이라고 하는데 주로 선박이 항해 중 연료를 보충하기 위해 항구나 해상에서 이루어진다. 벙커링에는 다양한 연료가 사용되는데 대표적으로 중유, 경유를 공급받는다. 최근에는 환경규제에 따라 대안으로 액화천연가스(LNG)를 연료로 사용하는 LNG 추진 크루즈선을 취항하는 것으로 대처할 수 있지만, 크루즈 항만에서 LNG 벙커링을 제공하는 곳은 그리 많지 않다.

LNG 벙커링이 어려운 이유는 여러 가지가 있다. 첫째, LNG는 매우 낮은 온도인 -163℃에서 액화되어야 하므로 서장과 취급이 까다롭다. 둘째, LNG 벙커링을 위한 인프라가 아직 충분히 구축되지 않아 항만 시설이나 공급망이 부족한 경우가 많다. 셋째, LNG는 가연성이 높아 안전 관리를 위해 특별한 기술과 장비가 필요하다. 넷째, 초기 투자 비용이 높아 경제적으로 부담이 될 수 있다. 마지막으로, 관련 규제와 표준이 아직 완전히 정립되지 않아 법적, 제도적 문제도 발생할 수 있다. 이러한 요인들이 복합적으로 작용하여 LNG 벙커링이 어려운 상황이다.

표 3-8 **현대 크루즈선의 변화 추이**

연도	2019년	2020년	2021년	2022년	2023년	2024년	2025년	변화율
여객(명)	1,769	1,587	1,661	1,998	2,947	3,441	2,758	55.91%
총톤수(천GT)	67.7	58.9	70.3	85.1	116.4	134.6	117.5	73.56%
선가(백만$)	415	409	473	586	728	831	776	86.99%

자료: Syriopoulos, Tsatsaronis and Gorila(2022) 이용 계산.

표 3-9 **2019~2025년 취항 크루즈 상세**

크루즈 선사	선박명	여객(명)	총톤수(천GT)	선가(USD백만)	조선소
Cruise ships ordered for 2019	(평균	1,769	67.7	415	)
TUI	Mein Schiff 2	2900	110	625	Meyer Turku
Viking Ocean	Viking Jupiter	930	47	400	Fincantieri
MSC Cruises	Bellissima	4500	167.6	900	Chantiers
Costa Cruises	Costa Venezia	4232	135.5	780	Fincantieri
Mystic Cruises	World Explorer	200	9.3	85	West Sea
Colar Expeditions	Adventurer	120	5.5	75	VARD
Hapag-Lloyd	Hans. Nature	230	16.1	155	VARD
Ponant	Le Bougainville	180	10	110	VARD
Royal Caribbean	Spectrum	4200	167	950	Meyer
Hurtigruten	Roald Amundsen	530	20	220	Kleven
Oceanwide	Hondius	174	6.3	85	Brodosplit
Celebrity	Flora	100	5.7	75	De Hoop
Saga Cruises	S/Discovery	1000	58.3	350	Meyer
Ponant	Le Dumont-d'Urville	180	10	110	VARD
S.Stone/Aurora	Greg Mortimer	160	8	65	CMIH
Scenic	Eclipse	228	16.5	185	Uljanik Group
Antarctica21	M/Explorer	100	4.9	50	ASENAV
Hapag-Lloyd	H/Inspiration	230	16.1	155	VARD

Costa Cruises	Costa Smeralda	5224	183.9	950	Meyer Turku
Princess	Sky Princess	3660	141	760	Fincantieri
Norwegian	Encore	4200	164.6	1100	Meyer
MSC Cruises	Grandiosa	4888	177.1	900	Chantiers
Carnival	Panorama	4000	135.5	780	Fincantieri
Star Clippers	Flying Clipper	300	8.8	100	Brodosplit
Cruise ships ordered for 2020	(평균	**1,587**	**58.9**	**409**	)
Regent	Splendor	750	54	478	Fincantieri
Crystal	Endeavor	200	19.8	195	MV Werften
Virgin	Scarlet Lady	2770	110	710	Fincantieri
Silversea	Silver Origin	100	5.7	75	De Hoop
Hurtigruten	Fridtjof Nansen	530	20	220	Kleven
Celebrity	Apex	2900	129.5	900	Chantiers
Ponant	Le Bellot	180	10	110	VARD
Silversea	Silver Moon	596	40.7	370	Fincantieri
Lindblad	NG Endurance	126	12	135	Ulstein
P&O Cruises	Iona	5200	183.9	950	Meyer
Mystic Cruises	World Voyager	200	9.3	80	West Sea
Ritz-Cartlon	Unnamed	298	25	225	Barreras
Princess	Enchanted Princess	3660	14	760	Fincantieri
Ponant	Le Jacques Cartier	180	10	110	VARD
Carnival	Mardi Gras	5200	183.9	950	Meyer Turku
Saga	S/Adventure	1000	58.3	350	Meyer
Seacloud	Spirit	136	6	100	Metalships
SunStone	Ocean Victory	186	8	65	CMIH
MSC Cruises	Virtuosa	4888	177.1	900	Chantiers
Costa Cruises	Firenze	4232	135.5	780	Fincantieri
Royal Caribbean	Odyssey	4200	167	950	Meyer
Colar Expeditions	Geographer	120	5.5	75	VARD
Quark	Ultramarine	200	13	150	Brodosplit
Scenic	Eclipse II	228	16.5	185	Uljanik Group
Cruise ships ordered for 2021	(평균	**1,661**	**70.3**	**473**	)
Ritz-Carlton	Unnamed	298	25	225	Barreras
Dream Cruises	Global Dream	5000	208	1800	MV Werften
Viking Ocean	Viking Venus	930	47	400	Fincantieri
SunStone	Ocean Explorer	140	8	65	CMIH
Holland America	Ryndam	2660	99	520	Fincantieri
Ponant	Commandant Charcot	270	30	324	VARD
Royal Caribbean	Wonder	5110	227.6	1300	Chantiers
AIDA Cruises	Unnamed	5400	183.9	950	Meyer
Seabourn	Venture	264	23	225	Mariotti

Company	Ship				Builder
MSC Cruises	Seahore	4560	169.4	1100	Fincantieri
Viking Ocean	Unnamed	TBA	TBA	TBA	VARD
Hapag-Lloyd	H/Spirit	230	16.1	155	VARD
Hurtigruten	Unnamed	530	20	220	Kleven
Mystic Cruises	World Navigator	200	9.3	80	West Sea
Virgin	Unnamed	2770	110	710	Fincantieri
Vodohod	Unnamed	148	10	150	Helsinki
SeaDream	Innovation	220	15.6	TBA	Damen
SunStone	Unnamed	132	8	65	CMIH
Oceanwide	Janssonius	174	6.3	85	Brodosplit
Princess	Discovery Princess	3660	141	760	Fincantieri
Celebrity	Unnamed	2900	129.5	900	Chantiers
Lindblad	NG Ressolution	126	12	150	Ulstein
Silversea	Silver Dawn	596	40.7	380	Fincantieri
Disney	Disney Wish	2500	140	900	Meyer
Costa Cruises	Toscana	5224	183.9	950	Meyer Turku
Crystal	Unnamed	200	19.8	195	MV Werften
Aranui	Aranui 6	280	14	150	Huanghai
Cruise ships ordered for 2022	(평균	**1,998**	**85.1**	**586**)	
Vodohod	Unnamed	148	10	150	Helsinki
Ritz-Carlton	Unnamed	298	25	225	Barreras
Crystal	Unnamed	800	67	900	MV Werften
Mystic Cruises	Unnamed	200	9.3	80	West Sea
Dream Cruises	Unnamed	5000	208	1800	MV Werften
SunStone	Ocean Odyssey	140	8	65	CMIH
Seabourn	Unnamed	264	23	225	Mariotti
Royal Caribbean	Unnamed	5000	200	1100	Meyer Turku
Viking Ocean	Unnamed	TBA	TBA	TBA	VARD
SunStone	Ocean Discoverer	186	8	65	CMIH
SunStone	Ocean Albatros	186	8	65	CMIH
Celebrity	Unnamed	2900	129.5	900	Chantiers
Virgin	Unnamed	2770	110	710	Fincantieri
Mystic Cruises	Unnamed	200	9.3	80	West Sea
MSC Cruises	Unnamed	5400	200	1200	Chantiers
Carnival	Unnamed	5200	183.9	950	Meyer Turku
Norwegian	Unnamed	3300	140	850	Fincantieri
Viking Ocean	Unnamed	930	47	400	Fincantieri
Viking Ocean	Unnamed	930	47	400	Fincantieri
Disney	Unnamed	2500	140	900	Meyer
Cunard Line	Unnamed	3000	113	600	Fincantieri
Crystal	Unnamed	200	19.8	195	MV Werften

P&O Cruises	Unnamed	5200	183.9	950	Meyer
Silversea	Unnamed	TBA	TBA	TBA	Meyer Werft
Oceania	Unnamed	1200	67	660	Fincantieri
Cruise ships ordered for 2023	(평균	**2,947**	**116.4**	**728**	)
TUI Cruises	Mein Schiff 7	2900	110	652	Meyer Turku
AIDA Cruises	Unnamed	5400	183.9	950	Meyer
MSC Cruises	Unnamed	1000	64	600	Fincantieri
Royal Caribbean	Unnamed	5714	231	1300	Chantiers
Princess	Unnamed	4300	175	1000	Fincantieri
Virgin	Unnamed	2770	110	795	Fincantieri
Regent	Unnamed	750	54	545	Fincantieri
Disney	Unnamed	2500	140	900	Meyer
Norwegian	Unnamed	3300	140	850	Fincantieri
Carnival China	Unnamed	5000	135	750	CSSC
MSC Cruises	Unnamed	4560	169.4	1100	Fincantieri
Viking Ocean	Unnamed	930	47	400	Fincantieri
MSC Cruises	Unnamed	4888	177.1	1000	Chantiers
Silversea	Unnamed	TBA	TBA	TBA	Meyer Werft
Mystic Cruises	Unnamed	200	9.3	80	West Sea
Cruise ships ordered for 2024	(평균	**3,441**	**134.6**	**831**	)
Royal Caribbean	Unnamed	5000	200	1100	Meyer Turku
MSC Cruises	Unnamed	1000	64	600	Fincantieri
Celebrity	Unnamed	2900	129.5	900	Chantiers
MSC Cruises	Unnamed	5400	200	1200	Chantiers
Norwegian	Unnamed	3300	140	850	Fincantieri
Carnival China	Unnamed	5000	135	750	CSSC
Viking Ocean	Unnamed	930	47	400	Fincantieri
TUI Cruises	Unnamed	4000	161	850	Fincantieri
Cruise ships ordered for 2025	(평균	**2,758**	**117.5**	**776**	)
MSC Cruises	Unnamed	1000	64	600	Fincantieri
Princess	Unnamed	4300	175	1000	Fincantieri
Royal Caribbean	Unnamed	5000	200	1100	Meyer Turku
MSC Cruises	Unnamed	5400	200	1200	Chantiers
Norwegian	Unnamed	3300	140	850	Fincantieri
Viking Ocean	Unnamed	930	47	400	Fincantieri
Viking Ocean	Unnamed	930	47	400	Fincantieri
Oceania	Unnamed	1200	67	660	Fincantieri

자료: Syriopoulos, Tsatsaronis and Gorila(2022) 이용 계산.

크루즈 여행의 과세 기준

최근 편안하면서도 색다른 휴가를 즐기려는 사람들이 늘어나며, 다소 비용은 비싸지만 호화로운 선상 생활을 경험할 수 있는 '크루즈' 여행상품이 인기다.

실제로 지난 2월 16일 첫 출항한 한국 최초의 크루즈 선사 A사는 영업 2주 만에 우리나라와 일본을 오가는 3박 4일 여행상품을 완판하기도 했다. 1인당 최소 39만 원에서 최대 149만원에 상당하는 비싼 여행상품이지만 크루즈를 찾는 여객들은 늘어나는 추세다.

하지만 별다른 문제없이 크루즈 여행상품을 판매하던 A사에게 뜻밖에 세금문제가 발생했다. 현행 부가세법상 선박의 외국항행 용역에는 '영(0)세율'이 적용되지만, 부산 · 제주 등을 거쳐 운행되는 국내 기항지 크루즈 여행상품도 영세율 혜택을 받을 수 있는지 애매했던 것.

A사는 만만찮은 크루즈 상품 가격에 10%의 부가세까지 붙일 경우 여객들이 내야할 비용도 크게 늘어남은 물론, 세금계산 또한 복잡해져 영세율 적용 여부가 매우 궁금했다.

고민을 거듭하던 A사는 이 문제를 결국 국세청에 직접 질의하기로 했다.

● 외국항행 크루즈 '영세율'… "국내 기항지 시티투어 과세"

국세청은 A사의 질의에 대해 "크루즈선으로 외국항행 용역을 제공하는 사업자가 여객에게 판매하는 크루즈 상품에는 영세율이 적용된다"고 밝혔다.

현행 세법에 따르면 선박 또는 항공기의 외국항행 용역의 경우 수출하는 재화와 마찬가지로 부가세 '영세율' 혜택이 적용된다. 외국항행 용역이란 선박 또는 항공기에 의해 여객이나 화물을 국내에서 국외로, 국외에서 국내로, 국외에서 국외로 수송하는 것을 모두 포함한다.

이에 따라 해외로 떠나는 크루즈 여행상품에도 당연히 부가세 영세율이 적용되며, 여객들이 납부해야할 부가세는 '0원'이 된다.

또한 크루즈 여행 중간 외국 항만에 정박해 여객들에게 제공하는 '시티투어' 상품도 영세율을 적용 받는다. 현행 부가세법에 따라 국외에서 제공하는 용역의 경우 영세율 혜택을 받을 수 있기 때문이다.

다만 국내 항만만을 오가는 크루즈 여행상품이나, 제주 · 부산 등 국내 항만도시에서 제공하는 '시티투어' 상품은 해외에서 제공하는 용역이 아니므로 부가세 10%가 철저히 과세된다.

국세청 관계자는 "해외로 떠나는 크루즈 여행 및 해외도시 투어상품의 경우 세법에 따라 부가세 영세율이 적용된다"며 "하지만 국내 항만도시에만 정박하거나, 정박시 우리나라에서 제공하는 시티투어 여행상품 등에는 부가세 10%가 부과된다"고 설명했다. [참고 질의회신 : 법규부가 2012-267]

출처: 장은석(2012), "세무상담: 호화 유람선 '크루즈' 여행… "부가세는 얼마?", 조세일보(2012.8.8.)

제3장 참고문헌

CLIA(2022), "2022 CLIA One reSource Passenger Flow", https://cruising.org/en-gb/news-and-research/research/2023/march/2022-global-passenger-report/2022-clia-one-resource-passenger-flow-diagram

Cruise Market Watch(2022.11.4.), "Worldwide Cruise Line Market Share", https://cruisemarketwatch.com/market-share

Mathisen, Angela Reale and Mathisen, Oivind(2022), Cruise Ships in Service Report, New York: Cruise Industry News.

Syriopoulos, T., Tsatsaronis, M. and Gorila, M.(2022), "The global cruise industry: Financial performance evaluation", Research in Transportation Business & Management, Vol.45, 100558, https://doi.org/10.1016/j.rtbm.2020.100558

The Cruise People(2012.3.28.), "Cruise Ship Flags of Registry", https://thecruisepeople.wordpress.com/2011/03/28/cruise-ship-flags-of-registry

Any fool can carry on, but a wise man knows how to shorten sail in time.
어리석은 자는 계속해서 나아가지만, 현명한 자는 때를 알아 돛을 줄일 줄 안다.

소설가 Joseph Conrad(1904)의 Nostromo 내용 중

제4장
선사의 재무관리

4.1.1. 크루즈 사업 등록

크루즈 사업은 우리나라에서는 해운법(법률 제19807호, 2024.5.1. 시행) 제4조(여객운송사업)에 따라 해양수산부에서 해상여객운송사업 면허를 받아야 가능한 면허제 사업이다. 해운업에는 해상여객운송사업, 해상화물운송사업, 해운중개업, 해운대리점업, 선박대여업 및 선박관리업이 있는데 선사에서는 화물선과 여객선을 함께 운영하는 형태도 있다. 크루즈 산업이 발달한 구미에서는 크루즈 선사가 별도의 법인으로 독립적으로 운영하고 있는 형태가 많지만 단위 사업부서로 운영되는 곳도 있다.

예를 들어 MSC Cruises사의 모기업은 세계적인 해상화물운송사 MSC(Mediterranean Shipping Company)이다. 1988년 MSC의 사업부서로 출발한 크루즈선 사업을 1990년에 독립법인으로 출발시켰다. 오늘날 세계적인 크루즈 선사의 하나인 MSC Cruises사는 정통 해운기업의 유산을 공유한다는 의미에서 모기업 MSC와 동일한 회사마크를 사용하고 있다(MSC, 2010).

따라서 크루즈 선박만 보유한 크루즈 선사뿐만 아니라, 크루즈 선박도 보유한 해운 선사도 크루즈 사업을 운영하는 데 있어서는 재무관리가 필요하다. 그러므로 '선사'의 재무관리라는 표현이 적절하다.

우리나라에서 법령에 의해 크루즈가 가능한 사업의 면허 종류는 내항 정기 여객운송사업(coastal passenger line), 내항 부정기 여객운송사업(coastal passenger service), 외항 정기 여객운송사업(deep sea passenger line), 외항 부정기 여객운송사업(deep sea passenger service), 순항 여객운송사업(Cruise service) 및 복합 해상여객운송사업(Combined passenger service) 등 6가지로 나눈다. 하지만 우리나라의 해운법을 영문으로 번역한 영문법령 Marine Transportation Act(Act No. 18067, Apr. 13, 2021)에서는 내항 정기 여객운송사업(Scheduled coastal passenger transportation services), 내항 부정기 여객운송사업(Non-scheduled coastal passenger transportation service), 외항 정기 여객운송사업(Scheduled overseas passenger transportation service), 외항 부정기 여객운송사업(Non-scheduled overseas passenger transportation services), 순항(巡航) 여객운송사업(Cruise passenger transportation service) 및 복합 해상여객운송사업(Combined marine passenger transportation services)으로 번역하고 있다.

① 내항 정기 여객운송사업: 국내항(해상이나 해상에 접하여 있는 내륙수로에 있는 장소로서 상시(常時) 선박에 사람이 타고 내리거나 물건을 싣고 내릴 수 있는 장소를 포함한다. 이하 같다)과 국내항 사이를 일정한 항로와 일정표에 따라 운항하는 해상여객운송사업

② 내항 부정기 여객운송사업: 국내항과 국내항 사이를 일정한 일정표에 따르지 아니하고 운항하는 해상여객운송사업

③ 외항 정기 여객운송사업: 국내항과 외국항 사이 또는 외국항과 외국항 사이를 일정한 항로와 일정표에 따라 운항하는 해상여객운송사업

④ 외항 부정기 여객운송사업: 국내항과 외국항 사이 또는 외국항과 외국항 사이를 일정한 항로와 일정표에 따르지 아니하고 운항하는 해상여객운송사업

⑤ 순항 여객운송사업: 해당 선박 안에 숙박시설, 식음료시설, 위락시설 등 편의시설을 갖춘 대통령령으로 정하는 규모 이상의 여객선을 이용하여 관광을 목적으로 해상을 순회하여 운항(국내외의 관광지에 기항하는 경우를 포함한다)하는 해상여객운송사업

⑥ 복합 해상여객운송사업: 상기 내항 정기 여객운송사업, 내항 부정기 여객운송사업, 외항 정기 여객운송사업, 외항 부정기 여객운송사업의 어느 하나의 사업과 순항 여객운송사업의 사업을 함께 수행하는 해상여객운송사업

우리나라에서는 상기의 사업가운데 순항 여객운송사업과 복합 해상여객운송사업을 크루즈 사업으로 간주하며, 해운법 시행령(대통령령 제34483호, 2024.5.1. 시행) 제3조에 따라 총톤수 2천 톤 이상의 선박을 확보해야 한다고 규정하고 있다. 다만 한국에서 선사를 설립하지 않고 우리나라에 기항하는 외국적 크루즈선은 해당 국가의 법령에 의해 자유로운 형태로 사업이 가능하다. 우리나라에서는 크루즈 산업의 육성 및 지원에 관한 법률(법률 제16571호, 2020.2.28. 시행)에 의한 국적 크루즈선과 국적 크루즈 사업자는 2024년 현재까지 면허를 받은 사례가 없다.

이러한 면허 규정에 의하여 우리나라 법에서는 크루즈 사업을 영위하기 위해서는 최소한 총톤수 2천 톤 이상의 선박 1척이 있어야 한다. 그리고 그 선박은 반드시 해상만을 운항하여야 한다. 결과적으로 선사는 해상을 운항하는 크루즈선을 확보해야 하는데 선박을 직접 건조하여 인수하는 신조선 취득 방법과 중고 크루즈선을 구입하는 방법이 있다.

4.1.2. 크루즈 선사의 자금조달

새로운 선박 선수 자금조달의 역사는 16세기로 거슬러 올라가며, 그때 처음으로 해양 남업이

조직되었다. 하지만 대부분의 자금조달 자료는 19세기 전반부 증기선 건조 시기로부터 발견된다 (Stopford, 2009).

당시 선박의 가치는 일반적으로 64개의 부분으로 나뉘어졌으며, 이를 64분의 1 회사 주식 (sixty-fourth company share)이라 불렀다. 투자자들은 이 주식을 취득할 수 있었다. 이러한 방식은 개별 투자자들이 거대한 선박의 전체 가치를 부담하지 않고도 소유권을 가질 수 있게 하여, 중소 규모의 투자자들에게 매력적이었다. 주요 투자자 그룹은 개인, 파트너십으로 조직된 개인, 그리 고 주식회사 투자자들이다. 주식을 나누어 소유함으로써 투자자들은 위험을 분산하고, 자본을 쉽게 모을 수 있었다. 또한, 주식 거래를 통해 유동성을 증가시켜 자산을 유연하게 관리할 수 있 었다. 64분의 1 회사 주식 제도는 해상 무역과 선박 운영의 중요한 금융 메커니즘이었다. 그러나 대부분의 선박은 여전히 개인 소유자(private owners)에게 속해 있었다.

선박 크기가 커지면서 더 큰 금융 자원이 필요하게 되었고, 주식회사가 더 중요한 역할을 하 게 된다. 하지만 이러한 형태의 자금조달은 수많은 감사가 필요하며, 회사 정보에 대한 대중의 접 근을 용이하게 했다. 한편 해운기업의 특성상 많은 소유자들은 여전히 가족 기업(family enterprise) 으로서 다양한 은행과 개인 투자자로부터 자금을 빌려 전통적인 자금조달 방식을 선호했다.

19세기 중반부터 1950년대까지 수십 척의 호화 오션라이너가 각 국가를 대표하면서 등장하 였다. 함부르크 아메리카 라인(Hamburg-Amerikanische Packetfahrt-Actien-Gesellschaft, HAPAG)의 소 속이며 당시의 기술력을 바탕으로 한 혁신적인 설계와 빠른 속도로 유명한 더칠란드호(SS Deutschland, 1900~1825)가 취항하였다(Jürgen, 1978).

프랑스에서는 프랑스호(SS France, 1910~1935)를 취항시켰다. 일명 프랜츠라인(French Line)이라 고 불린 대서양횡단회사(Compagnie Générale Transatlantique)의 소속의 대표 오션라이너로서 대서 양 횡단 여객선 중 가장 호화로운 여객선으로 일명 대서양의 베르사유(Versailles of the Atlantic)라 고 불렸다(Miller, 1997).

그리고 미국의 대규모 해운그룹인 인터내셔날머천트마린(International Mercantile Marine, IMM) 소속으로 운영은 화이트스타사(White Star Line)가 관리한 타이타닉호(RMS Titanic)가 취항하였다 (Lück, 2007).

이 기간 동안, 고도로 레버리지된 용선계약 담보금융(charter-backed finance)을 사용하여 선박 건조 자금을 조달하는 단일 선박 회사(one-ship companies)가 일반적이었다.

오션라이너는 1960년대와 1970년대에 더 경제적이고 빠른 크루즈 선박으로 대체되었다. 첫 번째 크루즈 선박 및 첫 번째 크루즈 회사는 1966년에 운영을 시작한 Norwegian Caribbean Line(NCL)이다. 1968년에는 Royal Caribbean International, 1972년에는 Carnival Cruise Lines가

뒤따랐다. 이들은 현재 가장 큰 크루즈 선박 소유주들이다(Kizielewicz, 2017).

이들 선박에 대한 첫 번째 저당권은 추가적인 증권 없이 은행가들이 제공한 주요 자금조달 원천이었다. 현대 크루즈 선박 건조 자금조달은 크루즈 선사들에게 큰 도전 과제이다. 해상 안전을 보장하기 위한 고급 시설, 현대 장비 및 항해 기술뿐만 아니라 해양 환경 보호 비용까지 모두 산업에 필요한 자본 투자를 증가시키고 있다

일반적으로 선박의 총등록톤수(Gross Registered Tonnage) 증가와 다양한 선박 장비가 크루즈 선박 건조 비용에 압박을 가하여, 크루즈 선박 소유자들이 다른 자금조달 방법을 모색하도록 강요하고 있다.

한편, 등록총톤수(Registered Gross Tonnage)와 총등록톤수는 다른 개념이다. 총등록톤수(Gross Register Tonnage, GRT)는 선박의 내부 용적을 측정한 값으로, 100 입방피트(약 2.83 입방미터)를 1톤으로 환산한 것이다. 기계실, 객실, 화물칸이 포함된 선박의 모든 폐쇄된 공간의 총 용적을 측정하여 계산한다. 하지만 1982년 IMO가 도입한 새로운 측정방식에 의해서 총톤수(Gross Tonnage, GT)가 표준으로 사용되고 있다. 따라서 등록총톤수는 GT로 등록된 톤수를 말한다.

현재 선박당 건조 비용은 [표 4-1]과 같이 2021년을 기준으로 5만GT 급의 크루즈선의 가격이 3억 달러이며, 10만GT 이상의 크루즈선은 5억 달러를 상회하고 있다(Camosse, 2021).

규모가 큰 크루즈선일수록 대규모의 자본이 투입되고 있음을 알 수 있다. 이는 강력한 시장 지위를 가진 크루즈 선사만이 감당할 수 있다는 것을 의미한다. 또한 향후 몇 년 동안 시장에 출시될 수십 척의 새로운 크루즈선이 계약되고 있다. 크루즈 선사들은 소비자 선호도와 시장 추세 부응 및 경쟁력 제고를 위해 규모의 경제 효과를 높이고자 한다. 이를 위해 더 크고 비싼 크루즈 선박을 주문하고 있다.

크루즈 선사들은 새로운 크루즈선의 건조 또는 구매와 관련된 프로젝트에 자본을 조달하기 위해 은행 대출에서부터 주식 공개 상장에 이르기까지 다양한 방법을 이용한다.

표 4-1 **크루즈 선박의 평균 가격**

크루즈 선사	척당 평균가격(USD)	척수	평균 총톤수(GT)
Royal Caribbean	$669 million	26	135,775
Disney	$650 million	4	106,870
Costa	$621 million	14	121,712
Norwegian	$607 million	17	116,887

Cunard	$590 million	3	110,055
MSC	$555 million	17	118,427
Carnival	$527 million	24	107,543
Princess	$517 million	15	112,586
P&O UK	$479 million	5	106,947
X Celebrity	$473 million	14	89,122
AIDA	$452 million	14	78,304
Holland America	$417 million	10	82,446
TUI Marella	$396 million	11	79,453
SAGA	$350 million	2	55,900
P&O Australia	$349 million	4	87,781
Regent Seven Seas	$316 million	5	45,810
Seaboum	$302 million	5	35,550
Oceania	$300 million	6	42,200
Crystal	$280 million	3	50,020
Star Cruises	$193 million	3	47,283
Pullmantur	$182 million	4	60,490
Azamara	$150 million	3	30,280
Fred Olsen	$133 million	2	33,945
Silversea	$88 million	2	11,435
Seadream Yachts	$34 million	2	43,300

자료: Camosse(2021).

4.1.3. 선박금융 특성

선박금융이란 해당선박을 취득하기 위한 자금을 조달하기 위하여 해당 선박을 담보로 제공한 후, 그 선박이 창출하는 경제적 이익으로 원리금을 상환하는 것을 기본으로 하는 프로젝트 파이낸스(Project Finance)의 일종이다. 선박금융의 특징은 먼저 선박 건조에는 거액이 소요되므로 거액금융이 필연적으로 수반되며 이러한 거액금융을 원활히 하기 위하여 차관이나 대출이 주를 이룬다.

다음으로 대상자산이 담보로 제공되는 담보대출(Asset-Backed Finance)이며 주요 담보인 선박은 중고선 시장이 매우 발달되어 있어 상대적으로 담보권 행사를 통한 채권회수가 용이하다. 이와 유사한 것이 항공기금융이다.

선박금융이 프로젝트 파이낸싱에 기초하고 있기 때문에 해운업의 주기(Cycle)와 예측력이 중요하며 선박의 수익은 현금흐름법(Cash Flow Statement)에 근거하고 있다.

선박금융의 대상이 되는 선박 확보 자금의 경우, 건조 자금, 신조선 및 중고선 매입 자금은 물론 용선료가 포함된다. 자금의 확보 방법으로는 주식과 사채의 발행, 국내 금융기관으로부터의 차입은 물론 정부 보증 또는 보조금과 같은 다양한 방식이 존재한다. 이를 더 세분화하면 금융기관이 주도하는 은행 대출, 일반 외화 대출, 협조 융자가 있으며, 정부가 주도하는 자국 선주 지원 제도와 공적 수출 신용 제도, 정부 보조금 제도가 있다. 또한 비은행권의 금융 제도로서 프로젝트 파이낸싱, 본선 담보부 금융, 지분 참여 및 투자에 의한 선박금융, 메자닌 금융, 채무 매입을 통한 선박금융이 있으며 리스 금융에는 금융 리스와 운용 리스가 있다. 마지막으로 증권시장 및 주식 상장을 통한 선박금융이 있다. 선사의 자금조달 유형을 Stopford(2009)는 [표 4-2]와 같이 분류하였다.

표 4-2 선사의 자금조달 유형

조달 방법	조달 구조	특징
개인자금 (Private Funds)	자체자금 (Own Funds)	사기업의 주식을 매입한 대가로 소유주 혹은 개인투자자에 의해 제공된 자본 금융
	개인투자 (Private Investment)	가족, 동료, 대형 개인투자자 등에 의해 배정된 자본 혹은 대출
은행금융 (Bank Finance)	모기지 담보대출 (Mortgage-backed Loan)	선박에 대한 모기지를 담보로 은행에서 제공하는 장기대출, 대규모 대출은 신디케이트론으로 진행
	기업대출 (Corporate Loan)	기업의 대차대조표를 보증으로 한 대출(장기대출, 회전거래신용)
	조선소 신용 (Shipyard Credit)	정부 및 정부기구에서 국내 조선소의 신조선 수주를 위해 보증 또는 제공되는 대출
	메자닌 금융 (Mezzanine Finance)	부채와 자본의 성격을 동시에 가진 금융 예: 주식권리부채권(debt with equity warrants)
	사모 펀드 (Private Placement)	하나 또는 몇몇의 투자기관에게 주식 및 기업부채를 판매하는 것으로 절차가 간단

자본시장 (Capital Market)	주식공모 (Public Offering)	주식의 모집, 증권거래소에서 판매된 후 2차 시장에서 거래
	채권발행 (Bond Issue)	자본시장에서 발행된 장기 유가증권, 일반적으로 이자는 6개월마다 지급하고 원금은 만기상환
특수목적선박 (Special Purpose Vehicles)	SPC 또는 SPAC*	개인이 SPC의 주식을 사적으로 판매 또는 증권거래소에 상장될 수 있음
	유한회사 (Limited Partnership)	유한책임회사가 설립되어 개인투자자에 의한 지분 제공 및 은행에 의한 대출이 이루어짐 예: 독일 KS, 노르웨이 KG 등
	금융리스 (Finance Lease)	세금감면 혜택을 보는 기업에 대한 선박의 매각을 기초로 하여 이루어진 장기 세금우대금융, 선박을 이용자에게 다시 리스함
	운용리스 (Operating Lease)	일반적으로 7년 이하의 단기리스, 임차인의 대차대조표에서 표시할 필요는 없음
	금융증권화 (Securitization)	기업경영에서 자산을 분리하도록 설계된 재무구조

* SPC: 특수목적회사(Special Purpose Company), SPAC: 기업인수목적회사(Special Purpose Acquisition Company)
자료: Maritin Stopford(2009).

선박금융(ship financing, shipping finance)은 선박을 확보하기 위해 선박 자체의 교환가치와 선박으로부터의 수익을 담보로 이루어지는 금융을 의미한다. 이는 대출 대상인 해운기업의 특성에 따라 다른 산업분야의 대출과는 여러 가지 차별성을 가지고 있다. 이러한 특성에는 국제 정치, 경제 상황에 대한 민감성, 1사 1선박(one ship one company) 법적 구조, 높은 자본집약적 투자, 완전경쟁 또는 완전경쟁에 가까운 시장 환경, 높은 수준의 투자 및 영업위험 상존 등이 포함된다(Kavussanos and Tsouknidis, 2016).

크루즈 선박 소유자들은 은행 대출, 주식 공개 상장, 채권 발행 및 특수 목적 회사 등을 포함한 다양한 형태의 자금조달을 사용해 왔다. 그러나 대부분의 크루즈 선박 소유자들은 금융 기관으로부터의 장기 대출에 의존하고 있다. 그 이유는 크루즈 사업이 포함된 해운업이 전통적으로 자본집약적 성격을 띠며, 자금조달에서 큰 비중을 차지하는 은행 차입을 통해 선박금융을 이루고 있기 때문이다.

선박금융은 선박 확보를 위한 핵심 수단으로, 선박 자체의 가치와 수익성을 바탕으로 이루어진다. 해운업의 특성상 국제 정치, 경제 상황에 민감하며, 높은 자본집약적 투자와 위험이 수반된다. 이에 따라 크루즈 선박 소유자들은 다양한 자금조달 방식을 활용하지만, 여전히 금융 기관의 장기 대출에 크게 의존하고 있다. 이는 해운업의 전통적인 자금조달 방식이자, 선박금융의 중요한 특성으로 볼 수 있다.

4.2 ▶ 크루즈 선사의 재무관리

4.2.1. 재무관리 목표

크루즈 선사의 자금운영을 총괄하는 최고재무책임자(Chief Financial Officer; CFO)는 언제나 다음과 같은 질문에 고민한다.

"기존 크루즈 상품을 생산하는 투자안을 유지할 것인가? 아니면 새로운 상품을 생산하기 위해 신규 투자안을 시행할 것인가?"

"크루즈 선사의 현금흐름 유지 또는 신규 투자안 시행을 위한 자본을 어떻게 조달할 것인가?"

첫째, 기존 크루즈 상품 생산을 위한 투자를 유지할지, 아니면 새로운 크루즈 상품 개발을 위한 신규 투자를 할지를 결정해야 한다. 이 결정을 위해서는 기존 크루즈 상품과 신규 크루즈 상품의 생산 비용과 미래 수익을 면밀히 비교해야 한다. 만약 신규 크루즈 상품에서 발생할 것으로 예상되는 미래 현금흐름이 기존 크루즈 상품의 현금흐름보다 크다면, 신규 투자를 결정하는 것이 타당할 것이다. 이때 CFO는 기존 상품의 생산성 향상과 신규 상품의 개발 및 마케팅 전략을 종합적으로 고려하여 최선의 투자 결정을 내려야 한다.

둘째, 크루즈 선사의 현금흐름을 유지하거나 신규 투자를 위한 자금을 어떻게 조달할지를 결정해야 한다. 투자에 필요한 자금은 주로 타인자본(또는 부채비율)과 자기자본의 형태로 조달하게 된다. 따라서 크루즈 선사는 타인자본과 자기자본의 적절한 구성비율, 즉 자본구조(capital structure)를 결정해야 한다. 현재 기업의 타인자본 비율이 너무 높다면, 다음 자금조달 시에는 자기자본 형태로 자금을 조달할 것이고, 반대로 타인자본 비율이 너무 낮다면 다음에는 타인자본 형태로 자금을 조달할 것이다. 이때 CFO는 재무 레버리지, 자본비용, 재무 위험 등을 종합적으로 고려하여 최적의 자본구조를 설계해야 한다.

이와 같이 투자 결정과 자본 조달 결정은 기업 재무관리의 두 축을 이루며, 크루즈 선사의 CFO는 이 두 가지 핵심 의사결정을 통해 기업의 지속가능한 성장을 위한 최적의 재무전략을 수립해야 한다. 이를 위해서는 시장 동향 분석, 재무 데이터 분석, 위험 관리 등 다양한 재무 역량이 필요하다. 또한 경영진 및 이해관계자와의 긴밀한 협력도 중요하다. 이상의 투자결정과 자본조달결정이 [그림 4-1]에서와 같이 기업 재무관리의 두 축을 이룬다.

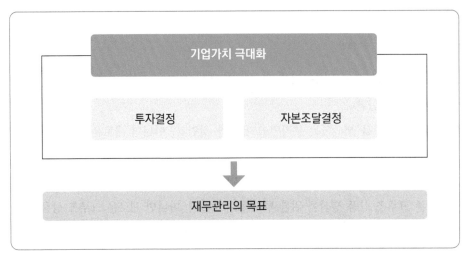

그림 **4-1** **재무관리의 목표**

기업가치 극대화

투자결정   자본조달결정

재무관리의 목표

자료: 金泰雄·朴明燮·朴宇·王倩·李宇 (2014).

재무관리의 목표는 무엇인가? 기업의 생존, 시장 점유율의 극대화, 이익의 극대화 등의 목표는 기업 경영자들이 생각할 수 있는 당연한 목표 중 일부이지만, 재무관리의 목표로서는 문제점을 갖고 있다. 예를 들어, 이익의 극대화는 가장 일반적으로 언급되는 기업의 목표일 것이다. 그러나 이익의 의미가 정확히 무엇인지 모호한 면이 있다. 이익의 의미가 영업이익인가, 당기순이익인가, 아니면 포괄이익을 말하는가? 이익이 올해의 이익인가 아니면 몇 년 동안의 평균 이익인가? 특정한 해의 이익을 늘리기 위해 기업은 관리비의 지출을 미루거나 재고의 보충을 미루는 등의 방법을 쓸 수 있다. 따라서 이익의 극대화란 재무관리의 정확한 목표가 될 수 없다.

기업의 재무관리를 논할 때 주식회사의 CFO는 주주를 위하여 의사결정을 한다는 가정을 한다. 이 가정의 관점에서 재무관리의 목표는 명확하다. 주주가 주식을 사는 이유는 배당금이나 자본 이득(주식의 가치 상승으로부터 나오는 이득)을 얻기 위해서이다. 따라서 CFO는 주주의 이해관계를 최대한 달성하는 의사결정 또는 주식의 가치를 증가시키는 의사결정을 해야 한다. 즉, 재무관리의 목표는 기업의 가치를 극대화하거나, 기존 주식의 한 주당 가격을 극대화하는 것이다.

크루즈 선사의 경영 활동의 대부분은 현금흐름과 연관되어 있다. 기업이 생산·판매 활동을 수행하는 과정에서 원자재를 구매하고 근로자에게 인건비를 지급할 때 현금이 유출되며, 크루즈 상품이 팔릴 때 현금이 유입된다. 크루즈 선박 생산에 있는 원자재, 상품 생산에 필요한 설비 설비에도 이미 지출한 현금이 잠겨 있다. 크루즈 상품 판매를 통해 현금이 유입되면, 다시 생산 과정에 투입되면서 원자재 구입, 노무비 지급, 제조 경비와 일반 판매관리비 지출 등에 사용된다. 상품이 외상으로 판매되면 대금의 회수 기간만큼 현금이 묶이게 되어, 생산 과정에 투입되어야 할 현금의 흐름이 원활하지 못하게 됨으로써 큰 어려움을 겪을 수 있다. 현금의 순환은 외부 자본 제공자와도 관련이 있다. 주식회사의 경우 처음 기업을 시작할 때 주식 발행을 통해 자금을 마련한다. 이 기업이 정상 사업 과정에서 창출한 현금흐름으로 운영 자금을 충당하지 못하면, 외부에서 증자나 채권 발행, 또는 은행 차입 등을 통해 자금을 마련한다. 이처럼 외부 주주나 채권자로부터 자금이 조달되면 후에 이자나 배당금으로 현금을 지출해야 한다. 만약 지나치게 많은 돈을 빌려오면 지급 이자에 대한 부담이 커져 파산의 위험을 초래할 수도 있다.

재무관리란 한마디로 현금흐름의 순환 과정에 대한 종합적인 관리 활동이라고 볼 수 있다. 즉, 경영 활동에 필요한 자금을 조달하고, 조달된 자금의 운영에 관한 모든 관리 활동을 의미한다. 이미 언급한 대로 재무관리의 목표는 기업 가치의 극대화에 있다. 기업의 가치를 극대화하기 위해서는 기업의 자산을 활용하여 현금흐름을 최대한 창출해야 한다. 자산으로부터 창출되는 미래의 현금흐름은 기업의 현재 가치에 큰 영향을 미친다

4.2.2. 신조선 대금 지불

크루즈선을 새롭게 건조하는 방법은 조선소를 선정하여 진행한다. 크루즈선 대금은 선주와 조선소 간에 체결한 건조 계약서에 의거하여 지불된다. 통상 선박 건조의 주요 단계는 계약(Contract), 철판 절단(Steel Cutting), 용골 거치(Keel Laying), 진수(Launching) 그리고 인도(Delivery)이다. 대금은 보통 이러한 단계에 맞추어 지불하는 것이 관행이다.

계약(Contract)단계에서는 선박의 건조, 선박 건조 가격 및 선박 건조 대금의 지급 방법, 건조 기간, 선박 건조에 대한 감독 방법, 불가항력 사유, 계약 해지 사유, 분쟁 해결 방법 등을 주요 내용으로 하는 선박 건조 계약(shipbuilding contract)을 선주와 조선소가 체결한다(김연신, 2008). 우리나라의 법리에 따르면 선박 건조 계약은 도급계약의 특수한 형태인 제작물 공급 계약의 성격을 갖고 있다. 일반적으로 선박 건조 계약에는 선박의 소유권이 도급인(발주자 또는 주문자)에게 귀속된다는 내용이 명시적으로 또는 묵시적으로 포함되어 있다. 이는 선박 건조 과정에서 도급인이 선박의 설계, 건조 과정에 대한 감독 및 통제권을 행사하는 것과 관련되어 있다. 따라서 선박 건조 계약은 도급인이 자신의 지시와 감독하에 조선소가 선박을 제작하여 인도하는 제작물 공급 계약의 성격을 가지고 있다고 볼 수 있다(김인유, 2010).

철판 절단(Steel Cutting)은 선박 건조 시 사용하게 될 철판을 처음으로 자르는 것이다. 선박 계약이 완료된 후 설계가 끝나고 본격적인 건조가 시작된다는 것을 의미하는데 '착공'에 해당한다.

다음으로 용골 거치(Keel Laying)가 이루어진다. 선박의 건조는 사람의 척추에 해당하는 용골(keel)을 먼저 깔아놓고 횡방향의 늑골을 세운 후, 선체 외판을 붙여가는 형태로 진행된다. 용골은 선저의 중심을 통과하는 선박의 척추에 해당하는 종판으로 그 위에 블록(Block)이 조립된다. 용골은 선박의 전체 중량을 지탱하기 때문에 저판 중 가장 중요한 빔(Beam)이다. 용골(keel)을 깐다는 의미인 Keel Laying은 실질적인 선박 건조의 착수 시점을 상징하며 '탑재' 혹은 '기공'에 해당한다.

진수(Launching)는 도크(dock)에서 건조한 선박을 바다 위에 처음으로 띄우는 공정이다. 배의 탄생을 의미하기 때문에 선박 건조 공정 중 가장 중요한 공정으로, 진수가 완료되면 안벽에 계류하고 마무리 의장 공사를 진행한다.

마지막으로 인도(Delivery)가 이루어지는데, 건조가 완료된 선박을 선주에게 인도하는 것으로 '준공'에 해당한다. 보통 명명식 이후 선급회사의 인증서 등을 갖추어 인도 서류에 서명하는 것으로 인도 절차가 마무리되는데, 명명식 당일에 인도되는 경우도 있고 일정 기간이 지나서 인도되는 경우도 있다.

선박은 자동차와 달리 고객의 주문을 받아서 건조하기 때문에 이런 중요 공정에 따라 건조 비용을 미리 받는 관행이 있다. 일반적으로 지불 4법에 따라 선가가 변동되는데 3가지 경우가 있다. 일반적 조건(Standard)은 [그림 4-2]와 같이 주요 단계마다 매 20%씩 5회 분할 상환하거나 경우에 따라서는 25%씩 4회 분할하여 상환하는 경우도 있다(정우영, 2006).

그림 4-2 선박공정별 건조자금 지급 방법

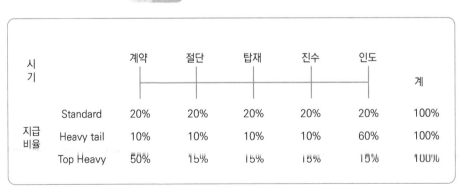

시기		계약	절단	탑재	진수	인도	계
지급비율	Standard	20%	20%	20%	20%	20%	100%
	Heavy tail	10%	10%	10%	10%	60%	100%
	Top Heavy	50%	15%	15%	15%	15%	100%

이와 반면에 건조자금을 균등하지 않게 지급하는 방법이 있는데, 이는 선주와 조선소의 입장에서 선호되는 방식이다. 헤비테일(Heavy-tail) 지급 방식은 조선사의 선박 건조 후반기 또는 인도시에 선박 대금이 집중적으로 몰리는 형태를 일컫는다. 선주들은 조선사에 선수금 환급보증서(Refund Guarantee, RG) 발급과 착공, 탑재, 진수 시에는 각각 잔금의 10%를 지급하고, 마지막 인도 단계에서 70%를 몰아서 지급한다. 조선소의 경우, 미리 받는 대금이 줄어들어 선박을 건조하는데 필요한 자금을 충당하기 어려워 외부 자금 차입 필요성이 증가한다.

한국의 조선소에서는 계약할 때 먼저 20%를 받고, 6개월 후에 10%, 최초 철판을 자르는 착공식 때 10%, 최초 블록을 도크에 거치하는 기공식 때 10%, 그리고 건조된 선박을 인도할 때 나머지 50%를 지급하는 관례를 따른다(조용수, 2016).

반대로 계약 시점에 50% 이상의 선수금을 받는 방식인 탑헤비(Top Heavy)가 있는데, 이는 극히 드문 방식이다. 조선소는 선수금을 활용할 수 있는 탑헤비 방식을 선호하겠지만, 선주 입장에서는 초기 금융 부담이 크기 때문에 선호하지 않는 방식이다

4.2.3. 중고선 도입

선박 확보를 위해 신조선을 건조하는 방법이 있지만 보통의 해운업에서는 중고선을 해외에서 구입하는 경우가 일반적이다. 외국에서 중고 크루즈선을 구입하여 수입하는 절차를 간략히 살펴보면 다음과 같다.

① 먼저 매입대상 선박을 확정한다.
② 다음으로 선박의 검사를 행한다. 검사는 매도자에게 사전에 허가를 받은 후 행한다. 검사 내용은 주요서류, 기기, 상태 등에 관하여 사본, 수기, 녹음, 사진촬영 등을 시행한다.
③ 검사가 끝난 후 선박 매입을 결정하면 선주에게 Offer 및 가격 Nego에 들어간다.
④ 가격이 합의되면 도입의향서(Letter of Intent)를 작성한다.
⑤ LOI가 체결되면 Sale Form을 선정하고 합의 사항을 보완하여 MOA(Memorandum of Agreement)를 작성한다.
⑥ MOA 체결 후 즉시 회사의 각 관련 부문에 통보하여 송금, 대 관청 업무, 현장 인수 준비 등 제반 인수업무를 사전 준비하도록 조치해야 한다.
⑦ 구입예정 선박에 대한 잔유량을 파악한다.
⑧ 구입선박에 대한 최종 검토가 끝나면 선가를 송금하고 본선을 인수한다.

⑨ 국내 반입을 위해 보험에 부보하고 수입통관을 위해 출항한다.

⑩ 이후 수입통관을 마치면 법원에서 등기하고 해양수산부에 등록하여 사업 면허를 취득 하 게 된다.

외국 물품을 취득한 대한민국 국민은 반드시 관세법에 따라 수입 신고를 하여야 한다. 관세법 및 수입통관 사무처리 요령 등에 따라 수입통관을 하고, 수입신고필증을 발급받는다.

해당 수입신고필증은 선박의 소유권 보존등기를 할 때 등기소에 제출해야 한다. 선박이 국내 항에 입항하여 관세선을 통과하면 해당 선박은 외항선박이 아닌 수입 외국 물품의 상태 로 그 지위가 변하게 된다. 이 사실은 중요한 의미를 가지며, 수입통관 수속을 완료하고 등기 및 등록 후 대한민국 국적을 취득하여 해운법에 따라 해양수산부에 여객운송사업 면허를 받 아서 등록하기 전까지는 항해를 할 수 없고 영업도 할 수 없다. 즉, 해운법에 의한 등록증을 받기 전까지는 크루즈 관광객을 승선시킬 수 있는 선박의 지위를 확보하지 못한 상태가 된다 (김성국, 2022).

한편 중고선을 직접 구입하는 것과 아울러 타인이 운영하고 있는 크루즈선을 용선하는 경우 도 있다. 용선(charter)이란 선주가 선박을 이용하는 자를 위하여 선박의 전부 또는 일부를 빌려주 어 그것을 이용할 수 있도록 하는 것을 말한다. 일반적으로는 선주가 크루즈 선박의 장비를 갖추 고 선장이나 기타의 선박 종업원을 고용하며 선용품을 부담하거나 혹은 지급한 다음에 그 선박 을 이용하도록 하는 것이 용선이다. 이것은 단순한 선박 그 자체를 빌어 쓰는 임대차(Demise)와는 구별된다

우리나라에서 크루즈 사업을 하기 위해서는 사업자는 총톤수 2천톤 이상의 크루즈선을 확보 해야 한다. 크루즈 선사 소유의 선박을 확보하기 위해서는 신조선을 건조하거나 중고선을 구입하 는 것이다. 해외에서는 해운업의 전통적인 선사 운영이 용선에 의한 방법이기 때문에 용선한 크 루즈선이 드물지 않지만 우리나라에서는 불가능하다.

대한민국에 등록된 선박의 국적은 당연 대한민국(Republic of Korea)이 될 것이며, 국적선이라 고 한다. 하지만 국적취득조건부나용선(BBCHP)은 대한민국 국적이 아닌 선박이지만 대한민국 정 부의 규칙을 따른다.

BBCHP(Bare Boat Charter of Hire Purchase) 나용선 계약이란 선박을 용선함에 있어서, 선박 자 체만을 용선한다는 것으로 선박을 운항하는 선원 등이 따르지 않는 선박 그 자체만을 용선한다 는 의미이며, Hire Purchase란 그 나용선 계약 기간이 끝나면 용선주가 선박을 매입할 수 있는 권 리를 갖는다는 의미이다. 일반적으로는 금융권에서 Financing을 함에 있어서 그 선박의 원금보장

을 확보하기 위한 수단으로 이용되고 있다. 한편으로 대한민국에서는 1980년대 이후 정부에서 국적취득조건부나용선이란 표현을 써서 정책금융을 지원해 오고 있으며 국취부나용선이란 용어가 활용되고 있다.

BBCHP는 연불(延拂) 구매형태로 선박을 나용선하여 국적을 취득하게 되는 선박 확보 방법의 하나이다. 연불(延拂) 구매는 상품이나 서비스를 구매할 때 전액을 한꺼번에 지불하지 않고 분할 납부하는 방식이다. 상품 구매 대금을 일정 기간에 걸쳐 나누어 지불하며, 분할 납부에 따른 대금 지불 기간 동안 이자가 발생한다. 상품의 소유권은 마지막 분할 납부가 완료되면 구매자에게 이전되며, 일부 경우 초기 보증금을 납부해야 한다. 연불 구매는 구매력이 부족한 고객들이 상품을 구매할 수 있게 해주는 장점이 있지만, 이자 부담이 있다는 단점도 있으며, 주로 가전제품, 가구, 자동차 등의 구매에 활용된다.

우리나라에서는 1970년대 중고선 도입에서 BBCHP 이용을 시작했다. 1980년대 이후에는 신조선 확보 방법으로 국적선사들이 활용할 수 있었던 가장 유리한 선박금융이었으며 결과적으로 1984년 해운산업합리화 이후 우리나라 외항선대 증강에 크게 기여해 왔다. BBCHP에 비하여 일반적인 나용선계약인 BBC(Bareboat Charter)는 용선기간 만료 후 재구입 의무가 없기 때문이다.

4.2 ▶ 선박금융

4.3.1. 선박금융 특성

선박금융은 비교적 안전한 대출로 인식된다. 그 이유는 선박금융 대출이 기본적으로 선주의 신용을 바탕으로 하는 기업대출(corporate finance)이지만, 대출의 목적인 선박을 담보로 하는 담보대출(asset-backed finance)이 대부분이기 때문이다. 또한 선박금융 대출은 선박의 운용과 대여를 통해 창출된 현금흐름을 상환 재원으로 하는 프로젝트 대출의 성격을 띠고 있다.

그러나 선박금융은 일반적으로 거액의 장기 대출이며, 해운산업의 변동성이 심한 경기순행적(procyclical) 특성 때문에 위험 또한 높은 것이 사실이다. 해운회사의 주요 수입원인 운임의 높은 변동성과 담보로 제공되는 선박 가격의 급격한 변동으로 인해, 선박금융 대출은행은 다른 업종에 비해 더 복잡한 신용위험 평가를 요구한다. 아울러 선종에 따른 해운업황 및 전망, 세계 정치, 경제 상황, 유가 하락, 전쟁 등 돌발 변수를 포함한 다양한 요인들을 고려해야 한다(Kavussanos and Tsouknidis, 2016).

해운산업은 자본집약적 특성으로 인해 전통적으로 은행 대출에 크게 의존하는 경향이 있다. 따라서 해운기업에 대출을 제공하는 은행에게는 차주인 해운사의 부도 위험을 예측하고 이를 위한 신용도 평가가 최우선 과제가 된다(Gavalas and Syriopoulos, 2015). 선박금융 대출 시, 은행은 예상되는 대손 위험과 대출 취급에 따른 비용을 합리적으로 대출 금리에 반영하여 대출에 따르는 위험을 회피하고자 한다.

한국의 선박금융은 크게 두 가지로 나뉜다. 첫째, 일반 은행의 선박금융 형태는 직접 대출과 간접적인 보증 형태로 구분된다. 직접 대출은 선박 구매자에게 자금을 대여하는 방식으로, 주로 SPC(특수목적회사, Special Purpose Company)를 통해 제공된다. 둘째, 보증 형태는 조선소가 발주자로부터 선지급금을 받기 위해 제공하는 RG(refund guarantee, 선수금환급보증)이다.

선지급금은 선박 건조 계약상 선박 인도 전에 발주자가 조선소에 지급하는 금액으로, 조선소 입장에서는 선수금이 된다. 선박 건조 계약상 선박의 인도 전에 발주자가 조선소에 지급하는 선박 건조 대금을 선지급금이라고 하는데, 이것은 조선소의 입장에서 보면 선수금이 된다(서영화, 2010).

RG는 조선소의 요청에 따라 금융기관이 발주자에게 제공하며, 일반적으로 신디케이트(syndicate) 방식으로 국내 은행들이 공동으로 참여하기도 한다. RG는 조선소의 파산 등으로 인해 선주가 선박을 인도받지 못할 경우, 금융기관이 발주 시 조선소에 지급한 선수금을 선주에게 반환하는 보증이다. 이는 금융기관의 경영 위험을 높이는 위험가중자산이지만, 조선소에는 필수적인 금융 수단이다.

종합상사의 선박금융이 있다. 이는 미쓰비시, 스미토모 등 일본의 종합상사가 조선소에 선박을 발주하고 이에 필요한 자금을 주선하여, 일본계 선사가 Time Charter(정기용선) 방식으로 선박을 운용한 후 중고선을 매각하여 이익을 실현하는 형태이다. 이 과정에서 매각차익을 재투자할 때 세금 혜택을 받을 수 있다. 일본의 종합상사는 자체의 높은 신용도를 활용하여 금융을 성사시키기 위해 담보나 보증을 제공하거나, 해외금융 자회사를 통해 대출이나 투자를 진행하기도 한다.

리스회사의 선박금융이 있다. 국내에서는 산은캐피탈, 신한캐피탈 등이 선박 리스를 주도하고 있으며, 주로 중소형 선사를 대상으로 원화 대출을 제공한다. 이는 수입이 원화인 국내 내항 중소형 선박을 대상으로 하는 금융 형태이다

선박투자회사법에 따른 선박금융이 있다. 이는 SPC를 해외에 설립하는 대신 국내에 주식회사 형태로 선박투자회사를 설립하고, 주식 발행을 통해 선박 확보 자금을 모집하는 방식이다. 이러한 방식은 선박금융시장의 침체기를 극복하고 국내 해운선사의 경쟁력을 강화하기

위한 방편으로 도입되었다. 독일의 KG와 노르웨이의 KS 선박투자 전문 펀드 제도를 참고하여 만든 제도로, 2002년 8월에 시행되어 2003년 3월에 최초의 선박운용회사가 설립되었다.

대표적인 선박펀드인 독일의 KG펀드는 'Kommandit Gesellschaft'의 약자로, 독일 소득세법 (German Income Tax)에 근거한 유한책임조합(Limited Liability) 형태의 투자제도이다. 이 제도는 하나의 무한책임 파트너(General Partnership)와 다수의 개인투자자인 유한책임파트너(Limited Partnership)가 참여하는 계약 형태로 이루어진다.

반면, 노르웨이의 KS펀드는 합자회사를 의미하는 'Kommandittselskap'의 약자로, 독일의 KG 펀드와 유사한 개념의 투자 방식이다. 이 펀드에는 하나 이상의 무한책임파트너(Kommplementar: General Partner)와 하나 이상의 유한책임파트너(Kommanditister: Limited Partner)가 참여하는 계약 형식으로 구성된다. KS펀드는 회사이지만, 납세의 주체는 아니며, 펀드의 자산 및 이익을 소유하는 파트너들이 납세의 주체가 된다. 독일의 KG펀드와 마찬가지로, 참여자들은 유한책임을 부담하면서 여러 조세 혜택을 누릴 수 있다(김한나·김태일·박성화·최수호, 2024).

4.3.2. 선박투자회사 제도

선박투자회사는 일반 투자자로부터 모금한 자금(선박펀드)으로 설립되며, 이 자금과 외부 금융 기관에서 차입한 자금을 합쳐 선박을 건조하거나 매입한 후, 이를 선사에 임대하여 수익을 창출하는 금융 기업이다. 이 수익으로 차입금을 상환하고 일반 투자자들에게 수익을 분배한다. 선박투자 회사의 주요 투자 대상은 선박이며, 확보된 선박을 선사나 선박 운영 업체에 임대하여 대선료를 얻는다. 임대 기간이 종료되면 선박을 매각하거나 처분하며, 이때의 매입 가격과 매도 가격 차액도 중요한 수익원이 된다.

운영의 투명성을 위해 선박투자회사는 한 척의 선박만 소유하는 단일 목적의 서류회사와 일반 국민들이 쉽게 참여할 수 있는 주식회사 형태가 바람직하다. 또한, 존속 기간이 길면 안정적인 장기 투자 상품인 신조선에 적합하며, 존속 기간이 짧으면 단기 상품 개발이 가능하여 중고선 투자도 가능하다.

선박투자회사는 선박투자회사, 투자자, 자산운용회사, 자산보관회사, 선박관리회사, 해운기업, 선박소유자 등이 참여하는 구조로 이루어진다. 선박투자회사의 해외 자회사는 조세 감면 혜택과 해외 투자자 모집, 해외 차입을 용이하게 하기 위해 선박 편의 치적국에 설립되는 서류상의 회사로, 선박투자회사가 100%의 지분을 보유하며 선박의 취득, 소유, 대선 등의 업무를 수행한다.

선박투자회사는 투자자들의 자금을 모집하기 위한 서류상의 회사이기 때문에, 선박 투자와 관련된 모든 계약은 선박운용회사가 선박투자회사의 위임을 받아 처리한다. 선박운용회사는 투자자의 이익을 창출하고 보호하는 모든 행위의 주체이며 책임의 주체가 된다.

선박투자회사의 자금조달은 간접금융의 형태인 담보대출이 60~70%를 차지하며, 직접금융의 형태인 펀드 자금이 20~30%를 구성한다. 이러한 선박투자회사는 선박펀드를 통해 위기에 처한 해운기업들에 유동성을 제공하며, 새로운 금융수단으로 각광받고 있다. 선박투자회사 제도 도입으로 선박펀드를 통해 선박을 확보할 수 있게 되었으며, 자금 여력이 부족한 선사에 자금을 제공하여 선대 확충을 촉진시킨다. 이는 한 척의 자금으로 2~3척의 선박 건조를 가능하게 한다.

또한, 대체 금융수단을 제공함으로써 국적 선사의 금융 협상력을 제고하고, 금융 비용 절감을 통해 운영 비용을 줄여 경쟁력을 높이는 효과가 있다(金泰雄·朴明燮·朴宇·王倩·李宇宪, 2014).

선박투자회사 제도와 관련하여 선박의 국적 문제는 매우 중요한 사항이다. 선박투자회사가 국제 금융 시장에서 자금을 조달할 때, 채권자들의 담보권 행사가 가장 큰 걸림돌이 되기 때문이다. 이러한 이유로 우리나라에는 국적취득조건부나용선이라는 독특한 선박 확보 제도가 정착되었다. 보통 담보권 행사가 비교적 자유로운 파나마나 리베리아 등 편의치적국에 선박을 등록하고, 차입금 상환이 완료되면 우리나라 국적을 취득하는 시스템이다.

주요 편의치적국(Flag of Convenience)으로는 라이베리아, 파나마, 마샬아일랜드, 키프로스, 버뮤다 등이 있다. [표 4-3]에 나와 있듯이, 이러한 국가에 등록하면 법인세, 소득세, 인건비를 절감할 수 있다. 또한, 선주의 리스크가 선박으로 전이되는 것을 방지하기 위해 선박을 국내가 아닌 편의치적국에 등록한다.

표 4-3 **우리나라와 파나마 조세제도 비교**

세목	과세표준	한국	파나마
법인세	사업연도 소득	• 2억 원 이하: 10% • 2억 원 초과: 2000만 원+초과금액의 20%	USD 0.2/ton (Net tonnage) 기준
원천세	BBC BBCHP	2% 비과세	• 2% • 비과세
부가가치세	선박가액	10%(단, 수출의 경우 영세율)	영세율
등록세	등기, 등록 시 가액 (교육세 포함)	• 소유권 보존 등기: 2.024% • 소유권 취득 등기: 1.2%	기본 3,000달러 1만 5천 ton 초과시는 0.1달러/ton(GT 기준 최대 USD 6,500
취득세	취득시 가액 (농특세 포함)	2.2%(단, 제주도 선박등록특구에 국제선박으로 등 록할 경우 취득세 2%는 면제)	면제
재산세	시가표준 (교육세 포함)	0.36%(단, 제주도 선박등록특구에 국제선박으로 등록할 경우 면제,양도소득세 특례는 없음	면제
공동시설세	선박가액	가액 구간별로 0.5%~1.3% 적용하여 합산(단, 제주 도 선박등록특구에 국제선박으로 등록할 경우 면제)	면제
주민세	법인세	10%	면제

자료: 백충기(2013).

크루즈 여객 권리장전

○○○크루즈 선사는 다음과 같은 여객 권리장전(Cruise Industry Passenger Bill of Rights)을 채택하는 데 동의했다.

크루즈선사국제협회(CLIA)의 회원기업들은 전 세계 바다를 항해하는 크루즈 여객 모두의 안전과 서비스에 전념하고 있다. 이 약속을 이행하기 위해 회원기업들은 다음과 같은 여객의 권리를 포함하기로 합의했다.

1. 식품, 물, 화장실 등 필수품과 의료 서비스에 대한 접근이 선내에서 충분히 제공되지 않을 경우, 정박 중 선박에서 하선할 수 있는 권리. 단, 선장이 여객의 안전과 보안을 우려할 경우, 그리고 여객이 항구의 세관 및 출입국 관리 규정을 준수해야 함.

2. 기계 고장으로 인해 취소된 크루즈에 대한 전액 환불 또는 기계 고장으로 인해 조기 종료된 크루즈에 대한 일부 환불의 권리.

3. 강이나 해안을 따라서만 항해하는 것 이외의 선박의 경우, 육지에서 의료 서비스를 이용할 수 있을 때까지 상시 전문적인 응급 치료를 확보할 수 있는 권리.

4. 기계 고장 시 또는 비상 시 선박 일정을 조정할 때 적시에 업데이트된 정보를 제공받을 권리, 그리고 고장난 기계의 수리 상태에 대한 업데이트된 정보를 적시에 제공받을 권리.

5. 비상 상황 및 대피 절차에 대해 적절한 훈련을 받은 선원의 동행을 받을 권리.

6. 주요 발전기 고장 시 비상 전원을 사용할 수 있는 권리.

7. 기계 고장으로 인해 크루즈가 조기 종료된 경우 선박 일정상의 하선 항구 또는 여객의 거주지가 있는 도시까지 교통편을 제공받을 권리.

8. 기계 고장으로 인해 크루즈가 조기 종료되어 일정에 없던 항구에서 하선하고 1박이 필요한 경우 숙박 시설을 제공받을 권리.

9. 각 크루즈 선사 웹사이트에서 선박 운항과 관련된 모든 측면에 대해 문의하고 정보를 얻을 수 있는 전화번호*를 확인할 수 있는 권리.

   *○○○○크루즈 선사 전화번호 ×-××××-××××-××××(내선전화 ××××)

10. 이 크루즈 여객 권리장전을 각 크루즈 회사 웹사이트**에 게시할 권리

*웹사이트에 접속할 수 있는 모든 국가에서 이용 가능하고 실행 가능

출처: CLIA(2013), International Cruise Line Passenger Bill of Rights.

제4장 참고문헌

김성국(2022), 『해상운송론』, 서울: 문현.

김연신(2008), 『영문 선박건조계약서 작성실무』, 서울: 박영사.

김인유(2010), "건조중인 선박에 관한 법률관계", 『한국해법학회지』, 제32권 제1호, pp.7-40.

김한나·김태일·박성화·최수호(2024), 『해운산업 고도화를 위한 선박투자 활성화 방안 연구』, 부산: 한국해양수산개발원.

金泰雄·朴明燮·朴宇·王倩·李宇宪(2014), 『经营管理学原理』, 서울: 성균관대학교 출판부.

백충기(2013), 『국내 선박·해양금융시장 확대 방안』, 부산: BS금융지주 경제연구소.

서영화(2010), "선박건조계약과 관련한 몇 가지 법률문제들", 『한국해법학회지』, 제32권 제1호, pp.41-77.

정우영(2006), "선박금융의 실무 소개", 『서울대학교 금융법센터 BFL』, 제19호, 2006, p.89-98.

조용수(2016), "HHI INSIDE, 재미있는 배 이야기 14: 배 값은 어떻게 받을까?", 현대중공업 블로그, http://blog.hhi.co.kr

Gavalas, D., and Syriopoulos, T.(2015), "An integrated credit rating and loan quality model: application to bank shipping finance", Maritime Policy & Management, Vol.42, No.6, pp.533-554.

Camosse, Jeremy(2021), "How Much Does a Cruise Ship Cost?, Ranked by Ship & Line", https://gangwaze.com/blog/how-much-does-a-cruise-ship-cost#how-much-does-a-cruise-ship-cost-to-build-by-line

Kizielewicz, Joanna(2017), "Methods of Raising Funds for Purchasing of New Cruise Ships by International Corporations", International Journal of Management and Economics, Vol.53, No.2, pp.69-83.

Jürgen, Hans(1978), Nordatlantik-Renner (in German), 3rd ed., Deutschland: Koehlers Verlagsgesellschaft MBH.

Kavussanos, Manolis G. and Tsouknidis, Dimitris A.(2016), "Default risk drivers in shipping bank loans", Transportation Research Part E , Vol.94, pp.71-94, https://doi.org/10.1016/j.tre.2016.07.008.

Lück, M.(Eds.)(2007), The Encyclopedia of Tourism and Recreation in Marine Environment, Wallingford, UK: CABI International.

Martin Stopford(2009), Maritime Economics, 3rd ed., London: Routledge.

Miller, William H. Jr.(1997), Picture History of the French Line, New York: Dover Publications.

MSC(2010), "About MSC History", MSC Cruises USA, https://www.msccruisesusa.com/about

제2부

크루즈 운영

Sailing
항해하고 있어
Takes me away to where I've always heard it could be
언제나 듣기만 했다면 나를 데려가줄래
Just a dream and the wind to carry me
그저 꿈을 꾸며 나를 데려가줘
Soon I will be free
난 곧 자유로워지겠지

가수 Christopher Cross(1980)의 Sailing 가사 내용 중

제5장
크루즈선 운항

5.1.1. 국제규정

국제 항해에서 여객선(passenger ship)은 일반적으로 12명 이상의 여객을 태우는 선박으로 정의되는데, SOLAS(International Convention for the Safety of Life at Sea, 해상에서의 인명의 안전을 위한 국제 협약) 및 만재흘수선협약(Load Lines Conventions)의 규정을 포함하여 모든 관련 IMO 국제 협약 및 규정을 준수해야 한다.

오늘날 운항 중인 여객선은 선박 건조 및 운영의 모든 측면을 다루는 광범위한 규정과 표준에 따라 운영된다. 수년에 걸쳐 발생한 많은 사고로 인해, 크루즈선의 전형적인 대형 아트리움(large atrium)에서 탈출 경로 및 화재 방지 시스템과 같은 화재 안전 조치뿐만 아니라 인명 구조 장비 배치와 관련된 안전 요구 사항이 개선되었다.

그림 **5-1** 크루즈선의 아트리움

자료: Quantum of the Seas, Royal Caribbean International.

기술 규정의 개선 외에도 1998년 여객선에 대한 국제안전관리(ISM, International Safety Management) 코드의 발효는 선박의 안전한 관리 및 운영과 오염 방지를 위한 국제 표준을 제공함하고 있다. 이는 해운의 인적요소(human element) 측면에 초점을 맞추는 중요한 단계였다. 한편 1997년 2월 1일에 발효된 1995년 개정안으로 1978년 선원 훈련, 인증 및 감시 표준에 관한 국제 협약에 대해 IMO 자신이 당사자의 협약 준수를 확인할 권한을 부여받았다. 1995년부터 개정된 STCW(International Convention on Standards of Training, Certification and Watchkeeping for Seafarers, 선원의 훈련, 자격증명 및 당직근무의 기준에 관한 국제 협약)에는 비상 대피에 사용하기 위한 군중 관리 교육과 같은 여객선 승무원에 대한 특정 교육 요구 사항이 포함되어 있다.

또한 대형 크루즈선과 여객선은 엄청난 양의 폐기물을 배출한다. 쓰레기 및 오수관리에 대한 규정은 MARPOL 73/78에 포함되어 있다.

그림 5-2 크루즈 상품 예약

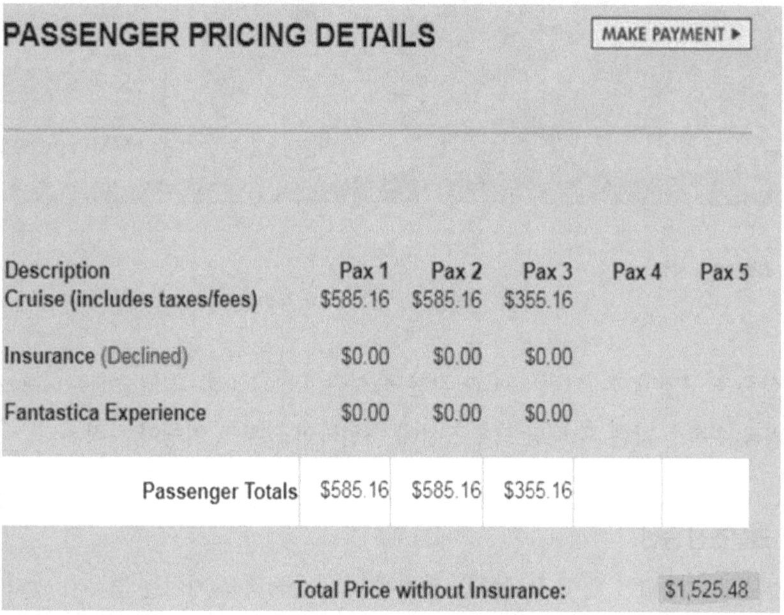

PASSENGER PRICING DETAILS   MAKE PAYMENT ▶

Description	Pax 1	Pax 2	Pax 3	Pax 4	Pax 5
Cruise (includes taxes/fees)	$585.16	$585.16	$355.16		
Insurance (Declined)	$0.00	$0.00	$0.00		
Fantastica Experience	$0.00	$0.00	$0.00		
Passenger Totals	$585.16	$585.16	$355.16		

Total Price without Insurance: $1,525.48

주: incruise.com

5.1.2. 승선 절차

5.1.2.1. 크루즈 상품 구매

크루즈 상품을 예매하기 위하여 여행사대리점, 온라인 예약몰, 크루즈 선사 홈페이지 등 다양하게 크루즈 상품을 예약할 수 있다. [그림 5-2]와 같은 여행 플랫폼에서는 여러 크루즈 선사의 상품을 실시간으로 최저가 상품을 선택할 수 있다.

그림 5-3 크루즈 승선권

주: Royal Caribbean의 사례.

크루즈 상품을 구매한 후 [그림 5-3]과 같은 승선권(cruise ticket) 즉 탑승권(boarding pass)을 발급받고, 출입국 수속을 밟은 후 해당 크루즈선에 승선하면 크루즈 여행이 시작된다.

5.1.2.2. 크루즈선 승선

보통 크루즈선은 출항을 위해 국제여행 절차에 따라 출국장을 거치는 경우가 많다. 국내 간의 운항이라고 하면 외국으로 출입하는 것이 아니기 때문에 출국 수속은 거치지 않게 된다. 그러나 대부분의 크루즈 상품의 경우 4박 5일 정도 규모의 동북아시아, 한·중·일 크루즈나 카리브해 크루즈만 하더라도 다른 국가에 입항하기 때문에 출국 절차를 밟게 된다.

출국장을 거치고 나면 크루즈선으로 이동하는데, 부두와 선박의 출입구인 현문(舷門, gangway) 간에 연결된 통로인 현문 사다리(gangway ladder)를 이용하여 승선한다. 최근에는 보딩 브릿지(SPBB, Seaport Passenger Boarding Bridge)로 확장되고 있는데 선박과 부두를 연결하는 통로나 다리를 말한다. 항만마다 접근성이 매우 다양하기 때문에 크루즈선 통로는 현문 사다리는 전통적인 승선수단으로 사용된다. 오늘날 현대화된 항만은 다양한 종류의 크루즈선이 고객의 편의에 충족시키기 위하여 보딩브릿지를 제공하고 있다. 이러한 통로는 필요한 요구를 충족시키고 모든 조건에서 안전한 탑승을 보장한다.

그림 5-4   크루즈선 승하선 설비

현문 사다리   보딩 브릿지

크루즈선에 승선하게 되면 제일 먼저 [그림 5-5]와 같은 승선카드(seapass card)를 발급 받는다. 승선카드는 여행에서 여객실 열쇠, 지불수단, 신분증의 3가지 역할을 한다. 크루즈 여행 동안 반드시 본인이 지참해야 하며 분실 시 고객데스크에서 재발급 받으실 수 있다. 특히 선상에서 현금과 신용카드 대용으로 사용되며, 기항지에서의 승하선 시에 여객 확인을 위한 신분증의 역할을 하므로 지참하여야 한다.

최근에는 선사별로 IT 기기나 전용 애플리케이션(App)을 통해 승선카드를 제공함으로써 개인의 스마트폰 등에 설치하여 편리하게 사용할 수 있게 되었다.

그림 5-5 크루즈 승선카드

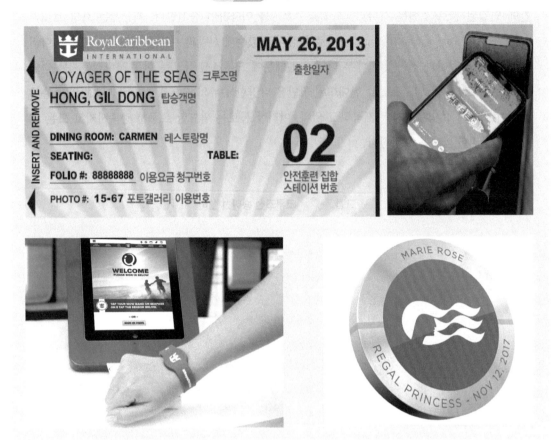

매일 저녁 [그림 5-6]과 같이 다음날의 일정이 담긴 선상신문(onboard newsletter)이 여객실로 배달된다. 크루즈 선사마다 선상신문의 이름이 각각 다른데 RCL은 크루즈컴파스(Cruise Compass)라고 하고 셀러브리티크루즈는 셀러브리티 투데이(Celebrity Today), 프린세스는 프린세스 패터(Princess Patter), 디즈니크루즈사는 퍼스널 네비게이터(Personal Navigator) 등 다양한 이름이 있다. 대부분 선상신문에는 해당일의 일출·일몰 시간, 재승선 시간, 주요 행사, 정찬 다이닝 복장, 공연 및 기항지 정보, 레스토랑 오픈 시간, 시간대별 선상 프로그램 등 크루즈 선상 생활의 모든 정보가 담겨 있는 친절한 선상 생활의 가이드이다. 크루즈 여행을 위해서는 선상신문으로 여행 일정을 짜야 한다.

그림 5-6 크루즈 선상신문

Celebrity TODAY

Fort Lauderdale, Florida
Sunday, March 24th, 2013
Sunrise: 7:20am   Sunset: 7:34pm
Evening Attire: Smart Casual

Celebrity
Silhouette[SM]
President's Cruise

Departure 4:30pm

Travel distance to the port of Cozumel, Mexico is 553 nautical miles.

Emergency Lifeboat Drill 3:45pm

At the sounding of the ship's alarm, please proceed to your Assembly Station as indicated on the inside of your stateroom door. Ensure you have your SeaPass® card with you, as this will assist our crew to verify your assigned muster station.

Please note: Participation is mandatory for all guests and crew according to SOLAS (Safety of Life at Sea) regulations.

Shore Excursions

2:30pm | Silhouette Theatre, Deck 4
Our experts will tell you the best way to experience our upcoming ports-of-call.

AquaSpa Raffle

4:30pm | AquaSpa, Deck 12
Enter our raffle and win Spa treatments worth $500.

Champagne Sail Away

4:30pm | Poolside, Deck 12
Sail away in style with a complimentary glass of champagne as we wave goodbye to Fort Lauderdale. Champagne toast at 4:45pm.

Tonight's Show

8:30pm & 10:30pm | Silhouette Theatre 4, 5
Join your Cruise Director, Lisa and her world-class musicians & entertainers for a fantastic opening night.

Welcome Aboard

The Master, Captain Emmanouil Alevropoulos and the entire crew onboard the beautiful Celebrity Silhouette℠ extend a warm welcome to all of our guests. It is our sincere pleasure to host you during this 7 Night Caribbean Cruise. Bon Voyage!

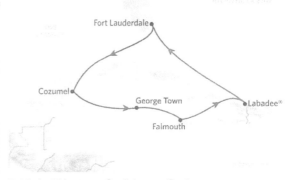

7 Night Western Caribbean Cruise

Date		Evening Attire	Port	Arrive	Depart
Sun	Mar 24th	Smart Casual	Fort Lauderdale, Florida	–	4:30pm
Mon	Mar 25th	Formal	At Sea 1	–	–
Tue	Mar 26th	Smart Casual	Cozumel, Mexico	7:00am	4:00pm
Wed	Mar 27th	Smart Casual	Grand Cayman †	10:00am	6:00pm
Thu	Mar 28th	Smart Casual	Falmouth, Jamaica	8:00am	5:00pm
Fri	Mar 29th	Formal	Labadee, Haiti	10:00am	5:00pm
Sat	Mar 30th	Smart Casual	At Sea 2	–	–
Sun	Mar 31st	–	Fort Lauderdale, Florida	7:00am	

During the cruise, the dress code will be posted at the top left corner of the Celebrity Today. In order to maintain the elegance of our ship's ambiance, The Dress Code is in effect from 6:00pm each evening and is applied strictly in our main dining room, the Grand Cuvée, Decks 3 & 4.

All times subject to change. Please refer to your Celebrity Today each day.

Smart Casual: Ladies: Skirt or pants (no holes, rips or tears) complemented by sweater or blouse.
                  Gentlemen: Pants (no holes, rips or tears) with sports shirt or sweater.

Formal Attire: Ladies: Cocktail dress, gown or pant suit.
                  Gentlemen: Tuxedo, suit or dinner jacket with slacks.

† Tender Service is required.

자료: Celebrity Cruise Line.

5.2.1. 안전훈련 절차

5.2.1.1. 전통적 안전훈련

크루즈 출항 30분 전에 안전훈련이 실시되며, 7번은 짧게, 1번은 길게 사이렌이 울린다. 사이렌 소리에 맞춰 승선카드(seapass card)를 들고 나오면 승무원들이 집결 장소를 안내한다. 여객실 내에 비치된 구명조끼는 가지고 나오지 않아도 된다.

응급 시에 여객들은 본인이 탑승할 구명정 위치에 모여야 하는데 이곳을 소집장소(muster station 혹은 assembly station)라 한다. 퇴선 위치에서 해당 여객실 여객들의 명단을 확인하고 구명조끼 입는 법 등을 시연하는 것으로 안전훈련이 완료된다.

안전훈련이 끝나면 실제로 구명정을 이용하여 퇴선할 경우를 대비하여 승정장소(embarkation station)를 확인하는 것이 필요하다. 생명 안전과 직결된 것이기 때문에 안전훈련은 크루즈 탑승시에 선원뿐만 아니라 여객도 필수적으로 알아야 하는 상황이다. 안전훈련은 국제협약인 SOLAS에 의거하여 모든 여객의 안전을 위해 반드시 참가해야 한다.

그림 5-7 크루즈선 퇴선집합 장소 표식

소집장소, Muster station   승선장소, Embarkation station

자료: IMO(2017).

[그림 5-8]은 크루즈선의 텐더선(tender)을 이용한 사례이다. 텐더선은 크루즈선의 이동수단으로 사용되는데 일반적으로 소규모 항만의 경우 크루즈선이 입항할 수 없기 때문에 크루즈선은 외항에 투묘(anchoring)하고 해안에서 텐더선으로 이동한다. 항만에도 텐더선이 있기도 하지만 일반적으로 크루즈선에 있는 구명정(life boat)을 사용하는 경우가 많다.

크루즈선은 불의의 사고에 대비해 텐더선을 SOLAS에 따른 구명정(life boat)의 역할로 퇴선훈련을 실시하기도 하고, 평상시에는 해안의 상륙과 관광 목적으로 사용한다. 한편 IMO는 2012년에 크루즈선의 텐더선에 관한 가이드라인을 제정하였다(IMO, 2012).

그림 **5-8** **크루즈선의 텐더선**

5.2.1.2. 비대면 안전훈련

COVID-19의 확산으로 인하여 많은 사람들이 함께 모여 있는 것이 어려워지게 되었다. 이러한 상황 속에서 새로운 비대면 안전훈련 방식이 도입되었다. 크루즈 여객들은 이 새로운 비대면 안전훈련 방식을 통해 항해를 시작하게 되며, 개인별로 4시간 안에 안전훈련을 진행할 수 있게 되었다.

안전훈련의 핵심이 되는 비상시 행동 요령과 구명조끼 착용법 등의 정보는 여객 개개인의 모바일 기기 또는 선내 TV를 통해 제공되므로, 기존의 대규모 인원을 대상으로 하는 집단 안전훈련이 더 이상 필요하지 않게 되었다. 이러한 새로운 비대면 안전훈련 절차는 다음과 같다.

첫째, 모바일 어플리케이션이나 여객실 내 TV를 통해 제공되는 안전 정보 영상과 지시사항을 검토하고 확인한다.

둘째, 배정받은 지정 구역에 방문하여 승선카드(seapass card)를 사용해 스캔한다.

셋째, 지정 구역에서 승무원에게 안전 정보 완료 여부를 재확인하고, 안전훈련에 대한 개별적인 질문을 주고받는다.

만약 제한된 시간 내에 안전훈련을 완료하지 않은 여객의 경우, 승무원이 개별적으로 연락을 취하게 된다. 그리고 안전훈련을 거부하는 여객에 대해서는 선장의 권한으로 강제 하선시킬 수 있다.

이와 같이 COVID-19로 인한 상황 속에서 새로운 비대면 안전훈련 방식이 도입되어, 여객 개개인이 안전하고 효율적으로 안전훈련을 진행할 수 있게 되었다. 이를 통해 여객들의 안전과 건강을 보장하면서도, 기존의 대규모 집단 훈련에 따른 불편함을 해소할 수 있게 되었다.

그림 5-9 비대면 안전훈련

자료: RCL.

5.2.2. SOLAS 규정

5.2.2.1. SOLAS 의의와 배경

SOLAS(International Convention for the Safety of Life at Sea, 1974, 1974년 해상에서의 인명 안전을 위한 국제 협약, Adoption: 1 November 1974; Entry into force: 25 May 1980)는 IMO의 3대 주요 협약(SOLAS, MARPOL, STCW)의 하나이다.

SOLAS 협약은 일반적으로 상선(Merchant Ship)의 안전에 관한 모든 국제 조약 중에서 가장 중요한 것으로 간주된다. SOLAS에서 화물선(Cargo Ship)과 여객선(Passenger Ship)을 상선(Merchant Ship)이라고 한다.

첫 번째 버전은 1,503명이 목숨을 잃은 1912년 타이타닉호 참사(Titanic Disaster) 이후 2년 만인 1914년 런던에 모인 해운국가들이 타이타닉호 참사에서 배운 교훈을 고려하여 SOLAS 협약을 채택했다. 두 번째 버전은 1929년에, 세 번째 버전은 1948년에, 네 번째 버전은 1960년에 채택되었다.

그림 **5-10** **타이타닉호 침몰 기사**

자료: The New York Times(1912.4.16).

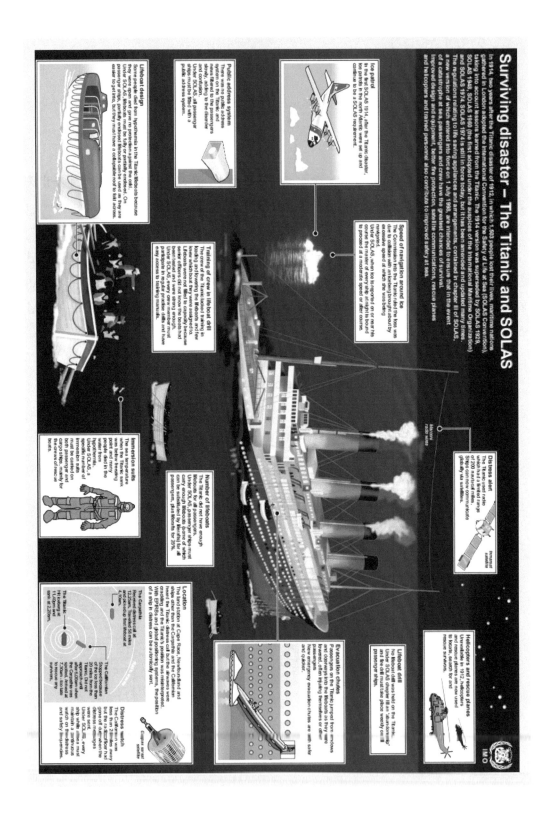

1974년판에는 묵시적 수용 절차가 포함되어 있다. 이 절차는 개정일 이전에 합의한 수락 당사자들 국가로부터 수정에 대한 이의를 받지 않는 한, 지정된 날짜에 발효되어야 한다고 규정하고 있다. 결과적으로 1974년 협약은 여러 차례 개정되고 수정되었으며, 현재 시행되고 있는 협약은 1974년 개정된 SOLAS를 기준으로 한다.

1998년 7월 1일에 시행된 SOLAS(국제 해상 인명 안전 협약)의 새로운 버전의 III장에는 인명 구조 장비 및 배치와 관련된 규정을 포함하고 있다. 이러한 규정은 해상에서 재난이 발생할 경우 여객과 선원이 생존할 가능성을 가장 높게 하는 것을 보장하기 위한 것이다.

이를 위해 개선된 설계와 장비, 더 나은 방화 시스템, 위성 통신 기술, 구조 비행기 및 헬리콥터의 활용, 그리고 훈련된 인력 등이 해상 안전 개선에 기여하고 있다. 이러한 다양한 노력을 통해 해상 재난 발생 시 인명 피해를 최소화하고 생존률을 높일 수 있게 되었다.

5.2.2.2. SOLAS 내용

SOLAS 협약의 주요 목표는 선박의 건조, 장비 및 운영에 대한 최소 표준을 명시하고 안전에 부합하는 것이다. 기국(flag states)은 국적선이 자국의 요구사항을 준수하는지 확인할 책임이 있으며, 이를 증명하기 위해 협약에 많은 인증서가 규정되어 있다. 또한 통제 조항은 선박과 그 장비가 협약의 요구 사항을 실질적으로 준수하지 않는다고 믿을 수 있는 명확한 근거가 있는 경우, 체약국 정부가 다른 체약국의 선박을 검사할 수 있도록 허용한다. 이 절차를 항만국통제(port state control)라고 한다.

현행 SOLAS 협약에는 일반 의무, 개정 절차 등을 명시한 조항이 포함되어 있으며, 그 다음에 14장으로 분할된 부속서가 있다.

- **해상에서의 인명 안전을 위한 국제 협약 1974**
  Adoption: 1 November 1974; Entry into force: 25 May 1980
  제1장 일반규정
  다양한 선박 유형의 조사 및 선박이 협약의 요건을 충족함을 나타내는 문서의 발행에 관한 규정을 포함한다. 그 장은 또한 다른 체약국 정부의 항만에 있는 선박의 통제에 관한 규정을 포함한다.

  제2장의1 구조: 구획 및 복원성, 기관 및 전기 설비
  여객선을 수밀 구획으로 세분하는 것은 선박의 선체가 손상되었다고 가정한 후에도 선박이 부유하고 안정적으로 유지될 수 있도록 해야 한다. 여객선과 화물선 모두에 대한 안정성 요건뿐만 아니라 여객선에 대한 수밀 무결성 및 빌지 펌프 배치 요건도 규정되어 있다.

인접한 두 격벽 사이의 최대 허용 거리로 측정되는 세분화의 정도는 선박의 길이와 선박이 제공하는 서비스에 따라 달라집니다. 가장 높은 세분화 수준은 여객선에 적용된다.

기관 및 전기 설비를 다루는 요건은 다양한 비상 상황에서 선박, 여객 및 승무원의 안전에 필수적인 서비스가 유지되도록 보장하기 위해 설계되었다.

유조선과 벌크선에 대한 "목표 기반 표준(Goal-based standards)"은 2010년에 채택되었으며, 새로운 선박은 지정된 설계 수명 동안 설계 및 건조되어야 하며, 손상되지 않고 지정된 손상 조건에서 전체 수명 동안 안전하고 환경 친화적이어야 한다. 이 규정에 따르면 선박은 전복 등 구조적 고장으로 선박이 유실되거나 침수 또는 수밀 건전성 상실로 인한 해양 환경 오염 위험을 최소화할 수 있도록 적절한 강도와 건전성, 안정성을 갖춰야 한다.

제2장의2 방화, 화재탐지 및 소화

모든 선박에 대한 자세한 화재 안전 조항과 여객선, 화물선 및 유조선에 대한 구체적인 조치를 포함한다.

여기에는 다음과 같은 원칙이 포함된다: 열 및 구조 경계에 의한 선박의 주 및 수직 구역 분할, 열 및 구조 경계에 의한 선박의 나머지 부분으로부터의 수용 공간 분리, 가연성 물질의 제한된 사용, 원산지 구역의 화재 감지, 모든 억제 및 소멸. 출발지에서의 화재, 소방 목적을 위한 탈출 또는 접근 수단의 보호, 소화 장비의 준비 가능성, 인화성 화물 증기의 점화 가능성 최소화.

제3장 구명설비 및 장치

이 장에는 선박의 종류에 따른 구명보트, 구조보트 및 구명조끼의 요구사항을 포함한 구명 장비 및 준비사항에 대한 요구사항이 포함된다. 국제구명장비(LSA, International Life-Saving Appliance) 코드는 LSA에 대한 특정 기술 요건을 제공하며 모든 구명장비와 준비가 LSA 코드의 해당 요건을 준수해야 한다고 명시한 규정 34에 따라 의무화되어 있다.

제5장 무선 통신

이 장은 세계 해상 조난 및 안전 시스템(GMDSS, Global Maritime Distress and Safety System)을 통합한다. 국제항해를 하는 300톤 이상의 모든 여객선과 화물선은 사고 후 구조 가능성을 높이기 위해 설계된 장비를 휴대해야 한다.

제5장의 규정은 무선 통신 서비스를 제공하는 계약 정부의 사업과 무선 통신 장비 운송에 대한 선박 요건을 다룬다. 이 장은 국제 전기 통신 연합의 무선 규정과 밀접하게 관련되어 있다.

제6장 항해안전

제6장은 체약국 정부가 제공해야 하는 특정 항행 안전 서비스를 확인하고 모든 항해의 모든 선박에 일반적으로 적용할 수 있는 운항 특성의 조항을 명시한다. 이것은 국제 항해에 종

사하는 특정 종류의 선박에만 적용되는 협약 전체와는 대조적이다.

여기서 다루는 주제는 선박 기상 서비스 유지, 빙하 순찰 서비스, 선박 경로 지정, 수색 및 구조 서비스 유지를 포함한다.

또한 이 장에는 선장이 조난을 당한 사람들의 도움을 받을 수 있는 일반적인 의무와 계약 정부가 모든 선박이 안전 관점에서 충분하고 효율적으로 인력을 배치할 수 있도록 보장해야 하는 일반적인 의무가 포함되어 있다.

이 장에서는 VDR(항해 데이터 기록 장치, voyage data recorders)과 AIS(자동 선박 식별 시스템, automatic ship identification systems)를 의무화하고 있다.

제7장 화물운송

이 장은 "선박 또는 탑승자에 대한 특정 위험 때문에 특별한 예방 조치가 필요할 수 있는" 모든 유형의 화물(대량 액체 및 가스 제외)을 다룬다. 규정에는 화물 또는 화물 유닛(컨테이너 등)의 보관 및 고정에 대한 요구사항이 포함됩니다. 이 장은 곡물을 운반하는 화물선이 국제 곡물 법규를 준수하도록 요구한다.

제8장 위험물 운송

규정은 세 부분으로 구성된다.

파트 A 포장된 형태의 위험물의 분류, 포장, 표시, 라벨 표시 및 플래카드, 문서화 및 보관에 대한 규정을 포함한다. 계약국 정부는 국가 차원에서 지침을 발행해야 하며, IMO가 개발한 국제 해상 위험물(IMDG, International Maritime Dangerous Goods) 코드는 새로운 위험물을 수용하고 기존 조항을 보완하거나 수정하기 위해 지속적으로 개정된다.

파트 A-1 대량운송 위험물에 대한 문서화, 보관 및 분리 요구사항을 다루고 해당 물품과 관련된 사고에 대한 보고를 요구한다.

파트 B는 위험한 액체 화학물질을 대량으로 운반하는 선박의 건조 및 장비에 대해 다루고 있으며, 화학 탱커는 국제 벌크 화학 코드(IBC, International Bulk Chemical Code)를 준수해야 한다.

파트 C는 국제 가스 운송 코드(IGC Code, International Bulk Chemical Code)의 요건을 준수하기 위해 액화 가스를 대량으로 운송하는 선박과 가스 운반선의 건조 및 장비를 다룬다.

파트 D는 포장된 방사선 핵연료, 플루토늄 및 고준위 방사성 폐기물의 선상 운반을 위한 특별 요건을 포함하고 있으며, 이러한 제품을 운반하는 선박은 포장된 방사선 핵연료, 플루토늄 및 고준위 방사성 폐기물의 선상 안전 운반을 위한 국제 코드를 준수해야 한다(NF 코드, Nuclear Fuel, Plutonium and High-Level Radioactive Wastes on Board Ships).

이 장에서는 위험물의 운송이 국제 해상 위험물 규정(IMDG Code)의 관련 규정을 준수하도록 요구하고 있다.

제9장 원자력선

원자력 발전 선박에 대한 기본 요건을 제공하며 특히 방사선 위험에 우려된다. 1981년 IMO 총회에서 채택된 상세하고 포괄적인 원자력선 안전수칙을 말한다.

제10장 선박의 안전운항을 위한 관리

이 장은 국제 안전 관리(ISM, International Safety Management) 코드를 의무화하고 있으며, 이 코드는 선박 소유자 또는 선박에 대한 책임을 진 모든 사람("회사")이 안전 관리 시스템을 구축하도록 요구하고 있다.

제11장의1 고속정의 안전설치

이 장은 국제 고속 선박 안전 코드(HSC 코드, International Code of Safety for High-Speed Craft)를 의무화한다.

제11장의2 해상 안전 강화를 위한 특별 조치

이 장에서는 공인된 조직(행정관청을 대신하여 조사 및 검사를 수행하는 책임이 있음)의 허가, 강화된 조사, 선박 식별 번호 체계 및 운항 요구 사항에 대한 항만국통제와 관련된 요건을 명확히 한다.

제12장 벌크캐리어에 대한 추가 조치

이 장은 길이가 150미터가 넘는 벌크선에 대한 구조적 요건을 포함한다.

제13장 규정 준수 확인

2016년 1월 1일부터 IMO 회원국 감사 제도를 의무화한다.

제14장 극지 수역에서 운항하는 선박에 대한 안전조치

이 장은 2017년 1월 1일부터 극지 수역에서 운항하는 선박에 관한 국제코드(Polar Code, International Code for Ships Operating in Polar Waters)의 도입과 I-A 부분을 의무화하고 있다.

5.3 ▶ 안전관리

국제기구, 국가, 지방정부는 해상 안전과 보안을 규제한다. 국제적 수준에서 IMO는 국제 해양 규제 프레임워크를 개발하는 책임이 있다. IMO 회원국들은 전세계적으로 해양 안보와 안전을 보장하기 위해 고안된 SOLAS(International Convention for the Safety of Life at Sea)를 채택했다. 그중에서도 SOLAS는 1993년 IMO가 채택한 국제안전관리규정(ISM Code, International Safety Management Code)의 요건을 기업과 선박이 준수하도록 규정하고 있다. 각종 법률, 규정 및 지침은 항만 및 해역 내의 정부 기관이나 선박 운영자를 지시하며, 지방정부는 관할 구역 내의 선박 운영자의 활동을 지시할 수 있다.

모든 해상 선박에 대한 안전 및 보안 요건의 시행은 기국통제(flag state control)와 항만국통제(port state control)라는 두 가지 다른 시스템에 의해 통제된다. SOLAS 협약에 서명한 기국(flag state)은 자국 국기를 게양하는 선박이 국제 안전 및 보안 기준을 충족하고 기국의 기준이 ISM 코드에 포함된 것만큼 엄격한지 확인할 책임이 있다.

항만국(port state)은 항만이 위치한 국가이다. 항만국통제는 국가가 항만국가의 관할하에 있는 해역에서 운항하는 외국 국적 선박(foreign-flagged vessel)에 대해 권한을 행사하는 과정이다. 항만국통제는 일반적으로 이러한 방문 선박이 기항 항만, 환경 및 승무원의 안전을 보장하기 위해 설정된 다양한 국제 및 국내 요건을 준수하도록 보장하기 위한 것이다.

해양행정당국은 우리나라에서는 해양수산부와 해양경찰청, 미국은 코스트가드(Coast Guard), 일본은 국토교통성(国土交通省)과 해상보안청(海上保安庁) 등이 해당한다. 국가별로 해양행정을 이중적으로 운영하는 형태와 단일하게 운영하는 형태가 있다.

각국의 해양행정당국은 항만국의 해상 안전과 보안을 강화하기 위해 항만국의 수역이나 항만에 들어오는 외국 국적의 크루즈선에 대해 항만국통제 프로그램을 시행한다. 해양행정당국은 외국인에 대한 초기, 연간 및 정기 검사를 포함하는 항만국통제 활동을 통해 이러한 시행을 시행한다.

항만국통제 기관은 외국 국적 크루즈선에 대한 초기(initial exam), 연간(annual inspection), 정기적인 검사(periodic inspection)를 포함한 항만국통제 활동을 시행을 시행한다. 이러한 검사를 통해 항만국통제 기관은 다양한 시간에 선박을 검사할 수 있다.

[표 5-1]은 크루즈선에 영향을 미치는 규제 감독 체제를 보여준다(Preston, 2014). 크루즈선의 보안과 안전에 기여하는 역할을 하는 많은 국제 및 국내 이해관계자들이 추가로 있다. 국제해사기구, 기국, 항만국, 선급협회 및 선주는 법적 체제에 들어가는 책임있는 주체이다.

국제해사기구(IMO)는 크루즈선의 안전과 보안에 역할을 하는 국제기관에 대한 정보를 제공한다. 항만국 이외의 이해관계자들은 다양하다. 선급협회(classification societies)는 선박의 선체와 부속물의 구조적 강도와 무결성, 추진 및 조향 시스템, 발전 및 선박과 보조 시스템의 신뢰성과 기능을 검증하는 독립적인 조직이다. 점검 시 안전장비 및 시스템의 기능성을 확인하고, 감사프로그램을 통해 운영절차를 확인한다.

크루즈선사국제협회(CLIA)는 26개의 주요 크루즈 선사으로 구성된 선사협회로서 미국에서 운영되는 크루즈 사업의 98%를 대표한다. 광범위한 역할과 책임을 지니고 있다. 그리고 국제기구, 크루즈선이 기항하거나 등록된 국가의 정부, 그리고 선박의 안전한 운항을 보장하는 것을 돕는 민간단체들이 포함된다.

표 5-1 **크루즈 해상 보안 관계자**

기관	해상안전 및 보안 활동
국제해사기구 (IMO)	• 크루즈선에 대한 포괄적인 규제 프레임워크를 개발하고 유지하는 책임이 있다. • 선박 보안 및 안전에 대한 국제 표준 개발을 담당한다.
기국 (flag state)	• 국기를 게양하는 선박이 모든 국제 안전 기준을 충족하는지 확인할 책임이 있다.
항만국 (port state)	• 국내 항만에 있는 외국 선박을 검사하여 해당 선박과 해당 장비의 상태가 국제 규정의 요건을 준수하는지, 해당 선박이 이 규정을 준수하여 유인 및 운항되고 있는지 확인한다.
선급협회 (classification societies)	• 기국을 대신하여 자체 규칙을 개발 및 적용하고 국제 및 국가 법령 준수를 확인한다. • 선박 내에서 수행되는 정기 조사를 수행하여 선박이 관련 요구 사항을 계속 충족하는지 확인한다.
선주 (ship owner)	• 선주는 전반적인 안전과 크루즈선의 무결성에 대한 책임이 있다. • ISM 코드에 의하여 선주는 연간 내부안전 감사를 실시한다.
크루즈선사국제협회 (CLIA)	• 국가 차원에서 미국 기관과의 회의에서 회원들을 위한 정보의 조정 기관 및 통로 역할을 담당한다. • IMO의 비정부 자문 기관 역할을 한다.

법적체계는 국제해사기구(IMO), 기국, 항만국, 선급협회, 선주를 포함한다.

자료: Preston(2014).

일본의 크루즈 산업 현실

일본을 대표하는 크루즈 여객선으로 일본 국적에서는 가장 큰 여객선인 아스카(飛鳥)II의 후계로서, 몇 년 전부터 연기되어 온 아스카III가 이번이야말로 등장할 것 같다.

2016년 6월, 아스카II를 소유·운항하는 일본우선(日本郵船, NYK Line)그룹이, 2020년에 건조 30년을 맞이하는 아스카II의 대체로서, 2020년도 중에 아스카III를 취항시킬 방침을 밝혔다. NYK의 나이토타다아키(藤忠顕) 사장은, 금년도(2016년도) 중에 "목표를 세우고 싶다"라고 일본경제신문에 발표하였다.

그렇지만 "신조선을 건조한다"라고는 하지 않은 것은 아스카III의 실현에는 몇개의 과제가 있기 때문인 것 같다.

가장 큰 과제는 신조하는 경우의 발주처이다. NYK는 초대 아스카, 그리고 아스카II 모두를 미쓰비시중공업(三菱重工)의 나가사키 조선소에서 건조하고 이번에도 미쓰비시를 제1 후보로 하면서 수년 전부터 건조 교섭을 진행해 왔다.

그러나 현재 미쓰비시 중공업은 망설이고 있다. 미쓰비시 중공업은 아이다 크루즈사(AIDA, 독일)의 여객선 건조에 어려움이 봉착하여 건조공기를 크게 지연하여 2016년 3월에 인도를 하였고 2,370억 엔의 적자가 발생하였다. 그 때문에 현재 미쓰비시중공업에는 '여객선 사업 평가위원회'가 설치되어 여객선 건조를 계속할지 어떨지의 논의가 진행되고 있다. 즉, 미쓰비시 중공업측의 방침이 굳어지지 않는 한 아스카III의 건조상담이 실현되지 않을 가능성이 있다.

NYK는 과거 산하인 크리스탈 크루즈(Crystal Cruises)의 여객선을 유럽 조선소에서 건조한 적이 있으며 이번에도 타진했다고 한다. 그러나 유럽의 조선소는 여객선 수주 잔량이 넘치고 있어 일손이 부족한 실정이다. 또한 유럽에서는 일본선적의 여객선을 건조한 실적도 없기 때문에 진지한 건조상담이 이루어지지는 않았다.

신조는 아니고 중고선을 개장(retrofit) 하여 아스카III로 하는 방법도 있지만 NYK가 바라는 선령이 오래되지 않은 중형 고급선의 조달은 꽤 어렵다는 것이 현실이다. 즉 미쓰비시 중공업이 "여객선 건조에 응할 수 없다"라고 하는 결론을 내면, 아스카III의 실현은 크게 멀어질지도 모른다.

두 번째 과제는 일본 크루즈 마켓이 확대되지 않는다는 것이다. 2014년 이후, 일본의 항만에는 주로 중국의 수요를 기반으로 하는 크루즈선이 다수 입항하였다. 2015년 일본에 크루즈선으로 입국한 외국인 여객수는 전년 대비 약 2.7배, 약 111.6만 명으로 최다를 기록했다. 그러므로 마치 '크루즈 붐'이 오고 있는 것처럼 종종 보도되고 있다.

그러나 일본의 선사가 운항하는 일본인 마켓은 양상이 상당히 다르다. 2016년 6월 2일에 국토교통성이 발표한 '2015년의 크루즈 사정'에 관한 통계에서는 일본국적 여객선(레저 크루즈의 페리 포함)에의 참가자는 9만 8천 명에 그쳐, 2003년의 9만 1천 명 이후 낮은 수준이다. 이 통계가 작성되기 '크루즈 원년'이라고 알려진 1989년에는 일본국적 여객선만으로 13만 2천 명을 집객했다.

그 때문에 NYK는, 일본 발착 크루즈뿐만이 아니라, '아시아 시장 진출'의 검토를 개시하면서 시장 개척의 가능성을 검토하고자 한다. 하지만 과연 요금이 싼 외국적선과의 경쟁이 큰 과제이다.

아스카III를 일본 국적선으로 취항시킬수 있을까?

국제 해운이나 크루즈의 제도로서 대분의 국가가 카보타지(cabotage)를 시행하고 있기 때문에 국내 크루즈는 그 국적의 선박이 아니면 실시할 수 없다.

현재 해외에서 오는 여객선의 대부분은 편의치적선인데, 선박의 국적을 파나마나 바하마 등의 나라에 두어 세금을 절감하고 선원, 승무원의 국적요건을 완화시켜 인건비를 억제하는 비용대책을 실시하고 있다. 그러나 그 대신 일본 국내 크루즈는 실시할 수 없다. 따라서 크루즈 중에 한번은 한국의 부산 등 외국 항만에 잠시 기항하는 방법도 사용하기도 한다.

그러나 일본 선적으로 하면 국내 크루즈를 실시할 수 있지만 다음과 같은 일본 국내 법규의 제약을 받게 된다

- 해기사(항해사·기관사)는 일본인에 한정
- 60일에 한번씩 해외로 나가야하는 의무
- 정기선과의 차별화를 위해 동일 기항지나 같은 항로의 크루즈는 연 3회까지만 가능
- 카지노 금지
- 안전 운항 관리자의 상시 고용 의무화
- 소비세의 부가 등

이 때문에 일본의 크루즈는 세계 최고라고도 할 정도로 요금이 비싸고, 그것이 일본에서의 크루즈의 내륙화를 방해하고 있는 요인이라는 설도 있다. 즉 아스카III를 일본 국적선으로 할 지는 '아시아 시장 진출'의 성공 여부와 선박 건조 등의 미래를 좌우할 것이다.

그러나 여기서 "일본을 대표하는 새로운 여객선이 등장한다면, 이 기회에 규제를 재검토해서 카보타지는 어쩔 수 없다고 하더라도, 일본선박이 불리하게 되는 규정만은 변경할 수 없을까 …"과 같은 목소리도 업계에서 나오고 있다.

이 기회에 규제에 관한 논의를 심도 있게 할 수 있는지에 따라, 아스카III 그리고 '일본선박에 의한 일본인을 위한 크루즈'의 장래가 좌우될 것이다.

출처: 若勢敏美(2016), "日本の代表的客船「飛鳥」3代目登場か: しかし多い課題、頓挫の可能性も", 乗りものニュース, https://trafficnews.jp

제5장 참고문헌

IMO(2012), MSC.1/Circ.1417/ Guidelines for Passenger Ship Tenders.

IMO Resolution A.1116(30), Escape Route Signs and Equipment Location Markings, adopted on 5 December 2017.

Preston, Brennan T.(Ed.)(2014), Cruise Industry Safety and Security: Developments and Considerations, New York: Nova Science Publishers.

The New York Times(1912.4.16.), "Titanic Sinks Four Hours After Hitting Iceberg; 866 Rescued By Carpathia, Probably 1,250 Perish; Ismay Safe, Mrs. Astor Maybe, Noted Names Missing", https://archive.nytimes.com/www.nytimes.com/learning/general/onthisday/big/0415.html

One ship drives east and another drives west,
한 척의 배는 동쪽으로, 다른 배는 서쪽으로 나아가네,
With the selfsame winds that blow.
같은 바람이 그들을 밀어올리지만.
Tis the set of the sails, and not the gales,
돛의 설정이 그들의 방향을 결정하나니,
That determines the way they go.
거센 폭풍이 아닌 그것이 길을 가르느니라.

시인 *Ella Wheeler Wilcox(1883)*의 *Winds of Fate* 내용 중

제6장
크루즈 선박

6.1 ▶ 크루즈선 개념

6.1.1. 선박의 개념

6.1.1.1. 법적 정의

일반적으로 크루즈 산업의 특성은 선박에 첨가되는 호텔기능이 복합된 선박을 이용한다는 것이다. 따라서 선박 특성의 이해가 기본이 되어야 한다. 선박에 사용되는 제도, 관행, 법규가 그대로 적용된다.

우선 선박(ship)이란 수상 또는 수중에서 항행용으로 사용하거나 사용할 수 있는 배 종류(船, 舶, 艇, 艦, 舟, 艀, 舡 등)를 말한다. 우리나라 선박법(법률 제16160호, 2019.7.1. 시행) 제1조의2의 1항 1목에서는 수면비행선박(wing-in-ground ship, WIG)까지도 선박으로 포함하고 있다.

① 기선(steam ship)

기관(機關)을 사용하여 추진하는 선박과 수면비행선박(표면효과 작용을 이용하여 수면에 근접하여 비행하는 선박)을 말한다. 여기서 기관을 사용하여 추진하는 선박은 선체(船體) 밖에 기관을 붙인 선박으로서 그 기관을 선체로부터 분리할 수 있는 선박 및 기관과 돛을 모두 사용하는 경우로서 주로 기관을 사용하는 선박을 포함한다.

② 범선(sail ship)

돛을 사용하여 추진하는 선박(기관과 돛을 모두 사용하는 경우로서 주로 돛을 사용하는 것을 포함한다)을 말한다.

③ 부선(barge)

자력항행능력(自力航行能力)이 없어 다른 선박에 의하여 끌리거나 밀려서 항행되는 선박을 말한다.

④ 소형선박(small ship)

총톤수 20톤 미만인 기선 및 범선, 혹은 총톤수 100톤 미만인 부선을 말한다.

여기에서 사용되는 총톤수(gross tonnage)는 선박의 크기를 나타내는 선박톤수(tonnage of ship) 가운데 하나이며 일반적으로 볼 수 있는 국제단위계에서 사용되는 중량의 표기인 '미터톤(metric ton)'과는 다르다. 즉 미터톤(metric ton)은 국제단위계와 함께 사용되는 질량의 단위로서 1000kg에 해당한다. 기호는 t이며, mt, mt, t 등으로 줄여 쓰기도 하지만 국제단위계에서는 메가그램(mg)에 해당한다. 킬로그램(기호: kg)은 질량의 si 단위이다. 킬로그램은 플랑크 상수 h를 j s단위로 나타낼 때 그 수치를 6.626 070 15×10-34으로 고정함으로써 정의된다. 여기서 j s는 kg m2 s-1과 같고, 미터(기호: m)와 초(기호: s)는c와 δνcs를 통하여 정의된다(국제도량형국, 1999).

6.1.1.2. 선박의 측정 단위

크루즈선의 크기와 규모 등을 측정하는 방법은 다음과 같은 것이 있다.

① 수용력(Capacity)

여객실(cabin)에 설치된 침대(berth)의 수량으로서, 크루즈선의 수용력은 선원(승무원 및 사무원), 그리고 여객의 전체수에 의해 결정된다. 크루즈 선사는 보통 낮은 침대의 용량을 기준으로 선박 운용계획을 수립한다. 일부 여객실에는 2층 침대나 2단 침대가 배치되어 있을 수 있기 때문에 침대의 수량이 증가할 수 있다.

② 면적(dimensions)

선박의 길이는 일반적으로 선두(fore)에서 선미(aft)까지를 의미한다. 선박의 폭은 일반적으로 가장 넓은 선폭이며 흘수(draft or draught)는 선박이 물에 떠 있을 때 잠겨있는 부분이다.

③ 속력(speed)

선박의 속력은 노트(knot)에 의해 측정된다. 1 노트는 1 시간에 1 해상마일(nautical mile, 해리)의 속력을 의미한다. 해상마일은 육상에서 사용되는 1 마일(1,609미터) 보다 큰 1,852미터이다. 국제수로국에서 정의한 1 해리의 길이는 위도 1′(1′은 1°의 60분의 1에 해당하는 각도이다)에 해당하는 길이로 1,852m, 6076.12피트와 같다. 단위는 nautical mile을 줄여 NM 또는 nmi로 표기한다. 1 노트(knot)는 1 해리/시간에 해당하므로 두 단위는 유사(quasi) SI 단위계에 속하며, 1kn = 1nmi/h 이다(Göbel, Mills and Wallard, 2006).

6.1.1.3. 선박의 톤수

일반적으로 크루즈선의 크기를 나타내는 대표적인 수치가 선박톤수이다. 그런데 선박톤수는 종류가 여러 가지 인데 재화중량톤수(DWT)를 사용하는 화물선과 달리 크루즈선은 총톤수(GT)를 기준으로 한다.

선박톤수의 측정기준은 선박톤수의 측정에 관한 규칙(해양수산부령 제486호, 2021. 6. 30. 시행)으로 정하고 있는데 선박에서 사용되는 선박톤수의 종류는 선박법(법률 제16160호, 2019.7.1. 시행) 제3조에 의거 다음과 같다.

① 국제총톤수(international gross tonnage)

1969년 선박톤수 측정에 관한 국제 협약(international convention on tonnage measurement of ships, 1969) 및 협약의 부속서에 따라, 주로 국제항해에 종사하는 선박에 대하여 그 크기를 나타내기 위하여 사용되는 지표를 말한다.

② 총톤수(gross tonnage, GT)

우리나라의 해사에 관한 법령을 적용할 때 선박의 크기를 나타내기 위하여 사용되는 지표를 말한다.

③ 순톤수(net tonnage, NT)

1969년 선박톤수 측정에 관한 국제 협약(international convention on tonnage measurement of ships, 1969) 및 협약의 부속서에 따라, 여객 또는 화물의 운송용으로 제공되는 선박 안에 있는 장소의 크기를 나타내기 위하여 사용되는 지표를 말한다.

④ 재화중량톤수(deadweight tonnage, DWT)

항행의 안전을 확보할 수 있는 한도에서, 선박의 여객 및 화물 등의 최대적재량을 나타내기 위하여 사용되는 지표를 말한다.

6.1.2. 크루즈선의 대형화

선박은 기본적으로 운송이 목적이므로 크루즈선이 포함된 여객선은 여객을 운송하는 것이 주된 목적이다. 모든 운송의 고려사항으로는 목적지 까지 운반하기 위한 수단을 확보하는 것이다. 수송 모드(수단)에는 선박, 항공기, 철도, 트럭, 바지 등이 포함되며, 대륙을 가로지르는 수송에서는 선박, 철도, 항공기로 하는 운송이 포함된다.

운송이 가져야 하는 필수사항과 선택사항은 어떠한 수송 모드를 이용하든 '안전하고', '확실하게'가 필수 조건이다. 여기에 '빠르고', '저렴한' 조건으로 운송하는 것은 상반된 요소이다.

해상운송은 한꺼번에 대량의 화물을 수송할 수 있다. 만일 1만톤의 화물을 옮기려 하면 B777-200형 화물기가 100대 필요하고 30톤의 화차 33량을 연결해야 하는데, 선박은 1척이면 충분하다. 이런 대량 수송이 가능한 것은 단위당 비용을 저렴하게 하는 가장 큰 요인이 된다. 따라서 어떠한, 크루즈선 역시 선박의 대형화는 경제적인 요소로 인해 자연스러운 발전 결루이다

선형의 대형화는 대량운송에 의한 합리화 효과, 즉 규모의 이익(scale merit)을 구현하고자 도입되었다. 선박이 대형화됨으로써 본선의 중량본낭 선소비용이나 운항비, 특히 단위운송당 연료비

가 상당히 저렴하게 된다. 그러나 반면에 선박의 대형화는 하역시간의 장기화를 초래하여 항만에서 정박일수를 증가시킴으로써 본선의 운항 효율을 악화시키는 단점도 있다. 다만 오늘날의 항만에서는 단위 하역능력을 극대화시키는 여러 가지 시설을 도입함으로써 그 단점을 줄이고 있다.

크루즈선 역시 대형화의 경우에 일반 화물선의 문제점을 그대로 갖고 있지만 여행 기항지 관광이라는 대책으로 대형화의 단점을 회피하였다. 지금까지 크루즈선은 지속적으로 대형화되고 있는 가운데 2018년 가장 큰 크루즈선으로 알려진 로얄캐러비안사(Royal Caribbean)의 심포니 오브 씨즈(Symphony of the Seas)가 취항하였다. 총톤수 228,081GT이며 길이 1,184ft(361m)이다.

한편 최대의 선박은 1979년 건조된 564,763DWT의 시와이즈 자이언트(Seawise Giant)이다. 총길이는 458.45m(1,504.10ft)로 에펠탑보다도 훨씬 길며 2010년 1월 인도 항해를 끝으로 해체되었다. 이 유조선은 일본의 스미토모 중공업(Sumitomo Heavy Industries)에서 1974년부터 건조되어 1979년에 취항하였다. 선주가 계속 바뀌면서 시와이즈 자이언트(Seawise Giant), 해피자이언트(Happy Giant), 자르 바이킹(Jahre Viking), 노크 네비스(Nock Nevis), 몽(Mont)으로 이름도 바뀌었다. 1980년쯤부터 초대형 선박은 크기가 너무 커지면 오히려 연료 소비 효율이 감소하여 유지비용이 증가하고, 선체 안정성 문제로 인해 더 이상 큰 유조선을 건조하지 않게 되었다. 그 결과 이 유조선은 여전히 세계에서 가장 큰 선박으로 기록되고 있다.

초대형 선박이 크기를 무한정 증가시키지 못하는 중요한 이유는 파나마운하(Panama canal) 등 중요한 통항로의 제약이나 항만의 선석(berth), 수심(dept), 해상교량 등에 따라 선박의 크기가 제한되고 있다는 점이다.

6.1.3. 현대 크루즈선

오늘날 현대 크루즈선인 호화여객선 혹은 원양정기선인 일명 오션라이너(Ocean Liner)가 다른 크루즈선과 어느 정도 차이가 나는지를 비교한 Camosse(2021)의 [그림 6-1]을 살펴보자.

비교하는 현대 크루즈선은 현재 가장 큰 크루즈선으로 알려진 Royal Caribbean International의 심포니 오브 씨즈(Symphony of the Seas), 평균적인 현대 크루즈선, 그리고 오션라이너인 화이트스타사(White Star Line)의 타이타닉호(RMS Titanic) 이다.

타이타닉호(RMS Titanic)는 엄밀히 말하면 크루즈선이 아니었다. 그것은 원양정기선이었다. 타이타닉호의 주요 목적은 대서양을 가로질러 여객들을 수송하는 것이었다. 선명에 붙은 RMS은 왕립우편선(Royal Mail Ship)의 약어가 말해주듯이 이 선박의 목적은 운항항로를 따라 우편물을 운반하는 것이었다. 하지만 운영회사인 화이트스타사(White Star Line)는 안락함과 고급화에 초점을 맞추어 선박을 건조를 하였다. 이러한 이유로 타이타닉호는 당시 다른 운송선과 비교했을 때 오늘날의 크루즈선의 모습을 맞이 갖추고 있었다.

원양정기선, 원양여객선 혹은 호화여객선은 한 목적지에서 다른 목적지로 이동하는 데 사용된다. 일반적으로 미국에서 유럽까지를 포함하여 더 넓은 바다를 가로지르기 때문에 여러 항만에 도착하지 않는 경향이 있다. 다양한 날씨 변화에 견딜 수 있도록, 선체를 견고하게 만들기 위해 많은 양의 강철을 사용하는 특징이 있다.

그림 6-1 현대 크루즈선과 오션라이너 크기 비교

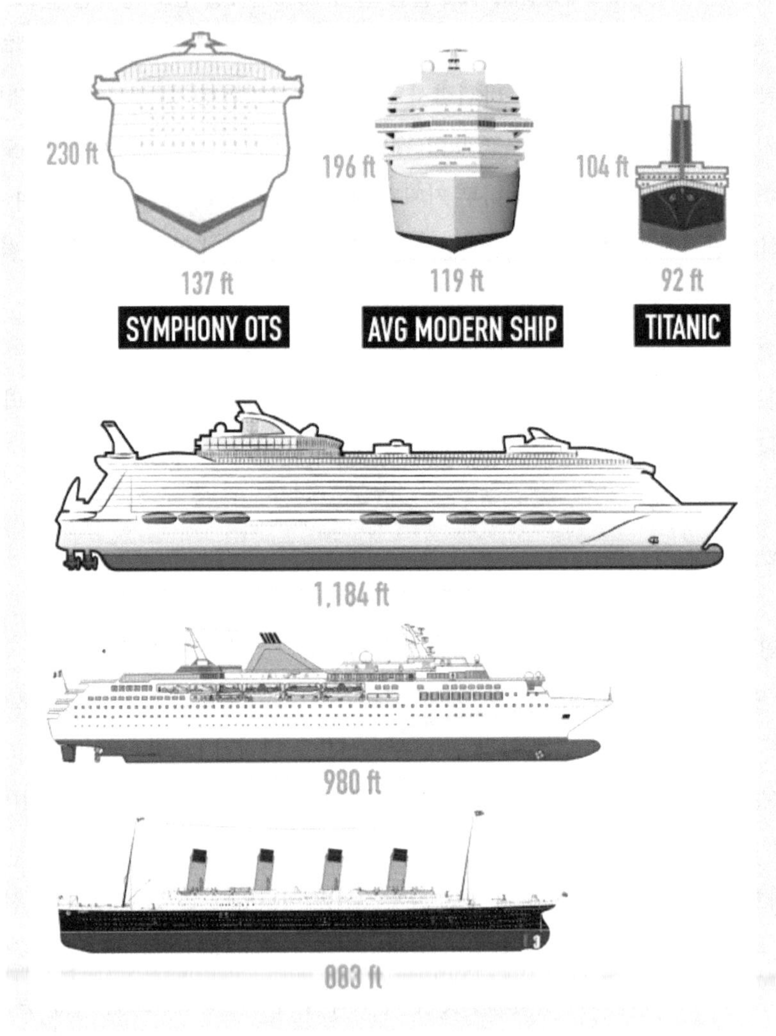

230 ft 196 ft 104 ft
137 ft 119 ft 92 ft
SYMPHONY OTS AVG MODERN SHIP TITANIC

1,184 ft

980 ft

883 ft

지료: Camoззc(2021).

표 6-1 현대 크루즈선과 오션라이너 제원 비교

	타이타닉	현대 크루즈선 평균	심포니
톤수	46,328GT	113,524GT	228,081GT
길이	883ft	980ft	1,184ft
높이	104ft	196ft	230ft
흘수	35ft	27ft	31ft
선폭	92ft	119ft	137ft
여객실	840	1,401	2,745
여객 갑판	8	13	16
여객	2,453	3,077	5,518
선원	900	1,203	2,200
최대속력	23knots	29knots	22knots
선가(현재)	$400백만 달러	$820 백만 달러	$1.35 억 달러
톤당 가격	$8.6천 달러	$7.2 천 달러	$5.9 천 달러
여객실당 가격	$476천 달러	$585 천 달러	$492 천 달러

자료: Camosse(2021).

6.2 ▶ 선박 구조

6.2.1. 해사용어

크루즈선에 승선할 경우, 일반인들에게는 생소한 단어들이 등장하게 된다. 하지만 이러한 단어들은 해운 분야에서는 매우 익숙하고 전통적으로 사용되는 용어들이다. 만약 이러한 용어들을 이해하지 못한다면, 혹시나 벌어질지 모르는 위급 상황에서 자신의 소집장소(muster station)를 잘못 파악하여 낭패를 당할 수 있게 된다.

따라서 선상에서 필수적으로 사용되는 방향과 관련된 기본적인 용어를 정확히 알고 있어야 한다. 이러한 용어의 정의는 선박이라는 특수한 환경 때문에 일반 영어 사전보다는 국제해사기구(IMO)에서 규정하여 제공하고 있다.

크루즈선에서 사용되는 영어는 관습에 의해 사용되는 것이 아니라, 국제적인 협약에 의해 정해진 정확한 용어를 사용해야 한다. IMO는 2001년 11월 제22차 총회에서 표준항해통신문구(Standard Marine Communication Phrases, SMCP)를 채택하였다. 이는 1977년 IMO에서 채택되고 1985년 개정된 표준해사항해어휘(Standard Marine Navigational Vocabulary, SMNV)를 대체한 것이다.

SMCP와 SMNV가 필요한 이유는 국제법이 통용되는 해상에서 국제항해를 하는 선박에 다양한 국적의 선원들이 승선하기 때문이다. 따라서 공통된 언어가 필요했고, 이를 위해 영어를 기반으로 한 표준화된 언어체계를 개발하게 되었다. 이는 비영어권 출신 선원들도 쉽게 사용할 수 있도록 하기 위함이었다.

SMCP와 SMNV는 선상 내부의 커뮤니케이션뿐만 아니라 연안과 선박 간, 선박과 선박 간의 가장 중요한 안전 관련 분야에서 사용되도록 개발되었다. 이를 통해 언어 문제로 인한 오해와 사고를 방지하는 것이 목적이다.

특히 1978년 개정된 STCW 협약에 따르면, SMCP를 이해하고 사용할 수 있는 능력은 총톤수 500톤 이상 선박의 당직 항해사 자격 인증에 필수적인 요건이 되었다. 또한 크루즈선에서는 공식 언어로 사용되기 때문에 크루즈 선원들은 반드시 SMCP를 이해해야 하며, 크루즈 여객의 경우에도 어느 정도 SMCP 이해가 필요한 경우가 있다.

SMCP와 SMNV는 국제 해상 환경에서 선원들 간 의사소통을 원활히 하고, 안전한 항해를 보장하기 위해 필수적으로 사용되는 표준화된 언어 체계라고 할 수 있다. 따라서 크루즈선 여행을 보다 즐기기 위해서 또는 크루즈 관련 연구를 진행하기 위해서는 SMCP와 SMNV에 대한 이해가 중요하다.

6.2.2. 주요 용어

6.2.2.1. 방향

IMO(2001)는 SMCP를 통해 강제화 하고 있는 선박의 중요한 방향, 위치의 어휘들을 [그림 6-2], [그림 6-3], [그림 6-4]와 같이 제공하고 있다.

해사영어에서 크루즈 여객이 가장 의아하게 생각하는 대표적인 단어가 포트(port)와 스타보드(starboard)일 것이다. 예를 들어 포트(port)는 크루즈선을 승선하기 전까지는 크루즈선이 정박하고 있는 장소인 항만을 의미한다고 알고 있었을 것이다. 그러나 승선하게 되면 그것은 항만이 아니라 선박의 좌측 혹은 좌현이라는 뜻으로 사용된다는 것을 알게 된다.

port의 어원은 라틴어 portare(옮기다)에서 porta(문)과 portus(항)이 분화되었다. 원래 선박의 좌측, 좌현을 larboard라고 하고 우현을 starboard라고 하였으나 혼돈되기 쉬워 종종 사고가 유발되었기 때문에 larboard를 port로 고쳐 부르게 되었다. 한편 佐波宣平(1971)는 영국에서는 1844년 11월 22일 해군명령, 미국에서는 1846년 2월 18일 해군의 포고에 의해 port를 사용하게 되었다고 설명하고 있다.

그림 6-2 **선박 방향 명칭**

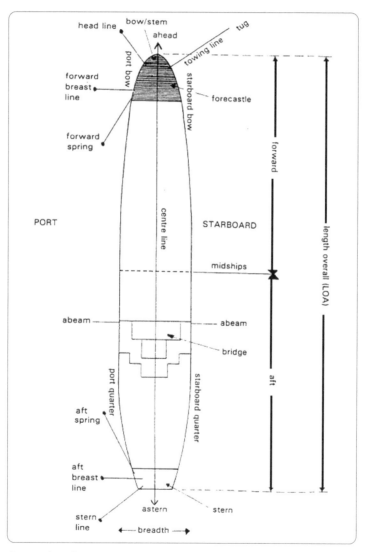

자료: IMO(2001).

6.2.2.2. 흘수

크루즈선의 입항을 결정하거나 선박의 크기를 가늠하는 대표적인 용어는 흘수(吃水)이다. 영어로는 draugft(혹은 draft)이다. 고대 독일어 '끌다'를 뜻하는 dragan에서 기원한 말로 고대 노르만어에서 drahtr로 사용되었고, 중세 네덜란드어 dragt, 고대고지 게르만어에서는 traht 등으로 사용되다가 영어로 유입되었다(佐波宣平, 1971). '배가 끌어들여 마신 물의 양'이란 뜻에서 기원한 단어이다. IMO(2001) SMCP에서는 '물에 뜬 선체의 깊이(Depth in water at vessel floats)'로 정의하고 있다.

그림 **6-3** 선박 구조 명칭

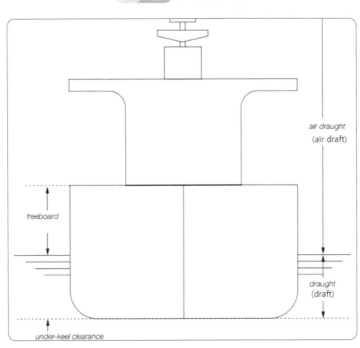

자료: IMO(2001).

선박이 실어나를 수 있는 최대한의 용량은 어느 정도인지를 확인하는 방법은 흘수를 확인하는 방법이다. 흘수는 선박의 안전과도 직결되기 때문에 모든 선박은 [그림 6-4]와 같은 만재흘수선(Load Line, 滿載吃水線 일명 Primsol Mark)을 표시하여야 한다.

가운데 위치한 원 양옆에 쓰여 있는 KR은 한국 선급(Korean Register)으로부터 검사받은 선박임을 나타내는 식별코드이다. 세계 주요국들의 선박검사협회 즉 선급의 코드를 알아보면 미국 선급은 AB, 독일선급은 GL, 일본 선급은 NK이다.

선급 코드를 기준으로 양 옆으로 다양한 종류의 기호들이 있는데 이것은 선박이 운행하는 곳에 따른 만재흘수선을 나타낸다. 선박의 특성상 각 선박들이 이동하는 경로는 매우 다양한데 밀도가 높은 바다나 밀도가 낮은 강을 운항하는 선박 혹은 계절별, 지역별로 운항하는 환경은 다르다. 크루즈선이 적재할 수 있는 최대 용량은 염도와 온도에 따라 물의 밀도가 달라지기 때문에 알래스카와 카리브해, 피요르드 등 항행구역마다 차이가 날 수밖에 없다.

화물선의 경우에는 공선 상태에서 화물을 적재하기 때문에 만재흘수선 규정이 엄격할 수밖에 없다. 이에 비하면 크루즈선은 여객의 무게가 화물의 무게에 비하여 비교적 가벼우므로 선박이 최초 설계된 무게와 큰 차이가 나지 않는다. 이러한 이유로 화물선의 무게의 기준은 재화중량톤수(Deadweight Tonnage, DWT)를 사용하고 여객선은 총톤수(Gross Tonnage, GT)를 사용한다.

그림 6-4 만재흘수선

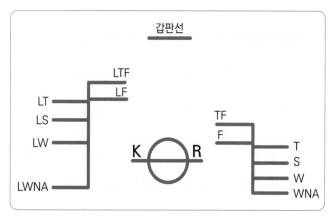

KR	한국선급표식
LTF	열대 담수 목재 만재흘수선
LF	하기 담수 목재 만재흘수선
LS	하기 목재 만재흘수선
LT	열대 목재 만재흘수선
LW	동기 목재 만재흘수선
LWNA	동기 북대서양 목재 만재흘수선
TF	열대 담수 만재흘수선
F	하기 담수 만재흘수선
T	열대 만재흘수선
S	하기 만재흘수선
W	동기 만재흘수선
WNA	동기 북대서양 만재흘수선

자료: 한국선급.

6.2.2.3. 갑판

갑판(甲板, deck)은 선박의 구획이나 선체를 덮는 영구적인 덮개이다(Edwards, 1988). 선박에서 프라이머리 또는 상부 갑판은 선체의 '지붕'을 형성하는 수평 구조이며, 선체를 튼튼하게 하고 프라이머리 작업대 역할을 한다. 선박은 종종 선체 내부와 1차 갑판 위의 상부 구조물에 다층 건물의 바닥과 유사하게 둘 이상의 갑판을 가지고 있다. 상부 구조의 특정 영역에 건설된 특정 구획을 갑판이라고도 하며 일부 목적을 위한 갑판에는 특정 이름이 있다.

크루즈선에 승선하면 대부분의 현문(gangway)에는 크루즈선의 위치를 알려주는 도면이 있는데 일반적으로 갑판배치도(deck plan)이라고 한다. 갑판의 이름을 보면 크루즈 선사의 특색이 나와 있다.

[그림 6-5]에서 보는 바와 같이 큐나드(Cunard)사의 Queen Mary 2의 갑판의 명칭은 선저부터 번호를 부여하는 방식으로 갑판을 배치하였다. 큐나드사는 전통적인 오션라이너에서 출발한 정통형 문화를 갖고 있는 크루즈 브랜드이다.

이에 반하여 카니발 크루즈(Carnival Cruise Line)사의 Carnival Breeze호는 주요한 용도에 맞추어 갑판을 명명하고 있다. 카니발 크루즈사의 경우에는 Fun Ship이라는 이미지로 진출한 회사로서 해운의 전통을 넘어서는 이미지를 갖고 있는데 순전히 여객 중심의 입장에서 명칭을 부여하였다.

그림 6-5 크루즈선 갑판 배치도

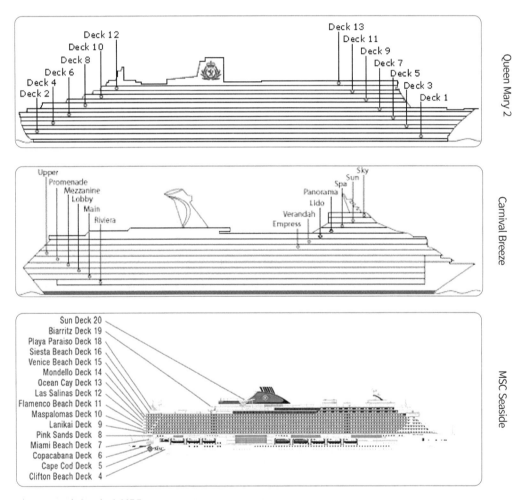

자료: Cunard, Carnival, MSC.

한편 전통적인 해운회사로 출발하여 크루즈 산업에 진출한 MSC사를 보면 전통의 관점으로 크루즈 여객의 눈높이에 맞추는 방법으로 대처하고 있다. MSC Seaside호를 보면 숫자와 용도를 결합한 형태로 갑판을 명명하고 있다. 이것은 크루즈 선사의 브랜드와 전통에 따라서 명명하는 방식으로 크루즈 문화의 한 형태라고 할 수 있다.

6.2.2.4. 계선 시설

선박의 입출항시에 반드시 필요한 계선(lay up)에 관련된 명칭이다. 크루즈 여객보다 크루즈 승무원, 선원이 보다 정확하게 구별해야 하는 명칭이 [그림 6-6]이다.

그림 6-6 선박 선수 계선 명칭

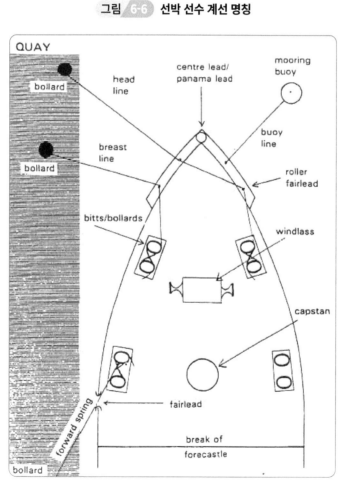

자료: IMO(2001).

크루즈선에 관한 전문용어 즉 해사영어를 이해한다면 제70회 아카데미 시상식 17개 부문중 14개 부문에서 노미네이트되고 11개 부문을 수상한 1997년 개봉된 영화 타이타닉(Titanic)을 보다 더 생생하게 감상할 수 있을 것이다(Parisi, 1998). [그림 6-7]과 같이 영화의 주인공이 등장하는 forecastle(선수루), stern(선미), bow(선수) 등 선체 각 부분에서 선박용 어휘를 정확하게 사용하고 있다.

그림 6-7 영화 TITAIC의 선박 구조 배경

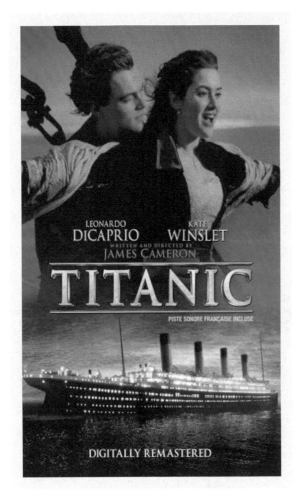

영화 포스터

forecastle 배경

stern 배경

bow 배경

6.3 크루즈선 여객실

크루즈선에서 승객들이 휴식과 숙박을 위해 사용하는 공간을 cabin이라고 한다. cabin을 선실(船室) 혹은 객실(客室)이라고 표기하기도 하는데 우리나라 선박안전법 시행규칙(해양수산부령 제615호, 2023.7.11. 시행) 제18조 제1항 제3호에서 여객실(旅客室), 선원실(船員室)로 나누어 표기하고 있는 바 크루즈선에서 여행객 혹은 승객에게 제공되는 cabin은 여객실 혹은 객실이라 하고, 크루즈 승무원에게 제공되는 cabin은 선원실이라고 지칭하는 것이 타당하다. 따라서 크루즈선에 있는 여객실과 선원실을 모두 지칭하는 cabin은 선실(船室)이라고 표현하는 것이 적절하다.

대표적인 여객실(cabin) 타입은 보통 4가지 종류가 제공된다. 럭셔리 클래스의 크루즈선에는 내측 트윈이 없다. 또한 스위트 여객실로만 구성된 크루즈선도 있으며 선형에 따라 배치가 다르다. 여행자의 예산과 여행 스타일에 따라 선택할 수 있다.

① 스위트 여객실(suite cabin)

집사(steward) 서비스가 제공되어 방이 넓고 쾌적하게 이용할 수 있는 여객실이다. 특히 기념일 여행에 추천되는 여객실로이다. 기본적으로 침실과 거실이 구분되어 제공된다.

② 바다측 발코니 여객실(balcony cabin)

크루즈의 묘미를 마음껏 만끽할 수 있는 여객실 타입이다. 크루즈 선사에서 자신 있게 추천할 수 있는 여객실이다. 럭셔리 클래스의 경우 대부분의 여객실이 이 유형으로 제공하고 있다. 발코니 여객실은 현창(scuttle)이 넓어서 외부로 나갈 수 있다. 대부분 발코니는 혹시 모를 사고를 대비하여 투명한 소재로 난간을 만든다.

③ 바다측 여객실(ocean view cabin)

현창(scuttle)의 크기에 따라 차이가 있다. 시간에 따라 변화하는 바다의 모습을 알 수 있으므로 인기가 있다. 대부분 현창 쪽에 침대를 배치한다. 화장실과 샤워실을 갖춘 곳이 많고, 현창당 여객실 하나이기 때문에 평면도가 길게 나온다.

④ 내측 여객실(inside cabin)

공용공간(public space)을 즐기기 때문에 여객실은 주로 수면을 위한 저렴한 공간이다. 보통 더블 또는 킹사이즈 침대로 되어 있으며, 2층 침대로 구성된 경우도 있다. 비즈니스 호텔 객실과 비슷한 느낌이다.

그림 6-8 크루즈선의 여객실 형태

스위트 여객실

 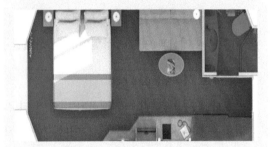

바다측 여객실

바다측 발코니 여객실

 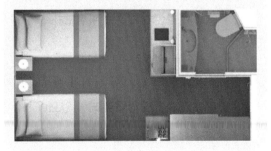

내측 여객실

자료: Carnival, https://www.carnival.com/staterooms.aspx

한편, 크루즈선에 배치된 여객실의 위치에 따라 선택할 수 있는 여객실의 형태가 제한되기도 한다. 일반적으로 크루즈선 내부의 위치에 따라 5가지가 제시된다.

① 상갑판(Upper Decks) 배치 여객실

크루즈선의 엔터테인먼트 시설이 대부분 상갑판에 위치한다. 수영장, 워터파크 등의 주요시설과 접근성이 좋아서 젊은층이 선호한다. 하지만 상갑판 가운데 무도장 아래에 위치한 여객실은 수면에 방해가 될 수 있기 때문에 조용한 여행을 즐기는 고객에게는 부적합 하다.

② 선미(Aft) 배치 여객실

선미쪽은 식당이 위치하는 경우가 많으며 발코니 여객실이 많이 배치되어 있어 시야가 쾌적하다. 다만 다른 위치의 여객실보다 엔진 소음과 진동에 많이 노출된다는 단점이 있다.

③ 중앙(Midship) 배치 여객실

크루즈선의 중앙에는 대부분 엘리베이터와 계단이 비교적 가깝게 배치되어 있다. 이동이 쉽고 모든 시설의 접근이 빠른 편이라서 어린이, 노약자들에게 적합하다. 스위트 여객실의 대부분이 여기에 위치하고 있다.

④ 선수(Forward) 배치 여객실

선수측은 전망이 좋기 때문에 영화관, 피트니스 센터나 스파 등 휴식 공간이 많이 배치되는 곳이다. 입항할 때는 선교(bridge)와 같이 전경을 볼 수 있다는 장점이 있으나 거친 항해(rough seas) 중에는 가장 영향을 많이 받는 단점이 있다.

⑤ 저층갑판(Lower Decks) 배치 여객실

대부분의 저렴한 여객실이 위치하고 있는 곳이지만 선박의 횡요(rolling)가 비교적 적은 곳이다. 장애인이나 이동성이 제약되는 고객에게 적합한 곳이다. 하선할 때 이동하기 쉽다는 장점이 있다.

그림 6-9 크루즈선의 여객실 배치

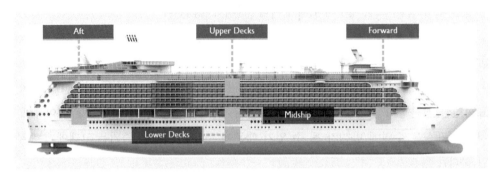

Lower Decks

Aft

Midship

Forward

Upper Decks

자료: Flight Centre, https://www.flightcentre.co.nz/cruises

만재흘수선

만재흘수선(load water-line, load line)은 선박의 현측에 그려진 표식으로 영국에서 만재흘수선 제도 확립에 공헌한 Samuel Plimsoll(1824~1898)의 이름에서 유래했다. 과적을 단속하기 위해 만재흘수선을 준비하는 조치는 북유럽의 Wisby 해상법에도 나타나 있다.

"배를 용선하려면 이를 두 사람의 원로원 의원에게 고지해야 한다. 2인의 원로원 의원은 이 업무를 위해 원로원으로부터 선발된 사람으로 선장과 협의해 배의 어느 높이까지 선적할지를 결정한다. 이것에 의해 사람들은 만재흘수선(löninge vliyen, load-line) 이내로 화물을 적재하게 된다. 어떠한 사람도 이것을 넘어서 적재하는 것은 허용되지 않는다"

하지만 이 규정은 이후 흐지부지 되어버렸고 만재흘수선 제도도 별다른 진전이 없었다. 겨우 영국의 민간해사단체 Lloyd's Register Committee가 "선창 깊이 1피트가 늘어날 때 마다 건현 3인치를 남겨야한다(3 inches of side to the foot of hold)"는 원칙에 의해 과적을 단속한 정도이다.

사람들이 19세기 후반 Samuel Plimsoll이 주도한 '만재흘수선' 도입 운동은 갑작스럽게 시작됐다. 브리스틀 태생인 Plimsoll은 일찍 고향을 떠나 점원 생활을 한 뒤 1853년에 런던에서 석탄 상인이 되려고 시도해 한 동안 고생을 한 후 어느 정도 자리를 잡았다. 1865년 Plimsoll은 자유당원으로 하원 선거에 입후보해 낙선하고 1868년에 Derby의 자유당 소속 하원의원에 선출됐다. 만재흘수선의 실질적인 창안자는 Tynemouth 출신의 James Hall이었다.

Plimsoll이 의원으로 선출되기 1년 전인 1867년 11월 Newcastle의 선주였던 James Hall은 The Shipping World라는 잡지에 당시 빈발

Samuel Plimsoll(1824~1898)

한 해양사고에 대한 경고와 해난을 방지하기 위한 대책을 주제로 한 장편의 글을 발표했다. 이것이 동기가 되어 1869년 Newcastle and Gateshead Chamber of Commerce에서는 Merchant Shipping and Navigation Bill을 제출하게 됐다.

다음해 1870년 2월 J. Hall은 런던의 Westminster Palace Hotel에서 개최된 연합상업회의소 연차총회에 Newcastle의 상업회의소를 대표해 출석했고, Merchant Shipping and Navigation Bill에 대해 보고하고 6개의 결의안을 발표했다.

이날 Westminster Palace Hotel에서 개최된 연합상업회의소 연차총회는 Plimsoll의 생애에서 잊을 수 없는 역사적 대사건이었다. 정부 파견 대표자로서 그 자리에 출석한 몇몇 의원 중 James Hall의 연설에 경청하며 강단을 바라보는 콧수염을 기른 곱슬머리의 중년 신사가 있었다. 중년 신사는 Samuel Plimsoll이었고, 그는 만재흘수선 도입 운동을 열정적으로 주도했다. Hall의 연설에 큰 감명을 받은 Plimsoll은 Westminster Palace Hotel의 연차총회로부터 13개월 후 1870년 국회에 그의 이름으로 Merchant Shipping Survey Bill을 제출했다.

1870년까지는 해사 문제에 전혀 관심을 갖지 않았던 그가 하원에 당선된 이후 한 사람의 박애주의적인 선주 Hall의 제안을 그대로 받아들여 그것을 입법화하는 데 앞장섰다. 그것을 사려 깊게 아울러 최선의 기획으로 진행했다. Plimsoll은 1870년 상기 법안이 철회된 후 1871년에도 같은 법안을 제출해 실패했고, 1873년 'Our Seamen: An Appeal'이란 책자를 통해 과적의 문제점을 설명하고 만재흘수선의 도입을 강조했다.

이 책에서 그는 몇 가지의 중대한 과오를 범하기도 했는데, 이 때문에 나중에는 비방죄로 고발을 당하기도 했다. 이는 해사 문제에 관심을 가진 지 얼마 되지 않은 그가 이 안건으로 공을 세우려고 서둘렀던 탓일 것이다. 1874년 Plimsoll은 다시 법안을 제출했지만, 3표 (170:173) 차로 입법에 실패했다. 1875년 7월에는 Benjamin Disraeli(1804-1881)와 언쟁을 벌여 발언취소와 퇴장명령을 받고, 1주간 출석정지를 받았다.

그러나 Plimsoll의 집요한 노력은 성과를 거두게 됐다. Plimsoll에 의해 재촉을 받아 정부가 제출한 법안(Unseaworthy Ships Bill)이 1875년 8월 6일 하원을, 8월 10일에는 상원을 통과했다. 1876년 상선법(Merchant Shipping Act, 1876, 19&40 Vict., cap.80)이 바로 그것으로, 이 법은 한 국가가 만재흘수선을 받아들인 최초의 법률이다.

출처: 김성준(2016), "해사영어(20) Primsoll mark: 만재흘수선", 한국해운신문,
http://www.maritimepress.co.kr/news/articleView.html?idxno=111551

제6장 참고문헌

국제도량형국(1999), 『국제단위계』, 제7판, 서울: 한국표준과학연구원.

Camosse, Jeremy(2021), "Titanic vs Modern Cruise Ship Size Comparison", https://gangwaze.com/blog/titanic-vs-cruise-ship

Edwards, Fred(1988), Sailing as a Second Language: An illustrated dictionary, New York: McGraw-Hill.

Göbel, E., Mills, I. M., Wallard, Andrew(Eds)(2006), The International System of Units(SI), 8th ed., Paris: Bureau International des Poids et Mesures.

IMO(2001), IMO Standard Marine Communication Phrases, London: IMO.

Ma, Haiyan(2022), "Ocean Liner vs Cruise Ship - What are the Differences?", Cruise Hive, Mar 8, 2022 https://www.cruisehive.com/ocean-liner-vs-cruise-ship/67194

Parisi, Paula(1998), Titanic and the Making of James Cameron: The Inside Story of the Three-Year Adventure That Rewrote Motion Picture History, NY: Harper Collins.

Shaw, John (2018), "Pioneering Spirit: Profile of the World's Biggest Ship", Ships Monthly, May 2018, pp.33-37.

佐波宣平(1971), 『海の英語: イギリス海事用語根源』, 東京: 研究社.

Whosoever commands the sea commands the trade;
바다를 지배하는 자가 무역을 지배하고;
whosoever commands the trade of the world commands the riches of the world,
세계 무역을 지배하는 자가 세계의 부를 지배하며,
and consequently the world itself.
결국 그가 세계 자체를 지배하게 된다.

영국정치가 Sir Walter Raleigh (1616)의 The Historie of the World 내용 중

제7장
크루즈 선사

7.1.1. 전통적 분류

오늘날 크루즈는 크루즈 항해 지역, 선박의 크기, 크루즈 특성 및 크루즈 목적에 따라 분류할 수 있는데 이경모(2004)는 4가지로 분류하였다.

첫째, 항해 지역에 따라 해양크루즈(Ocean Cruise), 연안크루즈(Coastal Cruise) 및 하천크루즈(River Cruise)로 구분된다.

둘째, 선박 크기별로 구분된다. 소형 선박 크루즈(Small Ship Cruise, 2만 5,000GT 이하)는 일반적으로 여객을 500명 정도까지 수용, 중형 선박 크루즈(Mid-Size Ship Cruise, 2만 5,000~7만GT)는 여객 1,700명 규모를 수용, 대형 선박 크루즈(Large Ship Cruise, 7만~10만GT)는 여객 1,000명 이상을 수용, 그리고 초대형 선박 크루즈(Very Large Ship Cruise, 10만 GT이상)는 2,500명 이상의 여객을 수용할 수 있다.

셋째, 크루즈 성격으로 구분된다. 즉 크루즈 유형과 선박 스타일에 따라서 크루즈선사국제협회(Cruise Lines International Association, CLIA)는 전통형(Value/Traditional), 최신 리조트형(Resort/Contemporary), 고급형(Premium), 호화형(Luxury), 틈새 · 특선형(Niche/Specialty)으로 분류하고 있다.

넷째, 크루즈 목적별로 관광 크루즈(Pleasure Cruise), 세미나 크루즈(Seminar Cruise) 및 테마 크루즈(Theme Cruise)로 분류된다. 특히 테마 크루즈의 경우, 오페라 크루즈(Opera Cruise), 판촉 크루즈(Sales Promotion Cruise), 상품발표회 크루즈(Product Launching Cruise) 등 다양하고 참신한 아이디어를 접목시킬 수 있는 크루즈 상품이 개발되고 있다.

표 7-1 크루즈 분류

항해 지역별	선박 크기별	크루즈 성격별	크루즈 목적별
• 해양크루즈 • 연안크루즈 • 하천크루즈	• 소형 선박 크루즈 • 중형 선박 크루즈 • 대형 선박 크루즈 • 초대형 선박 크루즈	• 전통형 크루즈 • 리조트형 크루즈 • 고급형 크루즈 • 호화형 크루즈 • 특선형 크루즈	• 관광 크루즈 • 세미나 크루즈 • 테마 크루즈

자료: 이경모(2004), p.42.

하지만 이경모(2004)와 같은 분류는 광의의 크루즈에 해당하는 분류방법이다. 우리나라가 전통적인 여객선(passenger ship)에서 벗어나 크루즈 산업의 육성 및 지원에 관한 법률(법률 제16571호, 2020.2.2.8 시행)이 시행되고 있는 상황에서, 국제항행이 불가능한 하천크루즈나 연안크루즈를 포함하는 것은 시대에 뒤쳐진 분류이다.

또한 국제규정에 따라 운항규칙이 적용되는 크루즈선을 이해하려면 우리나라의 분류방법보다는 보다 공신력있게 평가하는 방법을 이용할 필요가 있다. 특히 크루즈 산업에 걸친 전반적인 상황을 제공하는 각종 통계에서 CLIA와 같은 미국의 기준이 적용되고 있기 때문에 국제적으로 평판이 높은 기준을 사용하는 것이 타당하다.

7.1.2. 현대적 분류

Bjornsen(2003)은 당초 크루즈를 분류할 때 염가(Budget), 현대적(Contemporary), 프리미엄(Premium), 틈새(Niche), 호화(Luxury)로 구분하였다. 이러한 분류는 최근들어 Gibson and Parkman(2019)이 분류를 보완하여 [표 7-2]과 같이 보완하여 현대적(Contemporary), 프리미엄(Premium), 틈새(Niche), 호화(Luxury) 크루즈로 4가지로 분류하였다.

오늘날 크루즈 목적지로 최고 인기지역인 카리브해에서 활동하고 있는 Carnival, Royal Caribbean, P&O Cruises, Disney 등의 대표적인 크루즈 선사는 현대적(Contemporary) 크루즈의 대표격에 해당한다. 이들 선사는 보편적인 크루즈 여행을 제공하며, 경쟁력 있는 가격으로 많은 승객을 유치하고 있다.

이에 비해 Princess, Celebrity 등의 크루즈 선사는 현대적 크루즈선과 비슷한 목적지에서 경합하고 있지만, 약간 더 고급스러운 서비스와 시설을 제공하며 보다 높은 가격대를 형성하고 있다.

한편 원양정기선사로부터 시작한 정통적인 큐나드사(Cunard)는 프리미엄과 호화로운 크루즈로 자리 잡고 있다. 이들 프리미엄 크루즈 선사는 현대적 크루즈 선사보다 1인당 1일 소비비용이 2배 정도 높게 나타나고 있다.

이와 별개로 틈새 윈드스타(Windstar) 같은 크루즈 선사는 소형 크루즈선을 보유하고 북극 등의 틈새 시장을 공략하며, 특색 있는 크루즈 여행을 제공하고 있다.

한편 Crystal, Cunard 등 호화 크루즈는 7일 이상의 장기 항해 일정을 가지고 세계일주 항로를 지향하고 있다. 이들 호화 크루즈는 1인당 1일 소비비용이 가장 높으며, 소형 혹은 중형 크루즈선을 이용하고 있다. 이를 통해 고객에게 차별화된 고급 서비스와 독특한 여행 경험을 제공하고 있다.

이처럼 크루즈 산업은 다양한 선사와 상품들이 경쟁하며 발전하고 있으며, 고객의 니즈와 선호에 따라 다양한 크루즈 여행 옵션을 제공하고 있다.

표 7-2 현대 크루즈 유형

구분	현대적 크루즈 (Contemporary)	프리미엄 크루즈 (Premium)	틈새 크루즈 (Niche)	호화 크루즈 (Luxury)
운항기간	3~7일	7~14일	7일 이상	7일 이상
선박	신형, 대형 혹은 초대형	신형, 중형 혹은 대형	소형	소형 혹은 중형
선사	AIDA, Carnival, Costa, Disney, NCL, P&O Cruises, Royal Caribbean	Celebrity, Cunard, Dream Cruises, Holland America, Oceania, Princess, Viking	Hurtigruten, National Geographic, Noble Caledonia, Windstar	Crystal, Cunard, Silversea, Seabourn, Regent
목적지	카리브해 지중해	카리브해 지중해 알래스카	세계일주 북극 그린란드 아시아	세계일주
1일당비용 (US dollar)	$100~200	$200~500	$400~1,200	$300~600

저가 ◄━━━━━━━━━━━━━━━━━━━━━━► 고가

자료: Gibson and Parkman(2019).

7.2 ▶ 크루즈 선사 브랜드

7.2.1. 크루즈 브랜드

크루즈 산업은 4대 크루즈 선사(카니발 라인, 로열 캐리비안, MSC 크루즈, 노르웨이 크루즈 라인)가 시장의 대다수를 차지할 정도로 소유 집중도가 매우 높다. 대부분 크루즈 업체들은 모기업에 인수되면서도 상품 차별화를 위해 개별 브랜드를 유지하여 높은 수평통합(Horizontal Integration)도 관찰될 수 있다.

그림 7-1 카니발 그룹의 크루즈 브랜드

크루즈 운항 지역마다 4대 메이저 크루즈 선사가 활약하며 높은 시장점유율을 차지하고 있다. 점유율 상위의 회사는 다양한 크루즈 마켓을 확보하고자 하는 서로 다른 브랜드를 통합한다. 서로 다르고 잠재적으로 더 효과적이고 차별화된 서비스가 제공되고 각 브랜드의 마케팅이 독특해 마켓에서 더 큰 몫을 차지할 수 있다.

동시에 크루즈 선사는 선구자 역할을 수행한다. 카니발 코퍼레이션은 중국 시장 전용 크루즈선을 중국에서 건조한 최초의 크루즈 회사였다. 카니발은 또한 아시아 시장, 특히 중국 시장의 잠재력을 이용하는 것을 목표로 아시아에 크루즈선을 배치한 첫 번째 회사였다. 화물선과 마찬가지로 크루즈 산업은 경제적 이익을 얻기 위해서는 편의치적에 의존하지만 노동력에 크게 의존하는 산업이기 때문에 더 느슨한 노동 규제를 확보하는 것이 대부분이다.

예를 들어, 카니발 크루즈와 프린세스 크루즈는 모든 선박이 미국이 아니라 파나마, 바하마, 버뮤다에 등록되어 있다. 카니발과 로열 캐리비안은 모두 멀티 브랜드 전략을 채택했다. 그들 각각은 특정 이미지, 그것이 운영하는 선박의 종류, 그리고 편의시설과 크루즈 여행 일정의 종류와 관련된 여러 브랜드를 운영한다.

2010년대 들어서면서 총 정박 용량으로 측정된 상위 20개 크루즈 브랜드는 계속해서 크루즈 선대를 업그레이드 해왔다. 침대의 수는 선박 내에서 수면 할수 있는 사람들의 수와 관련이 있다. 2014년 이후 진화한 숙박 용량을 비교하면 대형 크루즈 브랜드가 소형 선사보다 더 빠르게 확장되고 있다는 사실을 알 수 있다. 따라서 크루즈 공급 시장의 집중도는 지속될 것이고 앞으로 증가할 수도 있다.

북미대륙에서 크루즈 관광은 현재 호황을 누리고 있는데 이것은 처음 항해하는 관광객을 끌어들이는 새로운 크루즈 상품의 인기에 힘입은 것이다. 예를 들어 세계일주를 위해 출항 2년 전에 예약하는 리젠트 세븐 씨 크루즈(Regent Seven Seas Cruise)의 3만 4천마일 세계일주 크루즈는 예매 2시간여 만에 매진되었다. 또한 가족친화적인 기존 크루즈에 대한 고정관념을 선박 밖으로 던지는 것을 목표로 하는 새로운 성인 전용(adults-only)의 버진 보이저즈(Virgin Voyages)는 대형 크루즈선 분야에서 2위로 올라섰다. [표 7-3]은 2022년에 발표된 Readers' Choice Awards 최우수 크루즈 선사를 분야별로 집계한 자료이다.

표 7-3 Readers' Choice Awards 최우수 크루즈 선사

Mega ships (여객 4000명 이상)		Large ships (여객 2500~4000명)		Medium ships (여객 500~2500명)		Small ships (여객 500명 이하)	
선사	평점	선사	평점	선사	평점	선사	평점
Royal Caribbean International	80.86	Norwegian Cruise Line	85.28	Viking Ocean Cruises	88.79	Ponant	88.84
MSC Cruises	80.11	Virgin Voyages	82.36	Oceania Cruises	83.72	Paul Gauguin Cruises	88.46
Norwegian Cruise Line	78.98	Celebrity Cruises	81.52	Seabourn	83.39	Silversea Cruises	88.45
		Disney Cruise Line	80.57	Regent Seven Seas Cruises	82.73	American Cruise Lines	87.26
		Holland America Line	80.5	Silversea Cruises	82.13	Seabourn	86.59
		Cunard	78.69	Disney Cruise Line	81.01	Windstar Cruises	85.19
		Princess Cruises	77.76	Cunard	80.95	SeaDream Yacht Club	82.67
		MSC Cruises	77.68	Holland America Line	80.48	Star Clippers	81.03
		Carnival Cruise Line	73.48	Azamara	77.84	Regent Seven Seas Cruises	76.63
		Royal Caribbean International	72.10	P&O Cruises	76.61		

자료: https://www.cntraveller.com

7.2.2. 브랜드 포지셔닝

Gibson and Parkman(2019)은 크루즈 선사 브랜드를 [그림 7-2]와 같이 분류하였다. 현대적 크루즈 문화를 개척한 Carnival이 젊고 저렴한 가격의 크루즈 상품인데 비하면 RCI는 비교적 높은 가격의 포지션을 보여주고 있다.

전통적으로 호화여객선 시절의 강자였던 Cunard는 고가이면서 전통적 서비스를 제공하고 있는 반면에 해운회사의 전통에서 출발한 P&O Cruises와 MSC는 비교적 저렴하면서도 젊은 브랜드로 위치하고 있다.

그림 7-2 크루즈 브랜딩 포지션

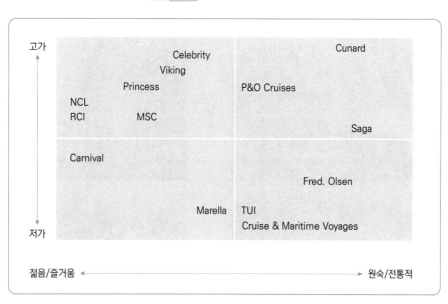

자료: Gibson and Parkman(2019).

크루즈 선사들은 자신들의 브랜드 이미지와 포지셔닝을 고려하여 상품과 서비스를 제공한다. [그림 7-3]은 Cunard와 Carnival의 크루즈선의 각 부분별로 비교한 그림이다. 브랜드 포지션을 고려하면 같은 크루즈 관광 상품을 판매한다고 해도 모든 선사가 동일한 제품을 공급하는 것이 아니라, 각 선사가 구축한 브랜드 정체성에 맞는 상품과 서비스를 제공한다.

크루즈 선사에게 자신들의 브랜드를 구축하고 일관된 브랜드 이미지를 유지하는 것은 매우 중요하다. 브랜드 이미지는 고객들에게 강력한 인상을 남기는 마케팅 도구이기 때문이다.

대표적인 사례로 Carnival과 Cunard를 들 수 있다. Carnival은 현대적 크루즈 문화를 개척하며 즐거운 선박(펀십, fun ship)이라는 개념을 실현했다. 밝고 젊은 느낌의 브랜드 이미지를 구축했다. 반면 Cunard는 전통적인 오션라이너 시대의 정통 강자로, 현대적으로 크루즈 사업을 재해석하며 클래식한 느낌을 강조하고 있다.

전통적인 해운 비즈니스가 화물운송이었다면, 크루즈 관광은 여객운송이 핵심이 되었다. 따라서 브랜드 이미지가 고객 선택에 큰 영향을 미치게 되었다. 크루즈 선사들은 자신들만의 차별화된 브랜드를 구축하고 일관된 이미지를 유지하는 것이 성공적인 마케팅을 위해 매우 중요한 전략이 되고 있다.

그림 7-3 크루즈 브랜드별 비교

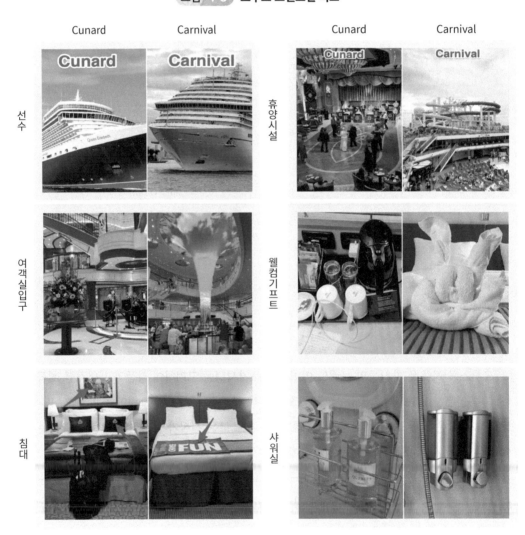

가운

수영장

뷔페

실내골프장

7.3 ▶ 크루즈 선사 M&A

7.3.1. 인수합병 의의

기업은 끊임없이 외부환경요인과 내부환경요인을 고려하여 성장하기 위하여 변화하고 성장을 추구한다. 성장과정상 기업은 사업영역을 재구축하고 사업규모 또는 소유구조를 조정하는 기업활동으로서 인수(acquisition)와 합병(merger)을 통해 기업확장을 추구한다.

기업의 성장은 매출액과 순이익, 자산, 종업원 수, 사업영역의 확장 등에 의해 측정된다. 이러한 기업의 성장에서 가장 보편적인 전략은 ① 내부역량의 결집을 통한 신규사업진출(Greenfield Investment), ② 다른 기업의 자본력 및 기술력을 합쳐서 사업을 하는 합작투자(Joint Venture), ③ 외부자원을 직접 인수 합병하는 M&A가 있다.

M&A는 합병(merger) 및 인수(acquisition)의 약자로서 합병은 둘 이상의 기업이 합해지는 것이고 인수는 다른 기업의 주식 또는 자산을 매입하는 것이다. 한국법상 '합병'이라고 하면 거기에는 흡수합병(상법 제523조)뿐만 아니라 신설합병(상법 제524조)도 포함된다. 그러나 미국법상 Merger

는 기본적으로 흡수합병을 의미하고, 신설합병은 Consolidation이라는 별도의 용어를 사용한다.

① 합병의 형태

합병의 형태는 흡수합병(merger)과 신설합병(consolidation)이 있다. 흡수합병은 한 기업이 다른 기업을 흡수하여 하나의 기업으로 합쳐지는 경우이고, 신설합병은 새로운 기업을 창립하여 합쳐지는 경우이다.

② 인수대상

인수는 인수대상에 따라 주식인수와 자산인수로 구분된다. 주식인수는 다른 기업의 주식을 인수하여 경영권을 확보하는 것이고, 자산인수는 다른 기업의 자산 전부 또는 일부를 인수하여 지배권을 확보하는 것이다.

③ 상호합의 여부

M&A는 상호합의 여부에 따라 우호적 M&A와 적대적 M&A로 구분된다. 우호적 M&A는 대주주나 경영진과의 합의 하에 진행되는 M&A이다. 이에 반하여 적대적 M&A는 대주주나 경영진의 의사와 상관없이 경영권을 확보하기 위해 시도되는 M&A이다.

④ 경제적 관점

경제적 관점에서 M&A는 수직적, 수평적, 다각적 합병으로 구분한다. 수직적 합병은 원료와 최종재, 생산과 유통 등 수직적 거래관계에 있는 기업간의 합병이다. 수평적 합병은 경쟁관계에 있는 기업 간의 합병으로 독과점 우려가 있다. 다각적 합병은 사업상 관련성이 없는 기업 간의 합병으로 사업다각화가 목적이다.

⑤ 인수대금

인수대금의 지급방법에 따라 현금교환, 주식교환 등이 있다. 현금교환은 주식을 양도하는 대가로 대상기업의 주주에게 현금을 지급한다. 주식교환은 대상기업의 주주들에게 합병기업의 주식으로 교환하여 지급한다. 기타의 방법으로 합병기업의 회사채를 지급하거나 주식과 현금을 혼합하여 지급하는 방식도 있다.

7.3.2. 인수합병 동기

기업인수 합병의 동기는 자산재배치나 구조조정 등의 노력을 통해 시너지 효과를 창출하여 기업가치를 높이기 위해서이다. 시너지 효과는 영업 시너지와 다각화를 통한 재무 시너지로 나눌 수 있다. 영업 시너지는 규모의 경제(Economy of Scale)와 범위의 경제(Economies of scope)를 통해 가능하며 기업의 결합으로 비용을 절감하고 노동력과 자본설비를 효율적으로 사용함으로써 발생할 수 있다. 영업 시너지는 동일한 업종의 기업 간 합병인 수평적 합병과 생산공정상 전후 관계에 있는 전후방 통합을 위한 수직적 결합을 통해 달성할 수 있다. 다각화를 통한 재무 시너지는 이익의 상관관계가 낮고 영업위험이 서로 다른 사업을 영위하여, 각각 사업으로부터 벌어들이는 현금흐름을 평준화함으로써 기업전체의 위험을 낮출 수 있다.

M&A 동기에 관련된 이론으로는 동기가 성장인지 혹은 기업가치인지에 따라 가치극대화 동기이론(value maximization motive)과 성장극대화 동기이론(growth maximization motive)이 대표적이다(Halpern, 1983).

가치극대화 동기이론은 주주 입장에서 기업의 최종적 목적을 기업 가치를 극대화시키는 것으로 간주하고, M&A 활동이 기업 가치를 증대시키기 위해 실행되어야 한다는 이론이다. 즉 M&A를 통한 두 기업의 결합은 곧 기업 간의 자원의 결합으로, 결합된 자원이 기업의 주당 가치를 극대화 시킬 가치창출의 근거가 된다는 것이다.

이에 반하여 경영자의 비가치극대화 행동(non-value maximization behavior) 동기에 의해 이루어지는 경우도 있다. 이것을 성장극대화 동기라고도 하며 주당가치의 극대화가 아닌 주주들의 이익과는 별개로 매출액의 극대화, 성장률의 극대화, 기업규모의 극대화, 대기업 경영을 위한 수단으로 M&A 활동이 이루어진다는 이론이다. 대개 인수기업의 경영자가 기업 가치의 극대화가 아닌 매출액 성장을 극대화하거나 대제국(A Lager Empire)과 같은 거대기업의 건설 등 자신의 이익을 극대화하기 위해 M&A를 한다는 것이다. 이 이론은 소유와 경영이 결합된 기업이 아닌 전문경영인이 존재하는 기업의 경영자의 입장에서 나온 이론으로서, 경영자가 주주의 이익인 주당 가치의 극대화가 아닌 매출액, 자산의 증대를 촉진시켜 경영자에게 유리하도록 M&A를 하는 것을 말한다

7.3.3. 크루즈 선사 사례

기업은 일반적으로 지리적 시장과 시장점유율을 확대하기 위해 선박, 지사 및 외국 기업에 투자하여 내부 성장 경로를 구현하지만, 크루즈 선사는 M&A 및 제휴를 기반으로 외부 성장 경로를 광범위하게 사용하고 있다.

기업에서 기업확장을 고려하는 방법으로는 단순한 시장거래(Market Transactions)와 전략적 제휴(strategic alliances)의 방법이 있다. 단순한 시장거래는 기업이 큰 고민 없이 자사의 능력으로 계약을 통해 확장하는 방법으로서, 상대 기업이 갖고 있는 자원이 그다지 중요하지 않고 간단한 상황일 때 선호된다.

전략적 제휴는 둘 이상의 기업이 개발, 생산, 판매, 서비스 등에서 협조할 때 발생할 수 있는 것으로 무지분 제휴(non equity alliance), 지분 제휴(equity alliance)로 나눌수 있다. 무지분 제휴(non equity alliance)는 개발, 생산, 판매, 서비스에서 함께 일하는 것에는 동의하지만 주식거래는 하지 않는 경우이다. 보통 판매에 브랜드 이름을 사용하는 라이센싱(licensing, 허가계약), 한쪽이 납품하는 관계인 공급계약(supply), 다른쪽의 제품을 배급하는 배급계약(distributorship) 등으로 계약을 유지한다.

이에 비하여 지분 제휴(equity alliance)는 서로 간에 주식을 공급하는 계약을 유지하는 방식이다. 서로의 주식을 공급하는 것을 계약하는 방식으로 바이오 테크 산업에서 많이 볼 수 있는 방식이다.

Penco and Profumo(2017)는 [그림 7-4]를 통해서 크루즈 회사의 주요 전략적 동기가 강조되는 기업 성장 모델을 제시하고 있다. 외부 환경의 진화에 발맞춰 기업들은 시간이 지날수록 각기 다른 성장 경로를 따라왔다.

그림에서 영역 A는 Market Transactions(시장 거래)를 의미한다. 크루즈 상품, 서비스(예: 모든 선박에 공급되는 선용품 공급과 식음료품 제공)를 위해 기업들은 시장 거래를 이용한다. 크루즈 선사가 협상력이 강하고 거래 비용이 낮다. 상대방이 보유한 자원은 회사 경쟁력 제고에 중요하지 않다. 단순한 시장 거래는 비용이 적게 들어 군이 M&A 또는 전략적 제휴를 채택하는 것이 큰 이점은 없다.

영역 B는 무지분 제휴(non equity alliance)를 의미한다. Carnival은 크루즈 여행 상품의 가치를 높이기 위해 기존 크루즈 선사가 시도하지 않은 특이한(unusual) 상품을 제공하였다. 이러한 전략은 크루즈 패키지의 가치를 높이는 데 기여하지만 경쟁 우위를 위해 중요하지 않은 고위험 및 불확실한 시장의 핵심 서비스를 통제하려고 했다. 엔터테인먼트, 투어 운영 및 리셉션 서비스 등은 크루즈선에서는 핵심 서비스이지만 경쟁우위를 위해서는 그다지 중요하지 않다.

영역 C는 경쟁우위 확보에 중요한 희소한(scarse) 자원에 대한 통제권 확보하기 위해 사용하는 지분 제휴(equity alliance)에 관한 설명이다. 이것은 비즈니스 위험 및 복잡성이 높고 획득한 자원이 경쟁우위를 달성하는 데 매우 중요하다. 예를 들어 크루즈선이 기항하는 항만은 필수적인 요소이며 크루즈 항해의 목적지이다. 따라서 항만의 운영은 필수적이기 때문에 Carnival, Royal Caribbean은 선도적으로 프라이빗 아일랜드(private island)를 비롯한 항만터미널 관리에 수직계열화를 시도하였다.

영역 D는 인수회사의 경쟁우위를 위해 획득한 자원과 기능의 높은 중요성에 비해 낮은 수준의 비즈니스 위험과 불확실성을 특징으로 하는 M&A를 설명하고 있다. 이 경우 대상 기업이 알려져 있고 거래 비용이 낮은 특징이 있다. 규모 우위와 시장 지배력을 달성하기 위해서는 핵심자원의 완전한 통제가 중요하기 때문에 M&A를 통해 성장을 구현 할 수 있다. 따라서 시장 거래는 유리하지 않다. 예를 들어, 동종 업계에서 확고한 시장점유율을 확대하고 담합 시너지(collusive synergies)를 달성하기 위한 M&A 거래를 발견할 수 있다. 자원과 역량의 증가는 실제로 시장 지배력을 확대하는 데 중요하며 실제 또는 잠재적 경쟁자를 제거하여 기업의 수익성을 향상시킨다. 이러한 이유로 1990년대부터 이후 10년 동안 3개의 주요 크루즈 선사(Carnival, Royal Caribbean, Norwegian)은 모두 수평적으로 성장하여 시장점유율을 높이고 리더십을 높이기 위해 M&A 기반의 모델을 사용했다. 1990년대부터 2000년대에 집중적으로 이루어진 크루즈 M&A 사업은 현재와 같은 과점적인 산업 구조를 형성해왔다.

그림 7-4 크루즈 산업의 기업 확장 유형

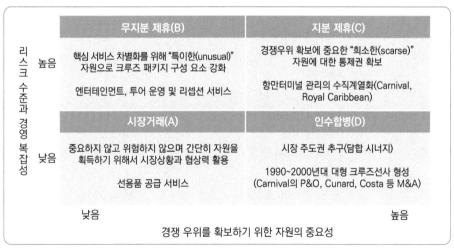

자료: Gibson and Parkman(2019).

크루즈 산업의 발전은 크루즈 선사의 인수 합병의 역사와 함께 그 규모가 점점 확대되어 왔다. 1963년에 최초로 Cunard Line사의 RMS Queen Elizabeth호가 New York에서 West Indies로 실험적 크루즈 항해를 실시한 이후, 수없이 많은 크루즈 선사들이 탄생, 소멸, 인수, 합병이 이루어졌다.

2022년 현재 주요한 크루즈 선사는 Carnival, RCI, Norwegian, MSC Cruises로 구성되는 Big 3+1의 형태이다. 모기업인 Carnival, RCI, Norwegian은 자회사로 여러 개의 브랜드로 개별 크루즈 선사를 운영하고 있고, MSC Cruises는 단일 브랜드로 운영하고 있다.

[표 7-4]과 같이 Carnival그룹이 9개 브랜드, 98척, 여객 240,404명 정원으로 가장 크다. 다음으로 4개 브랜드, 여객정원 121,700명, 50척의 RCI 그룹이며, 다음으로 Norwegian 그룹이 3개 브랜드, 28척, 여객 58,400명 정원이다.

표 7-4 주요 크루즈 선사 모기업과 브랜드

모기업	크루즈 브랜드	선박 척수	여객 침대수
Carnival	AIDA	15	36,786
	Carnival	23	70,700
	Costa Cruises	12	35,900
	Cunard	3	6,700
	Holland America	12	20,400
	P&O Cruises	7	16,600
	P&O Cruises Australia	3	5,000
	Princess	17	45,500
	Seabourn	6	2,818
	소계	98	240,404
RCI	Azamara	3	2,100
	Celebrity	14	28,500
	Royal Caribbean	24	88,000
	Silversea	9	3,100
	소계	50	121,700
Norwegian	Norwegian	17	49,800
	Oceania Cruises	6	5,200
	Regent Seven Seas	5	3,400
	소계	28	58,400

개별기업	American Cruise Lines	5	700
	Blount Small Ship Adventures	2	200
	Celestyal Cruises	2	3,300
	Crystal	3	2,100
	Disney	4	8,500
	Dream Cruises	4	13,600
	Fred Olsen	5	5,700
	Grand Circle Cruise Line	2	100
	Hapag Lloyd	4	2,500
	Hebridean Island Cruises	1	100
	Hurtigruten	14	6,300
	Lindblad Expeditions	11	900
	Marella Cruises	4	5,300
	MSC Cruises	19	62,700
	Paradise Cruise Line	2	2,600
	Phoenix Reisen	3	2,250
	Ponant/Paul Gauguin Cruises	22	4,400
	Quark Expeditions	5	798
	Saga Cruises	2	1,998
	Sea Dream Yacht Club	2	200
	Star Clippers	3	600
	Star Cruises	4	4,132
	TUI Cruises	7	17,000
	Viking Cruises	8	7,400
	Virgin Voyages	2	5,720
	Voyages to Antiquity	1	400
	Windstar	6	1,200
	소계	147	160,698
합계		323	581,202

자료: Cruise Market Watch(2022.11.4.).

선박의 이름

국제법에 의거하여 운항하는 모든 선박은 고유한 이름을 가져야 한다. 해운산업 중에서도 특히 소비재 산업과 밀접한 크루즈 분야는 선박 이름에서 뚜렷한 경향을 보여준다. 카리브해에서 가장 치열한 경쟁을 벌이는 크루즈 관광 시장에서, 전통적인 크루즈 선사들과 함께 프리미엄 시장을 확보하고 있는 디즈니크루즈(Disney Cruise Line)는 Disney Dream(디즈니 꿈), Disney Fantasy(디즈니 환상), Disney Magic(디즈니 마법), Disney Wonder(디즈니 신비)와 같은 이름의 선박을 운영하고 있다. 이는 엔터테인먼트 산업에서 두각을 나타내고 있는 디즈니의 정체성을 잘 반영한 사례로 볼 수 있다. 따라서 선박의 이름은 일반적인 사람의 이름과 달리 운영 목적에 맞춰 설정되었다고 추론할 수 있다.

선박 이름의 의의

선박 이름의 지정은 역사적으로 유사한 역할을 해왔다. 예를 들어, 1492년 신대륙을 발견한 콜럼버스(Columbus)는 그의 도전적인 항해에 사용한 세 척의 범선에 산타마리아(La Santa María: The Saint Mary), 니냐(La Niña: The Girl), 핀타(La Pinta: The Painted) 라는 이름을 붙였다. 이 중 성모 마리아(The Saint Mary)라는 이름을 부여한 것은 당시로서는 아무도 도전하지 않은 미지의 세계로 나아가는 탐험대의 무사안녕을 기원하는 의미가 있었던 것으로 보인다. 또한, 가톨릭 국가인 스페인의 후원을 받았다는 상징성과 함께 이 선박이 가톨릭 문명권의 소속임을 이름만으로도 드러내고 있다.

우리나라에서 선박에 개별 이름을 부여하기 시작한 것은 개화기 이후 서구의 제도가 도입되면서부터이다. 근대식 군함의 시작은 1903년에 취역한 양무호(揚武號)로, 당시 열강의 침략이 심각해지던 시기에 고종은 '나라의 힘을 키운다'는 뜻으로 이 이름을 선택하였다. 열강의 해군 함정이 빈번하게 조선에 출몰하던 상황에서, '무(武)'에 대한 갈망이 담긴 이름은 그 당시의 국운이 기울고 있는 상황을 잘 반영하고 있다.

한편, 우리나라 최초의 해방 이후 국립대학인 한국해양대학교는 1960년에 첫 번째 실습선을 확보하였다. 이 선박은 의미가 좋고 영어 발음하기 쉬운 이름을 고려하여, 윤보선 대통령이 반도호(半島號, BANDO)라는 이름을 직접 하사하고 명명식에 참석한 것으로 기록되어 있다. 한반도를 상징하는 반도호는 1975년에 '크고 넓은 바다'라는 의미를 지닌 후속 실습선 한바다호(HANBADA)가 취항하기까지 '한국의 선원'을 대표하는 해기사를 배출하였다. 이처럼 교육 목적을 가진 대한민국의 실습선 이름은 국가를 상징하고 해양이라는 공간을 포괄하며, 부르기 쉬운 이름으로 손색이 없다는 평가를 받고 있다.

이름은 타인과 구별되는 표지이자 지칭하는 언어 부호로, 인류 역사의 초기부터 나타난 보편적인 언어 현상이다. 이름이나 명칭은 언어의 기원 문제와 관련된 논거로 제시되며, 인류 공동체의 사고 체계를 보여주는 대표적인 문화 현상으로 여겨진다. 이름은 사람에게만 국한되지 않고, 반려동물이나 선박 등에도 사용되며, 생물이나 무생물에 이름을 부여하는 것은 의인화(Anthropomorphization)의 대표적인 사례로 볼 수 있다.

선박 이름 제정

민간의 영리 행위에 사용되는 상선의 경우, 선박 이름은 자율적으로 정해지는 것으로 여겨진다. 인간 사회의 문화에 따라 선박 이름이 주술적으로 작명되었을 수도 있고, 해상 운송 사업의 번영을 기원하는 기복(祈福)의 형태로 이름이 지어졌을 가능성도 있다.

상업화된 기업에서는 이름이 강력한 브랜드 아이덴티티를 형성하는 중요한 요소로 작용하며, 특히 소비재 산업에서는 더욱 중요하다. 현대적 경영 관리에서는 고객의 구매 의도와 관련된 심리 상태를 이끌어내는 마케팅이 활성화되고 있으며, 이 과정에서 브랜드는 핵심적인 역할을 한다. 기업이나 제품 이름으로 시작된 브랜드는 높은 재무적 가치를 지니며, 특허권과 같은 무형 자산으로 평가받고 있다.

대부분의 기업은 창업자의 이름을 따르거나 고대 신화에서 영감을 얻거나, 완전히 새로운 단어를 만들어 기업의 대표적인 무형 자산으로 활용한다. 따라서 기업에서 사용하는 다양한 이름은 이윤(Profit) 창출의 중요한 요소로 사용되므로, 고민 없이 채택하는 것은 쉽지 않다. 해운회사도 마찬가지로 이러한 점에서 유사한 경향을 보인다.

오늘날 기업 이미지와 브랜드 분야에서 기업의 아이덴티티(Identity)는 매우 중요하므로, CI(Corporate Identity)나 BI(Brand Identity)의 일환으로 선박 이름을 작명할 수 있다. 또는 표사유피 인사유명(豹死留皮 人死留名)처럼 사람의 이름을 선박에 부여하는 경우도 존재한다.

선박 이름을 설정하기 위해서는 자유로운 의사로 이름을 사용할 수 있다. 세계적으로 통용되는 규칙 중 하나는 미국 해안경비대(Coast Guard)의 가이드라인을 따르는 것이다. 라틴 알파벳(Latin Alphabet) 또는 아라비아 숫자, 로마 숫자로 구성된 선박 이름은 33자를 초과해서는 안 된다. 또한, 음성학적으로 해상에서 도움을 요청하는 데 사용되는 단어와 혼동될 수 있는 이름은 사용할 수 없다. 외설적이거나 모욕적인 언어, 또는 인종적, 민족적 경멸을 담고 있는 단어와 유사한 이름도 허용되지 않는다. 사람의 이름이 변경될 수 있는 것처럼, 선박의 이름도 개명될 수 있다.

현존 선박의 선호 이름

김성국·이진욱(2021)은 로이즈리스트 선박 데이터베이스에서 105,058척의 정보를 수집하여 선호되는 선박 이름을 분석하였다. 이 중 숫자로 명명된 선박은 270척, 알파벳으로 이름이 부여된 선박은 104,788척으로, 선박 이름이 사람과 유사한 형태로 명명되고 있음을 알 수 있다.

빈출한 선박 이름을 살펴보면, 상당수는 바다의 지리적 특성을 반영한 단어들로 구성되어 있다. 또한, 선박 항해에 사용되는 천문학적 이름도 많은 비중을 차지하고 있는 것으로 나타났다.

구체적으로 가장 많이 사용된 이름은 HAI로, 이는 중국어로 바다(海)를 의미한다. 현존하는 선박 중 상당수가 중국 선적으로 국제 항해에 종사하고 있는 현실을 고려할 때, 중국어 명칭의 사용은 놀라운 일이 아니다. 이어서 OCEAN(대양), SEA(바다), MARINE(해양) 등은 바다와 관련된 다양한 의미를 지닌 단어들이다. 또한, 중국어 명칭인 YANG은 바다(洋)의 중국 표기로, 동서양에서 가장 선호되는 선박 이름 중 하나로, 바다와 관련된 명칭이 공통적으로 나타나는 경향을 보인다.

바다를 구체적으로 지칭하는 명칭인 PACIFIC(태평양), ATLANTIC(대서양), INDIAN(인도양)은 상위권에 포함되는 선호되는 이름들이다. 전 세계 해운 물동량의 대다수가 아시아-북미 대륙(태평양)과 유럽-북미 대륙(대서양)에서 이루어지고 있다는 점을 고려할 때, 인도양의 빈출 순위가 상대적으로 낮은 것은 쉽게 이해할 수 있다. 또한 바다의 구체적인 형태를 나타내는 CAPE(곶), BAY(만), ISLAND(섬), TIDE(조류) 역시 빈출되는 선박 이름들이다. 유사하게, 중국어 JIN은 나루터(津)라는 의미로 사용된 것으로 이해될 수 있다.

이와 더불어, 선박의 항해에서는 고대부터 하늘의 별, 달, 해를 이용하여 위치와 방위를 찾는 천문 항해(Celestial Navigation)가 중요했다. 천문 항해는 항해자에게 방향을 제시하여 신대륙 발견에 큰 기여를 하였다. 이로 인해 오늘날 많은 선박이 STAR(별), SUN(해), POLARIS(북극성), MOON(달)과 같은 이름을 사용하고 있다.

바다와 항해를 상징하는 단어를 제외하면, EXPRESS(빠름), NEW(새로움), GLORY(영광) 등과 같은 빠르고 새로운 의미를 지닌 이름이 빈출하고 있다. 중국어에서 XIN(新), HUA(華) 역시 같은 맥락에서 빈출되고 있어, 동서양이 비슷한 선호를 보인다고 추론할 수 있다.

또한 선박의 국적에 따른 접두어로 DE(유럽), AL(아랍), JAYA(동남아), SAN(남유럽), DA(유럽) 등이 빈출하고 있다. 이는 문화적 설정에 따라 선박 이름을 유형화할 수 있다는 근거를 지지한다.

LADY(여성)라는 단어는 복합어로 자주 사용된다. 예를 들어 GREAT LADY, AQUA LADY, FAIR LADY와 같은 형태나, LADY SOFIA, LADY ANNE, LADY CANDY 등이 흔히 등장한다. 이는 일반적으로 선박을 여성명사(Feminine Noun)로 간주하는 유럽 문화의 영향을 반영한 것이다.

EAGLE(독수리)는 선호되는 선박 이름 목록에서 유일한 동물 이름으로 포함되어 있다. 독수리는 영물(Supernatural Being)로 자주 등장하며, 세상을 지배하는 상징으로 사용된다. 성경에서는 힘과 인내의 상징으로 나타나며, 유럽에서는 지배자의 상징으로 여겨진다. 로마 시대부터 사용된 독수리의 상징은 오늘날 미국을 포함한 여러 국가에서 국조(National Bird)로 채택되고 있다. 이들 국가에는 미국, 알바니아, 독일, 인도네시아, 멕시코, 나미비아, 파나마, 필리핀, 폴란드, 스코틀랜드, 잠비아, 짐바브웨 등이 있다.

전체적으로 상위 30여 개의 빈출 의미자질 선박 이름을 살펴보면, 동서양에서 공통적으로 바다와 항해와 관련된 이름이 가장 많이 사용되고 있음을 발견할 수 있다.

출처: 김성국·이진욱(2021), "선박 이름의 유형에 관한 시론적 연구",
『해항도시문화교섭학』, 제24호, pp.133-163.

제7장 참고문헌

이경모(2004), 『크루즈관광산업의 이해』, 서울: 대왕사.

Bjornsen, P.(2003), "The growth of the market and global competition in the cruise industry", Paper presented at the Cruise and Ferry Conference, Earls Court, London.

Cruise Market Watch(2022.11.4.), "Worldwide Cruise Line Market Share", https://cruisemarketwatch.com/market-share

Gibson, Philip and Parkman, Richard(2019), Cruise operations management: hospitality perspectives, 3rd ed., New York: Routledge.

Halpern, P. J.(1983), "Corporate Acquisitions: A Theory of Special Cases, A Review of Event Studies Applied to Acquisitions", The Journal of Finance, Vol.38, No.2, pp.297-317.

Penco, Lara and Profumo, Giorgia(2017), "Mergers, acquisitions and alliances in the cruise tourism industry", Tourism and Hospitality Research, Vol.19, No.3, pp.269-283, https://www.jstor.org/stable/26990847

선장은 선박에 화재가 났다는 것을 거의 의심하지 않았으며,
우리는 선박에 불이 옮겨 붙지 않기 위해 노력해야 한다고 말했다.
우리가 구명정을 타고 가야 할지도 모른다는 제안에 대해,
여객 중 한 명은 즉시 '여성과 아이들을 먼저 돌보자'고 언급했고,
다른 사람들도 이에 동의했다.

저술가 Southworth Allen Howland(1840)의 Steamboat Disasters and Railroad
Accidents in the United States 내용 중

제8장
크루즈선 승무원

8.1 ▶ 크루즈선 전문인력

8.1.1. 크루즈 관광의 특성

크루즈 산업 전문인력의 정의를 파악하기 위해서는 우선 크루즈 산업의 핵심이라고 할 수 있는 크루즈선과 관련한 특수성을 확인하여야 한다. 대표적으로 Kendall and Buckley(2001)은 크루즈 관광이란 위락추구 여행자에게 매력적인 항만을 방문하도록 하는 항해라고 하였다.

박기홍 · 김대관 · 김희수(1999)에서는 크루즈 관광을 운송보다는 순수 관광목적의 선박여행으로 숙박, 음식, 위락 등 관광객을 위한 시설을 갖추고 수준 높은 관광 상품을 제공하면서 수려한 관광지를 순항하는 여행으로 운송의 개념에 호텔의 개념을 합쳐 놓은 것으로 정의하였다.

이와 같은 정의를 종합하면 크루즈 관광은 선박의 항해기능과 호텔기능이 함께 포함된 관광을 지칭하는 것이고 여기에 사용되는 선박을 크루즈선(Cruise Ship)이라고 보는 것이 적합하다.

우리나라의 해운법(법률 제19807호, 2024.5.1. 시행) 제3조 제5호에서는 선박 안에 숙박시설, 식음료시설, 위락시설 등 편의시설을 갖추고 관광을 목적으로 해상을 순회하여 운항하는 해상여객운송사업의 한 형태인 순항(巡航)여객운송사업을 크루즈로 정의하고 있다. 한편 크루즈선의 크기는 해운법 시행령(대통령령 제34483호, 2024.5.1. 시행) 제3조에 의거하여 총톤수 2천톤 이상의 여객선을 말한다.

한편 여객 900명이 승선하는 일반적인 크루즈선의 경우에는 선박운영 인력 390명(선원 90명, 승무원 300명)이 배치된다. [그림 8-1]과 같이 크루즈선의 공간적인 구조를 기능의 관점에서 구분하면 선박기능은 약 25%, 호텔기능은 75%가 공간 배치된다.

일반적으로 크루즈선에 종사하는 인력은 선박의 운항을 담당하는 선원과 여객의 편의를 지원하는 승무원으로 구분할 수 있다. 우리나라 정부에서는 크루즈선에 승선하는 인력을 '크루즈선 운영 전문인력'이라고 하며 '크루즈 승무원'이라고 규정하고 있다(관계부처합동, 2016). 크루즈 승무원은 법률상으로는 선원법(법률 제18697호, 2023.1.5. 시행) 제2조에 따른 선장, 해원, 직원, 부원 가운데 하나의 명칭으로서 법률상 정의에 따른다.

통상 선박운항과 관련되어 있는 직접적인 항해 및 기관과 관련된 인력을 '선원'이라고 지칭하고 그 외의 승선 인력은 승무원이라고 간주한다면 선원에 대한 교육은 기존 교육기관은 해양대학교 등에서 충실히 이루어지고 있기에 인력 공급에 대한 문제는 거의 없다. 그러나 크루즈 승무원의 양성은 선원이라는 특성도 반영되어야 하고 크루즈 관광의 특수성도 반영해야 하므로 기존의 교육기관에서 체계적으로 이루어진 바가 없다.

그림 8-1 크루즈선의 기능

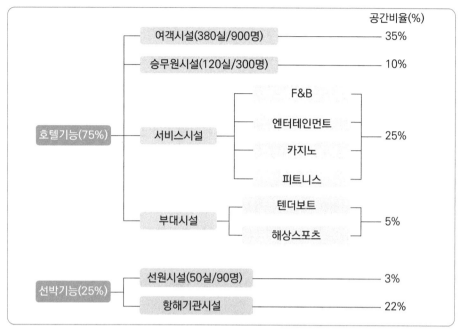

자료: 산학협력단(2016).

크루즈선이 등장하기 전까지 우리나라에서는 정기 여객선과 화객선이 해상 관광에 사용되었다. 대표적으로 Ferry를 통한 여행은 휴가를 위한 크루즈 관광과는 달리 사람과 함께 짐, 자동차, 가축 등을 운반하고 소규모에서부터 대규모까지 다양한 크기를 갖는 선박여행으로 가까운 거리의 이동을 목적으로 운항하는 선박여행으로 크루즈 관광과 차이가 있었다. 또한 화물을 운송하는 것을 주목적으로 하는 선박에 여객을 승선시켜 이동하는 선박여행인 화물선여행도 드물게 존재하였으나 거의 활용되지 않았다.

따라서 크루즈 승무원의 교육은 크루즈선의 운영형태에 적합한 직원을 육성하는 교육으로서 교육기관에서는 선박실습이 가능하고 또한 관광/호텔 교육이 적절하게 조합되어야 진행 가능하다.

8.1.2. 크루즈 전문인력

크루즈 산업 전문인력을 규정하기 위하여 크루즈 산업의 육성 및 지원에 관한 법률(법률 제13192호, 2015.8.4. 시행)에 포함되어 있는 의미를 분석할 필요가 있다.

법률 제2조 제5호에 의하면 '크루즈 산업'은 크루즈선 및 승객(passenger)과 관련된 재화와 서비스를 통하여 부가가치를 창출하는 산업이라고 정의하고 있다. 크루즈 산업의 육성 및 지원에 관한 법률에서는 passenger의 의미로 승객(乘客)이라는 용어를 사용하고 있는데 여객(旅客)과 같은 의미이다.

한편 법률 제2조 제1호에서 크루즈선은 국적 혹은 외국적을 모두 포함하고 있기 때문에, 모든 크루즈선을 대상으로 하는 부가가치를 창출하는 산업과 크루즈선을 승선하는 여객(passenger)과 관련된 재화와 서비스를 통하여 부가가치를 창출하는 산업 전체를 말한다.

이러한 산업에 종사하는 인력을 '크루즈 산업 전문인력'이라고 하며 법률 제5조 제2항 제5호에서는 해양수산부장관이 크루즈 산업 전문인력의 양성에 관한 기본계획을 수립하고 시행하여한다고 규정되어 있다.

여기에서 크루즈 전문인력은 3가지 유형으로 나누어 볼 수 있다. 우선 크루즈선에 승선하는 인력과 크루즈선의 관광에 종사하는 인력 그리고 이와 관련된 유관된 관광분야의 인력이 될 것이다. 정부에서는 이러한 인력을 각각 크루즈선 운영 전문인력, 크루즈 관광 관련 전문인력, 해양체험 전문인력으로 명칭하고 있다. 이 가운데 크루즈선 운영 전문인력은 크루즈 승무원과 크루즈 전문 경영자로 세분할 수 있다(관계부처합동, 2016).

Garrison(2005)는 크루즈선에 근무하는 승무원의 관리 및 운영은 크루즈선 운영회사에게는 복잡한 사항이라고 지적하고 있다. 왜냐하면 선박운영 관리도 필요하지만 호텔 서비스 관련 승무원 관리 및 채용, 호텔 서비스부의 숙련, 비숙련, 반숙련 근로자들에 대한 메커니즘에 주의를 기울여야 한다고 한다. 또한 다국적의 승무원이 근무하게 된다고 지적하고 있다. 크루즈선 근무자의 경우에 근무할 경우에 호텔 관광 관련 학사학위(college degree in hospitality management)를 갖고 있을 경우 보다 원활하게 근무할 수 있다고 한다.

일반적으로 대형 크루즈선에 승선하는 승무원들은 다국적으로 구성된다. Gibson(2006)의 조사에 따르면 크루즈선의 승무원의 비율과 구성은 [표 8-1]과 같다. 이 조사에 사용된 선박은 Princess Cruise가 판매한 지중해 크루즈 상품의 구성 사례인데 여객과 승무원의 비율이 1:2 정도가 보편적인 것으로 보인다.

표 8-1 크루즈선의 여객과 승무원의 구성 사례

여객수	여객의 국적수	승무원수	승무원의 국적수
2,054명	64개국	980명	54개국

자료: Gibson(2006).

8.1.3. 교육 프로그램

최근 국가 간의 경쟁이 치열해지고 있는 상황에서 국부창출의 원천이 자본, 노동 등의 유형적 생산요소의 양적 투입이 아니라 기술과 지식에 의한 질적 혁신과 인적자원에 더욱 의존하고 있다. 결과적으로 세계적으로 우수한 노동력의 이동은 국경이 장벽이 사라진 현실에서 크루즈 산업을 육성시키기 위해서는 중요한 요소 중의 하나이다.

크루즈 산업을 육성시키기 위한 크루즈 산업 활성화 대책(2013.7.17)에 최초로 크루즈 관광 전문인력 양성 필요성을 제시한 이래 2016년부터 제1차 크루즈 산업 육성 기본계획(2017.3.9)에 의거 크루즈 관광 관련 전문인력 양성의 필요성이 구체적으로 제시되어 있으나 아직까지 미약한 점이 많다(관계부처합동, 2016).

문화체육관광부와 한국관광공사가 주도하는 크루즈 관광 중장기 사업전략에서는 크루즈 관광 활성화를 위한 각 분야에 대한 중요도 조사를 실시한 바 있다(이경모 · 이현주 · 이종민 · 한현숙, 2015). 전체 조사항목은 7개 분야 40개 항목에 대하여 5점 만점의 중요도 평가를 실시하였다. [표 8-2]를 살펴보면 크루즈 관광 전문인력은 크루즈 관광의 필요한 중요분야 40항목의 평균인 4.19보다 훨씬 높은 평균 4.47의 중요도를 갖고 있다. 다음으로 출입국 및 정부 규제(5항목) 분야가 중요하였다. 결국 크루즈 관광에 있어서 전문인력의 중요성은 서비스산업의 특성인 고객의 면대면 접촉을 하기 때문에 가장 중요한 것으로 인식하고 있다. 따라서 크루즈 산업에서의 전문인력의 중요성은 크루즈 산업을 육성시키고 활성화시킬 수 있으며 경쟁력 있게 만드는 중요한 요체가 됨을 알 수 있다.

표 8-2 　크루즈 관광 전문인력 중요성 평가

분야 및 항목	중요도
전문인력(4항목)	4.47
출입국 및 정부 규제(5항목)	4.44
마케팅(5항목)	4.26
기항지 관광 환경(11항목)	4.25
항만시설(7항목)	4.02
국적선사 및 내수(4항목)	4.00
기항지 식당(4항목)	3.87
평균(40항목)	4.19

자료: 이경모 · 이현주 · 이종민 · 한현숙(2015).

크루즈선 운영 전문인력은 몇 개월 양성과정으로 교육이 끝나는 크루즈 승무원만 포함하는 것은 아니다. 실제적으로 국가 기간산업으로 경쟁력 강화를 이끌어 내기위해서는 크루즈 전문경영자 교육과정이 필요하다.

이러한 욕구를 만족시키고 있는 곳은 해운 선진국인 영국 폴리머스 대학교(University of Plymouth)의 크루즈 경영학과(Cruise Management)이 대표적이다. 현재 4년제 학사학위 과정으로 크루즈 경영학과(Cruise Management)를 운영하고 있으며 세계적으로도 정평이 높다.

폴리머스 대학교는 1862년에 영국항해학교(School of Navigation)로 출발하여 산업기능대학(Plymouth Polytechnic)을 거쳐 오늘에 이르고 있다. 교육과정 중에서 1년간은 전용실습선이 아닌 위탁 크루즈 선사에서 해상실습을 실시한다(University of Plymouth, 2016).

수업 교과목은 전반적으로 관광경영과 해운경영이 합쳐져 있는 형태이며 실습의 경우에는 선원교육의 전통이 연결되어 있다. 폴리머스 대학교 크루즈 경영학과의 교과목은 [표 8-3]과 같다.

이 대학에서는 크루즈 경영학과(Cruise Management)와 함께 호텔 경영학과(Hospitality Management), 국제호텔 경영학과(International Hospitality Management), 호텔관광 경영학과(Tourism and Hospitality Management)가 개설되어 있는데 크루즈 산업 분야에서는 세계적 수준의 선도대학이다.

크루즈 산업 분야에서 두각을 나타낼 수 있는 이유는 영국에 있어서 카디프 대학교(Cardiff University)와 함계 해기사를 양성하였던 대학으로서 현재까지도 단과대학인 해사과학대학(School of Marine Science and Engineering)의 항해과학부(Navigation and maritime science), 기관공학부(Mechanical, marine and materials Engineering)가 받쳐주고 있기 때문이다. 무엇보다도 크루즈선의 경우 선박과 호텔이 결합한 형태이기 때문에 선박 운항 교육을 담당하던 교육기관을 갖고 있던 교육자산이 막대한 영향을 미친 것으로 추측할 수 있다.

표 8-3 크루즈 경영학과 교육프로그램

학년	트랙명
1학년	크루즈 · 해양산업 운영(Cruise and Maritime Operations)
	호텔관광경영(Management for Hospitality and Tourism)
	식음료운영(Food and Drink Operations)
	호텔관광 실습(Hospitality and Tourism Graduate Skills)
	접객 및 시설 운영(Front Office and Facility Operations)
2학년	크루즈 운영 및 여객서비스(Cruise Operations and Passenger Services)
	호텔관광사업개발(Developing Business for Hospitality and Tourism)
	식음료경영(Food and Drink Management)
	호텔관광 연구(Hospitality and Tourism Research Skills)
3학년	시설관리(Managing Facilities)
	선상위탁실습
4학년	크루즈운영계획(Cruise Operations Continuity Planning)
	호텔관광 재무관리(Business and Finance Strategy for Hospitality and Tourism)
	프로젝트(Honours Project)
	서비스품질 관리(Managing Service Quality)

자료: Marketing and Admissions Office(2016).

8.2 ▶ 크루즈선 선원 조직

8.2.1. 적용 법규

크루즈는 외형적인 시설 및 규모뿐만 아니라 음식, 엔터테인먼트, 승무원의 서비스 등을 종합적으로 고려해 평가되고 있다. 주요 평가 요소는 크루즈선의 시설, 여객실, 음식, 서비스, 엔터테인먼트, 여객 대비 승무원의 비율, 선내 프로그램을 고려해 크루즈선의 우수성을 평가하게 된다.

여기에서 크루즈 승무원은 크루즈선에 승선하고 있는 여객이 아닌 선박에 근로를 제공하기 위해 고용된 사람이다. 크루즈 승무원이라고 호칭하고 있지만 엄격히 말해서 법률상 명칭은 부원(部員, sailors)인 해원(海員, seamen)이며 선원(船員, Seafarers)을 구성하고 있는 사람이다(선원법 제2조).

우리나라의 법령인 선원법(법률 제18697호, 2023.1.5. 시행)에 의해 선박에 근로를 제공하기 위하여 고용된 사람을 선원이라고 한다. 다만 선원법 시행령(대통령령 제33225호, 2023.1.12. 시행) 제2조에 따르면 선박검사원, 선박 수리를 위하여 승선하는 기술자와 작업원, 도선사, 항만운송 근로자, 실습선원 및 선박에서 공연 등을 위하여 일시적으로 승선하는 연예인 등을 제외한다.

● 선원법[법률 제18697호, 2023.1.5. 시행]

제2조(정의) 이 법에서 사용하는 용어의 뜻은 다음과 같다.

1. "선원"이란 이 법이 적용되는 선박에서 근로를 제공하기 위하여 고용된 사람을 말한다. 다만, 대통령령으로 정하는 사람은 제외한다.

3. "선장"이란 해원(海員)을 지휘·감독하며 선박의 운항관리에 관하여 책임을 지는 선원을 말한다.

4. "해원"이란 선박에서 근무하는 선장이 아닌 선원을 말한다.

5. "직원"이란 「선박직원법」 제2조 제3호에 따른 항해사, 기관장, 기관사, 전자기관사, 통신장, 통신사, 운항장 및 운항사와 그 밖에 대통령령으로 정하는 해원을 말한다.

6. "부원"(部員)이란 직원이 아닌 해원을 말한다.

　6의2. "유능부원"이란 갑판부 또는 기관부의 항해당직을 담당하는 부원 중 해양수산부령으로 정하는 자격요건을 갖춘 부원을 말한다.

7. "예비원"이란 선박에서 근무하는 선원으로서 현재 승무(乘務) 중이 아닌 선원을 말한다.

19. "선원신분증명서"란 국제노동기구의 「2003년 선원신분증명서에 관한 협약 제185호」에 따라 발급하는 선원의 신분을 증명하기 위한 문서를 말한다.

20. "선원수첩"이란 선원의 승무경력, 자격증명, 근로계약 등의 내용을 수록한 문서를 말한다.

23. "실습선원"이란 「선박직원법」 제2조 제4호의2의 해기사 실습생을 포함하여 선원이 될 목적으로 선박에 승선하여 실습하는 사람을 말한다.

● 선원법 시행령[대통령령 제33225호, 2023.1.12. 시행]

제2조(선원이 아닌 사람) 「선원법」(이하 "법"이라 한다) 제2조 제1호 단서에서 "대통령령으로 정하는 사람"이란 다음 각 호의 어느 하나에 해당하는 사람을 말한다.

1. 「선박안전법」 제77조 제1항에 따른 선박검사원

2. 선박의 수리를 위하여 선박에 승선하는 기술자 및 작업원

3. 「도선법」 제2조 제2호에 따른 도선사

4. 「항만운송사업법」 제2조 제2항에 따른 항만운송사업 또는 같은 조 제4항에 따른 항만운송관련사업을 위하여 고용하는 근로자

5. 실습선원

6. 선박에서의 공연(公演) 등을 위하여 일시적으로 승선하는 연예인

7. 제1호부터 제6호까지의 어느 하나에 준하는 사람으로서 선박소유자 단체 및 선원 단체의 대표자와 협의를 거쳐 해양수산부장관이 정하여 고시하는 사람

실무적으로는 크루즈 선사에 고용되어 크루즈 여객에게 서비스하는 사람으로는 크루즈선의 운항관리에 책임을 지는 선장과 선박운항에 종사하는 해원(Seaman) 그리고 여객의 크루즈 관광

을 지원하는 여객실 승무원(Steward)이 있다. 이러한 역할을 수행하는 고용된 사람을 통칭하여 크루즈 승무원(Cruise Ship Crew)이라고 부른다. 그러나 아직까지 관광업계 등에서는 선박의 운항관리에 참여하지 않는 여객실 승무원을 크루즈 승무원으로 호칭하는 경향이 있으나 이것은 법률적 용어도 아니며 국제 협약에도 위반되는 잘못된 관행이다.

국제협약인 STCW(International Convention on Standards of Training, Certification and Watchkeeping for Seafarers, 선원의 훈련, 자격증명 및 당직근무의 기준에 관한 국제 협약)에서는 선원을 Crew로 표기하고 있다. 즉 선박에서 근로하는 사람 가운데 법률에 의한 자격 있는 사람인 Officer(직원 혹은 해기사)라고 하고 그렇지 않은 사람을 Rating(부원)이라고 하며 Crew를 구성한다. 엄밀하게 말하면 우리나라 선원법의 해원(海員, Seaman)을 지칭하는 것으로 보이지만 우리나라가 체결한 STCW협약의 한글 번역본에는 선원(船員)으로 번역하고 있다. 우리나라 선원법의 영어번역본에서는 선장(船長)을 Captain으로 표기하였지만 STCW협약에서는 선장을 Master로 표기하고 있다.

한국선장포럼(2021)에서는 선장의 표기에 대하여 엄밀히 구분하면 Captain은 선박이라는 조직에서 리더로서 능력을 발휘하는 사람을 일컫는 용어인데 비해, Master는 전문적인 자격을 가지고 지휘와 권한을 행사하는 사람을 말한다.

> International Convention on Standards of Training, Certification and Watchkeeping for Seafarers 1978, Signed at London on 7 July 1978
> ANNEX
> CHAPTER Ⅰ. GENERAL PROVISIONS
> Regulation I/I. DEFINITIONS
> For the purpose of this Convention, unless expressly provided otherwise:
> (c) "Master" means the person having command of a ship.
> (d) "Officer" means a member of the crew, other than the master, designated as such by national law or regulations or in the absence of such designation by collective agreement or custom.
> (m) "Rating" means a member of the ship's crew other than the master or an Officer.

따라서 크루즈 승무원은 결국 선원(Seafarer)이기에 해운(Shipping)에서 적용되는 모든 선원에 관련한 규칙이 적용되는 것이다. 그러므로 해기사 면허를 취득하지 않는 크구즈 승무원이라고 하더라도, 선원법의 적용대상이 되며 헌법에 의해 체결된 국제 협약인 STCW, SOLAS의 적용 대상이 된다.

한편 선박직원법(법률 제19573호, 2024.1.26. 시행) 제2조에서는 직원(職員, Officers)을 해기사(海技士) 면허를 취득한 사람으로서 선박에서의 선장·항해사·기관장·기관사·전자기관사·통신장·통신사·운항장 및 운항사의 직무를 수행하는 사람을 말한다. 실무에서는 사관(士官, Officer)이라고도 불린다.

> • **선박직원법 [법률 제19573호, 2024.1.26. 시행]**
> **제2조(정의)** 이 법에서 사용하는 용어의 뜻은 다음 각 호와 같다.
> 3. "선박직원"이란 해기사(제10조의2에 따라 승무자격인정을 받은 외국의 해기사를 포함한다)로서 선박에서 선장·항해사·기관장·기관사·전자기관사·통신장·통신사·운항장 및 운항사의 직무를 수행하는 사람을 말한다.
> 4. "해기사"(海技士)란 제4조에 따른 면허를 받은 사람을 말한다.
> 4의2. "해기사 실습생"이란 해기사 면허를 취득할 목적으로 선박에 승선하여 실습하는 사람을 말한다.
> **제4조(면허의 직종 및 등급)** ① 선박직원이 되려는 사람은 해양수산부장관의 해기사 면허(이하 "면허"라 한다)를 받아야 한다.

8.2.2. 크루즈선 조직도

순수하게 크루즈선을 운항하는 선원이든 여객을 지원하는 승무원이든지 간에 크루즈선에 승선하는 여객을 제외한 모든 사람은 STCW(International Convention on Standards of Training, Certification and Watchkeeping for Seafarers, 선원의 훈련, 자격증명 및 당직근무의 기준에 관한 국제협약)에 의한 규정에 의해 관리된다.

크루즈선에서의 일자리는 1백여 개의 포지션이 존재하는데, 10만톤 크루즈의 경우 승무원 수가 900여 명, 선원들의 국적도 20~60개국에 이른다.

크루즈선의 조직도는 크루즈 선사별로 경영 효율과 안전 관리를 위해 다양하게 편성할 수 있다. Ottomann, Antonic and Hartmann(2016)는 현대적 크루즈선의 조직관계를 연구하면서 [그림 8-2]과 같은 조직도를 제시하였다.

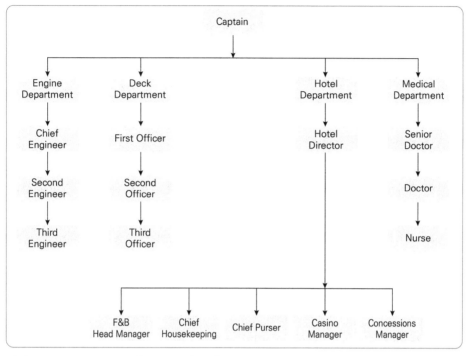

그림 8-2　크루즈선 조직도

자료: Ottomann, Antonic and Hartmann(2016).

국제법에 따른 선박의 책임은 선장(Master or Captain)에게 있기 때문에 크루즈선의 총괄 조직의 책임자는 선장이다. 그리고 크루즈선의 특성상 선박이라는 기능은 반드시 존재하므로 선박운항관리의 기능인 갑판(Deck), 기관(Engine)은 전통적인 상선의 조직과 동일하다.

갑판부에는 1등 항해사(1st Officer), 2등 항해사(2nd Officer), 3등 항해사(3rd Officer)가 항해당직을 수행한다. 기관부에는 기관장(Chief Engineer. 1등기관사), 2등 기관사(2nd Engineer), 3등 기관사(3rd Engineer)가 운항 중에 기관당직을 항해부서와 같이 근무를 한다.

크루즈선에는 수많은 여객에게 서비스를 제공하여야 하기 때문에 호텔 부서가 존재한다. 호텔부에는 식음료(F&B), 여객실(Housekeeping), 사무(Purser), 카지노(Casino), 매점(Concession) 부서가 포함되어 있다.

그리고 유례없었던 COVID-19의 영향에 따라 크루즈선에 있는 수많은 선원과 여객의 건강을 관리하기 위해 의무(Medical) 부서가 선내에 조직되어 있다.

국제법에서는 선박운항을 담당하는 항해, 기관부에서 항해에 적합한 자격 있는 증명서를 소지한 자를 직원(혹은 해기사, Officer)라고 하고 여객이 아닌 자로 선박의 근로에 참여하는 자를 부원(Rating)이라고 하며, 해기사와 부원을 함께 Crew(해원 혹은 승무원)라고 한다.

따라서 크루즈선에서는 종사하는 승무원의 역할이 다양하더라도 국제법에 의한 분류는 선원에 해당하며 선박운항에 참여하는 해기사를 제외하고는 부원(Rating)이기 때문에 STCW 협약의 대상이 되며 SOLAS 협약을 준수해야 한다.

8.2.3. 크루즈선 조직 위계

대부분의 대형 크루즈선은 고객의 욕구를 충족시키기 위해서 호텔 수준의 다양한 시설과 선상에서 여행활동을 제공하여야 한다. 일반적으로 크루즈선은 여객의 안전과 선박 내에서 상업적 운영을 위해 사무원이나 관련 승무원을 위계적으로 그리고 시스템적으로 운영하게 된다(Gibson, 2006).

크루즈선 조직에 따라서 효율적인 선내 운영을 위한 위계가 있다. 위계는 권한과 책임의 원칙 하에서 만들어지는 것이고 분야별 자격요건이 충족되어야 한다.

인사관리(Organization Management) 관점에서 크루즈선의 조직 위계를 살펴보면 법률적 용어와 약간의 차이가 있다. 크루즈선진국에서는 이미 전통적인 해운조직에서 수행하였던 선박관리 기능을 선박관리(Ship Management)회사에게 위탁하여 선원관리(Manning)를 아웃소싱하기 때문에, 선박조직에 관련하여서는 전문성이 떨어지고 있다. 따라서 선행연구의 대부분에서는 STCW, SOLAS 등 국제 협약에서 정하는 법률적 용어와 동떨어져 있다.

크루즈선의 조직은 선장을 중심으로 사관(Officer), 승무원(Crew), 스텝(Staff)으로 구분한다.

사관은 선장(Captain)과 기관장(Chief Engineer), 스탭캡틴(Staff Captain), 호텔 책임자(Hotel Director)가 포함된다. 이들은 일반적으로 4명의 관리직 사관(Officer) 체계라고 불려진다. 스탭캡틴(Staff Captain)의 경우에는 크루즈 선사별로 없는 경우도 있다. 사관(Office)이라고 지칭될 경우가 많다. 직급상 항해, 기관부서의 해기사들도 포함된다(Kepnes, 2013).

스탭(Staff)은 관리직 사관 보다는 직급이 낮으며 카지노 매니저(Casino Manager), 에어컨 엔지니어(Air Conditioner Engineer), 수석 사무장(Chief Purser), 음식 · 음료 관리자(F&B Manager) 등을 통제한다. 호텔 및 구내 운영의 수습 직원(Trainee)에서부터 사관급인 실습생(Cadet)에 이르기까지 스탭은 관리직 사관으로 승진하기 위한 노력을 다하며, 권한위임을 통해 어느 정도의 사관 업무를 수행한다.

스탭의 대부분은 상선 중 영업권 소유자와 계약에 의해서 업무가 가능한 부서에서 종사하게 된다(Bow, 2002).

승무원(Crew 혹은 하급선원)은 각 부서에 배치되는데 가장 많은 비율을 차지하는 곳이 호텔 서비스 부문이다. 청소원 등 여객실 관리자 및 웨이터, 바텐더, 요리사와 같은 지원 직원이 해당된다. 이 승무원 출신의 사람들은 경력에 따라 시간이 지남에 따라 사관이 될 수 있다.

그림 8-3 크루즈선 조직 위계

사관

선장, 매니저

스탭

엔터테인먼트, 판매, 고객서비스

승무 원

웨이터, 바텐더, 청소부

자료: Matousek(2019).

한편 크루즈 승무원은 자신의 신분에 맞는 제복과 자신의 직위에 맞는 표식인 견장(Epaulettes)과 정복의 팔 끝에 부착된 금장줄(Stripe)로 위계를 표식한다. [그림 8-4]은 미국연방 상선대(Merchant Navy)의 사관(Officer)의 견장의 표식이다. 미국연방 상선대는 미국 해군(US Navy)의 통제를 받는 MARAD(Maritime Administration, U.S. Department of Transportation 미연방 해사청) 소속의 미국 국적 민간 선박이다. 여기의 제복과 계급 규정이 북미지역의 유사 선박 회사의 운영에 영향을 미쳤으며, 기본적인 표식은 사례로 제공되고 있는 Celebrity Cruise와 같은 민간 크루즈 선사에게도 영향을 미치고 있다.

다만 미국연방 상선대에는 사관(Officer)에게만 제복과 견장, 금장줄이 허락되지만 좀 더 자유롭고 개방적이며 유흥을 담당하는 크루즈선에서는 대부분의 선원들이 자신의 신분을 표식하고 있다. 특히 요리에 참여하는 주방에서는 제복을 입기 어렵기 때문에 목도리(Neckerchief)를 사용하기도 한다.

그림 8-4 크루즈선 선원의 계급 표식

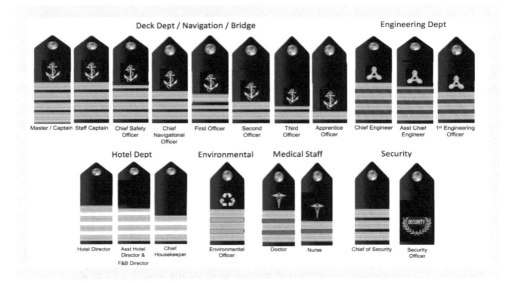

Celebrity Cruise

DECK DEPARTMENT (NAVIGATING OFFICERS)

ENGINE DEPARTMENT (ENGINEER OFFICERS)

Deck Dept / Navigation / Bridge

Engineering Dept

Master / Captain Staff Captain Chief Safety Officer Chief Navigational Officer First Officer Second Officer Third Officer Apprentice Officer Chief Engineer Asst Chief Engineer 1st Engineering Officer

Hotel Dept

Environmental

Medical Staff

Security

Hotel Director Asst Hotel Director & F&B Director Chief Housekeeper Environmental Officer Doctor Nurse Chief of Security Security Officer

Sous Chef

Chef de Partie (Station chef)

First cook

Second cook

Third & fourth cooks

8.2.4. 크루즈선 선원 담당업무

8.2.4.1. 운항부서

선장(Captain)은 선주를 대신하여 항해의 모든 과정을 지휘·감독하는 민간 선박의 최고지휘권자다. 선장은 항해, 화물 작업, 승무원 및 여객 관리 등을 총괄하며 선박이 효율적으로 운영될 수 있도록 한다. 선장은 항만에 입항하거나 출항할 때 직접 선교(Bridge, 크루즈 운항실)에서 선박 운항을 지휘하며 어떤 항로를 선택하여 항해를 할 것인지 결정한다. 또 모든 해원들을 감독하고 필요한 일을 지시하며 화물의 상태를 수시로 점검한다. 이외에도 선장은 사고나 재난이 발생했을 때는 인명구조를 위해 필요한 조치를 취해야 한다. 크루즈선에서 선장을 파티에서 볼 경우가 많다.

오늘날 선장의 귀감으로는 세계적인 해상사고의 대명사인 Titanic호의 선장이었던 에드워드 존 스미스 영국해군예비군 선장(Edward John Smith RD RNR, 1850~1912)을 꼽는다. 여기서 RD는 Decoration for Officers of the Royal Naval Reserve(영국해군예비권 장교 훈장)의 약어이며, RNR은 Royal Naval Reserve(영국해군예비군)의 약어이다. 훈장을 수여받았기 때문에 에드워드 존 스미스 선장의 공식 표기에는 RD RNR을 병기할 수 있다.

스미스는 1888년 엑스트라 마스터(Extra Master's Certificate) 자격을 취득하고 영국해군예비군으로 입대하여 1905년 중령 계급으로 전역한 후, 당시 세계 최고의 선박회사인 White Star사의 유능한 선장으로 근무하고 Olympic호와 그 자매선인 Titanic호의 선장으로 근무하였다.

[그림 8-5]와 같이 사후 설치된 기념동상에는 "영국인이 되어라(Be British)"라는 문구가 적혀있다. 이것은 Titanic호 사고 당시 여객수보다 훨씬 부족한 구명정(Life Boat)에 여객과 선원의 퇴선(Abandon Ship)을 지휘할 때 "선원들은 여성들과 어린이들을 위해 최선을 다하라. 그리고 너 자신을 돌보아라(Well boys, do your best for the women and children, and look out for yourselves)"라고 독려한 것에서 유래한다.

대량의 인명사고가 발생한 세계적인 해상사고이지만 에드워드 존 스미스 선장의 행동은 역경에 직면했을 때 보여준 극기심과 강인함으로 인해 '영국인의 규율(Spirit and Discipline)'의 아이콘이 되었다(Barczewski, 2006).

그림 8-5 에드워드 존 스미스 선장

Captain Edward Smith 동상과 명패, Beacon Park, Lichfield

Titanic/Olympic호 1등 항해사(William M. Murdoch), 기관장(Joseph Evans), 4등 항해사(David Alexander), 선장(Edward Smith) 1911.6.9. Olympic호에서 촬영

출처: Barczewski(2012).

① 1등 항해사(Chief Officer)

1등 항해사는 갑판부의 업무를 총괄하는 갑판부의 책임자이자 선장을 보좌하는 사람이다. 1등 항해사는 항해사와 갑판부원을 지휘·감독하며 선장이 부재할 때는 선장 대신 선장의 직무를 대행한다. 1등 항해사의 대표적인 업무는 선박의 안전과 규율 및 위생관리, 화물 및 여객관리, 선체의 보존 및 정비 관리 등이며 새벽 4시~오전 8시 그리고 오후 4시~저녁 8시 시간대에 항해 업무를 담당하며 나머지 시간에는 갑판부 선원들의 일상 업무를 지시하고 감독한다.

② 2등 항해사(Second Officer)

항해장이라고도 부르는 2등 항해사는 선박의 항해 관련 설비와 비품을 관리하고 항로계획 등의 항행 업무를 담당한다. 항해 중에는 자정에서 새벽 4시까지, 정오에서 오후 4시까지의 항해를 책임지는 업무를 담당하며 나머지 시간에는 항해 관련 설비와 비품을 관리한다. 또 한 항해요약일지(Abstract Log; AB Log)를 작성하는 것도 2등 항해사의 일이다.

③ 3등 항해사(Third Officer)

3등 항해사는 입항과 출항 시에는 선장을 보조하고, 항해 중에는 오전 8시~정오까지 그리고 밤 8시~자정까지의 항해를 책임진다. 또한 3등 항해사는 위생전담사관으로 선내 의료 관련 업무 및 의약품 관리를 담당한다. 크루즈선의 경우에 의료부서(Medical Department)가 있을 경우에는 의사들이 그 역할을 수행한다. 이 밖에도 엔진 계기에 나타난 수치를 파악하여 선수 및 선미나 기관 부서로 선장의 명령을 전달하고 각 위치로부터 들어온 보고를 선장에게 전달한다.

한편 현대식 상선에서는 인력배치의 최적화가 이루어지고 있다. 하루 8시간 근무를 기본으로 24시간 항해하는 선박을 운영하기 위하여 3명의 항해 당직사관(Duty Officer)을 배정하기 때문에 1, 2, 3등 항해사 시스템으로 관례화되었다. 하지만 크루즈선은 수천 명에 달하는 여객을 관리하여야 하기 때문에 당직 때 사관이 2명 이상 근무하며, 이는 해군함 정도 마찬가지이다. 따라서 크루즈 선사의 운영방침에 따라 4등 항해사라는 직책도 운영하기도 한다.

그림 **8-6** 크루즈선 브릿지 당직

자료: Royal Caribbean's Explorer of The Seas.

④ 기관사

기관사는 항해 중에는 주기관(선박을 움직이는 추진 동력장치) 및 보조기계(1발전기, 보일러, 각종 펌프, 조수장치, 냉동기 등)를 포함하여 모든 기관장치가 최적의 상태가 유지되도록 기관장치를 정비하고 관리하는 일을 하고, 배가 정박 중에는 연료, 비품, 소모품 등을 보충하는 일을 하며, 규모가 큰 수리는 육상의 전문 정비업체에게 위탁하기도 한다.

기관장은 기관부의 책임자로서 선장을 보좌하고 기관부를 통제한다. 1등 기관사는 기관장을 보좌하고 주 기관과 이에 관련된 기기를 담당하며 기관부의 인사관리 업무를 수행한다. 2등 기관사와 3등 기관사는 연료유나 윤활유를 관리하고 발전기나 보일러를 포함한 각종 보조기관을 각각 분담하여 담당한다.

기관사는 교대로 당직업무를 수행하는데, 요즘은 선박의 기관장치가 24시간 안전하게 가동되도록 기관실 무인화선박(UMA, Unattended Machinery Area)을 지향하고 있어 당직을 할 경우 기관실에서 근무하지 않아도 된다. 한편 기관실 무인화 등급을 국가별로 다르게 지칭하고 있는데 우리나라에서는 UMA(Unattached Machinery Area), 미국에서는 ACSU(Automatic Control System for Unattended Engine Room Certified), 영국에서는 UMS(Unattended Machinery Space), 일본에서는 M0(Man Zero)라고 한다.

⑤ 통신사와 부원

이외에도 항해사는 아니지만 선박에서 일하는 사람으로는 통신사와 부원들이 있다. 통신사는 말 그대로 통신 업무를 담당하며 오늘날 항해사가 겸직하는 경우가 많다.

부원들은 일반 하급선원으로 갑판과 기관에서 해기사(Officer)를 보조하여 일하거나 조리 등 기타업무를 수행하는 것이 일반적이다. 하지지만 크루즈선의 경우에는 호텔부서(Hotel Department)에서 상당한 수의 인원이 여객을 위해 서비스하고 있다.

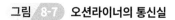

그림 8-7 오션라이너의 통신실

자료: https://www.theqe2story.com

8.2.4.2. 호텔부서

① 호텔 디렉터

호텔 디렉터(Hotel Director)는 음식과, 음료, 하우스 키핑, 게스트 서비스 등 선상 호텔의 전반적인 운영을 맡고 있는데, 여객들이 크루즈 일정을 유쾌하게 즐길 수 있도록 만드는 데 풍부한 경험과 노하우를 가지고 있다. 그 밖에도 호텔 디렉터는 크루즈 프로그램, 엔터테인먼트, 직원관리, 훈련 · 개발, 정보기술, 카지노 그리고 의료시설 등 크루즈 전반을 관리한다.

② 크루즈 디렉터와 엔터테인먼트 담당 승무원

크루즈 디렉터(Cruise Director)는 크루즈의 주요 행사 진행을 담당하는 유쾌한 진행자이다. 크루즈 디렉터는 행사의 진행 외에도 선상 액티비티를 담당하는 승무원(Staff)의 관리와 프로그램 전반에 관여한다. 최상의 엔터테인먼트를 즐길 수 있도록 여객에 대한 환대에 관여한다.

③ 보안 담당 승무원

보안 담당 승무원(Security Officer)은 크루즈 여행 중 안전과 관련된 모든 사항을 담당한다. 여객들의 안전하고 즐거운 여행을 위해서 크루즈 곳곳에서 보안을 담당한다. 크루즈 내의 경찰관이라고 생각하면 이해가 편하다. 순찰 업무 뿐만 아니라 사진 촬영 등 고객서비스도 제공한다.

④ 음식 · 음료 매니저

음식 · 음료 매니저(Food & Beverage Manager)는 즐거운 크루즈 여행을 위해 핵심적인 요소인 음식과 음료를 담당하는 직원들이다. 정찬 다이닝, 뷔페 레스토랑, 스페셜티 레스토랑 등 크루즈에서 제공되는 모든 음식의 메뉴, 신선한 식재료의 구매 등 최상의 식사를 제공해 입과 눈을 동시에 즐겁게 해주는 역할을 담당한다.

⑤ 메테르디, 레스토랑 승무원

Maitre d'는 메트르 도 텔(Maitre d'hotel)의 약자로 원래 프랑스의 귀족들의 집사를 메트로 도텔이라 한 데서 유래하며, 일반적으로 메테르디로 부른다. 메테르디는 레스토랑의 지배인 또는 책임자로 레스토랑과 관련된 식품과 음료 관련 업무를 총한다.

레스토랑 스탭(Restaurant Staff)과 함께 고객들에게 최상의 서비스를 제공하기 위해 노력하고 있으며, 특히 세련된 서비스를 위해 기초적인 교육을 진행한다. 레스토랑 스탭은 고객들이 어떤 질문이나 요청에도 기쁜 마음으로 응대한다.

⑥ 여객실 관리 책임자

여객실 관리 책임자(Chief Housekeeper)는 각 등급의 여객실 관리 및 여객실을 담당하고 있는 룸 메이드의 교육 등 전반적인 여객실 및 여객들이 사용하는 공간에 대한 청소 및 관리를 담당한다. 특히 만족스러운 서비스를 제공할 수 있도록 룸 메이드는 지속적으로 친절 및 여객실 관리 교육을 받는다.

⑦ 여객실 담당 룸 메이드

크루즈 탑승 후에 여객실에 도착하면 룸 메이드(Stateroom Attendants)는 첫 인사를 위해 여러분을 기다린다. 크루즈 일정 내내 여객실을 아침, 저녁으로 청소해주고 여러분이 필요로 하시는 모든 서비스를 친절하게 제공한다.

특히 즐겁게 하루를 보내고 여객실에 들어가면 룸 메이드가 여러분께 드리는 서프라이즈 선물이 있다. 예를 들어 여객실에 원숭이가 걸려 있거나 코끼리, 백조가 침대에 놓여 있기도 한다. 룸 메이드는 여러분께 즐거움을 드리기 위해 [그림 8-8]과 같은 타올 동물인형(Cruise Line Towel Animal)을 낮 시간 동안 정성껏 타월을 접는다. 크루즈 타올 동물인형은 최근 크루즈 선사의 고유명사가 될 만큼 독특한 문화로 자리잡고 있다.

그림 8-8 크루즈 타올 애니멀

RCL

CARNIVAL

⑧ 로얄 앰버서더

크루즈 선사에서는 마케팅 전략으로 기존 크루즈 관광객을 재승선하려는 노력을 하고 있다. 재구매 의도(repurchase intention)를 높이기 위해 각 크루즈 선사에서는 최선을 다하고 있다.

예를 들어 RCL은 크라운 & 앵커(Crown & Anchor)라는 멤버십 프로그램을 마련하고 있다.

여러 번 크루즈를 탑승하는 고객들을 위해 보다 차별화된 혜택과 서비스를 제공하는데, 그 역할을 담당하고 있는 승무원이다. 선상에서 다음 크루즈 일정을 예약하고 싶거나 추가 서비스가 필요할 경우에도 로얄 앰버서더(Royal Ambassador)가 응대한다.

⑨ 인터내셔널 앰버서더

인터내셔널 앰버서더(International Ambassador)는 비영어권 여객들을 위해 언어 서비스를 제공하는 승무원이다. 불편함 없이 크루즈 여행을 즐길 수 있도록 통역이나 모든 언어 서비스를 제공하고 있다. 축소된 지구촌인 크루즈에서 전 세계 여객들이 하나가 되어 여행을 즐길 수 있도록 그 역할을 담당한다.

아직까지는 한국어 서비스를 제공하는 인터네셔널 앰버서더가 극소수이기 때문에, 크루즈 관광을 위해서는 영어가 능통하면 더 높은 만족감을 얻을 수 있다.

⑩ 고객 서비스 매니저, 승무원

고객 서비스 매니저와 승무원(Guest Service Manager & Staff)는 24시간 고객 서비스를 제공하고 있는 고객 데스크에서 서비스를 제공하는 승무원들이다. 여객께 항상 최선의 서비스를 제공하기 위해서 매니저는 고객 서비스를 제공하는 직원들의 서비스 향상을 위해 교육을 진행하며, 책임감 있고 친절할 서비스를 제공하도록 항상 노력한다.

⑪ 어린이, 청소년 프로그램 담당 승무원

어린이, 청소년 프로그램 담당 승무원은 크루즈 선사마다 불리는 호칭이 다르다. 예를 들어 RCL일 경우, 어드벤처 오션 매니저와 틴 스탭(Adventure Ocean and Teen Staff)이라고 한다. 이들은 3~17살 어린이들을 대상으로 하는 선상 레크리에이션, 교육 그리고 친목을 위한 프로그램을 담당한다. 정규 교육 과정을 이수한 승무원들이 프로그램을 진행하므로 어린이들은 안전하고 유익한 시간을 보내게 된다.

8.3 국제규칙

8.3.1. STCW

STCW(International Convention on Standards of Training, Certification and Watchkeeping for Seafarers, 선원의 훈련, 자격증명 및 당직근무의 기준에 관한 국제 협약, Adoption: 7 July 1978; Entry into force: 28 April 1984; Major revisions in 1995 and 2010)은 IMO의 3대 주요 협약(SOLAS, MARPOL, STCW)의 하나이다.

1978년 STCW 협약은 국제적인 수준에서 선원들을 위한 훈련, 인증 및 당직근무에 대한 기본 요건을 확립한 최초의 협약이었다. 이전에 해기사와 부원의 훈련, 인증 및 당직근무 표준은 일반적으로 다른 국가의 관행을 참조하지 않고 개별 정부에 의해 확립되었다. 그 결과 해운업이 모든 산업 중에서 가장 국제적임에도 불구하고 표준과 절차는 매우 다양했다.

협약은 국가가 충족하거나 초과할 의무가 있는 선원에 대한 훈련, 인증 및 당직근무와 관련된 최소 기준을 규정한다.

1995년 개정안은 1997년 2월 1일에 발효되었다. 개정의 주요 특징 중 하나는 기술 부속서를 이전과 같이 장으로 나눈 규정과 많은 기술 규정이 이전된 새로운 STCW 코드로 나눈 것이다. 코드의 A부분은 필수 사항이고 B부분은 권고 사항이다.

STCW 협약 목차
제1장: 총칙
제2장: 선장 및 갑판부
제3장: 기관부
제5장: 무선 통신 및 무선 담당자
제6장: 특정 유형의 선박에 대한 인력에 대한 특수 교육 요구 사항
제7장: 응급, 직업 안전, 의료 및 생존 기능
제8장: 대체 인증
제9장: 당직근무

협약에 포함된 규정은 STCW 코드의 섹션에 의해 지원된다. 일반적으로 말해서, 협약은 기본적인 요구사항을 포함하고 있으며, 이것은 코드에 확대 설명되어 있다. 코드 A부는 필수 사항이다. 선원들에게 요구되는 최소한의 역량 표준은 일련의 도표에 상세히 제시되어 있다. 코드 B부는 당사자들이 협약을 이행하는 것을 돕기 위한 권고 지침을 포함하고 있다.

2010년 6월 25일 STCW 협약 및 코드에 대한 마닐라 개정안이 채택되어 STCW 협약 및 코드의 주요 개정 사항이 되었다. 2010년 개정안은 암묵적 수용 절차에 따라 2012년 1월 1일에 발효되었다.

8.3.2. 편의치적 선원

8.3.2.1. 등장배경

크루즈 산업은 해운산업의 한 유형이기 때문에 해운산업의 관습과 적용 법규가 그대로 적용되며 또한 선사 운영 관행도 함께 이어 받는다. 또한 대표적인 크루즈 선사는 정기선 해운선사에서 기반한 크루즈 선사가 역사적 기반이기에 해운의 특성이 그대로 반영된다.

현대적 해운산업은 국민경제의 범위를 넘어서 국제금융자본을 이용하고 국제적으로 노동력을 찾고 세계 각 해운에서 운송용역을 생산하여 국내시장에 판매하는 등으로 국제기업화하였다.

즉, 제1국에서 거주하는 선주(beneficial owner)가 소유하는 선박을 제2국에 있는 회사가 직접 보유하여 제3국에 선박의 국적을 등록하고 제4국의 회사가 그 나라의 법률에 따라서 관리하되 제5국의 기업에 장기용선(long term charter)을 주면 이 선박이 다시 제6국의 기업에 재용선(sub-charter)되는 수도 있다. 이 선박에 승무하고 있는 선원은 제7국의 국민이며, 선박의 건조는 제8국에서 행해지고 그 건조자금의 일부는 제9국의 은행으로부터 융자받는다(Rochdale, 1970). 이렇게 복잡한 선박의 지배형태와 운영방식은 선박의 편의치적 제도의 뒷받침에 의해 이루어지고 있다.

크루즈선에 날리고 있는 깃발을 본 적이 있는가? 분명히 이 떠다니는 호텔들의 웅장함과 화려함은 깃발과 같은 작은 것들을 알아차릴 공간을 거의 남기지 않지만, 이것들은 실제로 크루즈선 운항의 중요한 부분을 형성한다.

크루즈선들은 그들이 등록된 나라의 깃발을 게양한다. 이것은 그들이 다른 모든 해양 선박과 마찬가지로 특정 국가의 규칙, 규정, 안전 규범의 대상이라는 것을 의미한다.

편의치적의 사용은 1920년대 미국이 주류의 생산, 수입, 판매 및 운송을 전국적으로 금지한 것으로 거슬러 올라간다. 이를 피하기 위해 많은 선박 소유주들은 상대적으로 관대한 법이 있는 인근 국가에 선박을 등록하기 시작했다.

이러한 추세는 크루즈선 회사들이 더 많은 수익을 낼 수 있도록 돕기 위해 미국과 노르웨이와 같은 국가들의 규제를 우회하는 것을 포함하여 확장되었다. 이 때문에 이들이 게양한 깃발은 편의치적(flags of convenience)으로 알려지기 시작했다

오늘날 대부분의 선박들은 편의치적된 국가의 깃발을 게양한다. 크루즈 선사의 대다수가 미국 항만을 방문하고 심지어 미국 소유주와 함께 미국에 본사를 두고 있지만, 그들의 깃발은 다른 나라에 소속되어 있음을 나타내는 깃은 늘디순 일로 디기를 수 있다.

그들은 단순히 특정 국가들이 더 낮은 수수료나 세금, 그리고 더 낮은 운영 비용을 가능하게

하는 다른 규칙들을 가지고 있기 때문에 편의치적을 한다. 재정적으로 규제가 적다는 것은 더 많은 이익을 의미한다. 미국과 같은 나라들은 환경과 노동 보호법에 관한 엄격한 규칙과 상대적으로 더 높은 법인세를 가지고 있다.

세계 상선의 절반 이상이 편의치적 깃발 아래 등록되어 있으며, 미국의 항만에 기항하는 선박의 90%가 이들에 해당하는 것으로 추정된다.

바하마는 일반적으로 그 나라에 등록된 크루즈선의 수가 가장 많고, 파나마도 인기 있는 선택지이다. 우선 이들 국가에 등록된 크루즈선에는 미국의 엄격한 노동법이 적용되지 않는다는 의미다. 크루즈선이 미국 국기를 게양하면, 미국 해양법은 그 회사에 대해 제기된 모든 규칙, 규정 또는 심지어 불만 사항까지 책임진다. 하지만 미국의 크루즈 선사에 의해 운영되지만 바하마에 편의치적된 경우에는 더 이상 미국의 법체계 하에서 운영되지 않고, 바하마의 낮은 수준의 노동 규칙을 따른다.

세계적인 운수노조인 국제운수노동자연맹(ITF, International Transport Workers' Federation)은 열악한 근무환경과 충분한 휴식이 없는 바쁜 일정, 사고 발생 시 보상이 불투명한 등 노동법이 완화돼 선박이 편의의 깃발을 게양할 수 있다는 우려를 나타냈다.

크루즈선 회사들은 종종 그들의 서비스 제공 능력, 그들의 세계적 명성, 성과, 수수료, 세금뿐만 아니라 그 선박의 선원들이 그 나라의 요구를 얼마나 잘 충족시키는지에 따라 그들의 선박을 등록할 국가를 선택한다. 크루즈 산업은 편의치적의 혜택을 많이 누리고 있다. 여기에 편의치적제도 하에서 선박과 선원을 관리하게 되는데 선원의 다국적 현상은 편의치적제도에 의한 것이다.

8.3.2.2. 편의선원 문제

편의치적선에 대하여는 이미 1950년대부터 세계의 해운, 항만, 철도 등 교통노동자로 조직된 국제운수노동조합연맹에 의해 보이콧을 비롯하여 ITF 협약 기준의 체결요구 등에 의하여 강력한 반대운동이 이어져왔다.

ITF는 운수관계노동조합의 세계적인 연합체로서 특히 선박의 편의치적의 부조리에 대하여 강력한 반대 태도 표명으로 유명하다. 편의치적선에 대한 국제운수노동조합연맹의 반대 태도는 더욱 강화되어 동 연맹의 노동조건을 기준으로 선박단위로 청색증명서(Blue Certificate)를 발행하고 이의 소지를 정기용선 계약서에 조건으로 삽입했을 뿐만 아니라, 이를 소지하지 아니한 선박에 대해서는 하역을 거부하고 있다(코리아쉬핑가제트 편집부, 1996).

1968년 제29회 ITT 세계대회에서 편의치적선(Flags Of Convenience)의 정의를 "선박이 전통적인 해운 국으로 생각되지 않는 나라의 旗(국기, 선적기)를 게양하고, 선박의 소유권과 감독이 게양된 기국과는 별도로 취해지는 경우에 이를 편의치적적선이라 한다"고 규정한 것을 채택하였다.

이러한 정의에 비추어 보면 전통적 해운국의 선주로서, 편의치적선등록으로 얻을 수 있는 조세감면 등 직접적 운항비 경감외에도 비용을 경감할 수 있는 다른 방법을 생각할 수 있다. 그 방법의 하나가 외국인 선원의 고용이다. 이러한 선원을 ITF는 편의선원(Crews of Convenience)이라고 부르고, 선주 측에서는 필요선원(Crews of Necessity), 또는 비국적선원(Non-Flag Nationality Crews)이라고 부르고 있다.

여기서 '편의선원'이라 함은 승무하고 있는 선박의 국적을 가지고 있지 않고, 또한 그 선박의 국적의 선원에게 적용되고 있는 것 보다 열악한 노동조건으로 고용되어 있는 선원을 말하고 있는데 1972년 1월 공정관행위원회(Fair Practices Committee)에서 채택하였다.

ITF에 의하면 편의선원은 선진국이나 개발도상국 모두에서 이미 선원의 근로조건에 나쁜 영향을 미치고 있다. 즉 공업국의 선원은 직장을 잃게 되고, 그들을 대신하여 고용된 개발도상국의 선원은 열악한 노동조건으로 고용되는 것이다. 편의선원의 사용으로 선원의 노동조합이 정상적인 승무관행으로 돌아가도록 선주에게 압력을 가하도록 하면, 선주는 노동조합이 약하거나 노동조합이 없는 선박관리회사를 통하여 외국선의 등록을 허용하는 국가로 선박을 이적할 위험이 있다.

그렇지만 몇몇 아시아의 ITF 가입조합은 그들의 회원이 편의선원이 되는 것에 관심을 가지고 있다. 그들은 많은 유럽의 가입조합이 직장에 대한 위협으로 생각되는 편의선원이라는 고용형태를 아시아 선원의 실업률을 내리는 데에 중요한 역할을 하고 있다고 주장하고 있다. 편의선원의 개념은 결코 아시아 지역에 한정되어 있는 것은 아니지만, 이러한 선원의 대부분이 거주하고 있는 것은 아시아 지역이라는 것도 사실이다.

한편 ITF는 선원의 공정한 국제노동기준을 확립하는 것을 목적으로 하여, 구체적으로는 주로 편의치적선 문제를 다루는 공정관행위원회(Fair Practice Committee)를 만들었다. 이 위원회는 세계대회에서 선원·항만합동부회에서 선출된 위원으로 구성되고, 의장은 양부회의 회장이 공동의장(co-chairman)을 맡고 있다.

선진국 선원들이 편의치적선으로 인하여 실직하게 되자, 이들 선진국 선원들의 입장을 대변하고 나선 것은 국제운수노동자연맹(International Transport-Workers Federation; ITF)이었다. ITF는 편의치적제도를 국제해상 운송시장으로부터 배제시키기 위해서 편의치적선이 사실상 운항을 하지 못하게 할 필요가 있었다. 따라서 이 단체는 회원들의 권익을 보호하기 위하여 청색증명제도(Blue Certificate; B/C)를 통해 이 문제를 해결하고자 하였다. 즉 이를 위하여 ITF는 편의치적선에 승선하는 후진국 선원 보호를 목적으로 편의치적선의 선주에 대하여 ITF가 제시하는 조건을 충족하는 임금과 근로조건을 충족시키는 단체협약을 ITF 또는 ITF가 위임한 국별선원노조와 체결하게 하고 그 증명서인 B/C를 소지하도록 하였다.

만일 B/C를 소지하지 아니 하거나 소지하더라도 실제로 ITF가 요구하는 조건을 실행하지 않고 있다는 사실이 확인되었을 경우에는 그 항만에서 화물의 적양하를 비롯한 제반 서비스의 제공을 거부하고 있다. 예들 들어 지역선원노조(Local Seamen Union)는 FOC선박의 예인작업이 필요할 경우 ITF 청색증명서를 요구하고 있는데 미비할 경우에는 예인선 서비스가 제공되지 않거나 상황에 따라 6/12/24시간 동안 서비스를 지연시킨다.

2020년 현재 ITF의 청색증명서 발급 등을 포함한 공정실행위원회(ITF's Fair Practices Committee)에 가입한 편의치적국은 Antigua and Barbuda, Bahamas, Barbados, Belize, Bermuda, Bolivia, Cambodia, Cayman Islands, Comoros, Curacao, Cyprus, Equatorial Guinea, Faroe Islands, French International Ship Registry(FIS), German International Ship Registry(GIS), Georgia, Gibraltar, Honduras, Jamaica, Lebanon, Liberia, Malta, Madeira, Marshall Islands, Mauritius, Moldova, Mongolia, Myanmar, North Korea, Panama, Sao Tome and Príncipe, St Vincent, Sri Lanka, Tonga, Vanuatu 등 35개국이다.

2000년 말 기준으로 2,200여 척의 편의치적 선박이 ITF B/C를 소지하여 운항하고 있다. 그러나 ITF의 임검은 구주, 호주 등지에서는 엄격하게 적용되고 있으나, 여타 지역에서는 별 영향이 없는 것으로 알려지고 있다(강종희·한철환·황진회, 2001).

현재 ITF의 이러한 보이콧 활동은 비합법성에 대한 논란도 되고 있지만, 한편으로는 편의치적 제도를 오히려 인정하는 결과를 초래하고 있다는 비판도 받고 있다.

[표 8-4]는 전 세계 국가들의 선원 공급 현상을 2021년 말 기준으로 UNCTAD에서 취합하여 발표한 자료이다. 여기에서 선원은 모든 유형의 선박에서 근로하는 해상 노동자를 말하는 것이 아니라 국제 협약에 의한 자격 있는 선원(Seafarer)에 한정하며 어선, 군함 등에 종사하는 선원은 제외된다. 해기사(Officer)는 국제 협약에 의한 자격 있는 항해, 기관, 통신사관을 말하며 부원(Rating)은 해기사가 아닌 자를 의미한다.

자료를 보면, 크루즈선에 가장 많은 선원을 제공하고 있는 필리핀이 해기사와 부원을 가장 많이 공급하고 있다. 편의치적 제도 때문에 선원 공급의 글로벌화가 가능하다는 것을 쉽게 알 수 있다. 우리나라는 해기사 10,793명, 부원 17,126명으로 일본보다 해기사는 절반, 부원은 2배 정도 많다. 비교적 선진국의 경우에는 저렴한 인건비에 의해 고용되는 부원이 국제경쟁력이 없지만 해기사의 경우 국가가 필요한 선대(Fleet)를 유지해야 하기 때문에 적정 해기사는 유지되고 있다.

예를 들어 네덜란드, 아일랜드, 싱가포르 경우 해기사는 어느 정도 있지만 부원은 거의 없으며 소득이 낮은 국가의 경우 선진국 보다 많은 선원을 보유하고 있다.

표 8-4 국가별 선원 공급 현황

(단위: 명)

국가	해기사	부원	합계	국가	해기사	부원	합계
Philippines	81,090	171,303	252,393	Finland	4,837	5,174	10,011
Russian Federation	71,652	126,471	198,123	Australia	4,779	2,925	7,704
China	69,364	64,930	134,294	Mexico	4,552	1,419	5,971
India	58,645	54,829	113,474	Belize	4,427	6,645	11,072
Indonesia	51,237	92,465	143,702	Georgia	4,422	3,749	8,171
Ukraine	47,059	29,383	76,442	Canada	4,168	7,484	11,652
Greece	27,074	3,433	30,507	Sierra Leone	3,953	5,633	9,586
United Kingdom	24,708	9,035	33,743	Chile	3,922	3,095	7,017
Poland	24,070	7,152	31,222	Bangladesh	3,746	1,401	5,147
United States of America	20,442	39,144	59,586	Belgium	3,394	1,586	4,980
Japan	19,119	6,339	25,458	China,Taiwan Province of	3,147	5,121	8,268
Norway	16,366	6,521	22,887	Italy	3,104	497	3,601
Croatia	14,291	6,204	20,495	Cyprus	2,883	43	2,926
Bulgaria	14,168	8,594	22,762	Pakistan	2,841	9,327	12,168
Panama	14,022	11,119	25,141	Ecuador	2,820	6,122	8,942
Myanmar	13,923	19,367	33,290	United Arab Emirates	2,799	5,188	7,987
VietNam	13,890	20,700	34,590	Estonia	2,553	1,945	4,498
France	13,495	2,419	15,914	Egypt	2,549	4,472	7,021
Romania	13,149	4,559	17,708	Saudi Arabia	2,461	3,995	6,456
Spain	12,355	12,132	24,487	Sri Lanka	2,202	19,511	21,793
Brazil	11,987	14,644	26,631	Cuba	2,263	3,093	5,356

Korea, Republic of	10,793	17,126	27,919	Lithuania	2,079	1,026	3,105
Turkey	10,551	18,036	28,587	SouthAfrica	1,986	1,044	3,030
Netherlands	9,667	0	9,667	Tanzania, United Republic of	1,728	2,637	4,365
Nigeria	8,953	16,657	25,610	Saint Kitts and Nevis	1,678	2,805	4,483
Cambodia	8,053	12,004	20,057	Comoros	1,678	2,511	4,189
Iran (Islamic Republic of)	7,631	10,023	17,654	Korea, Dem. People's Rep. of	1,651	2,251	3,902
Denmark	7,341	18,818	26,159	Barbados	1,629	2,317	3,946
Germany	6,990	5,244	12,234	Mongolia	1,628	2,427	4,055
Antigua and Barbuda	6,560	9,103	15,663	NewZealand	1,602	287	1,889
Malaysia	6,313	28,687	35,000	Venezuela (Bolivarian Rep. of)	1,372	3,363	4,735
Thailand	6,137	9,545	15,682	Ireland	1,242	0	1,242
Singapore	5,940	60	6,000	Tuvalu	1,226	2,158	3,384
Sweden	5,922	6,605	12,527	Colombia	1,161	1,900	3,061
Latvia	5,519	2,569	8,088	Bahrain	1,147	2,183	3,330

자료: UNCTAD statics.

럭셔리 크루즈의 정석 큐나드

크루즈 하면 고급스러운 여행이 떠오르지만, 고급 중에도 차원이 다른 고급이 있다. 큐나드 (Cunard)는 역사와 전통에 럭셔리까지 더한 고급 크루즈 선사이다. 큐나드의 키워드는 역사와 크기 그리고 영국식 고품격이다.

큐나드는 여러 크루즈 선사 중에서도 오랜 역사를 지닌 카니발코퍼레이션 소속 선사이다. 큐나드는 올해 무려 179주년을 맞는다. 영화 타이타닉을 봤다면 큐나드의 존재를 어렴풋이 알 수도 있다. 타이타닉이 침몰할 때 인근을 지나다가 타이타닉 여객들을 구한 크루즈가 바로 큐나드의 카르파티아호였다.

처음 큐나드의 시작은 여객과는 거리가 멀었다. 큐나드가 증기선으로 대서양 횡단을 시작한 1840년에 처음 시작한 사업은 대서양 횡단 우편 서비스였다. 그후 전쟁에서 병력 및 물자 수송에 중요한 역할을 담당하기도 했다. 큐나드는 수송에서 레저크루즈 사업으로 점차 사업 영역을 변경하면서 지금까지 이어지고 있다.

퀸 엘리자베스(Queen Elizaberth)호는 우리에게도 익숙한 영국 여왕의 이름이다. 실제로 2010년 10월 엘리자베스 영국 여왕이 직접 퀸 엘리자베스의 함명을 명명했다. 큐나드에는 '3 QUEENS'라는 말이 있는데, 럭셔리 크루즈 3척에 영국 여왕의 이름을 사용하기 때문이다. 이번에 부산에 입항한 퀸 엘리자베스(Queen Elizaberth)호를 비롯해 퀸 메리(Queen Mary) 2호와 퀸 빅토리아(Queen Victoria)를 포함한 3척이 3 QUEENS다. 2022년 새로운 크루즈를 도입할 계획이라는데, 그러면 4 QUEENS가 될 예정이다.

퀸 엘리자베스호의 크기도 이름에 걸맞다. 9만톤급의 크루즈이며, 길이는 약 295m이다. 63빌딩의 높이가 274m이니, 63빌딩을 높이보다 긴 크루즈라고 생각하면 쉽게 퀸 엘리자베스의 크기를 가늠할 수 있다. 퀸 엘리자베스호의 높이는 약 62.5m에 이른다. 퀸 엘리자베스의 최대 탑승 가능 여객은 2068명, 승무원만 996명이다.

퀸 엘리자베스호에서는 영국의 고급스러운 분위기를 느낄 수 있다. 메인 식당의 이름조차 브리테니아 레스토랑(Britannia Restaurant)이다. 퀸 엘리자베스에서는 에프터눈 티 (Afternoon Tea)를 제공하며, 볼룸 댄싱(Ballroom Dancing)을 즐길 수 있는 댄스 플로어(dance floor)를 갖추고 있다. 600명을 수용할 수 있는 로얄 코트 대극장(Royal Court Theatre)에서는 기항지 별로 준비된 공연팀의 화려한 공연이 펼쳐진다.

카니발 코페레이션 코리아는 크루즈 운임에 대해 "해외여행을 할 때 항공 운임과 현지 숙소를 이용하는 요금을 합쳐서 생각하면 크루즈 운임과 별 차이가 없다"며 "크루즈는 생각보다 합리적으로 여행을 즐길 수 있는 방법"이라고 말했다. 또 크루즈 여행의 장점에 대해서는 "크루즈에 탑승하면 여행을 하는 동안 호텔이 따라 다니는 것과 같다"며 "여러 여행지를 이동할 때 짐을 풀고 다시 싸는 번거로움도 없다"고 말했다.

퀸 엘리자베스호에 대해서 "영국의 정통 럭셔리를 즐길 수 있으며, 구간별로 이용할 때 가격도 합리적이다"고 말했다. 추가 요금에 대해서는 "기본적으로 식사나 서비스는 운임에 포함되지만, 별도 요금을 지불하는 서비스도 있다"며 "추가 요금을 지불하는 만큼 최상의 서비스를 제공해 고객들이 만족해 한다"고 말했다.

출처: 강지운(2019), "럭셔리 크루즈의 정석 큐나드 퀸 엘리자베스호, 부산 기항", 티티엘뉴스, https://www.ttlnews.com/article/travel_report/5502.

제8장 참고문헌

강종희 · 한철환 · 황진회(2001), 『편의치적제도 활용방안 연구』, 서울: 한국해양수산개발원.

관계부처합동(2013), 『크루즈산업 활성화 대책』, 세종: 대한민국정부.

관계부처합동(2016), 『제1차 크루즈산업 육성 기본계획』, 세종: 대한민국정부.

김성국 · 장세은(2016), "크루즈산업 전문인력 양성 및 공급 방안", 『해양비즈니스』, 제34호, pp.27-52.

박기홍 · 김대관 · 김희수(1999), 『한 · 중 · 일 연계 크루즈관광사업 추진방안』, 서울: 한국관광연구원.

산학협력단(2016), 『국제공인 해양관광비즈니스 크루즈 승무원 취업교육 모델 구축과 시범 프로그램 개발』, 부산: 한국해양대학교.

이경모 · 이현주 · 이종민 · 한현숙(2015), 『크루즈관광 중장기 사업전략』, 서울: 문화체육관광부 · 한국관광공사, 2015.

코리아쉬핑가제트 편집부(1996), 『최신 해운 · 물류용어 대사전』, 제7판, 서울: 코리아쉬핑가제트.

한국선장포럼(2021), 『선장 실무 지침』, 부산: 한국선장포럼.

Barczewski, Stephanie L.(2006), Titanic: A Night Remembered. London: Continuum International Publishing Group, pp.172-173.

Bow, S.(2002), Working On The Cruise Ships, Oxford: Vacation Work Publishing.

Garrison, Linda(2005), "Finding a job in the cruise industry: Pros and Cons of Working Onboard a Cruise Ship", http://cruises.about.com/cs/cruisejobs/a/cruisejobs.htm

Gibson, Philip(2006), Cruise Operations Management, Burlington, UK: Butterworth Heinemann.

Kendall, Lane C. and Buckley, James J.(2001), The Business of Shipping, 7th eds., Centreville, MD: Cornell Maritime Press.

Kepnes, Matthew(2013), "A Rough Guide To Cruise Ship Hierarchy - And Cruise Ship Mafia", Saverocity Travel, July 3, https://Saverocity.Com/Travel/A-Rough-Guide-To-Cruise-Ship-Hierarchy-And-Cruise-Ship-Mafia

Marketing and Admissions Office(2016), BSc(Hons) Cruise Management, Plymouth, UK: University of Plymouth.

Matousek, Mark(2019), "The CEO of Carnival reveals the cruise industry's biggest challenge right now", Business Insider, https://www.businessinsider.com/carnival-cruise-ceo-reveals-industrys-biggestchallenge-2019-2

Ottomann, C., Hartmann, B. and Antonic, V.(2016), "Burn Care on Cruise Ships-Epidemiology, international regulations, risk situation, disaster management and qualification of the ship's doctor", Burns, Vol.42, No.6, pp.1304-1310, doi: 10.1016/j.burns.2016.01.032.

Rochdale, John Durival Kemp(1970), Committee of Inquiry into Shipping(Rochdale Committee): Report, May 1970, MSS.919/7/63, London, U.K.: H.M. Sstationery Office, para. 5.

University of Plymouth(2016), History of Higher Education in Plymouth, http://www.plymouth.ac.uk

The great difference between voyages rests not with the ships,
항해의 큰 차이는 선박 자체에 있는 것이 아니라,
but with the people you meet on them.
선박에서 만나게 되는 사람들에게 있다.

Amelia E. Barr(1886)의 A Bow of Orange Ribbon내용 중

제9장
크루즈선 여객

9.1.1. 크루즈 선상 일정

일반적인 크루즈선 관광을 기준으로 크루즈선에서 벌어지는 일과를 제시하면 다음 [표 9-1] 과 같다. 일반적인 선상 일정은 승선 → 항해 → 기항지 관광 → 항해 → 하선의 순서로 진행된다. 보통 순수 항해 시간은 24시간을 넘지 않는다. 즉, 승선일 오후부터 기항지 입항일 새벽까지 운항하여 크루즈 여객의 관광 시간 손실을 최소화한다. 크루즈선은 승선 후 항해를 시작하며, 여객들은 배 안에서 다양한 편의시설과 엔터테인먼트를 즐길 수 있다.

대부분의 항만은 야간 입출항이 허용되지 않고 주간에만 운영되기 때문에, 크루즈선은 주로 오전에 입항하고 주간에 항만 및 인근 지역을 관광한다. 기항지 관광이 끝나면 보통 석식 시간 전후로 출항하여 다음 목적지로 항해하며, 야간에는 크루즈선에서 숙박하는 경우가 많다. 기항지에서의 관광은 각 기항지의 특성에 따라 다양한 테마로 진행되며, 역사적인 유적지 방문, 자연경관 감상, 지역 문화 체험 등 다양한 프로그램이 제공된다.

기항지 관광은 크루즈 여객의 선호도에 따라 이루어진다. 만약 기항지가 매력적이지 않다고 판단되면, 크루즈 관광객은 선내에 체류하게 된다. 이 경우, 크루즈선은 다양한 엔터테인먼트와 레크리에이션 활동을 제공하여 여객들이 배 안에서도 즐거운 시간을 보낼 수 있도록 한다. 이에 따라 크루즈선 자체가 여행의 목적지가 될 수 있도록 운영되고 있으며, 고급 레스토랑, 수영장, 스파, 공연장 등 다양한 시설이 구비되어 있다. 크루즈 여행은 단순한 이동 수단을 넘어, 그 자체로 하나의 종합적인 여행 경험을 제공한다.

크루즈선의 다양한 편의시설은 여객들이 항해 중에도 편안하고 즐거운 시간을 보낼 수 있도록 설계되어 있다. 예를 들어, 고급 레스토랑에서는 세계 각국의 요리를 맛볼 수 있으며, 전문 셰프들이 준비한 다양한 메뉴를 즐길 수 있다. 또한, 수영장과 스파는 여객들이 휴식을 취하고 피로를 풀 수 있는 공간을 제공한다. 공연장에서는 다양한 쇼와 공연이 매일 밤 열리며, 여객들은 이를 통해 문화적 즐거움을 만끽할 수 있다.

레크리에이션 활동도 크루즈 여행의 중요한 부분이다. 예를 들어, 요가 클래스, 헬스클럽, 조깅 트랙 등 다양한 운동 시설이 마련되어 있어 여객들은 건강을 유지하며 여행을 즐길 수 있다. 또, 어린이를 위한 놀이 공간과 청소년을 위한 게임룸도 마련되어 있어 가족 단위 여객들도 만족할 수 있다.

따라서 크루즈 여행은 단순히 목적지로 이동하는 수단이 아니라, 그 자체로 종합적인 여행 경험을 제공한다. 여객들은 크루즈선을 통해 다양한 기항지를 탐험하며, 동시에 배 안에서의 다양한 활동과 편의시설을 통해 풍부한 여행 경험을 즐길 수 있다. 이러한 특성 때문에 크루즈 여행은 많은 사람들에게 매력적인 여행 옵션으로 자리 잡고 있다.

표 9-1 **크루즈선의 일정 사례**

구분	시각	주요 내용
승선일	14:00 승선	출국수속
	15:00 선내견학	갑판 배치도를 보고 위치 파악
	17:00 안전훈련	구명정 안전 훈련
	18:00 출항	목적지로 출항
	19:00 디너	레스토랑에서 저녁식사
	21:30 쇼 관람	영화, 뮤지컬 등 쇼 관람
	23:00 댄스	디스코텍 등의 유흥
항해일	06:30 데크산책	아침 산책
	09:00 룸서비스	여객실 룸서비스로 아침식사
	10:00 컬쳐교실	각종 선내프로그램
	12:00 데크런치	데크 레스토랑에서 점심식사
	14:00 풀장	수영장
	15:00 애프터눈티	갑판 라운지에서 휴식
	16:00 빙고대회	선내 엔터테인먼트 참여
	18:30 디너	레스토랑 저녁 식사
	21:00 쇼관람	영화, 뮤지컬 등 쇼 관람
	22:00 카지노	카지노 활동
기항지	07:00 조식	선내 레스토랑에서 아침식사
	08:00 기항지 관광	관광지
	12:00 기항지 휴식	관광지에서 식사
	14:00 기념품점	귀선전에 기념품 구입
	16:00 스파	승선후 스파에서 마사지
	18:30 디너	레스토랑 저녁 식사
	21:00 쇼 관람	영화, 뮤지컬 등 쇼 관람
	22:30 바	음주
하선일	07:00 조식	선내 레스토랑에서 아침식사
	09:00 하선	입국수속

자료: アイシー‌ティ‌ム, https://www.icruises.jp

크루즈선사국제협회(CLIA, Cruise Lines International Association)는 크루즈 여행을 선택하는 10가지 주요 이유를 더욱 상세히 설명하고 있다.

첫째, 가치(Value)이다. 크루즈 요금에는 숙박, 식사, 교통편, 엔터테인먼트 등이 모두 포함되어 있어 매우 경제적이다. 일반적인 여행에서는 호텔 예약, 식사 비용, 교통비, 관광지 입장료 등을 모두 개별적으로 지불해야 하지만, 크루즈 여행은 한 번의 결제로 모든 서비스를 누릴 수 있어 비용 대비 높은 가치를 제공한다.

둘째, 낭만(Romance)이다. 고급스러운 다이닝룸과 편의시설, 발코니 여객실, 일몰과 아름다운 해변 등 크루즈에는 낭만적인 요소가 가득하다. 연인과 함께하는 저녁 식사, 밤하늘을 수놓은 별들을 바라보며 즐기는 칵테일, 그리고 특별한 날을 기념하는 이벤트 등 로맨틱한 순간들을 만끽할 수 있다.

셋째, 식도락(Cuisine)이다. 정찬 식사부터 다양한 간식까지 크루즈에서는 여객의 입맛을 만족시키는 다양한 요리를 즐길 수 있다. 세계 각국의 요리를 맛볼 수 있는 뷔페, 유명 셰프가 준비한 고급 레스토랑, 그리고 신선한 재료를 사용한 현지 특산 요리 등 미식가들의 천국이라고 할 수 있다.

넷째, 다양성(Variety)이다. 전 세계적으로 400여 척의 크루즈선과 1,800곳 이상의 기항지가 존재하므로, 여객의 취향에 맞는 크루즈와 목적지를 선택할 수 있다. 유럽의 역사적인 도시부터 카리브해의 아름다운 섬들, 아시아의 다채로운 문화까지 다양한 여행 경험을 제공하여 지루할 틈이 없다.

다섯째, 활동성(Activities)이다. 기항지에서의 여행, 선내 스포츠 활동, 문화 강좌, 공연 관람 등 다양한 활동을 즐길 수 있다. 여객들은 선상에서 요가 클래스나 피트니스 센터를 이용할 수 있고, 기항지에서는 스노클링, 하이킹, 도시 투어 등 액티비티를 선택할 수 있어 활기찬 여행을 즐길 수 있다.

여섯째, 편리함(Simplicity)이다. 크루즈 전문 여행사를 통해 세세한 부분까지 예약할 수 있어 여행 계획이 매우 단순하다. 복잡한 여정과 예약 절차를 한 번에 해결할 수 있으며, 짐을 여러 번 싸고 푸는 번거로움 없이 편안하게 여행을 즐길 수 있다.

일곱째, 새로운 여행지로의 이동의 편이성(New Horizons)이다. 아침에 새로운 여행지에 도착해 있으므로 짐을 다시 꾸릴 필요가 없다. 매일 아침 다른 도시나 섬에 도착하여 새로운 모험을 시작할 수 있으며, 이동 중에도 편안한 숙소에서 휴식을 취할 수 있다.

여덟째, 가족여행(Family)이다. 잘 구성된 어린이 및 가족 프로그램과 시설로 편안하고 완벽한 가족 여행이 가능하다. 어린이 전용 놀이터, 청소년을 위한 게임 룸, 가족이 함께 즐길 수 있는 수영장 등 다양한 시설이 준비되어 있어 온 가족이 만족할 수 있는 여행을 제공한다.

아홉째, 세심한 서비스(Pampering)이다. 잘 훈련된 승무원들이 고객에게 편안하고 친근한 서비스를 제공한다. 개인 맞춤형 서비스, 객실 청소, 고급 스파 트리트먼트, 그리고 24시간 룸서비스 등 최고 수준의 서비스를 경험할 수 있다.

열째, 당신(You)이다. 크루즈 여행에는 자유로운 선택권이 있어 관광객이 주체가 되어 소중한 휴가를 만들어갈 수 있다. 자신만의 일정과 활동을 계획하고, 원하는 대로 시간을 보낼 수 있어 진정한 휴식과 자유를 만끽할 수 있다.

이처럼 크루즈 여행은 다양한 장점과 매력을 제공하여 점점 더 많은 사람들에게 선호되고 있다. 이러한 특성들이 크루즈 여행의 빠른 성장과 대중화를 이끌어내고 있는 것으로 볼 수 있다. 크루즈 여행은 단순한 이동 수단을 넘어, 다양한 경험과 추억을 쌓을 수 있는 특별한 여행 방식으로 자리잡고 있다.

이와 같이 크루즈 여행이 제공하는 다양한 장점들로 인해 1980년대 초반부터 미국을 중심으로 '크루즈 혁명'이 일어나게 되었다. 크루즈 여행은 기존의 여행 방식과는 차별화된 종합적인 여행 경험을 제공하면서, 빠르게 관광 산업의 주요 성장 동력으로 자리잡게 되었다.

특히 미국은 크루즈 여행의 제1의 마켓으로 자리잡고 있다. 그러나 흥미롭게도 미국 전체 인구의 15%만이 크루즈 관광을 경험했다는 통계가 있다. 이는 크루즈 여행이 아직 많은 잠재력을 가지고 있다는 것을 보여준다.

미국은 크루즈 여행의 대표적인 시장이지만, 전체 인구의 85%가 아직 크루즈 여행을 경험하지 않았다는 점은 향후 크루즈 산업의 성장 가능성이 매우 크다는 것을 시사한다. 이는 크루즈 여행이 제공하는 차별화된 여행 경험과 편의성이 아직 많은 잠재 고객들에게 충분히 알려지지 않았다는 것을 의미한다.

따라서 크루즈 업계는 이러한 잠재 수요를 적극적으로 개발하고 공략하여, 크루즈 여행을 더욱 대중화시킬 필요가 있다. 선박 규모의 확대, 다양한 테마와 프로그램 개발, 고객 맞춤형 서비스 등을 통해 크루즈 여행의 접근성과 매력도를 높인다면, 크루즈 시장은 앞으로도 지속적으로 성장할 것으로 기대된다. 이를 통해 크루즈 여행이 단순한 이동 수단이 아닌, 종합적인 여행 경험을 제공하는 대표적인 관광 상품으로 자리매김할 수 있을 것이다.

9.1.2. 크루즈 관광 특성

9.1.2.1. 편의시설

크루즈 여행은 매력적인 선택지이다. 크루즈선은 단순한 이동수단이 아닌 다양한 편의시설과 엔터테인먼트가 갖춰진 이동식 리조트라고 볼 수 있다. 이와 같은 다양한 요소들이 결합되어, 크루즈 여행은 단순히 목적지에 도착하는 것 이상의 가치를 제공한다.

크루즈선 내에서는 쇼핑, 식도락, 휴식, 문화생활 등을 모두 즐길 수 있다. 대형 쇼핑몰 수준의 면세점과 백화점이 갖춰져 있어 다양한 브랜드 제품을 구매할 수 있다. 이곳에서는 일반적으로 고가의 명품부터 합리적인 가격대의 상품까지 다양한 선택지를 제공하여 쇼핑의 즐거움을 극대화한다. 또한 각국의 다양한 요리를 선보이는 레스토랑과 바, 카페 등이 운영되고 있어 미각을 만족시킬 수 있다. 특히 고급 스테이크하우스, 이탈리안 레스토랑, 일식당 등 다양한 테마의 식당들이 마련되어 있어 식도락 여행을 즐길 수 있다.

휴식 공간도 풍부한데, 실내 수영장, 스파, 사우나 등 다양한 웰니스 시설이 있어 여행의 피로를 풀 수 있다. 이와 함께, 야외 수영장과 자쿠지 등도 있어 바다를 바라보며 여유로운 시간을 보낼 수 있다. 또한 도서관, 영화관, 공연장 등의 문화시설도 갖추고 있어 여가 시간을 다양하게 활용할 수 있다. 이로 인해, 크루즈 여행은 몸과 마음을 동시에 힐링할 수 있는 최적의 선택지라 할 수 있다.

엔터테인먼트 프로그램 역시 매우 다채롭다. 매일 저녁, 여객들은 유명 아티스트의 라이브 공연, 화려한 불꽃놀이, 카지노에서의 긴장감 넘치는 게임 등 다양한 액티비티를 즐길 수 있다. 이러한 프로그램들은 여객들에게 특별한 추억을 남길 수 있는 기회를 제공한다.

이처럼 크루즈 여행은 다양한 경험을 제공한다. 단순한 이동수단이 아닌 이동식 리조트에서 쇼핑, 식도락, 휴식, 문화생활 등을 모두 즐길 수 있어 특별한 여행이 될 것이다. 또한 전 세계의 아름다운 해안 도시를 탐험할 수 있는 기회를 제공하여 매력적인 선택지가 될 수 있다. 크루즈 여행을 통해 다양한 문화를 체험하고 새로운 사람들을 만날 수 있는 기회를 가질 수 있다.

크루즈 여행의 매력적인 시설과 즐길 거리는 현대적인 크루즈선에 다음과 같이 마련되어 있다.

첫째, 해발 60m 높이의 암벽을 등반하여 망망대해의 환상적인 풍경을 감상하거나, 카리브해에서 시원한 아이스 스케이팅을 즐길 수 있다. 암벽 등반은 도전 정신을 자극하며, 정상에 다다랐을 때 펼쳐지는 광활한 바다의 선경은 그야말로 장관이나. 또한, 크루즈선 내에서 즐기는 아이스 스케이팅은 한여름의 더위를 잊게 해주는 시원한 경험을 선사한다. 선내 서프 파크(Surf Park)인

Flow Rider에서는 실제 바다에서 서핑하는 듯한 짜릿한 파도타기를 체험할 수 있다. 이러한 시설들은 기존 관광호텔을 넘어선 크루즈선만의 차별화된 매력을 보여준다.

둘째, 월드 클래스 수준의 쉽쉐이프 휘트니스 센터에서는 최신 운동 기구와 다양한 피트니스 프로그램을 이용할 수 있다. 필라테스, 스피닝, 킥복싱, 요가 등 다양한 레벨의 클래스가 운영되어 여객 모두가 즐길 수 있다. 각 클래스는 전문 강사의 지도하에 진행되며, 개인의 운동 목표에 맞춘 맞춤형 트레이닝도 가능하다. 또한, 열정적인 살사 댄스를 배워볼 수도 있어, 운동과 함께 즐거운 시간을 보낼 수 있다. 이러한 프로그램을 통해 여객들은 여행 중에도 건강한 라이프스타일을 유지할 수 있다.

셋째, 스포츠 데크에 마련된 풀 사이즈 코트에서 세계 각국의 여객들과 함께 농구나 배구 경기를 즐길 수 있다. 경기를 통해 자연스럽게 다양한 국적의 사람들과 교류할 수 있으며, 스포츠를 통해 유대감을 쌓을 수 있다. 또한, 크루즈선 내에는 암벽 등반, 아이스 스케이팅, 미니어처 골프 등 다양한 스포츠 활동이 마련되어 있어, 여객들은 크루즈 여행의 즐거움을 배가할 수 있다. 이 외에도 조깅 트랙, 탁구대, 배드민턴 코트 등 다양한 운동 시설이 있어, 여객들은 자신의 취향에 맞는 운동을 선택할 수 있다.

마지막으로, 물놀이 시설인 H2O Zone에서는 어린이뿐만 아니라 모든 여객이 동심의 세계로 빠져들 수 있다. 물 폭탄, 물 분수, 수영장 등의 시설을 통해 즐거운 물놀이를 즐길 수 있다. 특히, 가족 단위의 여객들에게는 아이들과 함께 물놀이를 즐길 수 있는 최적의 장소이다. 다양한 테마로 꾸며진 물놀이 공간은 각기 다른 매력을 제공하며, 여객들은 하루 종일 지루할 틈 없이 즐길 수 있다.

이처럼 크루즈선은 단순한 이동수단을 넘어서, 다양한 엔터테인먼트와 편의시설을 제공하여 여객들에게 특별한 경험을 선사한다. 크루즈 여행을 통해 단순한 여행을 넘어 새로운 도전과 즐거움을 발견할 수 있다. 각종 액티비티와 편의시설은 여객들의 다양한 취향을 만족시키며, 잊지 못할 추억을 선사한다. 크루즈 여행은 그 자체로 하나의 완벽한 휴양지이며, 일상에서 벗어나 새로운 세계를 탐험하는 기회를 제공한다.

9.1.2.2. 식사

크루즈 여행의 백미 중 하나는 단연 식도락 경험이다. 크루즈선에서는 정성스럽게 준비된 정찬 코스를 만날 수 있다. 우아한 테이블 세팅과 풀 코스 요리가 인상적이다. 입맛에 따라 다양한 요리를 즐길 수 있어 식사 자체가 여행의 큰 즐거움이 된다. 정찬 코스는 보통 여러 가지 요리로 구성되어 있어, 전채 요리에서 메인 디시, 디저트까지 완벽한 식사 경험을 제공한다. 이러한 정찬 코스는 미슐랭 스타 셰프들이 직접 준비한 요리로, 한 끼 식사에 예술적 가치를 더해준다.

특히 스페셜티 레스토랑에서는 편안하고 친밀한 분위기 속에서 정통 이탈리안 요리를 맛볼 수 있다. 신선한 해산물과 육즙이 풍부한 스테이크가 제공되는 찹스 그릴에서도 품격 있는 식사를 즐길 수 있다. 이곳에서는 셰프가 직접 요리하는 모습을 볼 수 있어, 요리 과정을 지켜보는 재미도 더해진다. 또한, 와인 리스트도 다양하게 준비되어 있어, 음식과 어울리는 와인을 선택하는 즐거움도 놓칠 수 없다.

가족 단위 여객들이라면 고전풍의 햄버거와 감자 튀김, 달콤한 밀크 쉐이크를 즐기며 편안한 시간을 가질 수 있다. 1950년대 풍의 인테리어와 친절한 서비스, 클래식 아메리칸 스타일이 어우러져 즐거운 식사 경험을 선사할 것이다. 이곳의 분위기는 마치 시간 여행을 하는 듯한 느낌을 주며, 어린이부터 어른까지 모두가 좋아할 만한 메뉴가 준비되어 있다.

그 외에도 24시간 제공되는 룸 서비스는 여객들의 휴식을 더욱 값지게 해줄 것이다. 언제든지 원하는 시간에 다양한 메뉴를 주문할 수 있어, 객실에서 편안하게 식사를 즐길 수 있다. 또한 크루즈선에는 여러 개의 카페와 아이스크림 판매점이 있어, 커피와 달콤한 디저트를 즐기며 여유로운 시간을 가질 수 있다. 카페에서는 전문 바리스타가 만든 고급 커피를 맛볼 수 있으며, 아이스크림 판매점에서는 다양한 맛의 아이스크림을 즐길 수 있다.

이처럼 크루즈선에서는 다채로운 식음료 시설과 서비스를 통해 여객들에게 최고의 식도락 경험을 선사하고 있다. 1950년대 스타일의 햄버거부터 최고급 스테이크, 동양 요리와 디저트까지 다양한 요리를 맛볼 수 있어 크루즈를 식도락 여행(foodie trip)이라 부르기에 손색이 없다. 크루즈 여행은 단순한 이동 수단이 아닌, 그 자체로 하나의 목적지가 되어 여객들에게 잊지 못할 경험을 제공한다.

9.1.2.3. 축제

크루즈 여행은 매일 밤이 불금(Friday Night)과 같은 화려한 향연이 펼쳐진다. 얼음 위에서 선보이는 환상적인 아이스 쇼와 카지노의 짜릿한 승부, 나이트 클럽의 유쾌한 음악, 피아노 바의 로맨틱한 분위기 등 다채로운 즐길 거리가 크루즈 여객들을 기다리고 있다. 특히, 이러한 다양한 엔터테인먼트 요소들은 여객들에게 잊지 못할 추억을 선사한다.

크루즈 카지노는 초보자부터 갬블러까지 누구나 환상적인 밤을 즐길 수 있는 공간이다. 블랙잭, 크랩, 포커, 룰렛, 슬롯 머신, 비디오 포커 시뮬레이터 등 다양한 시설과 무료 카지노 강좌가 준비되어 있어 모든 이들이 즐길 수 있다. 이러한 다양한 게임들은 각기 다른 전략과 운을 요구하며, 참가자들은 게임의 스릴과 흥분을 만끽할 수 있다. 또한, 초보자들도 부담 없이 참여할 수 있도록 친절한 딜러들이 게임 규칙을 설명해 주기 때문에, 누구나 쉽게 즐길 수 있다.

또한 화려한 조명과 풀 서비스가 제공되는 바(Bar)와 환상적인 쇼는 결코 잊지 못할 밤을 선사할 것이다. 샴페인 바, 스포츠 바, 피아노 바 등 개인의 취향과 기분에 맞는 다양한 바들이 준비되어 있어 다채로운 경험을 할 수 있다. 라이브 밴드의 음악과 감미로운 보컬이 아름다운 밤의 세계로 안내할 것이다. 이러한 바들은 각기 다른 테마와 분위기를 제공하여, 여객들이 원하는 스타일의 밤을 즐길 수 있도록 한다. 예를 들어, 샴페인 바에서는 고급스러운 분위기 속에서 다양한 종류의 샴페인을 즐길 수 있으며, 스포츠 바에서는 대형 스크린을 통해 실시간 스포츠 경기를 관람하며 열띤 응원전을 펼칠 수 있다. 피아노 바에서는 감미로운 피아노 연주와 함께 로맨틱한 분위기를 만끽할 수 있다.

이처럼 크루즈 여행은 여객들에게 화려한 에너지와 즐거움이 가득한 환상의 밤을 선사한다. 얼음 위의 아름다운 공연부터 카지노의 짜릿한 승부, 다채로운 바와 쇼까지 크루즈 여행은 매일 밤이 불금과 같은 축제의 장이 되는 것이다. 이러한 다양한 엔터테인먼트 요소들은 여객들에게 일상에서 벗어나 특별한 경험을 제공하며, 크루즈 여행의 매력을 한층 더 높여준다.

9.1.2.4. 스파

크루즈 여행의 스파 체험은 천연 아로마 향과 잔잔한 음악, 그리고 끝없이 펼쳐진 바다 풍경 속에서 진정한 휴식과 여유를 선사한다. 이곳에서는 일상의 스트레스를 벗어던지고 몸과 마음을 재충전할 수 있는 완벽한 환경이 조성되어 있다. 쉽쉐이프 스파는 이와 같은 경험을 극대화하기 위해 호화로운 마사지와 다양한 트리트먼트 프로그램을 제공하고 있다. 크루즈의 스파는 단순한 서비스 제공에 그치지 않고, 고객의 총체적인 웰빙을 목표로 한다.

기본적인 마사지 서비스 외에도 산소 관리, 해초랩, 챠크라 스톤 테라피 등의 이국적인 전통 마사지가 준비되어 있어, 각기 다른 방식으로 스트레스를 해소하고 심신을 맑게 할 수 있다. 산소 관리는 피부 재생과 혈액순환을 도와주며, 해초랩(seaweed wrap)은 피부 깊숙이 영양을 공급해준다. 챠크라 스톤(Chakra Healing Stones) 테라피는 에너지 균형을 맞추어 몸과 마음의 조화를 이끌어낸다. 이 외에도 핫스톤 마사지, 딥티슈 마사지 등 다양한 마사지 기법이 제공되어, 각각의 고객이 원하는 효과를 얻을 수 있다.

또한, 개인별 맞춤 트리트먼트를 통해 각자의 필요에 맞는 최적의 프로그램을 선택할 수 있다. 전문가와의 상담을 통해 피부 상태와 건강 상태를 분석한 후, 가장 적합한 트리트먼트를 추천받을 수 있다. 이를 통해 최상의 효과를 누리고, 진정한 힐링을 경험할 수 있다. 예를 들어, 피부가 건조한 사람에게는 수분 보충 트리트먼트를, 근육통이 있는 사람에게는 딥티슈 마사지를 추천받을 수 있다.

크루즈 여행의 스파 체험은 단순한 휴식이 아닌, 몸과 마음을 새롭게 하는 특별한 경험을 제공한다. 이는 단순한 스파 서비스를 넘어, 고객이 일상에서 벗어나 완전한 재충전을 경험할 수 있는 기회를 제공한다. 크루즈의 스파는 마치 떠다니는 오아시스처럼, 고객들에게 잊지 못할 기억과 함께 건강한 삶의 에너지를 선사한다.

9.1.2.5. 어린이존

크루즈 여행은 어린이들에게 특별한 경험을 선사한다. 많은 크루즈선들은 어린이들만을 위한 전용 공간과 프로그램을 운영하고 있으며, 이를 통해 부모들도 안심하고 휴식을 취할 수 있다. 어린이들이 즐길 수 있는 다양한 활동과 놀 거리를 제공함으로써 가족 모두가 만족스러운 여행을 할 수 있다.

특히 RCL의 경우에는 H2O Zone을 제공하는데 선내에서 가장 호화로운 공간이며 어린이들이 가장 좋아할 만한 시설들로 가득하다. 이곳에는 사방에서 물줄기가 솟아오르는 물놀이 공원, 물 폭탄이 쏟아지는 워터 파크, 그리고 번지 점프 트램펄린(bungee trampoline) 등 다채로운 액티비티가 준비되어 있다. 물놀이를 좋아하는 어린이들에게는 이보다 더 좋은 장소가 없을 것이다. 이 외에도 10대 전용 디스코텍과 우수 어린이 프로그램으로 선정된 신나고 흥미로운 활동들이 가득하다. 예를 들어, 예술과 공예, 쿠킹 클래스, 스포츠 토너먼트 등 다양한 프로그램이 준비되어 있어, 어린이들은 매일 새로운 것을 배우고 체험할 수 있다. 각 프로그램은 어린이들의 창의력과 사회성을 키우는 데 큰 도움을 주며, 그들의 흥미를 끌기에 충분하다.

어린이들의 입맛을 고려한 키즈 메뉴도 제공된다. 피자, 햄버거, 핫도그 등 어린이들이 좋아하는 음식들이 건강한 식단으로 준비되어 있다. 또한 주스와 탄산 음료는 크루즈 여행 내내 무제한으로 제공되어, 어린이들이 마음껏 즐길 수 있다. 이러한 배려는 어린이들이 여행 내내 즐거움을 느끼게 한다. 크루즈의 식당에서는 어린이들이 선호하는 음식 외에도 영양 균형을 고려한 메뉴를 제공하여 부모들의 만족도 또한 높인다.

이처럼 크루즈 여행은 어린이들에게 마치 물이 끊이지 않는 샘과 같은 즐거움을 선사한다. 다양한 액티비티와 맞춤형 서비스로 어린이들이 행복한 추억을 만들 수 있도록 준비되어 있다. 크루즈 여행은 단순한 여행을 넘어, 어린이들에게 평생 잊을 수 없는 특별한 경험이 될 것이다. 어린이들은 새로운 친구들을 사귀고, 자신감을 키우며, 다양한 문화를 접할 수 있는 기회를 갖게 된다. 부모들은 이러한 점에서 안심하고 여행을 즐길 수 있으며, 가족 모두가 함께 행복한 시간을 느낄 수 있다.

크루즈 여행에서 어린이들의 안전은 매우 중요하다. 대부분의 크루즈선들은 어린이들의 안전을 최우선으로 고려하여 다양한 안전 시설을 갖추고 있다. 이러한 시설들은 부모들이 안심하고 여행을 즐길 수 있도록 해주며, 어린이들이 안전하고 즐거운 경험을 할 수 있게 돕는다.

첫째, 어린이 전용 구역이 마련되어 있다. 이 구역은 어린이들만 출입할 수 있는 안전한 공간으로, 다양한 놀이와 교육 프로그램이 준비되어 있다. 이곳에는 전문 보육 교사가 상주하여 어린이들을 세심하게 돌봐준다. 이러한 활동은 어린이들이 크루즈에서 지루하지 않고 흥미롭게 시간을 보낼 수 있게 해준다.

둘째, 구명복과 구명조끼가 어린이 사이즈로 준비되어 있다. 비상 상황 발생 시 신속하게 대응할 수 있도록 철저한 안전 교육도 이루어진다. 승무원들은 정기적으로 안전 훈련을 받아 어린이들을 안전하게 대피시킬 수 있는 능력을 갖추고 있다. 또한, 어린이들도 손쉽게 이해할 수 있는 안전 교육 프로그램이 운영된다.

셋째, 수영장 주변에는 안전 펜스와 경보 시스템이 설치되어 있다. 어린이들이 혼자 수영장에 빠지는 일이 없도록 세심한 관리가 이루어진다. 수영장에는 항상 구명요원이 배치되어 있어, 만약의 상황에서 빠르게 대처할 수 있다. 구명요원들은 어린이들의 안전을 지속적으로 모니터링하며, 수영 중 발생할 수 있는 다양한 사고를 예방하기 위해 최선을 다한다.

넷째, 크루즈선 내부에는 CCTV가 설치되어 어린이들의 안전을 실시간으로 모니터링한다. 또한 출입 관리 시스템을 통해 어린이들의 동선을 파악하고 있다. 부모들은 전용 애플리케이션을 통해 실시간으로 자녀의 위치를 확인할 수 있어 더욱 안심할 수 있다.

다섯째, 어린이 응급 치료실과 의료진이 상주하고 있어, 만약의 사고 발생 시 신속한 대응이 가능하다. 의료진들은 어린이 응급 처치에 전문성을 갖추고 있으며, 필요한 경우 즉각적인 치료를 제공한다. 이들은 정기적으로 응급 상황에 대비한 훈련을 받으며, 최신 의료 장비를 갖추고 있다.

이처럼 크루즈 여행에서는 어린이들의 안전을 최우선으로 고려하여 다양한 안전 시설을 갖추고 있다. 부모들은 안심하고 여행을 즐길 수 있으며, 어린이들 또한 걱정 없이 크루즈의 즐거움을 만끽할 수 있다. 크루즈 여행을 통해 가족 모두가 소중한 추억을 만들 수 있는 이유는 바로 이러한 철저한 안전 대책 덕분이다.

9.2.1. 해외 크루즈 여행 소지품

통상의 해외 여행에도 적용되는 필수 아이템과 크루즈선에서의 필수품 그리고 좁은 여객실 (cabin)을 유효 활용할 수 있는 편리한 소지품은 다음과 같다.

그림 9-1 크루즈선 여행 소지품

9.2.1.1. 귀중품

해외 크루즈 여행을 계획할 때, 다음과 같은 귀중품 리스트를 철저히 준비하는 것이 필수적이다. 이는 여행 중 불필요한 걱정을 줄이고, 예상치 못한 상황에서도 신속하게 대처할 수 있도록 돕는다.

① 필수 소지품

- 여권: 크루즈 종료 시점에 잔존 유효기간이 최소 6개월 이상 남아 있는 여권을 준비해야 한다. 이는 대부분의 국가에서 요구하는 기본 조건이다.

- 여권 복사본: 원본 여권을 분실했을 때 대사관이나 영사관에서 빠르게 대처할 수 있도록 여권 복사본을 여러 장 준비해 두는 것이 좋다.

- 신용카드: 하나 이상의 신용카드를 준비하자. 여행 중 카드 분실이나 도난에 대비해 다양한 카드 회사를 이용하는 것이 안전하다.

- 항공권 티켓: 출발과 도착 항공권을 반드시 인쇄해서 지참해야 한다. 전자 티켓이라도 인쇄본을 가지고 있으면 공항에서 문제가 발생했을 때 유용하다.

- 호텔 바우처: 예약한 호텔의 바우처를 인쇄하여 소지하자. 체크인 시 유용하며, 분쟁 발생 시 증빙 자료로 사용할 수 있다.

- 크루즈 승선권: 크루즈 승선권은 필수적이다. 승선 시 필요한 모든 정보를 포함하고 있어, 반드시 지참해야 한다.

- 해외 여행 보험 증권과 긴급 연락처: 여행 중 갑작스러운 사고나 질병에 대비해 여행 보험은 필수적이다. 긴급 상황 시 연락할 수 있는 보험사의 연락처도 함께 준비하자.

- 현금: 선내 통화와 방문하는 기항지의 통화로 소액 지폐를 준비하는 것이 좋다. 카드 사용이 어려운 상황에서도 유용하게 사용할 수 있다.

② 필요에 따라 있으면 좋은 것

- 해외에서 사용할 수 있는 현금 카드: 해외에서도 ATM에서 현금을 인출할 수 있는 현금 카드를 준비해 두면 유용하다.

- 여행자 체크 카드: 분실 시 재발급이 가능하고 안전하게 사용할 수 있는 여행자 체크 카드를 준비하자.

- 각종 마일리지 카드: 항공사나 호텔의 마일리지 카드를 가지고 있으면, 여행 중 다양한 혜택을 받을 수 있다.

- 유심(USIM, Universal Subscriber Identity Module) 카드: 크루즈선 내에서는 일반적인 통신 환경과 달라 유심 카드를 준비하는 것이 도움이 된다. 선내 와이파이가 있지만 유심 카드를 통해 데이터 사용, 통화 및 문자 메시지 전송이 가능하며, 로밍 비용을 절감할 수 있다. 여행 기간과 목적지를 고려하여 적절한 플랜을 선택해야 하며, 출발 전 미리 준비하면 저렴하게 구입할 수 있다. 이를 통해 편리한 통신 환경을 확보하고 비상 상황에 신속히 대응할 수 있다.

귀중품 관리는 여행 시 매우 중요한 부분이다. 이러한 귀중품의 복사본이나 연락처를 별도로 보관해두면, 만약의 분실 상황에서 큰 도움이 될 수 있다. 여행 중 이러한 물품들을 안전하게 관리하는 것은 여행 경험의 질을 높이고 예기치 못한 상황에 대비할 수 있는 중요한 방법이다. 특히, 여권, 신용카드, 현금 등의 귀중품은 별도의 안전한 장소에 보관하고, 필요시 빠르게 접근할 수 있도록 준비하는 것이 중요하다. 이를 통해 여행의 즐거움을 극대화하고, 만일의 상황에서도 대처할 수 있다. 여행자는 이러한 귀중품 관리에 각별한 주의를 기울여야 한다.

9.2.1.2. 선내 반입 수하물

크루즈선 여행이나 관광 중에는 현지에서 구입할 수 있는 물건들이 많다. 하지만 분실에 대비하여 수하물에 넣어 안전하게 보관해야 할 필수 물품과 선내에서 편리하게 사용할 수 있는 물품들이 있다.

필수품으로는 여권, 신용카드, 항공권 등의 귀중품이다. 그리고 크루즈 핸드북, 승선용 가방 태그(Baggage Tag), 상비약 및 처방전, 검은색 볼펜, 해외 사용 가능한 휴대전화·스마트폰, 포켓 인터넷, 충전기와 케이블, 디지털 카메라와 관련 용품, 개인 위생용품, 냉장고 가방, 상의, 1일 숙박용 화장품·치약 세트·생리 용품, 가방 열쇠, 택배우편 송장 등이다. 이들 필수품은 여행 중 중요한 역할을 하며, 여권과 신용카드는 신분을 증명하고 결제를 가능하게 한다. 크루즈 핸드북은 선내 시설과 프로그램 정보를 제공하여 여행을 더 즐겁게 만들어 준다.

필요에 따른 지참 물품으로는 선내용 슬리퍼, 아이 마스크, 노트북이나 태블릿, 서적, 전자 사전, 계산기, 메모장, 이쑤시개, 콘택트렌즈, 안경 등이다. 이러한 물품들은 크루즈선에서의 생활을 편리하고 즐겁게 만들어 준다. 예를 들어, 노트북이나 태블릿은 영화 감상이나 업무 처리를 도와주며, 서적은 여유로운 독서 시간을 제공한다. 아이 마스크는 편안한 수면을 도와주고, 개인 위생용품은 청결을 유지하는 데 필수적이다.

이와 같은 물품들은 분실에 대비하여 수하물에 안전하게 보관하고, 선내에서 편리하게 사용할 수 있도록 준비해야 한다. 각 물품의 용도와 필요성을 파악하여 적절히 준비하는 것이 중요하다. 여행 전에 체크리스트를 작성하여 필요한 물품을 빠짐없이 챙기고, 각 물품을 사용하기 쉬운 장소에 보관해두는 것이 좋다. 또한, 중요한 물품들은 항상 소지하여 분실 위험을 최소화하는 것이 바람직하다.

9.2.1.3. 의류나 일용품

크루즈 여행 중 복장 선택은 매우 중요한 부분이다. 여행의 각 단계와 상황에 맞는 적절한 복장을 준비하는 것이 필요하다. 이는 단순히 외모를 꾸미는 것을 넘어서, 편안함과 실용성을 모두 고려한 선택이 되어야 한다.

먼저, 기항지의 기후 특성을 고려해야 한다. 여행지의 온도, 강수량, 습도 등을 사전에 확인하고 이에 맞는 의류를 준비해야 한다. 예를 들어, 더운 열대 지역의 경우 가벼운 소재로 통기성이 좋은 옷을, 추운 지역의 경우 보온성이 높은 옷을 선택하는 것이 좋다. 또한 우천 시에 대비하여 우의나 우산도 필수적이다. 이러한 준비는 기후 변화에 따라 온도 조절이 가능하게 하여, 여행 중 불편함을 최소화할 수 있다.

다음으로, 관광 일정과 활동 내용에 따라 복장을 선택해야 한다. 박물관이나 성당 방문 시에는 보수적인 복장이 요구되므로, 긴 바지나 스커트, 긴 소매 상의 등을 준비해야 한다. 이는 현지 문화와 예절을 존중하는 의미도 담고 있다. 반면 해변이나 선내 수영장에서는 편안한 복장인 수영복, 반바지, 민소매 등을 착용하는 것이 좋다. 이러한 복장은 활동의 편의를 높이고, 자유롭게 움직일 수 있도록 도와준다.

크루즈선 내에서의 복장 규정(Dress Code)도 꼭 확인해야 한다. 선사마다 다양한 복장 규정을 가지고 있어, 정찬 식사 시에는 정장, 일반 식사 시에는 캐주얼 차림 등이 요구될 수 있다. 이러한 규정을 사전에 확인하고 준수하는 것이 중요하다. 예를 들어, 고급 레스토랑이나 특별 이벤트 시에는 더 정교한 복장이 필요할 수 있다.

의류 선택 시에는 구김이 잘 가지 않고 가벼우며 겹쳐 입기가 용이한 소재를 선택하는 것이 좋다. 이를 통해 공간 활용도를 높이고 다양한 조합으로 연출할 수 있다. 또한 세탁이 간편한 의류를 준비하면 여행 중 세탁이 용이하다. 이는 장기간 여행 시 옷을 깨끗하게 유지할 수 있는 방법이 된다.

결과적으로 크루즈 여행 시 복장 선택은 여행지 기후, 관광 일정, 선내 규정 등을 종합적으로 고려해야 한다. 이를 통해 편안하고 적절한 차림으로 여행을 즐길 수 있다. 또한 의류 선택 시 실용성과 활용도를 높이는 것도 중요하다. 이렇게 준비된 복장은 여행의 즐거움을 배가시키고, 각종 상황에 대응할 수 있게 해준다.

① 기본 준비물
- **주간의 복장과 양복 및 드레스:** 크루즈 여행에서는 다양한 활동과 이벤트가 열리므로, 낮에는 편안한 캐주얼 복장과 저녁에는 격식을 갖춘 양복이나 드레스를 준비하는 것이 좋다. 낮에는 수영복이나 반바지, 티셔츠와 같은 가벼운 옷을 입고, 저녁에는 선상 디너나 공식 행사에 맞춰 드레스 코드에 맞는 옷을 준비해야 한다. 또한, 다양한 테마 파티가 열리

기도 하므로 그에 맞는 의상을 준비하는 것도 좋다.

- **신발:** 크루즈 내에서는 미끄러운 바닥을 대비해 고무바닥 신발이나 데크 슈즈(Deck Shoes)가 필요하며, 운동화도 필수이다. 수영장 주변이나 갑판에서는 미끄럼 방지 기능이 있는 신발이 특히 유용하다. 또한, 정장에 어울리는 구두나 힐도 준비해야 하며, 장시간 걸을 때를 대비해 편안한 워킹 슈즈도 챙기면 좋다.

- **드레스 코드에 대응하는 양복과 신발:** 크루즈 내에서는 특정 저녁 행사나 레스토랑에서 드레스 코드가 요구될 수 있으므로, 이에 맞는 양복과 신발을 준비해야 한다. 예를 들어, 블랙 타이 이벤트나 칵테일 파티가 있을 수 있으니, 이에 맞는 정장과 액세서리를 준비하는 것이 중요하다.

- **속옷, 양말, 스타킹, 손수건, 벨트, 넥타이:** 일상적인 개인 용품도 빠짐없이 챙겨야 합니다. 속옷과 양말은 여분으로 챙기고, 스타킹은 여러 켤레 준비하여 돌발 상황에 대비해야 한다. 손수건은 땀을 닦거나 손을 씻을 때 유용하며, 벨트와 넥타이는 정장에 필수이다.

- **잠옷:** 편안한 잠옷을 준비하여 숙면을 취할 수 있도록 한다. 잠옷은 계절에 맞게 두툼한 것과 가벼운 것을 각각 준비하는 것이 좋다.

- **세면 용구·화장품:** 칫솔, 치약, 면도기 등 기본 세면 용구와 개인이 사용하는 화장품을 챙겨야 한다. 크루즈 내에서는 제공되지 않는 개인용품이 있을 수 있으니 평소 사용하는 제품을 준비하는 것이 좋다. 또한, 자외선 차단제와 보습제는 필수이다.

- **액세서리:** 목걸이, 반지, 귀걸이, 목도리, 코사지 등 다양한 액세서리를 준비하여 스타일을 완성할 수 있다. 다양한 행사에 맞춰 여러 종류의 액세서리를 준비하면 매일 다른 분위기를 연출할 수 있다.

- **정장**(Formal) **가방:** 가볍고 접을 수 있는 것이 편리하며, 정장에 어울리는 가방을 준비해야 한다. 작은 클러치백이나 크로스백은 공식 행사에 유용하다.

- **하선용의 가방:** 1박분의 짐이 들어가는 가방과 수하물의 가방을 겸용하면 편리하다. 하선할 때 필요한 필수품을 간편하게 휴대할 수 있는 작은 가방이 필요하다.

- **우천대비품:** 접는 우산, 윈드 브레이커, 레인 코트, 재킷 등 후드가 부착되어 길이가 긴 것이 편리하다. 날씨가 변덕스러운 해양 환경에서는 우비나 방수 재킷이 유용하다.

- **포켓 티슈, 물티슈:** 필요할 때 쉽게 사용할 수 있는 휴대용 티슈와 물티슈를 준비하는 것이 좋다 손을 닦거나 급한 청소가 필요할 때 유용하다.

이러한 기본적인 준비물들은 크루즈 여행에서 필수적이며, 상황에 맞게 추가로 준비해야 할 물품들도 있다. 예를 들어, 특정 목적지의 날씨나 기후에 따라 적합한 옷을 추가로 챙기거나, 선상에서 즐길 수 있는 액티비티(activities)에 필요한 장비를 준비할 수도 있다. 철저한 준비를 통해 여행 기간 내내 편안하고 즐겁게 여행을 즐길 수 있다.

② 크루즈 액티비티에 필요한 준비물

크루즈 여행에서 즐길 수 있는 다양한 액티비티를 위해 필요한 준비물들이 있다. 먼저 수영과 관련된 준비물을 챙긴다. 수영복, 수경, 물놀이용 신발 등을 준비하면 수영장이나 해변에서 편하게 즐길 수 있다. 선내 수영장이나 해변에 들리는 경우가 많기 때문에 이런 준비물은 필수적이다. 특히, 자외선 차단제를 꼭 챙긴다. 바다 위에서의 자외선은 강하기 때문에 피부 보호를 위해서 필수적이다.

다음으로 운동이나 스포츠 활동을 위한 준비물을 챙긴다. 운동화, 운동복, 테니스 라켓, 골프 클럽 등을 챙기면 크루즈 내에서 제공되는 체육관, 테니스 코트, 골프 연습장 등을 자유롭게 이용할 수 있다. 크루즈에는 종종 요가나 필라테스 클래스도 있기 때문에, 운동 매트도 챙긴다. 운동을 통해 여행 중에도 건강을 유지할 수 있다.

그 외에도 갑판 산책이나 조깅을 위한 편한 신발과 옷, 일광욕을 위한 비치타올, 선글라스, 모자 등도 준비한다. 크루즈의 갑판은 넓고 아름다운 경치를 감상하며 산책하기에 최적의 장소이다. 또한, 해양 바람을 즐기며 조깅을 하기에 좋은 환경을 제공한다.

또한 크루즈에는 다양한 엔터테인먼트 프로그램이 준비되어 있으므로, 카메라나 캠코더 등의 촬영 장비도 챙긴다. 공연, 파티, 경연대회 등을 생생하게 기록할 수 있다. 이 외에도 드론을 가져가면, 크루즈의 멋진 전경을 상공에서 촬영할 수 있어 특별한 추억을 남길 수 있다.

마지막으로 독서나 게임을 즐기고 싶다면 책, 태블릿PC, 게임기 등을 준비한다. 크루즈에서는 여유로운 시간을 보내며 휴식을 취할 수 있는 기회가 많기 때문이다. 또한, 크루즈 내에는 도서관도 있는 경우가 많아 책을 빌릴 수도 있지만, 자신이 좋아하는 책을 미리 준비해 가는 것도 좋은 방법이다.

이처럼 크루즈 여행에서 다양한 액티비티를 즐기기 위해서는 준비물 점검이 중요하다. 이를 통해 더욱 편안하고 즐거운 크루즈 여행을 보낼 수 있을 것이다. 크루즈 여행은 다양한 활동과 함께 새로운 경험을 선사해 줄 것이다.

③ 필요에 따라서 준비

크루즈 여행을 준비할 때는 다양한 상황에 맞춰 여러 가지 상품을 준비해야 한다. 이를 통해 여행이 더욱 편안하고 즐거운 경험이 될 수 있다.

먼저, 크루즈에서 즐길 수 있는 다양한 활동을 대비해 스포츠웨어, 스포츠 슈즈, 수영복, 샌들 등의 옷과 신발을 준비하는 것이 중요하다. 이들은 수영, 조깅, 헬스클럽 이용 등 다양한 야외 및 실내 활동에 필수적이다. 또한, 자외선 차단을 위해 모자, 선글라스, 자외선 차단 크림, 긴 소매 겉옷 등을 챙기면 피부를 보호할 수 있다. 더운 날씨에는 부채와 살충제 스프레이도 유용할 수 있다. 모자와 선글라스는 햇빛을 차단해 눈과 얼굴을 보호해주며, 자외선 차단 크림은 피부 손상을 예방한다.

반대로 추운 날씨를 대비해 모자, 방한복, 두꺼운 양말, 장갑, 머플러, 스타킹 등의 방한 대책 상품도 준비해야 한다. 이는 기온이 낮은 지역을 방문할 때 몸을 따뜻하게 유지해줘 감기나 저체온증을 예방할 수 있다. 또한, 개인 위생을 위해 손톱깎이, 귀면봉, 얇은 수건, 바느질 세트 등을 챙기는 것도 중요하다. 이러한 작은 도구들은 예상치 못한 상황에서 유용하게 사용될 수 있다.

기항지에서 시간을 효율적으로 활용하기 위해 가이드북이나 서적을 준비하는 것이 좋다. 또한, 일정 관리를 위해 알람 시계도 유용하다. 전자기기 사용을 위해 변압기와 변환 플러그, 건전지를 준비하는 것도 중요하다. 이는 다양한 전자기기를 안전하고 효율적으로 사용할 수 있게 해준다.

편안한 실내 활동을 위해 슬리퍼를 준비하고, 경치 감상이나 관찰을 위해 쌍안경과 페트병 홀더도 유용할 수 있다. 쌍안경은 원거리에서 아름다운 경치를 자세히 볼 수 있게 해주며, 페트병 홀더는 음료를 편리하게 휴대할 수 있게 해준다.

어린이와 함께 여행하는 경우에는 유모차를 크루즈선에 반입할 수 있으므로, 이를 준비하는 것도 좋은 방법이다. 유모차는 어린이가 피곤할 때 편안하게 쉴 수 있는 공간을 제공해준다.

이처럼 크루즈 여행에 필요한 다양한 상품들을 상황에 맞게 준비하면 더욱 편안하고 즐거운 여행을 보낼 수 있을 것이다. 철저한 준비는 예상치 못한 상황에서도 여행을 즐겁게 만들어준다.

④ 크루즈 관광 전문가가 추천하는 편리 상품

첫째, 넥 스트랩(neck strap) 형태의 크루즈 카드 홀더는 카드와 키를 안전하게 보관할 수 있다. 또한 인스턴트 된장국, 김치 등의 간이 반찬거리도 유용하다.

둘째, 상비약품으로 체온계, 감기약, 밴드 에이드, 목 스프레이, 마스크 등을 준비하면 여행중 응급 상황에 대비할 수 있다.

셋째, 콘센트 분기, 전원 탭, 연장 코드 등은 전자기기 충전에 필수적이다. 소품 정리를 위한 접이식 보관함, 서류 정리용 파일 케이스도 유용하다.

넷째, 소형 세탁물 말리기용 접이식 건조대, 마그넷 후크(magnet hook), 달력 등은 장기 항해에 도움이 된다. 또한 놀이도구와 보습 스프레이, 가습기 등 건조 대책도 준비해야 한다.

마지막으로 크루즈선 실내에서는 열을 발하는 제품의 사용이 금지되므로 주의해야 한다. 이처럼 전문가가 추천하는 편리 상품들을 미리 준비하면 크루즈 여행을 더욱 편안하고 안전하게 즐길 수 있다.

9.2.2. 크루즈 복장

9.2.2.1. 일반 규정

크루즈선에 승선할 때에는 일정한 복장 규칙이 적용된다. 이러한 규칙은 크루즈 여행의 품격과 분위기를 유지하기 위해 중요한 역할을 한다. 오늘날 크루즈 관광에서 일반적으로 통용되는 복장의 대표적인 예로는 컨트리 클럽 캐주얼, 즉 리조트 스타일의 복장이 있다. 이 복장은 선내 또는 해안에서 낮 시간을 보낼 때 적합하다. 예를 들어, 남성은 깔끔한 반팔 셔츠와 면바지, 여성은 예쁜 원피스나 블라우스와 스커트를 입는 것이 일반적이다.

반바지는 어느 공공장소나 라운지에서도 오후 6시 이후에는 착용할 수 없다. 이는 저녁 시간대의 공식적인 분위기를 유지하기 위한 규정이다. 또한, 레스토랑이나 라운지에서는 수영복을 착용할 수 없다. 이는 위생과 공공 예절을 고려한 조치로, 수영복 대신 가벼운 커버업(Cover-Up)이나 샤워 가운(Bathrobe)을 착용하는 것이 권장된다. 이러한 복장 규칙은 여객들이 보다 쾌적하고 즐거운 여행을 할 수 있도록 도와주는 요소 중 하나이다.

크루즈 여행을 계획할 때 이러한 복장 규칙을 미리 숙지하는 것은 중요하다. 이를 통해 예상치 못한 불편함을 줄이고, 다른 여객들과의 조화로운 여행 경험을 만들 수 있을 것이다. 또한, 크루즈선 내에서 제공되는 다양한 활동과 이벤트에 맞는 적절한 복장을 준비하는 것은 여행의 즐거움을 더해줄 것이다. 준비된 복장은 여객들이 각종 행사와 활동에 적절하게 참여할 수 있도록 도와주며, 크루즈 여행의 전반적인 경험을 향상시켜 줄 것이다.

9.2.2.2. 이브닝 복장

크루즈선의 이브닝 복장은 컨트리 클럽 캐주얼, 비공식(스포츠 코트 및 넥타이 권장), 그리고 정장(검은색 넥타이 선택) 등 크게 세 가지로 구분된다. 이 세 가지 복장 규정은 오후 6시부터 적용되니, 여객들은 저녁 식사나 특별 이벤트에 참석할 때 이 규정을 준수해야 한다. 컨트리 클럽 캐주얼은 비교적 편안하면서도 깔끔한 복장을 의미하며, 남성의 경우 셔츠와 슬랙스를, 여성의 경우 블라우스와 스커트 또는 드레스를 입는 것이 일반적이다. 비공식 복장은 스포츠 코트와 넥타이를 권장하며, 남성은 스포츠 코트와 넥타이를 매치하고 여성은 조금 더 세련된 드레스를 입는 것이 좋다. 정장 복장은 가장 엄격한 드레스 코드로, 남성은 검은색 넥타이와 정장을, 여성은 긴 드레스나 칵테일 드레스를 입는다.

여행 일정에 따라 드레스 코드는 크루즈선과 방문하는 장소에 따라 다를 수 있다. 예를 들어, 열대 지방을 항해할 때는 더 가벼운 옷차림이 허용될 수 있지만, 유럽의 고급 항구를 방문할 때는 더 엄격한 복장 규정이 적용될 수 있다. 선내 안내서에는 여행 동안의 정식 숙박일수가 기재되어 있으며, 승선 후 권장되는 이브닝 복장 규정은 크루즈선에서 제공하는 선상신문의 보통 1면에 자세히 설명되어 있다. 이러한 안내는 여객들이 예상치 못한 복장 문제로 인해 불편함을 겪지 않도록 도와준다.

이브닝 드레스 코드는 주로 우아한 캐주얼(Elegant Casual)과 정장(Formal) 중에서 선택할 수 있다. 우아한 캐주얼은 깔끔하고 세련된 옷차림을 의미하며, 정장은 보다 공식적인 자리에서 요구되는 복장을 뜻한다. 우아한 캐주얼은 일상적인 저녁 식사나 가벼운 엔터테인먼트 이벤트에 적합하며, 정장은 공식적인 갈라 디너나 특별한 이벤트에 적합하다.

크루즈당 정식 옵션 숙박 횟수는 크루즈의 기간에 따라 다음과 같이 달라진다.

14박 이하의 크루즈는 기간 동안 주로 우아한 캐주얼 복장이 요구된다. 이는 저녁 식사나 엔터테인먼트 이벤트에 적합한 옷차림을 뜻한다. 예를 들어, 7박 8일의 크루즈 여행에서는 5일 정도는 우아한 캐주얼 복장이 요구될 수 있다.

15박 이상의 크루즈에는 정식 옵션 숙박이 2회 제공된다. 이 경우 여객들은 정장(검은색 넥타이 선택)을 포함한 보다 공식적인 복장을 준비해야 한다. 이러한 공식 저녁은 보통 특별한 이벤트나 갈라 디너와 같은 중요한 일정에 맞춰져 있다. 20박 이상의 크루즈에서는 3회 이상의 공식 저녁이 포함될 수 있으며, 이는 크루즈 여행의 하이라이트로 작용한다.

이와 같은 복장 규정은 크루즈 여행을 보다 특별하고 기억에 남는 경험으로 만들어준다. 여객들은 이러한 기회를 통해 일상에서 벗어나 새로운 스타일을 시도해볼 수 있으며, 크루즈의 고급스러운 분위기를 만끽할 수 있다. 또한, 이러한 드레스 코드는 여객들 간의 유대감을 형성하고, 모두가 함께하는 특별한 순간을 더욱 빛나게 만든다.

9.2.2.3. 우아한 캐주얼

우아한 캐주얼(Elegant Casual) 드레스 코드는 여성과 남성 모두에게 격식을 갖추면서도 비교적 편안한 복장을 요구한다. 여성의 경우, 스커트 또는 블라우스, 스웨터와 함께 입는 슬랙스를 선택할 수 있다. 이러한 슬랙스는 고급스러운 소재로 된 것을 선택하는 것이 좋다. 스커트는 너무 짧지 않은 A라인 또는 플레어 스타일(Flare Style)이 적합하며, 블라우스와 스웨터는 깔끔하고 세련된 디자인으로 선택해 전체적인 조화를 이루어야 한다. 또한 여성용 팬츠 슈트나 드레스도 우아한 캐주얼 코드에 포함될 수 있으며, 무릎 길이 정도의 단정한 스타일이 좋다. 청바지는 우아한 캐주얼 코드에서 제외된다.

남성의 경우, 신사용 슬랙스(Slack)와 칼라 셔츠를 선택할 수 있다. 슬랙스는 다크 컬러나 네이비, 그레이 같은 차분한 색상이 이상적이며, 칼라 셔츠는 깔끔하게 다림질 되어 있어야 한다. 패턴이 있는 셔츠도 가능하지만 너무 화려하지 않은 것이 좋다. 스포츠 재킷은 선택 사항으로, 입으면 전체적인 분위기를 한층 격식 있게 만들어 줄 수 있다. 재킷은 단색이나 체크 패턴 등 다양한 스타일을 선택할 수 있으며, 셔츠와의 조화를 고려하는 것이 중요하다.

우아한 캐주얼 복장 규정에 따라 매일 저녁 이러한 복장을 하는 것이 환영된다. 이는 격식을 차리면서도 과하지 않은 편안함을 유지하기 위해 고안된 스타일이다.

한편 정장 옵션 저녁에는 여성과 남성 모두 더욱 격식을 갖춘 복장을 선택해야 한다. 여성의 경우, 긴 드레스를 의미하는 가운이나 무릎 길이의 칵테일 드레스를 선택할 수 있다. 가운은 화려한 장식이나 고급 소재로 된 것을 선택하면 좋으며, 칵테일 드레스는 조금 더 캐주얼한 느낌을 주지만 여전히 격식을 갖춘 스타일이다. 남성의 경우, 턱시도나 디너 재킷을 선택할 수 있다. 턱시도는 가장 격식을 갖춘 남성복으로, 특별한 행사나 공식적인 자리에서 착용하며, 블랙 보타이(Bow Tie)와 함께 매칭하면 완벽하다. 디너 재킷은 턱시도보다 조금 덜 격식 있지만 여전히 공식적인 느낌을 주는 재킷으로, 화이트 셔츠와 검은 넥타이로 마무리하면 좋다. 또한, 다크 컬러의 정장은 남성의 격식을 갖춘 복장 중 하나로, 공식적인 자리에서도 무리 없이 어울린다.

이처럼 우아한 캐주얼 드레스 코드는 다양한 상황에 맞는 적절한 복장을 통해 품위 있는 분위기를 유지하기 위한 것이다.

9.2.3. 드레스 코드

크루즈선 여행 시 드레스 코드는 크게 캐주얼(Casual), 스마트 캐주얼(Smart Casual), 정장(Formal)으로 나뉜다. 이 드레스 코드의 비율은 크루즈의 운항 일정과 목적지에 따라 달라지며, 이를 미리 숙지하고 준비하는 것이 여행을 더욱 풍요롭게 만든다.

예를 들어, 카리브해와 같이 따뜻한 날씨와 해변을 즐길 수 있는 일정에서는 좀 더 자유롭고 편안한 복장이 요구된다. 보통 7박 일정 중 2일은 정장을 입어야 하고, 나머지 5일은 캐주얼 복장으로 구성된다. 캐주얼 복장일지라도 그날의 테마에 따라 서핑복장, 하와이안 셔츠, 또는 70년대 풍 의상 등 다양한 스타일로 재미를 더할 수 있다. 이러한 테마 복장은 여행의 즐거움을 배가시키며, 사진을 찍을 때도 특별한 추억을 남길 수 있다. 예를 들어, 하와이안 셔츠를 입고 열대의 풍경을 배경으로 사진을 찍으면, 그 순간은 평생 기억에 남을 특별한 추억이 된다.

반면, 알래스카나 지중해를 항해하는 7박 8일 일정에서는 조금 더 다양한 드레스 코드가 요구된다. 보통 2일은 정장이 필요하고, 2일은 스마트 캐주얼, 나머지 3일은 캐주얼 복장으로 구성된다. 스마트 캐주얼은 깔끔하면서도 격식을 갖춘 복장으로, 저녁식사나 특별한 이벤트에 적합하다. 예를 들어, 스마트 캐주얼은 남성의 경우 셔츠와 슬랙스, 여성의 경우 세련된 원피스나 블라우스와 스커트 조합이 해당된다. 이러한 복장은 저녁식사나 칵테일 파티에서의 격식을 갖추면서도 편안함을 제공한다.

각 일정에 맞춰 다양한 드레스 코드를 준비하면 크루즈 여행이 더욱 특별하고 기억에 남는 경험이 된다. 크루즈 여행을 계획할 때는 일정과 목적지에 맞는 다양한 드레스 코드를 미리 준비하는 것이 중요하다. 이를 통해 여행 중 발생할 수 있는 불편을 최소화하고, 매 순간을 더욱 즐길 수 있다. 예를 들어, 정장이나 스마트 캐주얼을 준비하지 않은 경우, 선상에서의 특별한 저녁식사나 이벤트에 참가하는 데 어려움을 겪을 수 있다. 따라서 이러한 불편을 피하기 위해 사전에 철저한 준비가 필요하다.

크루즈선에서의 다양한 드레스 코드는 단순한 복장이 아니라, 여행의 일부분이 되어 특별한 경험을 제공한다. 이는 단순히 옷을 입는 것 이상의 의미를 가지며, 여행의 분위기와 테마를 완성시키는 중요한 요소이다. 예를 들어, 정장을 입고 참석하는 갈라 디너는 크루즈 여행의 하이라이트 중 하나로, 특별한 저녁식사와 함께 잊지 못할 추억을 만들 수 있다. 따라서 크루즈 여행을 더욱 풍요롭게 만들기 위해 다양한 드레스 코드를 준비하는 것은 필수적이다.

9.2.3.1. 정장

① 남성

정장(Formal)을 착용할 때는 어두운 색상, 특히 짙청색 징징이 기본이다. 짙청색 징징은 고급스럽고 세련된 이미지를 주기 때문에 크루즈에서의 격식 있는 저녁 식사나 행사를 위해 가장 적합하다. 어두운 색상의 정장은 다양한 조명 아래에서도 그 품격을 잃지 않으며, 사진 촬영 시에도 고급스러운 분위기를 연출한다.

검정색 정장에 보타이 또는 넥타이를 매치하는 것이 일반적이다. 보타이는 클래식하고 전통적인 느낌을 주며, 넥타이는 조금 더 자유롭고 현대적인 느낌을 준다. 자신의 스타일에 맞춰 선택하면 된다. 보타이는 특히 특별한 저녁 행사나 갈라 디너에서 많이 사용되며, 넥타이는 일반적인 저녁 식사나 비즈니스 캐주얼한 분위기에서도 잘 어울린다.

만약 턱시도가 있다면 더욱 격식 있는 저녁 식사(Formal Night)를 즐길 수 있다. 턱시도는 가장 정식적인 복장으로, 크루즈의 특별한 저녁 행사에서 그 진가를 발휘한다. 턱시도에는 보통 흰 셔츠와 검정 보타이, 검정 구두를 매치하여 완벽한 룩을 완성한다.

턱시도가 없다면 크루즈선 내에서 렌탈 서비스를 이용할 수 있다. 많은 크루즈 선박에서는 턱시도를 대여해주는 서비스를 제공하므로, 굳이 턱시도를 구매하지 않아도 된다. 렌탈 서비스를 이용하면 다양한 스타일의 턱시도를 시도해볼 수 있으며, 여행 가방의 무게도 줄일 수 있다.

② 여성

여성의 경우, 칵테일 드레스나 화려한 원피스가 정장 차림의 기본이다. 칵테일 드레스는 무릎 길이의 드레스로, 화려하면서도 우아한 느낌을 준다. 화려한 원피스는 다양한 색상과 디자인으로 선택의 폭이 넓다. 크루즈 여행에서는 특히 밝고 선명한 색상의 드레스가 인기를 끌며, 해질녘의 선셋을 배경으로 한 사진 촬영에 적합하다.

특히 격식 있는 저녁 식사 시간은 크루즈 여행의 백미이므로, 멋진 드레스를 준비하는 것이 중요하다. 이 시간에는 많은 사람들이 가장 멋진 옷을 입고 모여 특별한 저녁을 즐긴다. 정장 차림을 한 사람들과 함께하는 저녁 식사는 크루즈 여행의 특별한 추억이 되며, 친구나 가족과 함께 사진을 찍기에 좋은 기회이다.

낮 동안 편한 차림이었던 사람들이 저녁에 모두 멋진 모습으로 정찬 다이닝(Formal Dining)에 모여 풀코스 식사를 한다. 이 시간은 사진 촬영을 위한 최고의 순간이기도 하다. 가족 단위의 여객들은 이 시간을 이용해 가족 사진을 찍거나, 커플들은 로맨틱한 사진을 남길 수 있다.

액세서리와 구두도 함께 신경 써서 착용하여 완벽한 룩을 완성한다. 귀걸이, 목걸이, 팔찌 등의 액세서리와 함께 스타일리시한 구두를 매치하면 더욱 완벽한 모습이 된다. 액세서리는 너무 과하지 않게, 하지만 충분히 눈에 띌 수 있도록 선택하는 것이 중요하다.

크루즈 내부의 사진 촬영 서비스를 이용하여 특별한 순간을 기록하는 것도 추천한다. 크루즈 내에서는 전문 사진사가 있어, 멋진 복장을 하고 특별한 순간을 사진으로 남길 수 있다. 이 사진들은 여행 후에도 오래도록 기억에 남는 소중한 추억이 될 것이다. 전문 사진사는 크루즈 내부의 다양한 배경을 활용하여 최고의 사진을 촬영해준다.

9.2.3.2. 스마트 캐주얼

크루즈선에서 스마트 캐주얼(Smart Casual) 차림을 선호하는 이유는 복장 규정 준수, 실용성, 다른 여객과의 조화, 사회적 예의 및 품격 유지, 자신감 있는 모습 연출 등 여러 측면에서 여객들에게 많은 장점을 제공하며, 크루즈 여행의 전반적인 만족도를 높이는 데 기여한다.

첫째, 스마트 캐주얼은 대부분의 크루즈 선사들이 요구하는 선내 복장 규정을 충족시킨다. 선사들은 선내 분위기와 고객 서비스 품격을 유지하기 위해 특정 수준 이상의 복장 규정을 마련하는데, 스마트 캐주얼은 이러한 요구사항을 만족시키면서도 편안한 느낌을 줄 수 있는 적절한 선택이 된다. 예를 들어, 남성의 경우 셔츠와 치노 팬츠(Chino pants), 여성의 경우 블라우스와 깔끔한 스커트나 팬츠가 이에 해당한다.

둘째, 스마트 캐주얼은 크루즈 여행에 포함된 다양한 활동에 적합한 실용성을 제공한다. 크루즈 여행에는 식사, 공연 관람, 운동, 갑판 산책, 수영 등 다양한 활동이 포함되는데, 스마트 캐주얼은 이러한 상황에 맞는 편안하면서도 세련된 모습을 연출할 수 있다. 또한 활동 중에도 불편함 없이 움직일 수 있는 유연성을 갖추고 있다.

셋째, 스마트 캐주얼은 다양한 국적과 문화를 가진 여객들과의 조화를 이루며, 전반적인 크루즈 여행 분위기와도 잘 어울린다. 이는 개인적인 스타일을 유지하면서도 공공장소에서의 조화를 중시하는 글로벌한 여객들의 요구를 충족시킨다. 더불어 이러한 복장은 서로 다른 문화적 배경을 가진 여객들 사이에서도 불필요한 오해나 불편함을 최소화할 수 있다.

넷째, 스마트 캐주얼은 고급스러운 분위기 속에서 이루어지는 크루즈 여행의 사회적 예의와 품격을 유지할 수 있다. 이는 단순히 외모에 국한되지 않고, 타인에 대한 존중과 배려를 표현하는 중요한 요소로 작용한다. 예를 들어, 저녁식사나 공식 행사와 같은 자리에서 스마트 캐주얼 차림은 타인에게 긍정적인 인상을 줄 수 있다.

마지막으로, 스마트 캐주얼은 여객 개인의 자신감과 품격을 높일 수 있다. 단정하고 세련된 모습을 연출할 수 있는 스마트 캐주얼은 크루즈 여행을 더욱 즐겁고 만족스럽게 만드는 데 중요한 역할을 한다. 자신감 있는 외모는 사회적 상호작용에서도 긍정적인 영향을 미치며, 새로운 사람들과의 만남이나 네트워킹 기회에서도 유리하게 작용할 수 있다.

따라서 크루즈선에서 스마트 캐주얼 차림을 선호하는 이유는 복장 규정 준수, 실용성, 다른 여객과의 조화, 사회적 예의 및 품격 유지, 자신감 있는 모습 연출 등 다양한 측면에서 찾을 수 있다. 이러한 이유들은 여객들이 크루즈 여행을 보다 쾌적하고 즐겁게 경험할 수 있도록 돕는 중요한 요소들이다.

① 남성

깔끔한 셔츠와 면바지, 단정한 신발을 착용한다. 셔츠는 버튼다운 셔츠나 폴로 셔츠를 착용하며, 밝은 톤의 파스텔 계열이나 중성적인 색상을 선택한다. 면바지는 카키색, 네이비, 그레이 등의 중성적인 색상을 선택하며, 청바지도 가능하나 깔끔한 스타일이 좋다.

신발은 가죽 소재의 로퍼나 부츠를 착용하며, 운동화는 단색의 간결한 디자인을 선택한다. 예를 들어, 흰색이나 검은색 운동화는 깔끔하고 세련된 인상을 줄 수 있다.

액세서리로는 간단한 시계나 벨트 정도만 착용한다. 시계는 금속 밴드보다는 가죽 밴드가 더 어울리며, 벨트는 신발과 동일한 색상으로 매치하는 것이 좋다.

② 여성

깔끔하고 단정한 셔츠 블라우스, 캐미솔, 니트웨어 등의 상의를 착용한다. 셔츠 블라우스는 화이트나 베이지, 파스텔 계열의 색상이 좋으며, 캐미솔은 너무 노출이 심하지 않은 디자인이 좋다. 니트웨어는 간절기에 어울리는 얇은 소재를 선택하는 것이 좋다.

하의로는 슬랙스, 스커트, 면바지 등을 착용하며, 무릎 길이나 발목 길이의 스커트, 면바지 등이 좋다. 슬랙스는 다크 네이비나 블랙, 그레이와 같은 클래식한 색상이 세련된 인상을 준다.

신발은 플랫 슈즈나 로퍼, 앵클부츠 등을 착용하며, 높은 힐은 피한다. 플랫 슈즈는 발이 편안하고 활동하기 좋으며, 로퍼는 세련된 인상을 준다. 앵클부츠는 가을이나 겨울철에 어울리는 아이템이다.

액세서리로는 간단한 목걸이, 팔찌, 시계 등을 활용하여 포인트를 준다. 목걸이는 과하지 않은 디자인으로, 팔찌는 심플한 메탈이나 가죽 소재가 좋다. 시계는 클래식한 디자인이 어울리며, 가죽 밴드나 메탈 밴드 모두 가능하다.

전체적으로 깔끔하고 단정한 인상을 주는 것이 중요하며, 편안하면서도 세련된 스타일을 연출할 수 있다. 남성과 여성 모두 과도한 액세서리나 화려한 패턴은 피하고, 기본적인 아이템을 활용하여 세련된 스타일을 완성하는 것이 좋다. 크루즈 여행에서는 다양한 활동이 많기 때문에, 활동성을 고려한 의상 선택이 중요하다.

9.2.3.3. 캐주얼

캐주얼(Casual) 드레스 코드의 경우, 남성, 여성 모두 반바지, 청바지 또는 노출이 심한 복장만 피하면 된다. 크루즈선에서의 드레스 코드는 특정한 날을 제외하고는 비교적 자유롭다. 하지만 '캐주얼'이라고 해서 모든 옷차림이 허용되는 것은 아니다. 반바지나 청바지, 그리고 너무 노출이 심한 옷은 피하는 것이 좋다. 특히 저녁 식사나 특별한 행사에 참여할 때는 조금 더 정성스럽게 옷을 고르는 것이 좋다. 예를 들어, 남성의 경우 깔끔한 셔츠와 면바지를, 여성의 경우 간단한 드레스나 블라우스와 스커트를 추천한다.

카리브해를 항해하는 크루즈에서는 특히 캐주얼 나이트(Casual Night)가 자주 열린다. 이 날들은 특별한 테마가 있어 더욱 흥미롭다. 예를 들어, 서핑(Surfing) 테마의 저녁에는 해변을 연상시키는 옷차림을, 1970년대 테마의 저녁에는 복고풍 의상을 준비하면 더욱 분위기에 어울릴 것이다. 이러한 테마 저녁은 단순한 식사를 넘어, 그 시대와 문화를 체험하는 중요한 시간이다. 따라서 미리 테마를 확인하고 이에 맞는 의상을 준비하는 것이 좋다.

이렇게 준비하면 크루즈선에서의 다양한 테마 저녁을 더욱 풍성하게 즐길 수 있을 것이다. 각 테마에 맞는 의상을 준비함으로써 단순히 식사만이 아니라, 그 문화와 분위기를 느끼며 더욱 특별한 추억을 만들 수 있을 것이다.

9.2.4. 배멀미

크루즈 여행에 관심이 있지만 멀미가 걱정되어 주저하는 경우가 있다. 이는 선박의 특성상 일정한 진동과 흔들림이 발생할 수밖에 없기 때문이다. 하지만 최근에는 대부분의 크루즈선에 횡요(Rolling)를 컴퓨터로 제어하는 시스템인 횡요감쇄장치(Fin Stabilizer)가 설치되어 있어, 멀미가 잘 나지 않는 환경이 조성되어 있다. 이 장치는 선박이 흔들릴 때 발생하는 횡요를 최소화하여 선박의 안정성을 높여준다. 화물선과 비교하면 크루즈선은 운송의 대상이 사람이기 때문에 비교적 멀미가 적게 나도록 설계되어 있다. 크루즈선의 구조와 설계는 여객의 편안함을 최우선으로 고려한 것이다.

고급 크루즈선은 멀미가 잘 나지 않는다. 움직이는 호텔로 알려진 크루즈선, 특히 럭셔리 크루즈는 성수기 해역에 주로 배치된다. 베스트 시즌이란 날씨가 좋고 기후가 좋은 관광 시즌이기도 하지만, 바다가 거칠지 않은 시즌이기도 하다. 이런 시기에는 바다가 평온하여 멀미의 가능성이 더욱 낮아진다. 또한 정기적으로 정해진 항로를 항해하는 페리(Ferry)와 달리, 크루즈선은 태풍 등으로 바다가 거칠어지면 기항지를 변경하여 대응하는 등 거친 바다를 항해하는 경우가 적어 없다. 이러한 유연한 항로 변경은 여객들이 더욱 안전하게 여행을 즐길 수 있도록 한다.

또한, 기술의 진보에 의해 횡요를 컴퓨터로 제어하는 횡요감쇄장치가 완비됨으로써 크루즈선이 동요하는 경우가 적다. 이 시스템은 실시간으로 선박의 움직임을 감지하고 조절하여, 여객들이 보다 편안하고 안정된 환경에서 크루즈 여행을 즐길 수 있도록 도와준다. 특히, 최신 크루즈선들은 이러한 기술을 더욱 발전시켜, 멀미를 거의 느끼지 않을 정도로 안정성을 높였다. 여객들은 이러한 첨단 기술 덕분에 바다 위에서도 마치 육지에 있는 것처럼 편안한 여행을 즐길 수 있는 것이다.

만약 배멀미가 난다면 다음의 조치를 취하면 상황이 개선될 수 있다. 배멀미는 많은 사람들이 겪는 흔한 문제로, 특히 크루즈선 여행이나 보트 여행 중에 자주 발생한다. 이러한 상황에서 적절한 대처 방법을 알고 있으면 불편함을 최소화하고 여행을 즐길 수 있다. 다음은 배멀미를 완화하는 데 도움이 되는 몇 가지 방법이다.

첫째, 멀미방지약을 복용하는 것이 매우 중요하다. 멀미방지약은 배멀미를 예방하거나 증상을 완화하는 데 매우 효과적이다. 이러한 약물은 여행 전에 미리 복용하면 멀미를 예방할 수 있으며, 이미 멀미가 시작된 경우에도 증상을 완화하는 데 도움이 된다. 약물을 복용할 때는 사용 설명서를 잘 읽고, 필요한 경우 의사와 상담하여 자신에게 맞는 약을 선택하는 것이 중요하다. 또한, 멀미 패치나 팔찌와 같은 대체 제품도 사용해 볼 수 있다. 이러한 제품들은 피부를 통해 약물을 지속적으로 공급하여 멀미를 예방하는 데 도움을 준다. 특히, 멀미 패치는 귀 뒤에 붙여 사용하는 것이 일반적이며, 멀미 팔찌는 손목에 착용하여 특정 지점을 눌러주는 방식으로 작용한다.

둘째, 신선한 공기를 마시는 것도 배멀미를 완화하는 데 큰 도움이 된다. 신선한 공기는 몸과 마음을 안정시키고, 멀미 증상을 줄여준다. 갑판에 나가서 바람을 쐬거나 바다를 바라보는 것도 좋은 방법이다. 바깥 공기를 마실 때는 깊게 호흡하여 몸과 마음을 안정시키는 것이 중요하다. 또한, 바다의 시원한 바람은 호흡을 원활하게 해주어 멀미를 예방하는 데 도움을 준다. 만약 바깥에 나갈 수 없는 상황이라면, 객실 내에서 창문을 열어 신선한 공기를 들이마시는 것도 도움이 될 수 있다. 이를 통해 밀폐된 공간에서 벗어나 신선한 공기를 마시게 되면 기분 전환에도 효과적이다.

셋째, 편안한 자세를 취하는 것이 중요하다. 배멀미가 발생하면 몸이 긴장되고 불편해질 수 있다. 이때 편안한 자세를 취하면 몸의 긴장을 풀고, 멀미 증상을 완화하는 데 도움이 된다. 가능한 한 앉아서 쉬거나 누워서 휴식을 취하는 것이 좋다. 또한, 몸을 편안하게 하기 위해 쿠션이나 베개를 사용하는 것도 좋다. 편안한 자세를 유지하면 몸의 균형 감각이 안정되어 멀미를 예방하는 데 도움이 된다. 특히, 누워 있을 때는 머리를 살짝 높인 자세가 좋으며, 이는 위산 역류를 방지하고 호흡을 원활하게 해준다.

넷째, 옷을 느슨하게 하여 긴장을 푸는 것도 중요한 방법이다. 꽉 끼는 옷은 몸을 더욱 긴장하게 만들 수 있다. 따라서, 몸에 꼭 맞는 옷보다는 느슨하고 편안한 옷을 입는 것이 좋다. 옷을 느슨하게 하면 혈액 순환이 원활해지고, 몸의 긴장이 풀려 멀미 증상이 완화될 수 있다. 또한, 신발도 편안한 것을 착용하는 것이 좋다. 특히, 발을 편안하게 해주는 신발을 선택하면 이동 시에도 몸의 긴장을 줄일 수 있다. 이는 발의 피로를 덜어주고, 전체적인 편안함을 높여준다.

다섯째, 수평선 등 멀리 보는 것이 멀미를 완화하는 데 효과적이다. 멀리 있는 고정된 물체를 바라보면 균형 감각이 안정되어 멀미를 예방하는 데 도움이 된다. 예를 들어, 수평선을 바라보는 것이 좋다. 눈을 감고 있거나 책을 읽는 등의 활동은 오히려 멀미를 악화시킬 수 있으므로 피하는 것이 좋다. 또한, 멀미가 심할 때는 눈을 감고 깊게 호흡하는 것도 도움이 된다. 이는 몸과 마음을 안정시키는 데 효과적이다. 멀리 바라보는 것은 시각적으로 안정감을 주며, 이는 뇌가 혼란을 느끼지 않도록 도와준다.

9.3 ▸ 크루즈 여흥

9.3.1. 음악

크루즈 음악은 크루즈 여행의 필수불가결한 요소로 자리 잡았다. 1990년대 이래로 크루즈 산업은 세계에서 가장 큰 음악가를 고용하는 주체 중 하나가 되었다. 수천 명의 전문 음악가들이 크루즈선에서 매일 다양한 장르의 음악을 선보이며 수백만 명의 여객들을 매료시키고 있다. 이들은 좁은 공간에서 관객들과 가까이 호흡하며 생동감 넘치는 공연을 펼친다. Cashman and Hayward(2020)에 따르면 음악가들이 관객들과 가까운 좁은 공간에서 매일 음악을 만드는 긍정적인 경험을 제공하고 있다. 음악가들은 클래식, 재즈, 팝, 록 등 다채로운 음악 장르를 선보이며, 각각의 공연은 여객들에게 잊지 못할 추억을 선사한다. 특히, 크루즈선에서 열리는 라이브 공연은 일반 콘서트와는 다른 독특한 매력을 지니고 있다.

음악 전용 크루즈선인 프랑스의 메르모즈(Mermoz)는 Festival at Sea라는 음악 축제를 운영하며 음악 애호가들의 큰 사랑을 받고 있다. 이 크루즈선에서는 클래식부터 재즈, 팝, 록 등 다양한 장르의 공연이 펼쳐지며 관객들은 선상에서 생생한 음악회를 경험할 수 있다. 메르모즈호는 음악 애호가들을 위한 나양한 프로그램과 워크숍도 제공하여, 여객들이 직접 음악을 배우고 체험할 수 있는 기회를 제공한다. 이러한 프로그램은 여객들이 단순히 음악을 듣는 것에 그치지 않고, 직접 참여하고 즐길 수 있는 기회를 제공한다는 점에서 큰 인기를 끌고 있다(Cook, 1979).

　이처럼 크루즈 여행은 단순한 휴양의 장소를 넘어 음악 문화를 향유할 수 있는 특별한 기회를 제공한다. 수많은 음악가들이 크루즈선에서 활동하며 수백만 명의 관객들을 즐겁게 하고 있는 것이다. 이는 크루즈 산업이 음악 산업과 밀접하게 연계되어 있음을 보여주는 대표적인 사례라고 할 수 있다. 크루즈 여행은 단순한 해양 관광을 넘어서는 문화적 경험을 제공하며, 이는 여객들에게 더욱 특별한 추억을 만들어준다. 크루즈선에서의 음악 공연은 많은 사람들에게 힐링과 감동을 선사하며, 크루즈 여행의 매력을 한층 더 높이고 있다.

그림 9-2 크루즈선에서 연주 중인 트리오

주: Mermoz호에서 연주 중인 Isaac Stern, Mistislav Bostropooich, Jean-Pierre Rampal 1979.
자료: Cook(1979).

　크루즈선의 승선을 계획하든 혹은 깊고 푸른 바다에서 항해 중이든 적절한 음악은 분위기를 향상시키고 훈훈한 크루즈 분위기를 조성할 수 있다. 크루즈선 여행을 해본 음악 애호가들은 [표 9-2]와 같이 크루즈선 관광을 최대한 즐길 수 있는 기분을 느끼게 해줄 음악을 선정하였다.

시기별로 선호하는 음악이 달라질 수 있겠으나 2000년대 이후 현대적 크루즈선 시대에 Cruiseweb(2014), Cruisecritic(2017), Cruiseradio(2017), Lifewellcruised.com(2020)가 선정하여 발표하였다.

크루즈 여행은 바다 위에서 펼쳐지는 여유롭고 낭만적인 휴식의 시간이다. 이러한 크루즈 여행의 분위기를 잘 반영하는 노래들은 여러분의 경험을 더욱 풍성하게 만들어줄 수 있다. 크루즈 여행 자체만으로도 낭만적이지만, 어울리는 음악이 있다면 그 느낌은 배가 될 수 있다.

우선 푸른 바다와 넓은 하늘을 배경으로 한 크루즈 여행에는 여유롭고 서정적인 노래가 잘 어울린다. 대표적으로 Sailing(by Christopher Cross)은 바다와 항해에 대한 아름다운 가사로 유명한 곡으로, 크루즈 여행의 여유로운 분위기를 잘 표현해낸다. 이 노래는 바다 위를 항해하는 느낌을 완벽하게 전달하며, 마치 바람을 타고 떠도는 듯한 기분을 선사한다. 크루즈 여행에서 즐길 수 있는 또 다른 추천 곡은 Orinoco Flow(by Enya)이다. 이 노래는 서정적인 멜로디와 함께 바다를 누비는 모험적인 느낌을 전해준다. Enya의 맑고 투명한 목소리는 탁 트인 바다와 잘 어울리며, 여행의 설렘과 기대를 한층 더 고조시킨다.

또한 여유롭고 휴양적인 분위기를 연출하는 노래들도 크루즈 여행에 적합하다. Margarita-ville(by Jimmy Buffett)은 대표적인 휴양지 분위기의 노래로, 크루즈 여행의 즐거움과 여유로움을 잘 나타내어 준다. 이 곡은 칵테일 한 잔을 손에 들고 데크에서 햇살을 즐기는 순간에 완벽하게 어울린다. Soak Up the Sun(Sheryl Crow)도 밝고 경쾌한 분위기로 크루즈 여행의 흥겨운 분위기를 잘 표현한다. 이 노래는 특히 수영장 옆에서 즐기는 여유로운 시간을 더 즐겁게 만들어준다.

한편 크루즈 여행의 설레는 기분을 잘 나타내는 노래들도 있다. Come Sail Away(by Styx)는 웅장하고 감동적인 멜로디와 가사로 여행의 설렘을 잘 표현하며, 이 곡은 새로운 항해를 시작하는 순간의 기대감을 극대화한다. Kokomo(by The Beach Boys)는 열대 분위기와 휴양지의 느낌을 잘 전달한다. 이 노래는 크루즈 여행지에서의 자유롭고 낭만적인 시간을 상상하게 만들어 준다.

이 외에도 크루즈 여행의 다양한 매력을 잘 표현하는 노래들이 많이 있다. 바다와 여유, 휴식, 설렘 등 크루즈 여행의 다양한 매력을 잘 반영하는 노래들을 선별하여 즐기다 보면, 크루즈 여행의 기억을 더욱 아름답게 간직할 수 있다. 음악과 함께하는 크루즈 여행은 그 자체로 하나의 완벽한 예술 작품이 될 수 있다.

선정된 노래 가운데 What a Wonderful World(by Louis Armstrong)은 Crystal Cruises가 입항 때마다 들려주는 노래이다. Stir It Up(by Bob Marley and The Wailers)은 자메이카(Jamaica) 근해를 항해시 거의 모든 크루즈선에서 선정하는 노래이며 La Isla Bonita(by Madonna)는 지중해의 Greek Isles, Canary Islands, Azores 부근을 지날 때면 항상 들려주는 노래이다.

또한 크루즈 선사의 광고 속에 주제곡으로 사용된 인기 높은 노래도 있다. Royal Caribbean은 Good Feeling(by Flo Rida)과 Here Comes the Sun(by The Beatles)를 사용하였으며, Princess cruise 는 The Best Day(by Taylor Swift)와 How Far I'll Go(by Auli'i Cravalho)를 광고에서 사용하였다. Celebrity Cruise는 I Will Always Love You(by Whitney Houston)을 이용하여 흥행에 성공하였다.

표 9-2 크루즈선 인기 노래

	Cruiseweb(2014) 선정	Cruisecritic(2017) 선정
1	Come Sail Away by Styx	Come Sail Away by Styx
2	Good Feeling by Flo Rida	Hot, Hot, Hot by Buster Poindexter
3	Go Outside by The Cults	Freedom by Pitbull
4	Stir It Up by Bob Marley and The Wailers	Orinoco Flow by Enya
5	La Isla Bonita by Madonna	Beyond the Sea by Bobby Darin
6	Kokomo by The Beach Boys	Knee Deep by Zac Brown
7	Cheeseburger in Paradise by Jimmy Buffett	Southern Cross by Crosby, Stills & Nash
8	Sea Cruise by Frankie Ford	(Day-O) The Banana Boat Song by Harry Belafonte
9	Island in the Sun by Weezer	Under the Sea by Samuel E. Wright
10	What a Wonderful World by Louis Armstrong	Anything by Jimmy Buffett
	lifewellcruised.com(2020) 선정	Cruiseradio(2017) 선정
1	Cruising Together by Huey Lewis and Gweneth Paltrow	Toes by Zac Brown Band
2	The Love Boat by Jack Jones	Sail Away(Orinoco Flow) by Enya
3	Cupid Shuffle by Cupid	One Particular Harbor by Jimmy Buffett
4	Cha Cha Slide by Mr. C. The Slide Man	Red, Red Wine by UB40
5	Come Sail Away by Styx	Caribbean Queen by Billy Ocean
6	My Heart Will Go On by Celine Dion	Guitars and Tiki Bars by Kenny Chesney
7	Margaritaville by Jimmy Buffet	Sailing by Rod Stewart
8	Kokomo by The Beach Boys	Miami by Will Smith
9	Soak Up the Sun by Sheryl Crow	Three Little Birds by Bob Marley
10	Sittin' on The Dock of the Bay by Otis Redding	Kokomo by Beach Boys

11	Sailing by Rod Stewart	Island in the Sun by Weezer
12	Under the Sea by The Little Mermaid(Walt Disney Records)	It's Five O'Clock Somewhere by Alan Jackson and Jimmy Buffett
13	Three Little Birds by Bob Marley	Sailing by Christopher Cross
14	La Isla Bonita by Madonna	Margaritaville by Jimmy Buffett
15	Somewhere over the Rainbow by Israel IZ Kamakawiwo'ole	Cake by the Ocean by DNCE
16	Escape – The Pina Colada Song by Rupert Holmes	Cruisin' by Huey Lewis and Gwyneth Paltrow
17	Sailing by Christopher Cross	Almost Jamaica by Bellamy Brothers
18	Voyage Voyage by Desireless	Cheers(Drink to That) by Rihanna
19	Sea Cruise by Frankie Ford	Southern Cross by Crosby, Stills & Nash
20	Toes(in the Water) by Zac Brown Band	Where the Boat Leaves From by Zac Brown Band
21	No Shoes, No Shirt, No Problems by Kenny Chesney	Missing by William Michael Morgan

자료: Cruiseweb(2014), Cruisecritic(2017), Cruiseradio(2017), lifewellcruised.com(2020).

9.3.2. 음식

9.3.2.1. 식사 장소

크루즈 여행에서 식사는 여객들의 중요한 경험 중 하나이다. 대부분의 크루즈 선사들은 다양한 식사 옵션을 제공하여 여객들의 취향과 스타일에 맞는 식사를 즐길 수 있도록 하고 있다. 이는 크루즈 여행의 중요한 부분으로, 여객들의 만족도를 높이는 데 큰 기여를 한다.

가장 대표적인 식사 장소는 메인 레스토랑이다. 이곳에서는 주로 저녁 정찬이 제공되며, 여객들에게 지정된 테이블이 배정된다. 보통 오후 6시 혹은 7시에 첫 번째 저녁 식사(First Seating)가 시작되며, 그 이후 시간에 두 번째 저녁 식사(Second Seating)가 제공된다. 이처럼 두 개의 시간대로 나누어 풀코스 메뉴로 식사가 제공되는데, 이는 여객들의 편의를 위한 것이다. 한편 럭셔리 크루즈선의 경우에는 두 번의 시간대로 나뉘지 않으며, 지정된 테이블 없이 원하는 식당과 테이블에서 정찬을 즐길 수 있다. 이러한 유연성은 럭셔리 크루즈 여행의 큰 장점 중 하나로 여객들에게 더 많은 선택의 자유를 제공한다.

또한 유료 서비스로 진행되는 스페셜 레스토랑이 있다. 이는 메인 레스토랑과 차별화된 스테이크 레스토랑, 그릴 레스토랑, 이탈리아 레스토랑, 프랑스 레스토랑, 아시아 레스토랑 등 특별한 메뉴를 가지고 운영되는 레스토랑이다. 일반 선사에서는 별도의 예약이 필요하지만, 럭셔리 선사의 경우 대부분 추가 요금 없이 이용할 수 있다. 이러한 스페셜 레스토랑은 정교한 요리와 고급스러운 분위기를 제공하여 특별한 날이나 이벤트를 기념하기에 좋다.

한편 캐주얼한 뷔페 레스토랑에서는 아침, 점심, 저녁 식사가 제공된다. 크루즈 선사별로 운항 지역의 컨셉에 맞는 특별한 음식을 준비하기도 한다. 이러한 뷔페 레스토랑은 보통 크루즈선 상층 갑판에 위치하고 있으며, 야외 테이블과 연결되어 있어 여객들이 편안하게 식사를 즐길 수 있다. 또한, 다양한 음식 옵션을 제공하여 모든 연령층과 다양한 식사 취향을 만족시킨다.

마지막으로, 피자리아, 그릴바, 스넥바와 같은 간편한 식사 장소도 운영된다. 여기서는 선사별로 차이는 있지만, 보통 피자 메뉴, 그릴 메뉴, 스넥 메뉴를 제공하며, 여객들은 자유롭게 이용할 수 있다. 이러한 간편한 식사 장소는 특히 가족 여객이나 어린이들에게 인기가 많으며, 빠르고 간편하게 식사를 해결할 수 있다.

더불어, 아침 식사를 룸 서비스로 이용할 수 있다. 여객실에 배치된 신청 목록을 작성한 후 여객실 문에 걸어놓으면, 요청한 시간에 배달된다. 대부분 무료로 가능하지만, 선사에 따라 서비스 비용이 부과되기도 한다. 룸 서비스는 아침에 여유롭게 일어나고 싶은 여객들에게 매우 편리한 옵션이다.

이처럼 크루즈 여행에서의 식사 경험은 다양한 옵션과 서비스를 통해 여객들의 취향과 스타일에 맞춰 즐길 수 있다. 이는 크루즈 여행의 중요한 부분으로, 여객들의 만족도를 높이는 데 기여한다. 다양한 식사 선택지는 여객들이 새로운 요리와 맛을 탐험할 수 있는 기회를 제공하며, 크루즈 여행의 전반적인 경험을 더욱 풍부하게 만든다.

9.3.2.2. 식사 문화

크루즈 여행의 식사 문화는 그 독특한 특성으로 인해 많은 이들의 관심을 받고 있다. 특히 메인 다이닝룸은 크루즈 여행의 핵심적인 식사 공간으로서, 이곳에서 펼쳐지는 식사 경험은 크루즈 여행만의 매력을 대변한다고 할 수 있다.

메인 다이닝룸은 붙여진 이름에 걸 맞는 주제별 인테리어를 자랑한다. 세련되고 품격 있는 공간 연출을 통해 식사 자체의 즐거움뿐만 아니라, 시각적인 만족감까지 제공한다. 이는 단순히 배 안에서의 식사가 아닌, 하나의 문화적 경험으로 거듭나게 하는 요소라 할 수 있다.

메인 다이닝룸의 또 다른 매력은 바로 음식의 품격이다. 세계적인 주방장이 엄선한 메뉴와 각 기항지에서 바로 구입한 신선한 식재료로 소리된 요리는 크루즈 여객들의 미각을 자극한다. 이러한 정성 어린 요리는 담당 웨이터의 친절한 서비스와 어우러져 식사 시간 내내 품격 있는 분위기를 연출한다.

크루즈 여행의 식사 시간은 정해진 일정에 따라 이루어진다. 저녁 식사의 경우, 메인 다이닝과 세컨드 다이닝으로 나뉘어 운항 지역별로 다소의 차이가 있다. 이는 식사 시간의 효율적인 관리를 위한 것으로, 예약 시점에 다이닝 시간이 정해진다.

메인 다이닝룸은 저녁 외에도 아침 및 점심 식사를 제공하는데, 자유석(Open Seating)으로 지정된 테이블 없이 웨이터가 안내해 주는 테이블에 앉아서 식사하면 된다.

저녁 식사 시간은 운항 지역별로 다소의 차이가 있으며, Main(오후 6시 또는 6시 30분), Second(오후 8시 또는 8시 30분)으로 구분되는데 예약 시점에 다이닝 시간이 정해진다.

식사를 위한 테이블 번호는 수속 시 발급되는 승선카드(Seapass Card)에 명기되어 있다. 이를 통해 여객들은 지정된 시간과 테이블에서 식사를 할 수 있다. 경우에 따라서는 승선 후에 별도로 안내되기도 한다.

그림 9-3 정찬 드레스 코드

출처: Cunard.

크루즈 여행 중에는 이러한 지정된 식사 시간과 장소를 준수하는 것이 일반적이다. 하지만 기항지에서의 체류가 길어져 1시간 이상 저녁 시간이 늦어진 경우에는 담당 웨이터에게 확인 후 다른 방식으로 식사를 해결할 수 있다. 만약 메인 다이닝에서의 식사가 불가능할 경우, 카페에서 뷔페 스타일로 식사를 하면 된다.

이처럼 크루즈 여행의 식사 문화는 정찬 식사의 품격과 편의성을 모두 갖추고 있다. 세계적인 수준의 요리, 아름다운 인테리어, 친절한 서비스가 어우러진 메인 다이닝룸은 단순한 식사 공간을 넘어 여객들에게 특별한 경험을 선사한다. 이는 크루즈 여행만의 독특한 매력을 대변하는 대표적인 사례라고 할 수 있겠다.

크루즈 여행의 마지막 날, 하선을 앞두고 크루즈 선사에서는 여객들을 위한 특별한 행사인 송별 만찬 파티(Farewell Party & Dinner)를 준비한다. 이는 크루즈 여행의 마무리를 기념하고 여객들과 승무원들이 마지막으로 함께 모여 즐거운 시간을 보내는 의미 있는 이벤트이다.

대부분의 크루즈 선사에서는 입항 직전날 저녁에 이러한 송별 만찬 파티를 개최한다. 보통 대연회장이나 정찬 식당에서 열리는 이 행사에서는 승무원들이 직접 준비한 연회 식사와 더불어 노래, 춤, 공연 등의 다양한 엔터테인먼트 프로그램이 펼쳐진다.

크루즈 선사의 감사 인사와 함께 여행 중 찍은 사진 및 영상 상영을 통해 여객들의 크루즈 여행 추억을 되새기는 시간도 마련된다. 이처럼 송별 만찬 파티는 크루즈 여행의 마지막 순간을 특별하게 장식하는 행사인 것이다.

여객들에게 이 송별 만찬 파티는 크루즈 여행의 아쉬운 마무리를 즐겁게 보낼 수 있는 기회가 된다. 승무원들과 함께 식사를 나누며 정을 나누고, 노래와 춤을 통해 여행의 추억을 되새기는 것이다. 이는 크루즈 여행의 마지막 순간을 기억에 남을 만한 방식으로 장식할 수 있게 해준다.

한편 승무원들에게도 이 행사는 여객들과의 마지막 교류의 기회가 된다. 그동안 여객들을 위해 최선을 다해온 승무원들은 이 송별 만찬 파티를 통해 여객들과 아쉬운 작별 인사를 나눌 수 있다. 이는 크루즈 여행의 마무리를 위해 중요한 의미를 지닌다.

이처럼 송별 만찬 파티는 크루즈 여행의 필수적인 문화 요소로 자리 잡고 있다. 여행의 마지막 순간을 기억에 남을 만한 방식으로 장식할 수 있게 해주며, 여객과 승무원 모두에게 의미 있는 시간을 선사한다. 이는 크루즈 여행의 완성을 위해 반드시 필요한 행사인데 승무원들이 준비한 송별 파티가 [그림 9-4]과 같이 제공된다.

그림 9-4 크루즈 정찬 레스토랑 송별 파티

Coasta Cruise의 F&B 송별 파티

Ocean Dream의 F&B 송별 파티

9.3.3. 음주

9.3.3.1. 크루즈 승무원 음주 규칙

국제해사기구(IMO)가 제정한 STCW(International Convention on Standards of Training, Certification and Watchkeeping for Seafarers, 선원의 훈련, 자격증명 및 당직근무의 기준에 관한 국제 협약)에 따르면, 크루즈 승무원은 선원의 범주에 포함된다. 따라서 이들에게는 엄격한 음주 규제가 적용된다. 협약 Code Part B part 5에 명시된 바대로, 당직 근무 중 혈중알코올농도는 0.08% 이하로 유지해야 하며, 당직 근무 전 4시간 내에는 일체의 음주가 금지된다. 이는 선박 운항의 안전을 최우선으로 하는 규정이라 할 수 있다.

그런데 우리나라의 경우, 국내법이 이보다 더 엄격한 기준을 적용하고 있다. 해사안전법(법률 제18702호, 2024.1.5. 시행) 제104조에 따르면, 국내 선적 크루즈선에서는 승무원의 혈중알코올농도가 0.03% 이상이면 운항이 금지된다. 이는 STCW 협약의 기준보다 더욱 강화된 것으로, 국내 해양 안전사고 예방을 위한 조치라고 할 수 있겠다.

이처럼 크루즈선 내 음주 문화는 국제 기준과 더불어 각국의 국내법에 의해 엄격하게 관리되고 있다. 이는 단순한 규제가 아니라, 여객과 선원 모두의 안전을 최우선으로 하는 크루즈 산업의 특성을 반영한 것이다. 실제로 크루즈선 내에서는 알코올 검사 장비를 통해 승무원의 혈중알코올농도를 정기적으로 확인하는 절차가 이루어지고 있다.

이러한 규정은 결코 과도한 것이 아니다. 오히려 크루즈선이라는 특수한 환경에서 발생할 수 있는 안전사고를 예방하고, 모든 사람이 안전하게 여행을 즐길 수 있도록 하는 중요한 장치라고 할 수 있다. 크루즈 승무원의 음주 금지는 단순히 개인의 자유를 제한하는 것이 아니라, 선박 운항의 안전성을 확보하기 위한 필수적인 조치인 것이다.

이렇듯 크루즈선 내 음주 문화와 관련된 규정은 국제적인 기준과 더불어 국내법에 의해 엄격하게 관리되고 있다. 이는 크루즈 산업의 특성을 반영한 것으로, 여객과 선원 모두의 안전을 최우선으로 하는 노력의 일환이라고 할 수 있겠다. 이러한 규제를 통해 크루즈선은 더욱 안전하고 쾌적한 여행 환경을 제공할 수 있을 것이다.

- **해사안전법 [법률 제18702호, 2024.1.5. 시행]**
  제104조의2(벌칙) ① 제41조 제1항을 위반하여 술에 취한 상태에서 「선박직원법」 제2조 제1호에 따른 선박(같은 호 각 목의 어느 하나에 해당하는 외국선박을 포함한다)의 조타기를 조작하거나 그 조작을 지시한 운항자 또는 도선을 한 사람은 다음 각 호의 구분에 따라 처벌한다.

1. 혈중알코올농도가 0.2퍼센트 이상인 사람은 2년 이상 5년 이하의 징역이나 2천만 원 이상 3천만 원 이하의 벌금

2. 혈중알코올농도가 0.08퍼센트 이상 0.2퍼센트 미만인 사람은 1년 이상 2년 이하의 징역이나 1천만 원 이상 2천만 원 이하의 벌금

3. 혈중알코올농도가 0.03퍼센트 이상 0.08퍼센트 미만인 사람은 1년 이하의 징역이나 1천만원 이하의 벌금

② 제41조 제1항을 위반하여 2회 이상 술에 취한 상태에서 「선박직원법」 제2조 제1호에 따른 선박(같은 호 각 목의 어느 하나에 해당하는 외국선박을 포함한다)의 조타기를 조작하거나 그 조작을 지시한 운항자 또는 도선을 한 사람은 2년 이상 5년 이하의 징역이나 2천만 원 이상 3천만 원 이하의 벌금에 처한다.

③ 제41조 제2항을 위반하여 해양경찰청 소속 경찰공무원의 측정 요구에 따르지 아니한 「선박직원법」 제2조 제1호에 따른 선박(같은 호 각 목의 어느 하나에 해당하는 외국선박을 포함한다)의 조타기를 조작하거나 그 조작을 지시한 운항자 또는 도선을 한 사람은 다음 각 호의 구분에 따라 처벌한다.

1. 측정 요구에 1회 따르지 아니한 사람은 3년 이하의 징역이나 3천만 원 이하의 벌금

2. 측정 요구에 2회 이상 따르지 아니한 사람은 2년 이상 5년 이하의 징역이나 2천만 원 이상 3천만 원 이하의 벌금

9.3.3.2. 크루즈 여객 음주 규칙

크루즈 여행은 휴식과 여유로움을 만끽할 수 있는 대표적인 여행 방식이다. 그중에서도 선상에서의 음주는 크루즈 여행만의 특별한 즐거움 중 하나로 여겨진다. 크루즈 여객은 선박을 운항하는 선원, 승무원이 아니므로 비교적 자유로운 음주가 허용되는 편이다. 하지만 선상 음주 정책에 대한 논란은 크루즈 여행의 지속적인 이슈 중 하나이기도 하다.

각 크루즈 선사마다 음주 정책이 다양한데, 유럽의 코스타사(Costa Cruises)와 같은 경우 음주 가능 연령이 18세부터 가능하다. 한편 럭셔리 크루즈선에서는 일정 금액을 지불하면 무제한 주류를 제공하는 오픈 바(Open Bar)를 운영하기도 하고, 자신이 가져온 술을 허용하기도 한다. 이러한 정책들은 각 선사의 경영 철학과 타겟 고객층에 따라 다르게 설정되며, 그에 따라 여객의 만족도도 달라질 수 있다.

이처럼 크루즈 여객들은 선상에서 다양한 방식으로 음주를 즐길 수 있다. 바(Bar)는 여유 있게 음악과 춤을 즐기며 대화를 나눌 수 있는 공간이다. 각 바(Bar)는 주제별 인테리어와 공연으로 차별화된 분위기를 연출하는데, 본인의 취향에 맞는 바(Bar)에서 칵테일이나 와인을 즐기며 유유히 흘러가는 바다를 감상하는 것은 크루즈 여행의 큰 즐거움 중 하나이다. 또한, 크루즈의 레스토랑에서는 고급 와인 페어링 서비스도 제공되어, 미식과 음주의 즐거움을 동시에 누릴 수 있다.

어디를 보든 바다 전경(Sea View)인 크루즈에서 분위기 있는 저녁 시간을 소중한 사람들과 함께 보내는 것은 매력적인 경험이 될 수 있다. 특히 럭셔리 크루즈선의 경우 오픈 바 운영으로 음주에 대한 부담감이 적어, 여객들이 보다 자유롭게 음주를 즐길 수 있다. 이러한 자유로운 분위기는 크루즈 여행의 매력을 한층 더 높이는 요소로 작용한다.

그러나 선상 음주 정책은 여전히 논란의 여지가 있다. 과도한 음주로 인한 안전 문제, 미성년자의 음주 등 다양한 우려 사항이 제기되고 있기 때문이다. 일부 크루즈 선사에서는 음주 시간 제한, 주류 구매 횟수 제한 등의 정책을 시행하고 있지만, 이에 대한 여객들의 반응은 엇갈리고 있다. 예를 들어, 음주 제한 시간이 지나면 주류 판매를 중단하는 정책을 도입한 크루즈도 있으며, 이는 과도한 음주로 인한 사고를 예방하기 위한 조치이다.

이처럼 크루즈 여객의 음주 문화와 정책은 선사와 상황에 따라 다양하게 나타나고 있다. 선상 음주 정책은 여전히 논란의 여지가 있지만, 크루즈만의 독특한 분위기와 매력을 더하는 중요한 요소로 자리매김하고 있다고 볼 수 있다. 향후 크루즈 업계에서는 여객의 안전과 만족도를 높이기 위한 균형 잡힌 음주 정책 마련이 필요할 것으로 보인다. 특히, 미성년자의 음주 문제를 철저히 관리하고, 음주로 인한 불상사를 방지하기 위한 체계적인 안전 대책이 요구된다.

호화 크루즈선을 이용하는 여객들에게 음주는 빼놓을 수 없는 중요한 즐거움 중 하나였다. 특히 그들은 크루즈 여행의 품격과 격식을 중요하게 여겼기에, 음주를 하기 위해서는 엄격한 드레스 코드를 지켜야만 했다. 이는 당시 호화 크루즈선의 불문율과도 같은 원칙이었다. 크루즈선의 분위기는 고급스럽고 우아한 것을 목표로 했기 때문에, 여객들이 단정하고 세련된 복장을 입는 것이 필수적이었다. 이러한 규정은 크루즈 여행의 품격을 유지하고, 모든 여객에게 특별한 경험을 제공하는 데 중요한 역할을 했다.

[그림 9-5]는 1940년대 큐나드 여객선 카로리나호(RMS Caronia)의 바 장면을 포착한 것이다. 이 사진에서 볼 수 있듯이, 카로리나호의 바에 입장하기 위해서는 반드시 정장과 드레스를 착용해야 했다. 남성들은 깔끔한 정장과 넥타이를 매고, 여성들은 우아한 드레스를 입었다. 이처럼 엄격한 복장 규정은 크루즈 여객들에게 고급스러운 분위기를 연출하고, 품격 있는 여행 경험을 제공하기 위한 것이었다. 이러한 복장 규정은 단순한 규칙이 아니라, 당시 크루즈 문화의 중요한 일부분으로 자리 잡고 있었다.

한편 카로리나호는 1947년부터 1967년까지 운항하며 당시 가장 화려했던 오션라이너 중 하나로 알려져 있다. 특히 선체를 녹색으로 칠한 것이 인상적이어서 녹색여신(Green Goddess)이라는 별명으로도 유명했다(Miller and Hawley, 2011). 이처럼 카로리나호는 외관부터 내부 시설까지 호화로운 면모를 자랑했고, 이는 여객들에게 격조 높은 크루즈 경험을 제공했을 것이다. 카로리나호의 내부는 고급스러운 레스토랑, 화려한 무도회장, 그리고 세련된 바 등 다양한 시설로 가득 차 있었다. 이러한 시설들은 모두 여객들에게 특별한 경험을 제공하기 위해 설계되었으며, 이로 인해 카로리나호는 많은 사람들에게 사랑받는 크루즈선이 되었다.

이렇듯 호화 크루즈선에서의 음주 문화는 단순한 술자리가 아닌, 고급스러운 여행 분위기 속에서 이루어졌다. 여객들은 정장과 드레스를 착용함으로써 품격 있는 모습을 연출했고, 이를 통해 크루즈 여행의 격식과 품격을 지켜나갈 수 있었다. 이는 당시 호화 크루즈선 운영의 핵심 원칙이자 여객들의 기대사항이기도 했다. 크루즈선의 엄격한 드레스 코드는 단순한 규칙을 넘어서, 크루즈 여행의 전반적인 경험을 향상시키는 중요한 요소로 작용했다. 이를 통해 여객들은 일상에서 벗어나 특별하고 기억에 남는 여행을 즐길 수 있었다.

그림 9-5 바와 여객 드레스 코드

출처: Cunard RMS Caronia.

크루즈선 바와 라운지에서 제공되는 알코올성 음료에 대한 연령 제한 정책은 법적 규제를 준수하기 위한 필수적인 절차이다. 이 규정은 성인의 음주를 제한하는 법규를 지키기 위해 마련되었으며, 필요한 경우 바텐더나 서버는 고객에게 신분증 제시를 요구할 수 있다. 이는 고객의 나이와 신분을 확인함으로써 법적 문제를 방지하기 위한 것이다. 예를 들어, 만약 미성년자가 알코올을 소비하는 경우 이는 법적 문제로 이어질 수 있으며, 크루즈선 측은 이러한 문제를 철저히 예방하고자 한다.

각 바에서는 매일 다른 레시피의 오늘의 특별 칵테일(Today's Special Cocktail)을 합리적인 가격에 제공하고 있다. 이를 통해 고객들은 다양한 맛과 향을 경험할 수 있는 기회를 얻게 된다. 또한여러 종류의 술을 저렴한 가격에 즐길 수 있어, 고객들은 다양한 음료를 시도하며 즐거운 시간을보낼 수 있다. 오늘의 특별 칵테일은 계절에 따라, 혹은 특정 테마에 맞춰 창의적으로 구성되며, 이는 여객들에게 신선하고 즐거운 경험을 선사한다. 다양한 종류의 칵테일과 음료는 고객들에게새로운 미각의 즐거움을 제공하며, 크루즈 여행의 즐거움을 더욱 배가시킨다.

크루즈 선사들이 다양한 음주 정책을 운영하는 것은 각 선박의 기국주의(Flag State Jurisdiction)에 따라 다르게 적용되는 음주 규칙을 준수하기 위해서이다. 대부분의 국가에서 성인의 음주가허용되지만, 성인에 대한 정의가 국가마다 상이하기 때문이다. 예를 들어 미국의 경우, 주마다 성인의 나이 기준이 다르게 적용될 수 있다. 이러한 차이를 반영하여 각 크루즈 선사는 자사의 정책을 조정하고 있다. 이는 각국의 법률을 준수하면서도, 고객들에게 일관된 서비스를 제공하기위한 노력의 일환이다.

이처럼 크루즈선 바와 라운지에서의 알코올 음료 판매 정책은 법적 규제와 기국주의에 따라다양하게 운영되고 있다. 이는 고객의 안전과 법적 책임을 보장하기 위한 필수적인 조치이며, 동시에 고객들에게 다채로운 음료 경험을 제공하는 기회가 되기도 한다. 이러한 정책은 크루즈 여행의 질을 높이고 고객 만족도를 제고하는 데 기여할 것으로 기대된다. 궁극적으로, 크루즈선의음주 정책은 고객들이 안전하고 즐거운 여행을 할 수 있도록 돕는 중요한 요소로 작용하며, 고객서비스의 품질을 유지하고 향상시키는 데 중요한 역할을 한다.

2022년 기준으로 [그림 9-6]과 같이 많은 국가들이 18세를 성인의 기준으로 하고 있으나 우리나라와 북미대륙 국가 다수의 주에서는 19세를 기준으로 하는 곳도 있다. 또한 아프리카에서는16세, 동남아시아에서는 16세로 하는 곳도 많다.

심지어 크루즈 관광시장의 가장 인기가 높은 기항지인 카리브해의 인근 국가들 가운데 쿠바(Cuba)는 16세, 자메이카(Jamaica), 바하마(Bahamas), 파나마(Panama)는 18세이며 푸에토리코(Puerto Rico)는 21세이다.

그림 9-6 세계 성인 기준 나이

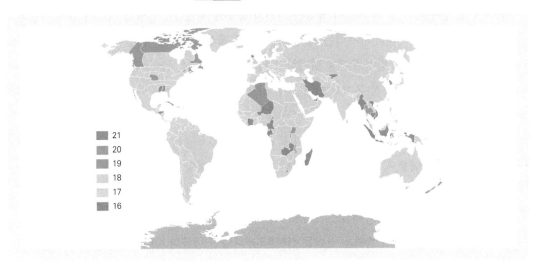

■	21
■	20
■	19
■	18
■	17
■	16

자료: Wikimedia Commons.

크루즈 선사는 승선권 판매외에 수익을 달성하기 위해 크루즈선내에서 가급적 주류 판매가 발생할 수 있도록 유도한다. 그래서 오픈 바(open bar)도 운영하고 있으며, 대부분 음주하는 주문하지 않은 주류는 코케이지(corkage)를 부과한다.

국제법은 선박의 면세(tax-free) 거래에 중요한 영향을 미친다. 선박이 특정 국가의 영해에 진입하면 해당 국가의 관세법이 적용되며, 이에 따라 면세 거래에 대한 규제가 이루어진다. 이는 국제법이 각 국가의 주권을 존중하고, 공평한 무역 질서를 유지하기 위한 중요한 장치로 작용한다.

구체적으로 살펴보면, 선박이 목적지 국가의 영해에 진입하는 경우 해당 국가의 관세법에 따라 면세 주류 판매가 금지된다. 이는 국가마다 다른 세율과 규제를 고려한 결과로, 각국은 자국 내 소비를 보호하고, 세수를 확보하기 위해 엄격한 규제를 시행한다. 반면 공해상에서는 면세 주류 판매가 허용된다. 따라서 대부분의 상업용 면세 주류는 최종 목적지에 입항하기 직전에 구입하게 된다. 이는 개인의 면세 허용 수준을 고려한 결과이다. 면세 주류를 구매하는 시점과 장소는 국제법의 규제를 따라야 하며, 이를 위반할 경우에는 심각한 법적 처벌이 따를 수 있다.

이처럼 국제법은 선박의 면세 거래에 대한 규제 체계를 마련하고 있다. 선박이 특정 국가의 영해에 진입하면 해당 국가의 관세법이 적용되며, 이에 따라 면세 거래의 가능 여부가 결정된다. 이는 선박의 안전과 보안, 해양 환경 보호 등 다양한 측면에서 중요한 의미를 갖는다. 예를 들어, 면세 주류 거래 규제를 통해 선박 내 주류 소비를 제한함으로써 선박 사고를 예방하고, 선박 승무원의 인전을 보강한 수 있다

9.3.3.3. 크루즈 선사별 규칙

① 셀러브리티

주류는 21세 이상이어야 가능하다. 출항 이후 특히 남미, 유럽 국가에서는 18세 이상은 음주 가능하다. 주류 반입이 금지되면 적발시 압수 후 마지막 항해 날에 돌려준다. 정박 후 주류는 인당 2병 구매 가능하고 레스토랑에서 코케이지(corkage)를 별도 지불 후 음주 가능하다.

기항지에서 주류 구매가 가능하며 마지막 항해 날까지 음주가 금지된다. 선상 면세 주류의 구매는 항해 마지막 날까지 금지된다.

② 카니발

21세 이상은 음주가 가능하다. 주류는 반입불가하다. 샴페인만 반입가능하지만 코케이지를 별도 지불하여야 한다. 정박 시에만 와인이나 샴페인 한 병 반입가능하다. 항만에서 주류구매는 항해 마지막 날까지 금지되며 선상 면세점에서 주류 구입은 항해 마지막 날까지 불가하다.

③ 코스타

미국 기항지가 있는 일정의 경우 21세 이상부터 음주가 가능하다. 그 밖에 일정은 18세 이상이면 가능하다. 주류 반입 적발 시 압수 후 마지막 날까지 보관한다. 샴페인 및 와인, 면세에서 구매하는 주류와 기항지에서 구매하는 주류도 적발 시 압수 후 마지막 날까지 보관한다.

④ 디즈니

음주는 21세 이상이어야 가능하다. 주류 반입 후 캐빈에서 음주 허용, 인당 개봉하지 않은 1병의 와인이나 샴페인 또는 6병 혹은 캔의 맥주를 반입할 수 있다. 그러나 크루즈 체크인 시 깨지기 쉬운 상품으로 분류되어 압수되어 항해 마지막 날까지 보관할 수도 있다. 기항지에서 구입한 주류는 여객실에서 음주가 가능하다. 가져온 와인이나 샴페인은 지정 레스토랑에서 코케이지 지불 후 음주가 가능하다. 선상 면세점에서 구매한 주류는 항해 마지막 날까지 보관한다.

⑤ 홀랜드 아메리카

21세 이상부터 음주가 가능하다. 주류 반입은 금지되며 발각 시에 항해 마지막 날까지 압수 및 보관하며, 와인이나 샴페인은 가져올 수 있고 코케이지를 별도 지불해야 한다. 기항지에서 주류의 구매 및 반입이 금지된다. 선상 면세점에서 주류 구매는 항해 마지막 날까지 금지된다.

⑥ NCL

21세 이상부터 음주가 가능하다. 18~20세는 부모의 동행하에 선상에서 맥주나, 와인 음주 가능하다. 주류 반입이 금지되며 샴페인이나 와인 또한 반입을 금지한다. 기항지에서 주류 구매 및 반입을 금지하며, 선상 면세 주류 구매는 항해 마지막 날까지 금지된다.

⑦ 프린세스

크루즈선의 선적지 때문에 그랜드 프린세스, 선 프린세스, 다운 프린세스는 18세 이상이면 음주가 가능하다. 그외의 프린세스 크루즈선은 21세 이상은 음주가 가능하다. 주류 반입은 금지되지만, 샴페인이나 와인은 인당 1병 반입이 가능하다. 레스토랑이나 여객실에서 음주할 수 있으며, 레스토랑에서 이용 시 코키지 비용을 별도로 지불해야 한다. 기항지에서 주류 구매는 금지되며 선상 면세 주류 구매도 금지된다.

⑧ 로얄 캐리비안

21세 이상은 음주가 가능하며 남미, 아시아, 유럽, 호주, 뉴질랜드에서 출항하는 일정의 선박은 18세 이상이면 음주가 가능하다. 주류 반입 후 발각 시 압수 후 몰수한다. 샴페인이나 무알콜 와인은 반입 가능하며, 안전 요원이 소지품을 확인 후 주류 발각 시에 주류를 폐기할 수도 있다. 기항지에서 주류 구매는 마지막 항해날까지 금지한다. 또한 항해 마지막 날까지 선상 면세점에서 주류 구매는 금지된다.

⑨ MSC

카리브해를 운항하는 크루즈는 21세 이상, 그 외는 18세 이상이면 음주가 가능하다. 주류나 샴페인, 와인은 반입이 불가하며 기항지에서 주류 구매와 반입은 불가하다. 만약 주류 발각 시에는 압수되며 항해 마지막 날까지 보관한다. 선상 면세점에서 주류 구입은 항해 마지막에 가능하다.

9.3.4. 흡연

과거 크루즈 선상에서는 레스토랑과 마찬가지로 원하는 곳 어디에서나 자유롭게 담배를 피울 수 있었다. 당시에는 흡연에 대한 사회적 인식이 지금과는 달라서, 흡연자들은 별다른 제약 없이 크루즈의 모든 공간에서 담배를 즐길 수 있었다. 하지만 시간이 지남에 따라 이러한 관행은 변화하기 시작했다. 흡연의 건강에 대한 해로운 영향이 널리 알려지면서, 많은 사람들이 흡연에 대한 규제를 요구하게 되었다.

1980년대와 1990년대를 거치면서 크루즈선에서 쉽게 볼 수 있었던 선상 자유 흡연(Smoking anywhere onboard) 문화는 점차 제한적인 방향으로 전환되었다. 더 이상 선내 어디에서나 담배를 피울 수 없게 되었고, 대신 지정된 흡연 구역에서만 흡연이 허용되는 관행이 자리 잡았다. 이러한 구역은 주로 갑판의 특정 구역이나 일부 바와 같은 외부 공간으로 제한되었다. 심지어 실내 공간에서도 카지노의 흡연 라운지를 제외하고는 절대 담배를 피울 수 없게 되었다. 이는 여객들 사이의 갈등을 최소화하고, 비흡연자들의 권리를 보호하기 위한 조치였다.

이러한 변화의 핵심 요인은 선상 화재의 위험성이었다. 크루즈선은 밀폐된 공간에서 다수의 인원이 생활하는 특성상 화재 발생 시 막대한 피해가 예상되었다. 따라서 선박의 안전을 위해 선내 흡연 행위를 제한하는 조치가 필요했던 것이다. 실제로 몇몇 대형 화재 사건이 발생하면서, 흡연 규제의 필요성이 더욱 강조되었다.

이와 더불어 담배를 피우지 않는 여객들의 불편함을 해소하고자 하는 노력도 있었다. 흡연 구역을 지정하고 실내 흡연을 금지함으로써 비흡연 여객들의 쾌적한 여행 환경을 보장하고자 했던 것이다. 비흡연자들은 담배 연기와 냄새로부터 자유로워지면서, 보다 건강하고 즐거운 여행을 즐길 수 있게 되었다.

결과적으로 크루즈선 내에서의 흡연 문화는 과거 자유로운 수준에서 점차 제한적인 방향으로 변화해왔다. 선박 안전과 비흡연 여객의 편의성 제고가 주된 동기였던 이러한 변화는 현재 크루즈 여행의 일반적인 관행으로 자리 잡게 되었다. 이러한 변화는 크루즈 여행을 더욱 안전하고 쾌적한 경험으로 만들어 주었으며, 앞으로도 이러한 경향은 지속될 것으로 보인다.

COVID-19 이전에는 카지노와 바에서는 흡연이 허용되는 크루즈 선사가 대부분이었으나 현재는 카지노에서도 흡연이 금지되는 곳이 증가하고 있다. [그림 9-9]와 같이 선상에서 흡연구역과 금지구역이 분리되어 있으니 꼭 확인하여야 한다.

그림 9-7 크루즈선의 흡연, 금연 표시

선박의 접두어

타이타닉호(RMS Titanic)에 사용되었던 RMS는 무엇을 의미하는지 궁금해 본 적이 있는가?

세계의 모든 선박은 이름을 가지고 있다. 그 이름은 국가, 회사 또는 유명 인물의 이름을 따를 수 있다. 그러나 선박의 이름이 무엇이든, 모든 선박은 이름 앞에 특정 약어 또는 선박 접두어(Ship Prefix)를 포함해야 한다. 선박의 접두어는 해양 산업에서 필수적인 역할을 한다. 선박 이름 앞에 적힌 접두어는 그 선박의 목적이나 멀리서도 식별하는 데 도움을 준다.

선박 접두어로 많이 사용되는 SS 혹은 MV처럼 약어는 특정한 의미를 가진 몇 글자로 구성되어 있다. 때로는 각 문자 사이에 '/'를 추가하여 S/S, M/V와 같은 형태로 사용하기도 한다.

선박 접두어나 약어는 해군 함정뿐만 아니라 상선의 이름에도 사용된다. 대부분의 민간 선박의 약어 또는 접두어는 특정 선박의 추진 방식을 나타내는 경우가 많다.

몇 가지 기본 선박 접두어와 그것을 사용하는 선박의 종류에 대해 살펴본다.

SS: 가장 일반적으로 알려진 선박 접두어는 SS로, 증기선(蒸氣船, Steamship)을 의미한다. 이것은 해당 선박이 증기 엔진에 의해 구동되거나 추진된다는 의미이다. 이러한 종류의 선박은 스티머(Steamer, 汽船)라고도 알려져 있다. 19세기부터 사용되어왔다. 이 종류의 선박은 바람이나 기상에 크게 의존하지 않는다.

MV: 선박 접두어 MV는 기선(機船, Motor Vessel)을 의미한다. 기선은 디젤 엔진과 같은 내연기관에 의해 추진되는 선박이다. 이러한 선박은 19세기 후반과 20세기 초반부터 사용되기 시작하였다. 이들은 가장 일반적으로 사용되는 선박 중 하나이며, 일반 대중 사이에서 가장 인기 있는 선박의 약어이기도 하다.

RMS: 선박 접두어 RMS는 Royal Mail Steamer(왕립우편기선) 또는 Royal Mail Ship(왕립우편선)의 약자로, 1840년부터 영국 왕립 우체국(British Royal Mail)과 계약을 통해 우편물을 운반하는 선박에 사용되는 접두어이다. 처음에는 영국 해군이 계약을 체결하여 RMS를 사용하였으나, 1850년대부터는 민간 기업과의 계약으로 확장되었다. 우편물은 정해진 시간에 도착해야 하기 때문에 RMS는 해당 선박의 항해 품질과 경쟁우위를 나타내는 상징으로 여겨졌다. 선박이 우편물을 운반하기로 계약된 경우에만 RMS 접두어를 사용하며, 그렇지 않을 경우에는 SS와 같은 다른 접두어를 사용한다.

PS: 선박 접두어 PS는 패들 스티머(Paddle Steamer)라는 종류의 선박을 의미한다. 이는 증기선의 한 형태이다. 증기 엔진은 패들이 물결을 일으켜 선박을 물 위에 띄운다.

TS: 선박 접두어 TS는 실습선(Training Ship)을 의미한다. 해양대학과 같은 곳에서 젊은 학생들 혹은 실습생(Cadet)을 선원으로 훈련시키기 위해 사용되는 선박의 일종이다.

RV: 선박 접두어 RV는 연구선(Research Vessel)을 의미한다. 이름이 암시하듯이, 연구선은 바다에서 연구를 수행하기 위해 특별히 설계되고 장비가 갖춰진 선박이다. 이러한 선박은 다양한 목적을 위해 해상에서 사용될 수 있다.

선박 접두어는 전통적으로 민간부분에서 사용하였다. 대부분 선박의 법적이나 공식적인 목적을 나타낸다.

요즘은 기술의 발전으로 인해 선박 접두어도 변화하고 있으며, 이것은 특정 선박이나 형태가 사용하는 기술을 나타낼 수 있다. 예를 들어, LPGC는 액화 석유 가스 운반선(Liquefied Petroleum Gas Carrier)을 의미하고, TB는 예인선(Tug Boat), DB는 기중기 바지선(Derrick Barge)을 의미한다.

이는 선박이 사용하는 기술에 따라 이름을 붙이는 비교적 새로운 방식이다. 많은 선박이 이러한 명명법을 채택하기 시작했다.

상선에서 선박 접두어

상선 또는 국적선대(Merchant Navy or Merchant Marine)의 선박은 국가의 국방 및 안보를 위한 것이 아니라 무역과 비즈니스를 위해 사용되는 선박이다. 상선은 해군 함정처럼 선박 접두어를 가지고 있다. 상선의 명명 규칙에 대한 표준화된 규칙은 1939년 영국의 해운부(Ministry of Shipping)에 의해 도입되었다. 이 규칙은 영국에서 건조된 모든 상선은 선박 이름에 Empire라는 접두어를 포함해야 한다고 명시하였다. 이 규칙은 의무사항으로, 크기에 관계없이 모든 영국 상선대의 상선에 적용되었다.

해군의 선박 접두어

함정은 각국의 해군이 국가 방어 또는 안전을 위해 사용하는 선박이다. 이들은 일반적으로 다양한 약어를 사용한다. 예를 들어, HMS는 His/Her Majesty's Ship을 의미하며, 이는 영국 해군(British Royal Navy)에서 사용하는 이름이다. 예를 들어 HMS Excellent(엑설런트함)와 같이 사용한다.

대부분의 해군은 함정을 선체번호(Hull Number)를 통해 식별한다. 선체번호는 선박의 식별 코드라고 할 수 있으며, 일반적으로 함정의 측면에 표시된다. 선체번호의 사용 방법은 해당

해군과 국가에 따라 다르다. 예를 들어, 대부분의 유럽 해군과 영국 해군은 함정에 번호 체계를 선호한다.

하지만 미국 해군은 동일한 목적을 위해 기호 체계를 선호한다. 미국은 루즈벨트(Theodore Roosevelt) 대통령이 채택한 새로운 해군 함정 명명 규칙으로 인해 USS(United States Ship)로 표기한다.

여러 국가에서 상선과 함정의 선박 이름을 정하는 규칙은 서로 다르다. 그럼에도 불구하고 선박 접두어의 사용 규칙은 보편적으로 따르고 있다. 이렇게 함으로써 선박 소유자와 바다를 항행하는 선박간에 상호식별을 쉽게 할 수 있게 한다. 해양 산업에 진입하기 위해 학습하는 사람들에게는 기본 약어를 알고 선박의 목적을 선박 이름의 첫 두 글자만 보고도 식별하는 능력은 필수적이다.

출처: Daniel(2023), "A Guide To Ship Prefixes For Naval And Merchant Vessels", Maritime Manual, https://www.maritimemanual.com/ship-prefixes

제9장 참고문헌

Cook, Clifford A.(1979), "Music Festival at Sea: A Mediterranean Cruise", American String Teacher, Vol.29, No.3, pp.18-22, https://doi.org/10.1177/000313137902900312

Cruisecritic(2017), "Cruise Playlist: 10 Best Cruise Songs", https://www.cruisecritic.com/articles.cfm?ID=2519

Cruiseradio(2017), "21 Songs For Your Cruise Playlist", https://cruiseradio.net/21-songs-cruising-playlist

Cruiseweb(2014), "10 Awesome Songs for Cruising", https://cruiseweb.com/blog/2014/06/10-awesome-songs-for-cruising

Lifewellcruised.com(2020), "21 Favorite Cruising Songs", https://lifewellcruised.com/best-cruise-songs-cruise-playlist

Miller, William H. and Hawley, Brian(2011), RMS Caronia: Cunard's Green Goddess, Gloucestershire, UK: The History Press.

제3부

크루즈 관광

To move, to breathe, to fly, to float,
움직이고, 숨 쉬며, 날아다니고, 떠다니는 것,
To gain all while you give,
주는 만큼 얻는 것,
To roam the roads of lands remote,
먼 땅의 도로를 여행하는 것,
To travel is to live.
여행하는 것이 곧 삶이다.

동화작가 Hans Christian Andersen(1835)의 The Traveling Companion 내용 중

제10장
크루즈 기항지

10.1.1. 크루즈 관광 시스템

10.1.1.1. 목적지로서 크루즈선

전통적으로 크루즈 관광 시스템은 관광객 창출 지역과 관광 목적 지역 간의 경유지 역할로 설명되어 왔다. 이는 크루즈 관광이 기항지 관광에 초점을 맞추었다는 것을 의미한다. 1960년대까지만 하더라도 크루즈 관광 또는 오션라이너 관광은 흥미로운 기항지 방문에 집중하였다. 하지만 크루즈선 그 자체는 관광의 부산물에 불과할 정도로 인식하였다(하인수, 2019).

이후 크루즈 선사들이 내건 기항지의 광고 홍보 문구는 여객의 재미있는 기대를 충족시켜 주었다. 그러나 기항지의 날씨 문제로 인해 선내에 체류해야 할 경우, 좁은 공간으로 인해 갑갑함을 느끼고, 다양한 선상 활동 프로그램이 부족하여 지루함을 경험하게 되었다

1970년대부터 크루즈 여객들은 재미있고 즐거운 프로그램과 더 좋은 시설을 갖춘 크루즈선을 원하게 되었다. 선사들이 이에 부응하여 여객들이 기항지에서 보내는 시간보다 크루즈선에서 보내는 시간이 많아짐에 따라, 크루즈를 경유지보다는 목적지라고 인식하게 시작했다. 오늘날 크루즈선은 떠다니는 리조트(Floating Resort)로 자리매김함으로써 크루즈선 그 자체에 승선하는 것을 목적으로 하는 관광객이 증가하고 있다. 이런 의미에서 크루즈선이 더 이상 경유지가 아닌 목적지로 전환되고 있음을 보여주고 있다.

Gibson(2006)은 Davidosn and Maitland(1997)의 크루즈 관광시스템의 개념을 확장시켜 [그림 10-1]과 같이 개념을 제시하였다. 관광 발생지역(generating region)의 크루즈 잠재 관광객은 가처분 소득, 여가시간, 동기, 의욕, 인구통계학적 변화 등과 같은 다양한 요인에 의하여 영향을 받는다. 정보는 크루즈 잠재 관광객의 현지에 대한 인식을 개선하고 재방문 동기를 자극하여 그들의 관심을 크루즈 목적지역에서 관광 발생지역으로 전환시킨다.

크루즈 산업에서 다양한 시설을 갖춘 초대형 크루즈선의 건조에 따른 변화를 주목한다면, 크루즈 여행에서 핵심 목적지는 크루즈선 그 자체가 될 수 있다. 실제로 크루즈선은 크루즈 관광에서 여행 목적지로서 중요한 역할을 담당하고 있다.

이것은 크루즈 관광시스템에 있어서 선박은 의미 있는 장소이며 최근에 건조되는 대형선 그 자체가 주요 목적지로 해석될 수 있다는 것을 의미한다. 그 이유는 선상경험을 위하여 기항지 관광을 거부하고, 선상에 머무르는 것을 더 선호하는 관광객이 존재 한다는 점에서 크루즈선을 목적지로 간주하고 있기 때문이다.

크루즈선이 관광발생지역과 최종 크루즈 목적지 또는 기항지 간의 중심축 역할을 수행하게 된다. 어떤 의미에서 크루즈 여행기간 동안 크루즈선은 다양한 기항지 활동 등의 체험, 선택을 검토할 수 있는 정보센터의 역할을 하고 안전하고 친밀한 공간을 제공한다. 또한 정보는 크루즈 기항지에서 크루즈선으로, 그리고 크루즈선에서 관광발생지역으로 이동한다.

그림 10-1 크루즈 관광 시스템

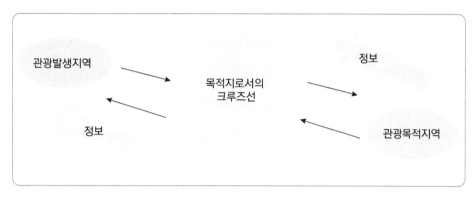

자료: Gibson(2006).

10.1.1.2. 크루즈 기항지

글로벌 크루즈 항만 시스템은 항만 방문객이 몰리는 것뿐만 아니라 지역 집중도가 높은 것이 특징이다. 그러나 크루즈 선사에 의한 광범위한 여행 일정 구성과 많은 크루즈 항만의 크루즈 활동 발전에 대한 관심 증가로 인해, 주목할 만한 수준의 크루즈 활동을 주최하는 항만의 수가 증가하면서 이러한 집중도는 감소하고 있다.

관측된 목적지 패턴은 3~5개 항만을 방문하는 7일 크루즈의 운항 특성에 맞춰 카리브해와 지중해 주변의 항만 방문이 두드러진다는 점이다. 다른 중요한 활동 클러스터는 미국 북동부와 대서양 캐나다, 알래스카, 하와이, 북유럽과 관련이 있다. 2010년대에 아시아는 가장 중요한 성장 시장이었다. 아시아, 중동, 남아메리카에서 증가하는 중산층과 상류층의 잠재적인 수요를 충족시키기 위해 새로운 순항 항로와 해역 및 관광목적지가 등장하고 있다. 호주 시장에 배치된 수많은 크루즈선들이 이 지역에서 서비스를 제공하면서, 세계 곳곳에서 크루즈 항만이 발전하고 있다.

그림 10-2 크루즈 항만의 집중

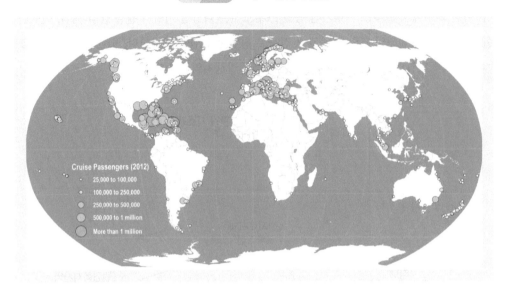

자료: Notteboom, Pallis and Rodrigue(2022).

크루즈 항만의 유형을 고려할 때 주목해야 할 핵심 요소가 있다(Rodrigue and Notteboom, 2013). 예를 들어 해당 항만이 승하선 지점인 경우 모항(Homeport)이라고 한다. 모항은 크루즈 여객의 허브이기 때문에 교통 인프라의 접근 용이성을 보장하는 것이 가장 중요하다(Khadaroo and Seetanah, 2008). 그 모항이 본사가 있는 곳이거나 선박이 대부분의 시간을 보내는 곳이라면 기지항(Base Port)이라고도 할 수 있다. 기항지는 여객이 하선하여 해당 지역을 방문할 수 있는 크루즈 여정에서 확인되는 장소이다. 이 항만은 여행 일정에 적합하고 크루즈 여객에게 목적지로서 가치가 있는 것으로 간주된다(Marti, 1990).

기항지는 그 자체로 목적지이거나 항만에서 접속할 수 있는 대상에 대한 관문일 수 있다. 하이브리드 포트는 모항과 기항지의 속성이 결합되어 있다. 이러한 유형의 항만은 크루즈선 여객에게 크루즈 관광 상품을 판매할 때 더 유연한 계획을 가능하게 한다(Lekakou, Pallis and Vaggelas, 2009).

유명한 항만(Marquee Port)이라는 문구는 업계에서 자주 사용하는데 주요 관광 명소 또는 꼭 봐야 할 곳(Must See)으로 간주되는 크루즈 목적지를 나타낸다. 보트 항만(Boat Port) 또는 텐더 항만(Tender Port)은 선박이 투묘를 한 곳이다. 접안을 하지 못하고 투묘지에 정박하고 크루즈선의 구명정을 이용하여 여객을 해안으로 이동시킨다.

256 크루즈 경영

[표 10-1]는 Cruise Travel News(2017)가 수집한 정보에 따라 2016년 전세계에서 가장 분주한 크루즈 항만을 보여준다. 데이터는 모항, 기항지 또는 하이브리드 항만을 구분하지 않고 크루즈 선에 합류하고 떠나는 고객으로 인해 발생하는 트래픽 양을 반영한다. 많은 항만의 경우 선박이 정박하는 곳과 셔틀 환승 또는 다른 형태의 운송 수단을 써야 하는 실제 주요 크루즈 목적지 사이에 거리가 있을 수 있다. 예를 들어 한국 관광지로서 경주를 방문하고자 할 때 크루즈선은 경주에 기항 할 수 없기 때문에 기항지는 부산항이 된다.

표 10-1 크루즈 항만 순위

크루즈 항만	지역	방문객(명)
Miami	미국	4,898,000
Canaveral	미국	3,951,127
Everglades	멕시코	3,680,549
Cozumel	중국	3,637,321
Shanghai	스페인	2,847,000
Barcelona	이탈리아	2,683,594
Civitavecchia	바하마	2,339,676
Nassau	스페인	2,034,685
Canary Islands	스페인	1,981,489
Balearic Islands	미국	1,957,429
U.S.Virgin Islands	캐러비안	1,776,685
Galveston	미국	1,730,289
Grand Cayman	캐러비안	1,711,565
Southampton	영국	1,700,000
St. Maarten	캐러비안	1,668,863
Jamaica	자메이카	1,655,565
Venice	이탈리아	1,605,660
Marseille	프랑스	1,597,213
Sydney(Australia)	오스트레일리아	1,309,000
Naples	이탈리아	1,306,151
New Orleans	미국	1,070,323

자료: Cruise Industry News(2017).

10.1.2. 크루즈 목적지

10.1.2.1. 크루즈 항만

크루즈 항만(Cruise Port)은 크루즈 경제 발전을 위한 핵심 기반 시설이다. 크루즈 경제를 연구하는 목적 중 하나는 크루즈 항만의 계획과 건설의 필요성을 판단하여 크루즈 항만을 합리적으로 배치하고 크루즈 및 크루즈 선사에 대한 서비스를 제공하기 위한 적절한 규모를 검토하는 것이다.

크루즈 터미널은 크루즈, 관광객 및 크루즈 승무원의 승선 및 하선, 수하물, 화물 및 쓰레기의 하역을 위한 해안 시설이다.

크루즈는 통상적으로 국경을 넘어 항해하기 때문에 일반적으로 크루즈 터미널은 승하선 시설 외에 출입국, 세관, 검사 및 검역시설, 터미널 건물, 주차장, 집배시설, 수도, 전기, 통신, 보안검색 시설 등을 갖춰야 한다.

크루즈 터미널이 위치한 항만은 기항지(Port of Call)와 회항지(Port of Turnaround) 두 가지로 나눌 수 있으며, 이는 항만의 지리적 위치, 배후지의 사회경제적 상황, 관광 자원, 항로 분포와 관련이 있다.

기항지는 주로 크루즈 입항을 위한 항만이다. 크루즈선 계류, 여객과 승무원의 승선 및 하선 등 기본적인 기능을 갖추고 있으며 주로 바하마의 나소(Nassau) 등 관광자원이 풍부한 해안도시나 섬에 위치하고 있다.

회항지는 주로 항해를 시작하거나 끝내는 크루즈와 기항을 위한 항만이다. 크루즈 계류, 여객과 승무원의 승선 및 하선, 크루즈 보충, 폐기물 및 오수처리(Sewage Disposal), 여객 통관, 수하물 체크인 및 승무원 서비스의 기능을 갖추고 있으며, 주로 내륙의 인구 밀도가 높고, 경제 발전 수준이 높으며, 풍부한 관광객과 편리한 교통이 있는 항만 도시에 위치한다. 크루즈 모항(Cruise Homeport)은 일종의 회항지 항만이다. 그것은 여러 척의 대형 크루즈가 정박하고 출입하는 데 필요한 종합적인 서비스 시설과 장비를 갖추고 있다. 크루즈 경제 발전을 위한 완전하고 포괄적인 서비스와 지원을 제공할 수 있는 크루즈의 근거지이다. 크루즈 선사는 모항에 지역 본부 또는 회사 본부를 설립하고 크루즈는 보급, 폐기물 처리, 정비 및 수리를 위해 모항을 이용한다.

주요 크루즈 모항은 북미, 유럽, 동남아시아에도 있으며, 미국의 보스턴, 뉴욕, 마이애미, 캐나다의 밴쿠버, 영국의 런던, 덴마크의 코펜하겐, 네덜란드의 암스테르담, 스페인의 바르셀로나, 싱가포르, 홍콩, 말레이시아의 쿠알라룸푸르 등에 있나.

기항지의 터미널과 회항지 항만 또는 모항의 크루즈 터미널 간에 자원 및 시설에 일정한 차이가 있다. 크루즈 터미널 설계규정에 따르면 실제 이용요건에 따라 기항지에 위치한 크루즈 터미널 시설은 경제성과 적용성의 원칙에 따라 설계되어야 하며, 불필요한 낭비를 방지하기 위해 시설의 규모와 구성을 적절히 줄일 수 있다. 일반적인 기항지의 경우, 관광객은 수하물을 운반하지 않고 승하선할 수 있으므로, 터미널, 주차장 등의 기능은 비교적 단순할 수 있다. 예를 들어 여객의 승하선을 위한 간이 통로와 간단한 보안 검사 시설을 갖춘 터미널 건물로만 구성된다.

회항지 항만의 경우, 항해를 시작하는 특성 때문에 수자원 및 토지 자원과 시설 구성에 대한 요구사항이 더 높다. 예를 들어, 온전한 정박지, 통로, 완전하고 편리한 터미널 건물, 주차장, 신속한 집하 하역 시스템 등이 포함된다. 일부 크루즈 항만은 터미널 뒤편에 크루즈 정비시설과 부동산을 개발한다. 실제로 크루즈 모항은 회항지 항만의 기능과 특징을 가지고 있기 때문에 회항지 크루즈 항만의 터미널과 크루즈 모항의 터미널에 대한 기본적인 기능과 자원, 시설 구성에 차이가 없다.

일부 도시의 경우, 지역 항만에는 항로 밀도, 관광객 수, 경제 및 기타 요인 등으로 인해 전용 크루즈 터미널이 없다. 도착 크루즈는 컨테이너 또는 다목적 터미널에만 접안할 수 있다. 이 경우 항내에는 크루즈 안전운항 및 통관, 수거, 유통의 요구에 적합한 시설이 구비되어야 한다.

크루즈 터미널 건설에 대한 투자는 많지만 항만 운영자들의 주요 운영수입은 크루즈 입항 및 출항, 관광객 승하선, 수하물 수속, 크루즈선 선용품 보급 등으로 일반적으로 크루즈 항만의 수익은 높은 편은 아니다. 그러나 크루즈 관광이 핵심 상품으로 추진되는 관련 산업의 발전에 따른 전반적인 경제적 효과가 나타난다. 크루즈의 입항으로 인한 이익은 주로 관광객의 지역 교통, 식사, 숙박, 관광 및 쇼핑을 위한 소비, 크루즈선의 보급, 유지 및 정박 비용 등이다. 반면에 모항에서의 소비는 기항지에서의 소비보다 훨씬 크다. Cheng, Gong and Li(2020)의 연구에 따르면 모항의 경제적 이익은 기항지의 10~14배이다.

10.1.2.2. 크루즈 기항지 요건

다양한 즐길거리를 제공하는 크루즈 기항지 또는 목적지는 사람들의 마음을 움직이게 한다. 크루즈 관광객이 선호하는 항만 혹은 기항지에 대한 선호도를 조사한 연구에 따르면 크루즈 기항지는 재미있어야 하고, 문화적으로 색달라야 하며, 안전하고 위협적인 요소가 없어야 하고, 친밀한 분위기와 접근성 그리고 고객 중심의 서비스를 갖추어야 한다.

크루즈 기항지는 크루즈선으로부터 상당한 수익을 창출하는 곳으로서 각국의 항만은 크루즈선을 유치하고자 노력하고 있다. [표 10-2]는 크루즈 기항지의 매력요인을 조사한 결과를 Gibson and Parkman(2019)이 정리한 것이다.

표 10-2 **크루즈 기항지의 매력요인**

크루즈 여객을 위한 매력	크루즈 운영자를 위한 매력	수익창출 매력
• 독특한 경험 • 크루즈 기항지로의 접근성이 뛰어난 출항지 • 출항자체가 관광 매력물 • 문화적, 역사적 유물 • 파노라마식 경치 • 국제공항으로의 접근성 • 섬 기항지의 다양한 관광매력물 • 천연 혹은 인공 매력물 • 연중 온화한 날씨(크루즈 기항지 포함)	• 평균 35피트(10.75미터)의 간조수위 • 흘수가 깊고 안전한 정박지 • 초대형 크루즈선 수용능력 • 여객출입용 교량 및 이동식 통로 • 크루즈 마켓과 다른 기항지와의 접근성 • 모항, 기항지 또는 크루즈항으로의 전환 적합성 • 전문적인 서비스 • 창고공간(수납, 저장, 수화물처리) • 예술적 시설을 갖춘 크루즈 터미널 • 저렴한 항만사용료 및 연료비 • 효율성, 정치적 안정성, 신뢰성 • 여객의 전반적 만족을 충족하는 시설	• 레스토랑, 카페, 바 • 쇼핑 • 시내관광 프로그램 및 기항지 관광 프로그램 • 수상, 육상 스포츠 • 면세 • 다양한 교통 선택 • 호텔과 기타 숙박시설

자료: Gibson and Parkman(2019).

10.1.3. 크루즈 매력성

10.1.3.1. 매력성 요인

일반적으로 관광객은 여행을 결정할 때 방문하게 될 관광지의 모든 면을 고려하게 된다(Kozak and Rimmington, 1998). 한편, 보통의 관광객이 일종의 인지된 매력을 경험하기 위해 찾아가서 일정 기간 머무르는 장소를 관광지라고 정의한다(Leiper, 1995).

혹자는 관광지를 관광객의 욕구를 충족시키기 위해서 설계된 시설과 서비스의 중심지(Cooper, Fletcher, Gilbert, Shepherd and Wanhill, 1998), 혹은 관광의 복합상품(Kim, 1998) 등으로 개념화하기도 한다. 이러한 정의를 바탕으로 한다면 관광지는 관광 산출물 곧 관광서비스를 제공하는 매력의 복합체이며, 따라서 관광지는 관광활동에 있어서 중요한 매력요소로 작용하는 것은 분명하다(박석희, 2000).

따라서 관광과 관광지 환경은 밀접한 관련성을 맺고 있으므로 매력성을 제공하지 못하는 관광지는 당연히 발전을 기대하기 어렵다(Mellor, 2003). 이것은 관광지마다 지속적으로 변화하는 매력을 제공하려는 노력을 끊임없이 하게되는 중요한 이유이다.

관광지 매력이란 관광지가 추구하는 편익(Benefits)에 대해 부여하는 중요성과 그 편익들을 관광지가 제공해줄 것이라고 지각하는 신념의 결합으로 구성된다(Hu and Ritchie, 1993; Mayo and Jarvis, 1981). 비록 판면 분이에서 논외가 이지도 진행 중인 비어 같이 관광매력물(tourist attractions)

자체보다는 관광지 매력성(destination attractiveness)이라는 개념이 관광지 선택 행동을 예측하는데 의미가 있다.

기존 관광지는 전통적으로 국가, 도시 등 지리적 영역으로 간주되어 왔으며, 교통수단의 발달로 인한 접근성 문제의 해결에 따라 관광지의 매력성은 관광에 있어서 아주 중요한 요소이다.

관광지의 매력성에 영향을 미치는 1차 요인으로 기후, 생태, 문화, 전통건축, 지형 등이 있고, 2차 요인으로는 호텔, 식음료, 교통, 유흥, 주제공원 등이 중요한 요인들이다. 거시적으로 관광지 매력성의 영향요인은 지리적, 사회문화적, 물리적, 자연적 및 보조요인들로 구분할 수도 있다 (Azlizam, 2002). 좀 더 구체적으로 매력성 요인을 [표 10-3]과 같이 대표적으로 규정하고 있다 (Kozak and Rimmington, 1998).

표 10-3 관광 매력성 요인

구분	요인
매력물(attractions)	경관/자연자원, 기후, 문화, 음식, 역사, 민속, 접근성, 시설과 서비스
시설과 서비스 (Facilities and Services)	숙박업소, 공항, 교통, 스포츠, 여흥, 쇼핑, 식음료
하부구조(Infrastructure)	식수, 정보, 건강, 에너지, 상/하수도, 도로, 안전체계
환대성(Hospitality)	친숙성, 도우미, 불평처리
비용(Cost)	화폐가치, 숙박비, 식음료비, 교통 및 쇼핑비

자료: Kozak and Rimmington(1998).

크루즈 관광산업의 육성과 관련하여 현재 수용 태세 개선 방안이 추진되고 있으나, 크루즈 관광 이용자의 특성을 분석하고 크루즈 시장을 세분화하는 정책이 함께 마련되어야 한다. 크루즈 수용태세 개선과 관련하여 우선적으로 추진해야 하는 과제는 크루즈 터미널의 정비를 통하여 이를 관광복합공간으로 발전시키는 것이다. 즉, 크루즈 터미널은 단순히 크루즈선을 접안하는 기능에서 벗어나 관광활동과 더불어 쇼핑, 위락활동이 함께 이루어 질 수 있도록 조성해야 하며 크루즈 이용객의 편의가 도모되어야 한다는 주장도 설득력을 얻고 있다(홍장원, 2010).

따라서 크루즈 관광의 핵심은 어떻게 매력적으로 만드는가 하는 것이 중요한 문제이다. 분명 이러한 매력성 요인을 찾기 위해서는 현재 우리나라 크루즈 관광의 매력성에 대한 평가가 동반되어야 한다.

10.1.3.2. 우리나라 크루즈 매력성

일반적으로 관광관련 전문가들은 우리나라는 해안선이 아름답고, 다양한 관광자원을 보유하고 있기 때문에 크루즈 관광산업 발전 잠재력이 매우 높으나, 아직 크루즈선의 기항을 위한 전용 부두와 터미널, 기타 부대시설 및 편의시설이 부족한 실정으로 평가하고 있다(이원갑, 2010).

그러나 지리적으로 우리나라는 중국과 일본의 중간에 위치하며, 동북아시아의 중심으로 유리한 입지에 있기 때문에 부산, 제주 등 지방자치단체 차원에서 크루즈 전용부두 및 관련 시설 확충을 위해 노력하고 있다. 특히 부산의 경우 크루즈전용 터미널을 2007년에 준공하였고, 제주의 경우에는 2019년에 민군복합 크루즈 터미널(민군복합형관광미항)을 완공하였다.

크루즈 관광산업의 중요성을 감안할 때, 이제는 국가가 주도적으로 국제경쟁력 있는 크루즈 활성화 방안을 강구하여 점증하는 크루즈 관광 수요에 대응해야 할 때이다.

또한 우리나라의 크루즈 관광 설문조사를 실시한 내용을 통해 현재 크루즈 관광의 실태를 정확하게 알아 볼 필요가 있다. 정부기관이 합동으로 참가한 2012 Cruise Shipping Miami 행사에서 우리나라의 크루즈 관광에 대하여 Survey on Korea as a Cruise Destination라는 주제로 행사참가자에게 설문을 실시하였다(한국관광공사, 2012). 그 설문의 결과 중에서 유용한 자료는 다음과 같다.

첫 번째로 우리나라 항만의 인지도는 아주 낮은 수준으로 평가되었다. 즉, 동북아시아 항만 인지도 면에서 상하이(20.9%), 부산(13.4%), 인천(12.3%), 오사카(12.1%), 요코하마(11.1%), 텐진(11.1%)이 1, 2, 3, 4, 5위를 차지한 데 반하여, 제주(4.7%), 여수(2.3%)는 최하위인 각각 9위, 10위를 차지하였다. 이것은 그간 많은 지방자치단체가 크루즈 관광의 최적지라고 주장하고 있는 점에 대하여 정확한 진단이 필요하다는 것을 보여준다. 우리나라에서는 대도시권인 부산과 인천 정도만 유력한 크루즈 항만이다. 이것은 대도시의 항만인 중국의 상하이, 일본의 요코하마, 오사카와 같은 현상으로 크루즈 항만 자체보다는 그 항만이 포함되어 있는 도시의 매력이 절대적으로 필요하다는 것을 반증한다.

표 10-4 동북아시아 지역에서 매력적인 크루즈 항만 설문응답

순위	항만명(지역)	설문응답 비중(응답자: 865명)	
1	상하이(중국)	20.9%	181
2	부산(대한민국)	13.4%	116
3	인천(대한민국)	12.3%	106

4	오사카(일본)	12.1%	105
5	요코하마(일본)	11.1%	96
6	텐진(중국)	11.1%	96
7	후쿠오카(일본)	5.7%	49
8	블라디보스토크(러시아)	5.1%	44
9	제주(대한민국)	4.7%	41
10	여수(대한민국)	2.3%	20
11	기타	1.3%	11

자료: 한국관광공사(2012).

크루즈 관광지로서 우리나라의 매력 요소로는 역사문화(39.5%), 자연경관(3.5%)이 1,2위를 차지하고 있다. 반면에 한국을 기항지로 선택하지 않은 이유에 대하여 고민할 필요가 있다.

표 10-5 **한국의 매력 주요 이유 설문응답**

순위	매력	설문응답 비중(응답자: 595명)	
1	역사문화	39.5%	235
2	자연경관	23.5%	140
3	쇼핑, 한국음식	16.8%	100
4	일본, 중국 항만과 가까움	8.2%	49
5	크루즈 항만의 인프라	6.1%	36
6	한국을 선택하지 않음	2.4%	14
7	기타	3.5%	21

자료: 한국관광공사(2012).

한국을 선택하지 않는 이유로는 한국의 낮은 인지도(33.5%), 정치적 불안정성(17.9%)이 꼽혔다. 지난 2011년 Cruise Shipping Asia(2011.11.16.-18) 행사 설문결과와 비교할 때 선택된 1, 2위 항목은 같으나, 정치적 불안정성이 더 높은 비중을 차지하였다.

이 가운데 주변국(일본, 중국)과 차별이 부족하거나(12.7%), 기항 자체가 매력이 없거나(8.75%), 기항지의 인프라 부족(5.25%)은 심각한 상황으로써 결국은 관광지의 매력성이 부족하다는 것이다.

따라서 북한의 존재에 따른 불안정성은 단기적으로 혹은 우리나라 자체의 노력으로 해결할 수 없다고 하더라도 관광지 매력성은 비교적 쉽게 높일 수 있을 것으로 보인다. 즉, 우리나라의 분단상황을 극복하기 전까지는 관광활성화 전략을 위해 단기간에는 해결할 수 없기 때문에 관광지의 매력성을 보다 강화하는 것이 중요하다(김성국, 2012).

표 10-6 한국 항만을 기항하지 않는 주요 이유 설문응답

순위	기항하지 않는 이유	설문응답 비중(응답자: 173명)	
1	한국의 낮은 인지도	33.5%	58
2	정치적 불안정성	17.9%	31
3	주변국(일본, 중국)과 차별 부족	12.7%	22
4	기항의 매력 없음	8.7%	15
5	기항지의 인프라 부족	5.2%	9
6	기타	22.0%	38

자료: 한국관광공사(2012).

10.2 ▶ 항행구역 선정

10.2.1. 관광경쟁력지수

관광경쟁력을 평가하는 가장 대표적인 지수는 세계경제포럼(WEF)이 격년으로 발표하는 관광경쟁력지수(TTDI, Travel & Tourism Development Index)이다. 관광경쟁력지수는 2007년을 시작으로 전세계 국가를 대상으로 각국의 관광 발전 요인 및 정책요인을 평가하고 있다. WEF의 관광경쟁력지수 발표의 주요목적은 국가 간 비교평가를 토대로 관광경쟁력 향상을 위한 전략 수립 및 성과 도출을 위한 기초자료로 활용한다.

WEF(2022)의 보고서를 기준으로 관광경쟁력지수는 5개 대분류, 17개 중분류, 112개 지표로 구성된다. 5개의 대분류는 환경조성(Enabling Environment), 관광정책 기반조성(T&T Policy and Enabling Conditions), 인프라(Infrastructure), 관광수요동기(Travel and Tourism Demand Drivers), 관광지속성(Travel and Tourism Substantiality)으로 2021 관광경쟁력지수 체계는 [표 10-7]과 같다.

표 10-7 **WEF 관광경쟁력지수 체계**

환경조성	관광정책 기반조성	인프라	관광수요동기	관광 지속성
비즈니스환경	관광우선순위	항공 인프라	자연 자원	환경지속성
안전 및 보안	국제개방성	도로 · 항만 인프라	문화 자원	사회복원지속성
보건 및 위생	가격경쟁력	관공서비스 인프라	비레저 자원	관광수요영향
인적노동시장				
ICT준비수준				

자료: WEF(2022).

2021년 기준 관광경쟁력지수를 세계 117위까지 분석한 자료에 따르면, 관광경쟁력지수(TTCI)
와 대분류 중 인프라 요소인 도로와 항만 인프라(Ground and Port Infrastructure)가 제시되어 있다.
전반적인 TTCI는 중요하지만, 특히 크루즈 관광의 경우 기항지의 여건이 매우 중요합니다. 따라
서 도로와 항만 인프라에 대한 평가를 확인하는 것이 의미가 있다.

[표 10-3]을 보면 일본이 가장 높은 관광경쟁력지수를 보이고 있다. 한국의 경우 TTCI 순위
가 15위를 차지하고 있으며, 도로와 항만 인프라 부문에서는 11위를 기록하고 있다. 이는 한국
이 크루즈 관광 활성화를 위한 기항지 여건이 상대적으로 양호한 편이라는 것을 보여준다. 특
히 도로와 항만 인프라가 잘 갖추어져 있어, 크루즈 관광객들의 편의성과 접근성이 높을 것으
로 판단된다.

따라서 한국은 전반적인 관광경쟁력 향상과 더불어 크루즈 관광 분야에서도 경쟁력을 확보하
고 있다고 볼 수 있다. 이를 바탕으로 크루즈 관광 활성화를 위한 다양한 정책적 지원과 투자가
필요할 것으로 보인다.

표 10-8 **WEF 관광경쟁력지수 평가결과**

국가	TTCI 평점	TTCI 순위	도로·항만 평점	도로·항만 순위	국가	TTCI 평점	TTCI 순위	도로·항만 평점	도로·항만 순위	국가	TTCI 평점	TTCI 순위	도로·항만 평점	도로·항만 순위
Japan	5.2	1	6.3	6	Mexico	4.3	40	3.2	76	Cambodia	3.6	79	2.6	99
United States	5.2	2	4.7	24	Bulgaria	4.3	41	3.8	46	Tunisia	3.6	80	2.8	92
Spain	5.2	3	5.1	16	Lithuania	4.3	42	4.7	23	Tanzania	3.6	81	3.5	63
France	5.1	4	5.6	10	Qatar	4.3	43	3.8	49	Cape Verde	3.6	82	2.6	101
Germany	5.1	5	5.4	14	Georgia	4.3	44	4.0	38	Pakistan	3.6	83	3.6	59

국가					국가					국가				
Switzerland	5.0	6	6.5	3	Turkey	4.2	45	4.0	40	Mongolia	3.6	84	2.6	102
Australia	5.0	7	3.8	47	Croatia	4.2	46	4.1	36	Trinidad and Tobago	3.6	85	3.4	66
United Kingdom	5.0	8	5.3	15	Israel	4.2	47	4.6	26	Kuwait	3.5	86	3.0	86
Singapore	5.0	9	6.6	2	Latvia	4.2	48	4.4	31	North Macedonia	3.5	87	3.0	83
Italy	4.9	10	4.8	18	Brazil	4.2	49	2.9	90	Namibia	3.5	88	3.3	70
Austria	4.9	11	5.7	9	Costa Rica	4.2	50	3.2	75	Rwanda	3.5	89	3.2	79
China	4.9	12	4.7	22	Egypt	4.2	51	4.0	39	Kyrgyz Republic	3.4	90	2.7	98
Canada	4.9	13	4.0	42	Vietnam	4.1	52	3.8	50	Bolivia	3.4	91	2.7	96
Netherlands	4.9	14	6.4	4	Romania	4.1	53	3.6	57	Tajikistan	3.4	92	3.3	71
Korea, Rep.	4.8	15	5.6	11	India	4.1	54	4.3	32	Lao PDR	3.4	93	2.5	105
Portugal	4.8	16	4.5	27	Uruguay	4.1	55	3.6	58	Lebanon	3.4	94	2.2	112
Denmark	4.7	17	5.8	7	Slovak Republic	4.1	56	4.4	29	Bosnia and Herzegovina	3.4	95	2.8	95
Finland	4.7	18	4.7	25	Bahrain	4.1	57	4.1	35	El Salvador	3.3	96	2.6	100
Hong Kong SAR	4.6	19	6.6	1	Colombia	4.0	58	2.9	87	Guatemala	3.3	97	2.4	107
Sweden	4.6	20	4.7	21	Argentina	4.0	59	3.1	81	Zambia	3.3	98	2.9	89
Luxembourg	4.6	21	6.3	5	Panama	4.0	60	3.9	45	Paraguay	3.3	99	1.9	114
Belgium	4.6	22	5.4	13	Armenia	4.0	61	3.2	74	Bangladesh	3.3	100	3.9	43
Iceland	4.5	23	3.2	78	Mauritius	4.0	62	3.7	55	Ghana	3.3	101	3.0	82
Ireland	4.5	24	4.4	28	Azerbaijan	4.0	63	4.4	30	Nepal	3.3	102	2.3	108
United Arab Emirates	4.5	25	3.8	53	Jordan	3.9	64	3.6	61	Benin	3.2	103	3.4	64
Czech Republic	4.5	26	5.7	8	Peru	3.9	65	2.8	93	Nicaragua	3.2	104	2.5	104
New Zealand	4.5	27	3.6	60	Kazakhstan	3.9	66	3.1	80	Senegal	3.2	105	2.9	91
Greece	4.5	28	4.0	37	Montenegro	3.9	67	3.5	62	Honduras	3.1	106	2.4	106
Estonia	4.4	29	4.8	19	South Africa	3.8	68	3.3	73	Côte d'Ivoire	3.1	107	3.2	77
Poland	4.4	30	4.8	20	Dominican Republic	3.8	69	3.0	85	Venezuela	3.1	108	1.9	113
Cyprus	4.4	31	3.3	69	Serbia	3.8	70	3.7	56	Malawi	3.0	109	2.5	103
Indonesia	4.4	32	4.1	34	Morocco	3.8	71	3.4	68	Nigeria	3.0	110	2.3	109
Saudi Arabia	4.3	33	3.8	54	Albania	3.8	72	3.3	72	Lesotho	3.0	111	2.7	97
Chile	4.3	34	3.8	52	Ecuador	3.8	73	3.0	84	Cameroon	2.9	112	2.8	94
Malta	4.3	35	3.9	44	Sri Lanka	3.7	74	4.0	41	Angola	2.9	113	1.8	116
Thailand	4.3	36	3.8	48	Philippines	3.7	75	2.9	88	Sierra Leone	2.8	114	2.2	111
Hungary	4.3	37	5.5	12	Botswana	3.7	76	3.8	51	Mali	2.7	115	2.2	110
Malaysia	4.3	38	4.2	33	Moldova	3.6	77	3.4	65	Yemen	2.6	116	1.8	115
Slovenia	4.3	39	4.9	17	Kenya	3.6	78	3.4	67	Chad	2.5	117	1.7	117

자료: WEF(2022).

　　세계경제포럼의 관광경쟁력지수는 국제 비교를 할 수 있고 동일 시점에 국가별 지수를 통한 대륙별 분석이 가능하다는 특징을 가지고 있어 지역, 국가 대륙별 비교가 가능한 장점을 가지고 있다. 특히 국세하공운송협회, 유엔세계관광기구, 세계여행관광협회 등 공신력 있는 국제조직 및 기구의 데이터 활용과 세계경제포럼을 활용하여 세계적인 산업계 리더를 대상으로 하는 전문가 설문조사는 해당 지수의 신뢰성을 높이는 것으로 분석된다. 또한 해당 지수는 지표별 가중치를 부여하지 않고 구성 분야의 각 부문은 동일한 영향력을 가지고 지수로 산출되는 것이 특징이다.

10.2.2. 크루즈 관광 영향요소

선행 연구들에 따르면 크루즈 관광 특성을 적절하게 반영할 수 있는 요소를 쉽게 발견할 수 없다. 관련 전문가 자문 등을 활용하여 크루즈 관광경쟁력에 미치는 영향을 검토가 필요하다.

선행연구에서 검토된 크루즈 관광객의 만족도에 영향을 미치는 요인을 종합적으로 분석하여 안승현 · 김근섭 · 최일선 · 신정훈(2021)은 [표 10-9]와 같이 21개의 지표를 선정하였다. 이러한 세부적인 지표는 크루즈 관광경쟁력을 대표할 수 있고 종합적으로 지수화를 통해 지역별 크루즈 관광경쟁력을 정략적으로 평가할 수 있을 것이다.

표 10-9 크루즈 관광목적지 만족도에 영향을 미치는 요인

No.	영문명	국문명	No.	영문명	국문명
1	Foodquality	음식품질	12	Traffic and noise	교통량/소음
2	Personal safety	개인안전	13	Port facilities/ service	항만시설/서비스
3	Guide services	가이드 서비스	14	Shop attitude	상점 직원 태도
4	Boarding services	승하선 서비스	15	Tourist information service	관광정보 서비스
5	Time for sightseeing	관광시간	16	Price	물가
6	Climate	기후	17	Local friendliness	지역주민 친절도
7	Attractiveness of sightseeing attractions	관광명소 매력도	18	Public transport	대중교통
8	Communication	의사소통	19	Taxi service	택시 서비스
9	Diversity of attractions	다양한 관광명소	20	Leisure facilities	레저시설
10	Diversity of shops	다양한 상점	21	Street vendors	노점상
11	Cleanliness and hygiene	위생			

자료: 안승현 · 김근섭 · 최일선 · 신정훈(2021).

10.2.3. 계절별 크루즈 관광

지구상에 해안이 있는 거의 모든 지역에 크루즈선은 항행이 가능하다. 전 세계적으로 크루즈 관광 상품이 있는 주요 크루즈 관광 구역은 [그림 10-3]과 같이 약 22개이다.

주요한 크루즈 관광 구역은 자연환경의 여건을 고려하여 선정된다. 크루즈 여객들은 안락함과 안전은 특정시기에 특정지역을 항해하는 크루즈선에게 직접적인 영향을 미친다.

그림 **10-3** **크루즈 구역**

자료: Cruise Specialists, https://www.cruisespecialists.com

크루즈선은 고객의 잠재적인 불편을 피하기 위하여 지리, 기후, 계절적 변화로 인해 발생하는 까다로운 해상조건을 가진 목적지로 항해하는 것을 피하여 운항하게 된다. 예를 들어 비스케이만, 희망봉, 벵갈만, 북대서양 지역은 항해사들이 인정하는 까다로운 기상조건을 가진 곳이다(Burton, 1995).

또한 크루즈 구역에는 최적의 조건을 갖추어서 관광할 수 있는 각각의 베스트 시즌이 있다. 캐주얼 크루즈선 가운데는 일년 내내 같은 지역을 취항하고 있는 크루즈선도 있지만 최적의 계절에 최적의 크루즈 관광지로 이동하는 재배치 크루즈선(Rposition Cruise)을 운영한다. 크루즈 관광을 위한 최적의 계절은 [그림 10-4]와 같으며, 럭셔리 클래스의 크루즈선은 베스트 시즌에 최고의 지역을 둘러보기 위해 예약을 받는다.

그림 10-4 크루즈 구역의 최적 운항 시즌

	1월	2월	3월	4월	5월	6월	7월	8월	9월	10월	11월	12월
지중해	□	□	□		■	■	■	■	■	■	□	□
카리브해	■	■	■	□	□	□	□	□	□	□	□	■
알래스카						■	■	■	■			
북구					■	■	■	■	□			
아시아	□	□	□	□	□	□	□	□	□	□	□	□
오세아니	■	■	■								■	■
남극	■	■	□							□	□	■
북극					□	□	□	□	□			

■ 최적시즌 □ 운항시즌

자료: アイシーエム, https://www.icruises.jp

선박의 특성상 바다의 조류와 바람 그리고 태풍의 영향을 받을 수밖에 없다. 지구 표면적의 3분의 2를 차지하고 있는 바다는 복잡한 작용에 의해 해류(Ocean Current)라는 일정한 움직임을 만든다. [그림 10-5]와 같이 해류는 보통 적도 지역에서 극지역으로는 난류(Warm Current)가, 극지역에서 적도 지역으로는 한류(Cold Current)가 흐른다. 해류는 북반구에서는 시계 방향으로, 남반구에서는 반시계 방향으로 원 모양을 그리며 순환한다.

그림 10-5 주요 해류

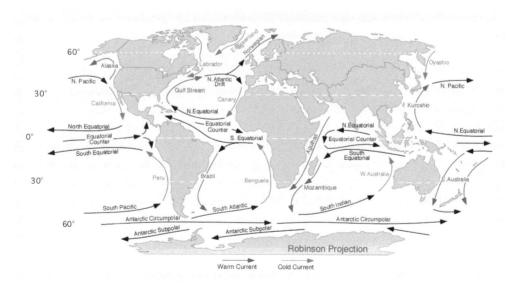

자료: Pidwirny(2002).

대양은 크게 북극해, 남극해, 대서양, 인도양, 태평양으로 나뉘며, 대양 주변에 작은 바다와 만이 분포한다. 대서양 북서부 캐나다의 펀디만은 세계에서 조수 간만의 차가 가장 큰 곳이다. 아시아와 아프리카를 구분하는 수에즈 운하는 지중해와 홍해를 연결하고, 대서양과 태평양을 연결하는 파나마 운하는 카리브해에 있다. 영국 동부의 북해, 터키 북부의 흑해, 유럽과 아프리카 사이에 위치한 세계에서 가장 큰 내해인 지중해, 아라비아반도의 홍해, 태평양 북쪽 알류샨 열도에 면한 베링해, 오호츠크해 등이 대표적인 대양 주변의 바다이다(Pidwirny, 2002).

날씨 순환은 복잡하다. 열대성 저기압(Cyclone)은 잠열, 수분의 응축, 구름형성에 의해 발달된다. 북반구에서 반시계 방향, 남반구에서는 시계 방향으로 회전하는 거대한 기단으로 강력한 열대성 저기압을 포함한다. 좁은 의미로, 인도양 북부, 인도양 남부, 태평양 남부에서 발생하는 강한 열대성 저기압을 의미하기도 한다. 이에 비하여 고기압은 안티사이클론(Anticyclone)이라고도 한다.

크루즈선의 경우 항상 열대성 저기압에 대한 사전정보를 확보하는 것이 선박의 안정성에 중요한 역할을 하기 때문에 항상 관찰해야 한다. 특별한 경우를 제외하고는 대부분의 현대적 크루즈선은 상대적으로 온화한 조건에서 크루즈 여행을 할 수 있도록 계획되어 있지만 급격한 날씨변화에 따라 부정적인 영향을 미치게 된다.

[표 10-6]은 지구의 대기 순환과 열대성 저기압을 도식하였다. 적도를 중심으로 남북으로 위도 23.5°를 지나는 북회귀선(Tropic of Cancer)과 남회귀선(Tropic of Capricorn)까지는 열대 지역이다. 이곳은 조용하고 안정적인 기후를 가지고 있으며, 바람이 없고 바다가 잠잠한 적도무풍대(Doldrums)를 형성한다. 이와는 달리 북위 30°와 남위 30° 부근에서는 1년 내내 일정하게 바람이 부는 무역풍(Trade Wind)이 존재한다.

위도 30°와 60° 사이의 중위도 지역에서는 서쪽에서 동쪽으로 부는 탁월풍인 편서풍(Westerlies) 존재한다. 무역풍과 편서풍은 초기의 유럽 항해선박을 위한 왕복항로로 이용되었다.

열대성 저기압에 대한 명칭은 지역에 따라 다르게 사용되고 있는데 대서양과 동태평양에서는 허리케인(Hurricane), 서태평양에서는 태풍(Typhoon), 필리핀에서는 바기오(Baguio), 오스트레일리아에서는 윌리윌리(Willy-Willy), 인도양에서는 사이클론(Cyclone)이라고 한다.

그림 **10-6** 지구의 대기순환과 열대성 저기압

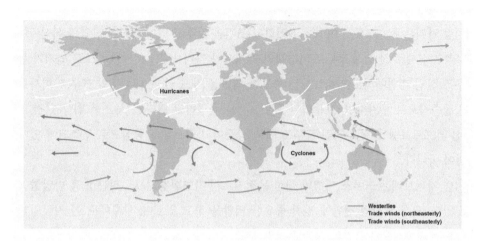

자료: NASA/JPL-Caltech.

10.2.4. 주요 크루즈 기항지

10.2.4.1. 카리브해

카리브해는 전 세계 크루즈 여행의 대표적인 목적지로 자리매김해왔다. 대부분의 사람들이 크루즈를 생각할 때, 그들은 카리브해(Caribbean)를 생각한다. 여객들이 의도하든 말든 간에 거의 소름끼칠 정도로 크루즈 산업에서는 정형화된 프로그램을 제공하고 있다. 이 지역은 아름다운 해변과 열대 풍경, 다양한 문화유산 등 크루즈 여행객들이 원하는 다양한 매력을 갖추고 있기 때문이다.

우선, 카리브해 일대의 섬들은 백사장 해변, 청록색의 맑은 바다, 야자수 등 전형적인 열대 풍경을 자랑한다. 플로리다 연안과 가깝게 위치해 있어 접근성이 뛰어나며, 섬들 사이를 오가며 크루즈 여행을 즐길 수 있다는 점도 매력적이다. 또한 화산섬들도 있어 험준한 산악 지형과 폭포, 열대 우림 등 다양한 자연환경을 경험할 수 있다.

문화적인 측면에서도 카리브해 지역은 매력적이다. 스페인, 프랑스, 영국, 네덜란드 등 유럽 열강의 식민지 역사가 깊게 배어 있어 다양한 건축양식과 유적, 언어, 관습 등을 만날 수 있다. 또한 아프리카계 문화와 토착민 문화가 혼재되어 독특한 카리브해 문화를 형성하고 있다. 이러한 다문화적 특성은 크루즈 여행객들에게 새로운 경험을 제공한다.

특히 카리브해의 대표적인 관광지인 자메이카, 바하마, 푸에르토리코, 쿠바 등은 유명한 휴양지로 손꼽힌다. 이들 지역은 아름다운 해변과 리조트, 역사적 유적, 다양한 액티비티 등을 제공하며 크루즈 여행객들의 큰 사랑을 받고 있다.

이처럼 카리브해는 크루즈 여행에 최적화된 조건을 갖추고 있어 크루즈 산업의 핵심 목적지로 자리잡았다. 실제로 전 세계 크루즈 여행객의 약 40%가 카리브해를 선택할 정도로 인기가 높다.

크루즈 산업 측면에서도 카리브해는 중요한 역할을 하고 있다. 대부분의 크루즈 회사들이 이 지역에 집중적으로 투자하며, 표준화된 프로그램을 운영하고 있다. 크루즈선 취항 일정, 관광지 선택, 선상 프로그램 등 전반적인 크루즈 여행 상품이 카리브해를 중심으로 구축되어 있다고 해도 과언이 아니다.

이처럼 카리브해는 크루즈 여행의 핵심 목적지로서 자연환경, 문화, 접근성 등 다양한 장점을 갖추고 있다. 크루즈 산업 전반에 걸쳐 중요한 역할을 하고 있으며, 향후에도 이 지역의 크루즈 여행 수요는 지속적으로 증가할 것으로 전망된다.

한편 최근 COVID-19 팬데믹으로 인해 카리브해 크루즈 산업도 큰 타격을 받았다. 크루즈선 운항 중단, 관광객 감소 등으로 인해 지역 경제가 큰 어려움을 겪고 있는 상황이다. 그러나 백신 접종 확대와 함께 점차 회복세를 보이고 있으며, 향후 크루즈 여행 수요가 다시 늘어날 것으로 기대되고 있다.

그림 10-7 카리브해

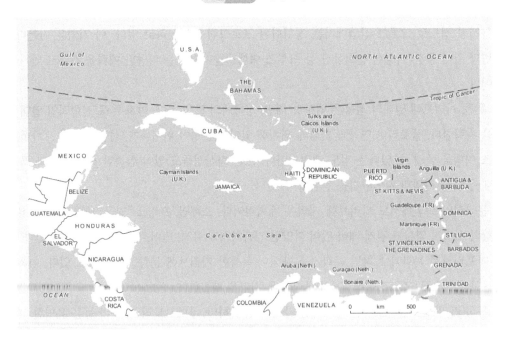

이를 위해 각국 정부와 크루즈 업계, 지역 사회가 협력하여 안전하고 지속 가능한 크루즈 여행 환경을 조성하기 위한 노력을 기울이고 있다. 또한 환경 보호와 지역 문화 보존 등 사회적 책임을 강화하는 등 새로운 변화를 모색하고 있다.

결국 카리브해는 크루즈 여행의 대표적인 목적지이자 산업의 핵심 지역으로, 앞으로도 지속적인 성장과 혁신을 통해 세계 크루즈 시장을 이끌어 나가고 있다.

표 10-10 **카리브해 지역의 크루즈 목적지**

목적지	국가	지역	화폐단위	언어	인구(명)
Nassau	Bahamas	Eastern Caribbean	Bahamian dollar	English	370,000
San Juan	Puerto Rico	Eastern Caribbean	US dollar	English/ Spanish	3,411,000
St Thomas	U.S. Virgin Islands	Eastern Caribbean	US dollar	English	106,400
St Maarten/St Martin	Dutch/French	Eastern Caribbean	Euro	Dutch/ English and French/ English	73,000
Antigua	Antigua and Barbuda	Eastern Caribbean	Eastern Caribbean dollar	English	85,500
Key West	US	Western Caribbean	US dollar	English	24,800
Cayman Islands	Cayman Islands	Western Caribbean	Caymanian dollar	English	44,200
Kingston	Jamaica	Western Caribbean	Jamaican dollar	English	2,731,800
Bridgetown	Barbados	Southern Caribbean	Barbadian dollar	English	254,000
Curacao	Dutch Antilles/ Holland	Southern Caribbean	Netherlands Antillean guilder	Dutch/English	192,000

10.2.4.2. 지중해

지중해 크루즈는 바쁜 일상에서 벗어나 자신을 돌볼 수 있는 특별한 기회를 제공한다. 이 크루즈는 여유로운 시간을 보내며 심신의 안정을 찾을 수 있는 최적의 여행이다. 그리스, 로마 시대의 유적과 아름다운 자연 풍광을 자랑하고 있는 지중해, 북유럽 항로는 전세계적으로 약 15%를 나타내고 있다. 지중해 크루즈는 그리스, 로마시대의 유적과 아름다운 섬, 해안가에 자리하고 있는 멋진 도시를 연결하는 인기 있는 일정이다. 특히, 동양인인 한국인과 일본인이 선호하는 항로이다.

5일, 8일, 12일, 13일, 15일 등 다양한 운항 기간으로 선택의 폭이 넓고 운항 지역 역시 서부 지중해, 동부 지중해, 그리스와 터키, 카나리 제도 등으로 항상 새로운 여행을 계획할 수 있다. 지중해는 겨울에 파도가 높고 바람도 많이 불기 때문에 4월부터 12월까지만 운항하며, 봄가을에는 선선한 바람이 불어서 여행하기 좋으며, 한여름의 경우 다소 무덥게 느껴질 수 있으나 한국처럼 습하지 않으므로 그늘에서 잠시 휴식을 취하거나 실외 수영장에서 나른한 여름(Lazy summer)을 즐길 수 있다.

자중해 크루즈는 건강한 식단을 제공한다. 신선한 재료로 만든 맛있는 음식을 즐기며 몸과 마음의 건강을 동시에 챙길 수 있다. 특히 지역 특산물을 활용한 요리는 여행의 즐거움을 더해준다. 또한 건강한 간식과 음료를 마음껏 즐길 수 있어 스트레스를 해소하는 데 도움이 된다.

그림 10-8 유럽과 지중해

자중해 크루즈는 편안한 휴식을 제공한다. 아름다운 객실에서 편안한 잠을 취하며 피로를 풀수 있다. 또한 다양한 부대시설을 활용해 여유로운 시간을 보낼 수 있다. 스파, 수영장, 운동 시설 등을 통해 몸과 마음의 건강을 관리할 수 있다.

표 10-11 지중해와 서유럽 지역의 크루즈 목적지

목적지	국가	지역	화폐단위	언어	인구(명)
Barcelona	Spain	Western Mediterranean	Euro	Spanish	1,500,000
Palma	Majorca Western	Western Mediterranean	Euro	Spanish	325,000
Venice	Italy	Adriatic	Euro	Italian	63,000(central)
Naples	Italy	Western Mediterranean	Euro	Italian	1,000,000
Civitavecchia	Italy	Western Mediterranean	Euro	Italian	50,100
Savona	Italy	Western Mediterranean	Euro	Italian	62,000
Livorno	Italy	Western Mediterranean	Euro	Italian	170,000
Dubrovnik	Croatia	Adriatic	Kuna	Croatian	43,770
Piraeus	Greece	Eastern Mediterranean	Euro	Greek	182,671
Santorini	Greece	Eastern Mediterranean	Euro	Greek	10,000
Rhodes	Greece	Eastern Mediterranean	Euro	Greek	100,000
Mykonos	Greece	Eastern Mediterranean	Euro	Greek	11,000

10.2.4.3. 북유럽

크루즈 여행은 편안하고 여유로운 여행 방식이다. 12박 일정의 장기 여행부터 5~6일 일정의 단기 여행까지 다양한 선택지가 마련되어 있어, 개인의 취향과 일정에 맞춰 최적의 여행을 계획할 수 있다. 그 가운데 12박의 장기 북유럽 크루즈는 운항 기간이 길고 운항 시기 또한 5월에서 9월로 제한적이므로 여행 계획은 가급적 빨리 하는 것이 좋다. 특히 여러 국가들을 잇는 장기 일정으로 편안한 크루즈 여행의 이점을 최대한 살릴 수 있다.

장기 크루즈에서는 노르웨이의 아름다운 피오르드, 스웨덴의 아름다운 수도 스톡홀름, 핀란드의 활기찬 헬싱키, 덴마크의 고풍스러운 코펜하겐, 러시아의 화려한 상트페테르부르크 등 북유럽 주요 도시와 자연을 두루 만나볼 수 있다. 이를 통해 각국의 고유한 정취와 문화를 깊이 있게 경험하실 수 있다.

단기 크루즈에서는 특정 국가나 도시에 집중하여 여행객의 니즈와 일정에 맞춘 최적의 여행 경험을 제공한다. 예를 들어 스톡홀름에서 출발하여 러시아를 방문하는 5일 일정, 코펜하겐에서 출발하여 노르웨이를 여행하는 6일 일정 등이 마련되어 있다.

북유럽 크루즈 여행은 편안하고 여유로운 여행 방식을 통해 이 지역의 아름다운 자연과 역사, 문화를 한 번에 만끽할 수 있는 기회를 선사한다. 특히 자연, 역사, 문화가 어우러진 독특한 경험을 제공하여 여행객들의 만족도를 높일 수 있다.

다만, 북유럽 크루즈는 운항 시기가 제한적이며 인기가 높아 빠른 예약이 필요하다. 따라서 여행 계획을 미리 세우고 적절한 시기에 예약하는 것이 중요하다.

북유럽 크루즈 여행은 편안한 여행 방식과 다채로운 경험을 제공하며, 이 지역의 아름다운 자연과 문화를 한 번에 만끽할 수 있는 최적의 여행 방법이라고 할 수 있다.

표 10-12 **북유럽 지역의 크루즈 목적지**

목적지	국가	지역	화폐단위	언어	인구(명)
Southampton	United Kingdom	Northern Europe	Pound sterling	English	217,500
Helsinki	Finland	Northern Europe	Markka	Finnish	1,163,000
Copenhagen	Denmark	Northern Europe	Danish kroner	Danish	1,785,000
St Petersburg	Russia	Northern Europe	Ruble	Russian	4,645,000
Tallinn	Estonia	Northern Europe	Krooni	Estonian	445,000
Stockholm	Sweden	Northern Europe	Swedish kroner	Swedish	1,500,000

10.2.4.4. 북미대륙과 알래스카

① 북미대륙

북미는 세계 최대의 크루즈 마켓이다. 북미 특히 미국은 미국 내 고객은 물론 외국의 플라이 앤 크루즈(Fly and Cruise) 여객들이 크루즈를 승선할 수 있는 승선지를 많이 확보하고 있다. 여기에는 단순한 크루즈 승선 항만을 벗어나 크루즈 선사를 위한 모항(homeport)의 역할을 수행하는 항만도 있다. 크루즈 일정은 문화적, 지리적 매력에 대한 여객의 니즈를 충족시키기 위해 미국과 캐나다의 항만에서 출항하기도 한다. 최근에는 해외 여행안전에 대한 우려 때문에 미국 항만에서 크루즈를 이용하는 여객이 상당하다.

크루즈 주요 항만은 마이에미(Miami), 에버글레이즈(Port Everglades), 커내버럴(Port Canaveral)인데 모두 플로리다에 위치하고 있다. 크루즈 선사는 미국 내에서 운영지원을 강화하고 통합 브랜드의 지원 네트워크를 활용한 규모의 경제를 실현하여 이윤을 창출해 왔다. 운영부문을 수직통합과 수평통합을 통해 효율화시켰다. 크루즈 산업에서 다양한 세분시장을 충족시키기 위해 전략적으로 다른 브랜드를 이용하여 크루즈선을 운영하는 형태로 수평통합(Horizontal integration)을 달성하였다. 또한 기항지 관광, 여행사 운영, 터미널 운영 및 기타 관련 분야에서 수직통합(Vertical integration)을 이루어 소유와 운영에서 시너지를 창출하고 이윤을 발생시키고 있다(Gibson and Parkman, 2019).

그림 10-9 북미대륙

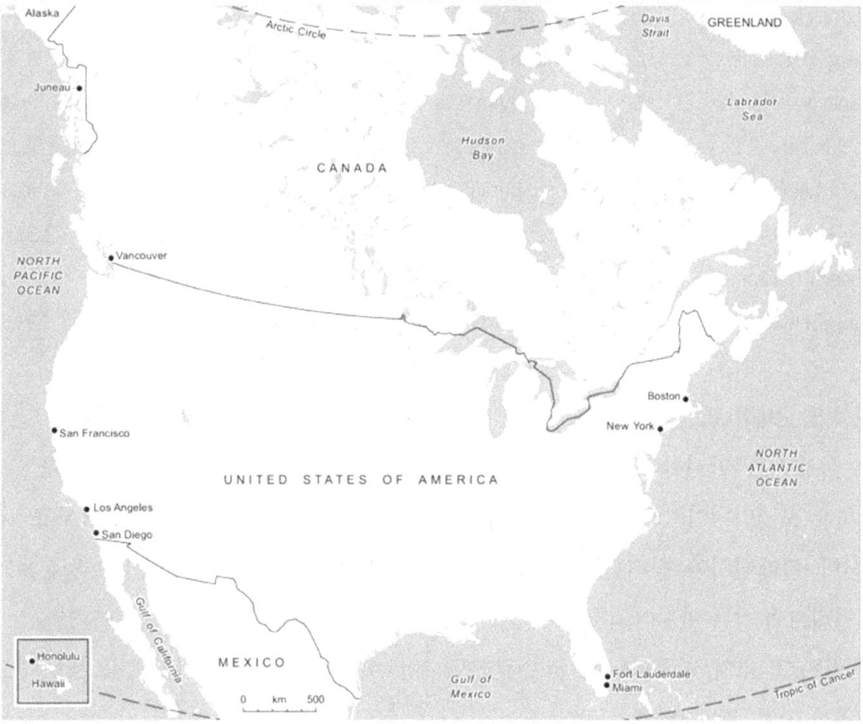

② 알래스카

알래스카는 매력적인 여행지로서 바다가 잔잔하고 기온이 따뜻한 5월부터 9월 초까지 운항하는 크루즈 여행이 인기를 끌고 있다. 이 시기에는 바다가 잔잔하고 기온이 따뜻해 여행객들이 편안하게 여행할 수 있다. 주로 7박 8일 일정으로 운영되는 알래스카 크루즈는 밴쿠버 또는 시애틀에서 출발하는 왕복 일정과 밴쿠버에서 앵커리지 수어드, 앵커리지 수어드에서 밴쿠버로 이동하는 편도 일정이 있다.

이 기간 중에는 연어가 회귀하는 시기와 맞물려 있어 연어 낚시를 즐길 수 있다. 또한 빙하 헬기 투어, 개 썰매 체험, 유콘 트레일 탐험, 고래 관찰 등 다양한 자연 체험 활동을 할 수 있어 대자연의 경이로움을 온몸으로 느낄 수 있다. 이러한 이유로 알래스카는 한국에서 지중해와 더불어 가장 인기 있는 여행지 중 하나로, 전 세계적으로 약 6.7%의 비율을 차지하고 있다.

표 10-13 북미대륙과 알래스카의 크루즈 목적지

목적지	국가	지역	화폐단위	언어	인구(명)
Miami, Florida	US	North America	US dollar	English	3,876,000
Port Everglades, Florida	US	North America	US dollar	English	40,000
Port Canaveral, Florida	US	North America	US dollar	English	15,000
Juneau	US	Alaska	US dollar	English	30,850
Ketchikan	US	Alaska	US dollar	English	8,000
Los Angeles, California	US	North America	US dollar	English	3,800,000
Long Beach, California	US	North America	US dollar	English	461,500
Tampa, Florida	US	North America	US dollar	English	303,500

10.2.4.5. 오세아니아

호주, 뉴질랜드, 아시아 그리고 태평양 제도를 통칭하는 지역명인 오스트랄라시아(Australasia)를 포함하는 오세아니아(Oceania)는 바다와 육지가 넓게 흩어져 있다. 이 지역의 크루즈 지역에는 인도네시아, 말레이시아, 필리핀, 싱가포르, 태국, 인도, 베트남, 중국, 홍콩, 한국, 일본, 스리랑카 그리고 몰디브와 같은 아시아의 문화적 색채가 강하고 이국적인 크루즈 목적지가 있다.

또한 타히티, 피지, 파푸아뉴기니, 뉴칼레도니아, 바투아투, 사모아, 통가, 쿡 제도와 같은 열대섬 지역까지 엄청난 매력을 제공한다.

호주는 시니드, 멜번, 프리멘틀과 같은 도시의 매력과 해안, 해안 리조트, 그리고 교외지역의 독특함을 제공한다. 뉴질랜드는 세계적으로 성공한 영화인 호빗(Hobbit)과 반지의 제왕(Lord of the Rings) 덕분에 오클래드와 웰링턴 항만을 방문하는 크루즈선의 수가 많다.

그림 10-10 오세아니아

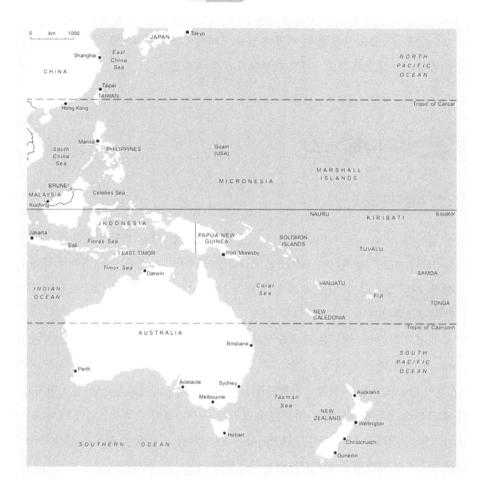

표 10-14 오세아니아와 아시아 지역의 크루즈 목적지

목적지	국가	지역	화폐단위	언어	인구(명)
Shanghai	China	Asia	Renminbi	Chinese	5,000,000
Sydney	Australia	Australasia	Australian dollar	English	3,879,400
Auckland	New Zealand	Australasia	New Zealand dollar	English	1,660,000
Fiji	Fiji	South Pacific	Fijian dollar	English	893,000
New Caledonia	New Caledonia	South Pacific	Comptoirs Français du Pacifique franc	French	216,400
HongKong China	China	Asia	Hong Kong dollar	Cantonese, English	6,898,600
Singapore	Singapore	Asia	Singapore dollar	Mandarin, English	4,425,700

지구의 남반구에 위치하고 있기 때문에 북반구에서 인식하고 있는 것과 같은 정반대의 계절을 가지고 있다. 그 결과 호주와 남태평양의 여름 크루즈 시즌은 11월에서 4월까지 지속된다 (Mancini, 2000). 지리적으로 광활한 이 지역은 신규 고객시장과 상대적으로 접근성이 우수한 기회의 시장인 중국의 등장으로 신흥 크루즈 마켓으로 부상하고 있다.

10.3 ▶ 항행구역 비즈니스

10.3.1. 기항지 관광

기항지 관광(Shore Excursions)이란 크루즈 여행 중 방문하는 해당 기항지의 유명 관광지를 크루즈 선사가 직접 프로그램화하여 크루즈선 여객들에게 제공하는 상품이다. 기항지 내에서의 고객의 안전 및 기타 발생할 수 있는 재해 등에 대해 크루즈 선사가 보장하므로, 가장 안전하고 추천할 만한 프로그램이다.

기항지 관광의 수입(Revenue)은 크루즈 선사의 판매수익에 해당한다. Syriopoulos, Tsatsaronis and Gorila(2022)에 따르면 여객 1명당 크루즈선 매출 가운데 선상매출 부문에서 카지노·바(Casino & Bar) 다음으로 높은 매출이 기항지 관광(Shore Excursions)에서 일어난다. 기항지 관광 매출 가운데 크루즈 선사에 해당하는 매출은 5.6%인데, 여객 1명이 크루즈선 관광에서 총 지출하는 금액이 1,791달러라고 하면 기항지 관광에서는 100달러를 지출한다. 크루즈 선사에서 판매하는 상품에 한정하여 기항지 관광 프로그램을 구성한다

① 기항지 관광시간
기항지 프로그램은 짧게는 2시간에서부터 길게는 숙박을 하는 프로그램 등 매우 다양하나, 일반적으로는 반나절 혹은 전일 프로그램으로 구성된다. 크루즈선 정박 시간이 오전 혹은 오후인 경우 반나절 프로그램만으로 구성된다.

② 기항지 관광 운영
기본적으로 크루즈선 여객을 대상으로 하는 형태인데, 45인승 차량과 기사, 그리고 영어 가이드가 나오게 되며, 전세계에서 온 다양한 국적의 고객들과 함께 관광을 한다.

③ 기항지 관광 포함·불포함 내역
일반적으로 차량 및 기사, 그리고 해당 기항지 관광 프로그램 상의 관광지 입장료가 포함되

어 있다. 전일 프로그램의 경우라도 식사가 포함되어 있다는 특별한 언급이 없는 한 포함되어 있지 않으며, 기사 및 가이드의 팁이 포함되어 있지 않기 때문에 관광객이 대처하여야 한다.

④ 기항지 관광 선택

각 기항지별로 적게는 3~5개부터 많게는 30개 이상의 기항지 관광 프로그램이 준비되어 있다. 휠체어 사용자들을 위한 난이도가 낮은 프로그램에서부터 트래킹 및 사이클링 등의 고난이도의 프로그램도 있으므로, 각 크루즈 일정별 기항지 관광 정보를 확인 후 선택하면 된다.

⑤ 기항지 관광 예약 방법

기항지 관광의 예약은 선내 기항지 관광 데스크(Shore Excursion Desk)에서 신청서를 직접 작성하여 예약을 하시거나, 여객실 내 TV 혹은 인터넷을 통해서도 가능하며, 출항 전 사전예약을 완료할 수도 있다.

한편, 크루즈 여행에서 기항지 관광을 선택하지 않고도 다양한 방식으로 여행을 즐길 수 있다. 대표적인 방법으로는 기항지 자유관광과 선내 자유 시간 활용이 있다.

기항지 자유관광의 경우, 선사에서 제공하는 기항지 관광 프로그램을 선택하지 않고 개별적으로 시내로 이동하여 자유롭게 여행할 수 있다. 크루즈 기항지들은 대부분 항만을 중심으로 시내가 발달되어 있어, 셔틀버스나 택시를 이용하여 자유롭게 이동하며 관광할 수 있다. 다만 이 경우에는 반드시 크루즈 출항 시간을 숙지하고 있어야 하며, 선박을 놓치지 않도록 주의해야 한다.

선내 자유 시간 활용은 기항지 관광의 피로감을 해소할 수 있는 좋은 방법이다. 크루즈 여행 중에는 매번 밖으로 나가는 것이 부담스러울 수 있는데, 이럴 때 선내에서 여유롭게 시간을 보내는 것이 좋다. 선내 사우나나 수영장에서 휴식을 취하거나, 독서를 하며 낮잠을 즐길 수 있다. 크루즈 여행은 모든 것을 할 수 있는 자유와 모든 것을 하지 않을 자유가 공존하는 여행이라고 볼 수 있다.

이처럼 크루즈 여행에서는 기항지 관광 외에도 다양한 방식으로 여행을 즐길 수 있다. 개인의 취향과 여건에 따라 자유롭게 여행 방식을 선택할 수 있어 크루즈 여행만의 매력을 느낄 수 있다.

10.3.2. 재배치 크루즈

가장 저렴한 크루즈선 여행의 방법 중의 하나가 재배치 크루즈(Rposition Cruise) 여행이다. 목적지의 계절적인 수요로 인해 크루즈선은 수익성 있는 관광지를 제공하는 목적지로 이동하게 된다. 크루즈 여정이 끝나고 다른 지역까지 운항하기 위해 재배치되는 과정에서 여객을 모집하지 않고 공선으로 이동할 경우에는 경제적 손실이 발생할 수 있다. 공선항해(Ballast Voyage 혹은 Empty Voyage)는 선박의 운영상의 양하지와 하역지간에서 화물과 여객의 운송수요가 확보되어 있는 경우에 필연적으로 발생할 수밖에 없지만 공선항해를 최소화하여 운항수익을 극대화하는 노력이 중요하다. 엄밀한 의미에서 공선항해에 해당하는 용어인 Empty Voyage는 화물이나 여객 없이 항해하는 경우를 일반적으로 나타낸다. 하지만 선박의 복원성을 확보하고 균형을 잡기 위해 적재하는 화물 즉 Ballast Cargo를 적재하기 때문에 Ballast Voyage라고도 하는데 오늘날에는 주로 Ballast Water를 적재한다.

크루즈 선사의 운영자는 최적의 항로를 계획하고 여객 수요를 예측하여 공선항해를 줄이는 전략이 필요하다.

따라서 크루즈 선사에서는 목적지에 재배치하기 위한 항해에서도 공선으로 이동하지 않고 중간기항지 또는 최종 목적지까지 관광객을 유치하는 노력을 벌인다. 이때 승선하는 재배치 크루즈선 상품의 경우에는 파격적인 할인이 제공되는 것이 보통이다.

예를 들어 스칸디나비아 또는 알래스카에서 여름을 보냈던 크루즈선은 겨울이 되면 더 많은 수익을 낼 수 있는 동부 카리브해 또는 멕시코 해안으로 재배치한다. 이것을 레포(Repo)라고 하기도 하는데 재배치 크루즈(Rposition Cruise)의 줄임말이다.

재배치 크루즈는 일반적인 크루즈 여행과는 사뭇 다른 특징을 지니고 있다. 이러한 차별화된 특성으로 인해 이 여행 상품은 상당히 저렴한 가격에 제공되고 있다. 그렇다면 과연 어떤 점에서 재배치 크루즈는 일반 크루즈와 구분되며, 그로 인해 가격 경쟁력을 확보할 수 있었는지 자세히 살펴보도록 하자.

먼저, 재배치 크루즈의 가장 두드러진 특징은 긴 항해 시간이다. 대부분의 전통적인 크루즈 여행에서는 항해 기간이 1일 또는 2일 정도에 불과하다. 크루즈선은 항만에 입항하여 기항지 관광을 진행한 후 다시 출항하면서 다음 목적지로 이동한다. 하지만 재배치 크루즈의 경우 전체 여행 기간 중 7일 중 4일 이상을 계속해서 항해하게 된다. 이는 매우 이례적인 일정으로, 일반적으로 4일 이상 연속 항해하는 경우는 극히 드물다고 할 수 있다.

이렇게 긴 항해 시간으로 인해 재배치 크루즈는 다른 크루즈선이 기항하지 않는 항만을 주로 이용하게 된다. 대신 화물선이 기항할 수 있는 항만을 활용하는 것이다. 이러한 특성은 재배치 크루즈의 운영 비용을 낮추는 데 기여한다. 일반 크루즈선이 기항하는 주요 관광지가 아닌 곳을 선택함으로써 항만 이용료나 관련 부대 비용을 절감할 수 있기 때문이다. 이렇게 절감된 비용은 고객에게 저렴한 가격으로 전달되는 형태로 나타나게 된다.

실제로 재배치 크루즈의 가격을 살펴보면, 대서양 횡단 크루즈의 경우 1인당 1,500달러 이하의 가격으로 제공되는 경우도 많다. 일반적인 크루즈 여행에서는 1인당 하루 150달러 이하의 가격을 찾기 어려운 편이지만, 재배치 크루즈의 경우 이러한 저렴한 가격대의 상품을 발견할 수 있다.

물론 재배치 크루즈의 전체 여행 기간이 길기 때문에 총 가격이 표준 크루즈와 비슷하거나 초과할 수 있다. 하지만 하루당 비용으로 계산하면 재배치 크루즈가 경제적으로 매우 유리한 선택이 될 수 있다. 예를 들어 7박 8일 일정의 재배치 크루즈 상품의 경우 총 가격이 1,500달러라면, 하루당 비용은 약 214달러가 된다. 이는 일반 크루즈 여행에서 흔히 볼 수 있는 1인당 하루 150달러 이상의 가격과 비교하면 상당히 저렴한 편이라고 할 수 있다.

이처럼 재배치 크루즈는 일반적인 크루즈 여행과는 다른 특성을 가지고 있어 상당히 저렴한 가격에 제공될 수 있다. 긴 항해 시간과 특별한 기항지 선정 등이 이러한 가격 경쟁력의 원동력이 되고 있다. 물론 여행객의 취향에 따라 재배치 크루즈가 적합하지 않을 수도 있다. 하지만 예산이 제한적이거나 긴 항해 시간을 즐길 수 있는 여행객에게는 매력적인 선택지가 될 수 있을 것이다.

10.3.3. 프라이빗 아일랜드

크루즈선이 대형화 되고 크루즈선의 기항이 늘어나면서 일부 카리브해 항만들은 하루 평균 8~10건의 크루즈선 입항으로 하선하는 1만 5000여 명의 여객들의 방문으로 인해 교통체증과 쇼핑몰의 혼잡현상이 발생되었다.

카리브해 및 바하마를 기항하는 크루즈 선사는 이러한 문제에 대응하여 [그림 10-11]과 같이 카리브해 및 바하마 여행 일정의 기항지로 크루즈 선사 소유의 섬, 반도 또는 해변을 운영하고 제공한다(Cruise Radio, 2020).

주요한 크루즈 선사는 카리브해와 바하마 여행의 기항지로 포함된 섬 전체 혹은 섬 일부를 소유하고 있다. 크루즈 선사는 진정한 카리브해 문화를 제공하지는 않지만 크루즈 프라이빗 아일랜드(Cruise Private Islands)를 통해서 크루즈선은 보장된 더 사적인 특별한 경험을 제공한다. 이러한 크루즈 선사 소유의 시설은 모두 플로리다의 모항에서 출항하여 하루 정도 항해구역에 있으며, 조용하고 안전한 목적지에서 3~4일간의 짧은 크루즈 옵션을 제공한다.

이러한 관광 상품이 제공되는 이유는 지속적으로 대중시장(Mass Market)에 제공하기 위해서는 플로리다 남부 기항지에서 대형 크루즈선에 의해서 운영하는 것이 가장 비용이 적게 들기 때문이다.

섬들과 개인 시설들 일부를 제외하고는 큰 접안용 부두를 가지고 있지 않기 때문에 여객은 텐더선(Tender)을 이용하여 해안으로 이동한다. 개인 리조트(Private Resorts)는 대부분의 크루즈 목적지에서 실제 사람들이 이용하는 방식으로 운영된다. 이러한 리조트들은 크루즈 여행의 중요한 부분을 차지하며, 여행자들에게 독특하고 프라이빗한 경험을 제공한다. 크루즈 목적지에 위치한 개인 리조트는 일반적으로 자연 경관이 아름답고, 다양한 편의시설과 오락시설을 갖추고 있어 여행자들이 편안하고 즐거운 시간을 보낼 수 있다. 개인 리조트는 고급스러운 숙박 시설, 다양한 레스토랑, 수영장, 스파, 스포츠 시설 등을 제공하며, 이를 통해 여행자들은 일상에서 벗어나 완벽한 휴식을 취할 수 있다. 또한, 이러한 리조트들은 종종 지역 문화와 연계된 특별한 체험 프로그램을 제공하여, 여행자들이 현지 문화를 더욱 깊이 이해하고 즐길 수 있도록 돕는다.

크루즈선에서 내린 여행자들은 개인 리조트에서 다양한 활동과 서비스를 이용할 수 있으며, 이는 여행의 만족도를 크게 높이는 요소 중 하나이다. 개인 리조트는 여행자들에게 프라이버시를 보장하면서도, 고품질의 서비스를 제공하여 기억에 남는 특별한 경험을 선사한다. 따라서, 개인 리조트는 크루즈 여행의 중요한 구성 요소로서, 여행자들에게 고급스럽고 편안한 휴식 공간을 제공하며, 이는 크루즈 여행의 전체적인 만족도를 높이는 데 중요한 역할을 한다.

개인 리조트나 크루즈 프라이빗 아일랜드에 크루즈선이 입항하면 수천 명의 동료 크루즈 여객이 장소를 공유할 수 있는 경영상 효율이 있다. Pallis(2015)는 크루즈 프라이빗 아일랜드를 확보하는 것은 크루즈 선사의 관점에서 이 섬들은 여객들에게 하루를 즐길 수 있는 장소를 제공하기 위한 목표를 달성할 뿐만 아니라 바(Bar), 기념품 구입, 기항지 관광(Shore Excursion)을 통해 크루즈 선사에 더 많은 수익을 안겨준다고 밝혔다.

현대 크루즈 산업에서 프라이빗 아일랜드 운영은 카리브해 인근에서 더욱 확장하여 온두라스의 마호가니만(Mahogany Bay in Honduras)이나 멕시코의 푸에르토 코스타 마야(Puerto Costa Maya in Mexico)와 같이 더 먼 곳으로 확장되고 있다.

그림 **10-11** 카리브해 프라이빗 아일랜드

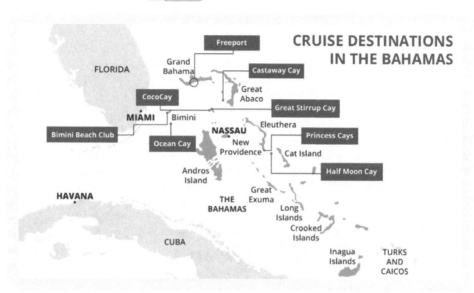

프라이빗 아일랜드 명칭	위치	크루즈 선사	접안
Castaway Cay	Bahamas	Disney Cruise Line	부두
Half Moon Cay	Bahamas	Carnival Cruise Line Holland America Line	텐더선
Perfect Day at CocoCay	Bahama	Royal Caribbean	부두
Royal Caribbean	Bahama	Norwegian Cruise Line Regent Seven Seas Cruises	텐더선
Princess Cays	Eleuthera	Princess Cruises Carnival Cruise Line	텐더선
Labadee	Haiti	Royal Caribbean Azamara Club Cruises	부두
Harvest Caye	Belize	Norwegian Cruise Line, Regent Seven Seas Cruises, Oceania Cruises	부두
Ocean Cay MSC Marine Reserve	Bahama	MSC Cruises	부두
The Beach Club at Bimini	Bahamas	Virgin Voyages	부두

출처: Cruise Radio(2020).

그림 10-12 CocoCay 프라이빗 아일랜드

출처: Royal Caribbean.

해상상태 등급

모든 선박은 해상의 상태(Sea state)에 맞추어 항해를 한다. 파도에 의한 해수면의 거친 정도를 10등급으로 나타낸 것이다. World Meteorological Organization sea state code(WMO)에서 등급으로 나눠놨다. WMO 해상상태 코드는 wind sea(해풍) 등급인 Douglas Sea Scale을 인용하였다.

1920년대 영국 해군소속 더글러스 대령(Captain H. P. Douglas, 1920)이 개발한 Douglas Sea Scale은 해상 상태를 나타내는 등급 체계로 주로 풍랑(wind sea)의 상태를 기준으로 0번부터 9번까지 총 10개의 등급으로 구분한다. 각 등급은 풍속과 파고를 기준으로 정의되어 있다. 이처럼 Douglas Sea Scale은 해상 상태를 체계적이고 구체적으로 분류할 수 있게 해준다. 선박들은 이 척도를 기준으로 현재의 해상 상태를 파악하고, 안전한 운항을 위해 적절한 조치를 취하게 된다. 특히 높은 등급의 해상 상태에서는 선박의 전복이나 손상 위험이 커지므로, 선사들은 기상 정보 시스템을 통해 실시간으로 해상 상태를 관찰하며 필요 시 항로를 변경하거나 출항을 연기하는 등의 대응을 하게 된다.

해상 상태(Sea state)는 특정 장소와 시간에 있어서의 해면 상태를 말하며, 이는 풍랑(Wind waves)과 너울(Swell)을 기준으로 정의된다. 일반적으로 파랑(波浪, wave)이라고 하는데 파도 및 해파와 혼용하고 사용하고 있다. 파랑은 보통 바람과 함께 발생하는데 바람이 불면 해수면에는 주름이 생기듯이 바람이 부는 방향으로 파형이 진행되는데, 이것을 풍랑(혹은 풍파, wind wave)라고 한다. 파형이 진행될 때 물의 입자는 전후 및 상하운동만 되풀이 할 뿐으로 파형만 전달되지만, 입자의 평균 위치는 이동하지 않는다.

파랑(wave)은 크게 풍랑(wind waver)과 너울(swell)의 두가지 종류로 나눈다. 바람이 멈추거나 바람이 불고 있는 해역을 떠나서 직접적으로 바람의 영향을 받지 않는 해파(sea wave)를 너울이라고 한다. 너울은 마루(crest)와 골(through)이 둥그스름하고 사인곡선 모양으로 진행한다. 파랑이 발생 구역을 벗어나면 점차 작아지지만, 파장(wave length)과 속도(speed)는 유지된다.

등급	해상상태	파고
	풍랑 Wind	
0	고요한(유리같은) / Calm (glassy)	0m
1	고요한(물결치는) / Calm (rippled)	0 0.1m
2	부드러운(잔물결) / Smooth (wavelets)	0.1 0.5m
3	약간의 / Slight	0.5 1.25m
4	보통의 / Moderate	1.25 2.5m
5	거침 / Rough	2.5 4m
6	매우 거침 / Very rough	4 6m
7	높음 / High	6 9m
8	매우 높음 / Very high	9 14m
9	재앙의 / Phenomenal	14m 이상

등급	해상상태	
	너울 Swell	
0	No Swell	너울 없음
1	Very low (short or low wave)	미미한 너울
2	Low (long and low wave)	낮은 너울
3	Light (short and moderate wave)	약한 너울
4	Moderate (average and moderate wave)	보통의 너울
5	Moderate rough (long and moderate wave)	약간거친 너울
6	Rough (short and heavy wave)	거친 너울
7	High (average and heavy wave)	높은 너울
8	Very high (long and heavy wave)	매우높은 너울
9	Confused (wave length and height indefinable)	거대한 너울

출처: Owens, E.H. (1982). Sea conditions . In: Beaches and Coastal Geology, Encyclopedia of Earth Sciences Series. New York, NY: Springer, p.722, https://doi.org/10.1007/0-387-30843-1_397

제10장 참고문헌

김성국(2012), "IPA분석을 통한 우리나라 크루즈관광의 매력성 요인 평가에 관한 연구", 『해양비즈니스』, 제22호, pp.1-21.

박석희(2000), 『신관광자원론』, 서울: 일신사.

안승현 · 김근섭 · 최일선 · 신정훈(2021), 『크루즈 여객 수요 전망 모형 구축 연구』, 부산: 한국해양수산개발원.

이원갑(2010), "크루즈관광산업 진흥에 주력해야 할 때", 『해양국토21』, 제11월호, pp.5-7.

하인수(2019), 『크루즈 경영론』, 서울: 대왕사.

한국관광공사(2012), 『Cruise Shipping Miami 출장 결과보고서』, 서울: 한국관광공사.

홍장원(2010), "우리나라 우리나라 크루즈관광정책의 주요 이슈와 개선방안", 『해양국토21』, 제11월호, pp.11-31.

Azlizam, A.(2002), "An evaluation of the attractiveness of Langkawi Island as a domestic tourist destination based on the importance and perceptions of different types of attractions(Malaysia)", Michigan State University Dissertation.

Burton, R.(1995), Travel Geography(2nd ed.). London: Pitman.

Cheng, Z., Gong, L. and Li, Chen(2020), Cruise, In: Design and Practice of Cruise Ports. Springer Series on Naval Architecture, Marine Engineering, Shipbuilding and Shipping, Vol 4, pp.13-26, Singapore: Springer, https://doi.org/10.1007/978-981-15-5428-5_2

Cooper, C., Flether, J., Gilbert, D. Shepherd, R. and Wanhill, S.(Ed.)(1998), Tourism: Principles and Practices(2nd ed.), Boston, M.A.: Addison-Wesley Longman.

Cruise Industry News(2017), The busiest cruise ports. Retrieved October 2017, https://www.cruiseindustrynews.com/cruise-news/17487-the-busiest-cruise-ports.html

Cruise Radio(2020), "9 Cruise Line Private Islands And Where They Are Located", November 13, https://cruiseradio.net/6-cruise-line-owned-private-island

Davidson, R. and Maitland, R.(1997), Tourism Destinations, London: Hodder and Stoughton.

Gibson, Philip and Parkman, Richard(2019), Cruise operations management: hospitality perspectives, 3rd ed., New York: Routledge.

Gibson, Philip(2006), Cruise operations management, London: Butterworth-Heinemann

Hu, Y. and Ritchie, B. Jr.(1993), "Measuring destination attractiveness: A contextual approach", Journal of Travel Research, Vol.32, No.2, pp. 25-39.

Khadaroo, J. and Seetanah, B.(2008), "The role of transport infrastructure in international tourism development: A gravity model approach", Tourism Management, Vol.29, No.5, pp.831-840.

Kim, H. B.(1998), "Perceived attractiveness of Korean destinations", Annals of Tourism Research, Vol.25, No.2, pp.340-361.

Kozak, M. and Rimmington, M.(1998) "Benchmarking: Destination Attractiveness and Small Hospitality Business Performance", International Journal of Contemporary Hospitality Management, Vol.10, No.5, pp.184-188.

Leiper, N.(1995), Tourism Management, Melbourne: RMIT Press.

Lekakou, M. B., Pallis, A. A. and Vaggelas, G. K.(2009), "Which homeport in Europe: The cruise industry's selection criteria", Tourismos: An International Multidisciplinary Journal of Tourism, Vol.4, No.4, pp.215-240.

Mancini, M.(2000), Cruising: A Guide to the Cruise Line Industry, Albany, N.Y.: Delmar.

Marti, B. E.(1990), "Geography and the cruise ship port selection process", Maritime Policy & Management, Vol.17, No.3, pp.157-164.

Mayo, E. J. and Jarvis, L. P.(1981), Psychology of Leisure Travel, Boston: CBI Publishing.

Mellor, C. S.(2003), "Towards new tourism development strategies in Cook Islands", Pacific Economic Bulletin, Vol.18, No.1, pp.100-107.

Notteboom, Theo, Pallis, Athanasios and Rodrigue, Jean-Paul(2022), Port Economics, Management and Policy, New York: Routledge.

Pallis, Thanos(2015), Cruise Shipping and Urban Development: State of the Art of the Industry and Cruise Ports, OECD.

Pidwirny, Michael J.(2002), Fundamentals Of Physical Geography, British Columbia, Canada: Okanagan University College.

Rodrigue, J. P. and Notteboom, T.(2013), "The geography of cruises: Itineraries, not destinations", Applied Geography, Vol.38, pp.31-42.

Syriopoulos, T., Tsatsaronis, M. and Gorila, M.(2022), "The Global Cruise Industry: Financial Performance Evaluation", Research In Transportation Business & Management, Vol.45, 100558, https://doi.org/10.1016/j.rtbm.2020.100558

WEF(2022), Travel & Tourism Development Index 2021: Rebuilding for a Sustainable and Resilient Future, Geneva: World Economic Forum.

아마도 오늘날 남성과 여성이 대형 오션라이너에서 경험하는
전통적인 일상생활과는 다른 삶의 형태는
다른 곳에서는 쉽게 경험하지 못할 것이다.

Anthony Trollope(1861)의 The Journey to Panama 내용 중

제11장
크루즈 문화

11.1 선박기

11.1.1. 선박기의 의의

선박에는 국기(National Flag)를 게양할 의무가 있는데 선박법(법률 제16160호, 2019.7.1. 시행) 제5조에 따르면 우리나라에 등록된 한국선박이 아니면 대한민국 국기인 태극기(太極旗)를 게양할 수 없다. 예외적으로 기항국의 항만에 출입하거나 정박하는 외국선박은 선박의 마스트(Mmast) 등 눈에 잘 띄는 곳에 기항지의 국기를 게양할 수 있다.

해양법에 관한 국제연합 협약(United Nations Convention on the Law of the Sea)에 따르면 선박은 자국기를 게양한 국가에 속하는 것으로 여겨진다. 선박의 식별은 게양된 국기에 따라 판단되고, 선박의 기국은 자국기를 게양한 선박의 나라를 의미하며, 자국적 선박에 대한 책임이나 자국의 관할권 문제 및 통제권행사 결정에 중요한 요소가 된다.

해양법에 관한 국제연합 협약 제91조에서는 기국과 선박 간에 진정한 관련성(Genuine Link)이 있을 것을 요구하고 있고 제94조에서 기국은 자국선박에 대한 행정적 기술적 사회적 사항에 관하여 자국의 관할권을 행사한다고 규정하고 있다. 해양법에 관한 국제연합 협약 제94조(기국의 의무)의 규정은 다음과 같다.

- **해양법에 관한 국제연합협약 United Nations Convention on the Law of the Sea**
  Signature on 10 December 1982 in Montego Bay, Jamaica
  Force on 16 November 1994
  제94조 기국의 의무
  1. 모든 국가는 자국기를 게양한 선박에 대하여 행정적 · 기술적 · 사회적 사항에 관하여 유효하게 자국의 관할권을 행사하고 통제한다.
  2. 모든 국가는 특히 다음사항을 이행한다.
     ⓐ 일반적으로 수락된 국제규칙이 적용되지 아니하는 소형 선박을 제외하고는 자국기를 게양한 선명과 세부사항을 포함하는 선박등록대장을 유지한다.
     ⓑ 선박에 관련된 행정적 · 기술적 · 사회적 사항과 관련하여 자국기를 게양한 선박, 그 선박의 선장, 사관과 선원에 대한 관할권을 자국의 국내법에 따라 행사한다.
  3. 모든 국가는 자국기를 게양한 선박에 대하여 해상안전을 확보하기 위하여 필요한 조치로서 특히 다음 사항에 관한 조치를 취한다.
     ⓐ 선박의 건조, 장비 및 감항성,
     ⓑ 적용가능한 국제문서를 고려한 선박의 인원배치, 선원의 근로조건 및 훈련
     ⓒ 신호의 사용, 통신의 유지 및 충돌의 방지

4. 이러한 조치는 다음을 보장하기 위하여 필요한 사항을 포함한다.

ⓐ 각 선박은 등록전과 등록후 적당한 기간마다 자격있는 선박검사원에 의한 검사를 받아야하며, 선박의 안전항행에 적합한 해도 · 항행간행물과 항행장비 및 항행도구를 선상에 보유한다.

ⓑ 각 선박은 적합한 자격, 특히 선박조종술 · 항행 · 통신 · 선박공학에 관한 적합한 자격을 가지고 있는 선장과 사관의 책임아래 있고, 선원은 그 자격과 인원수가 선박의 형태 · 크기 · 기관 및 장비에 비추어 적합하여야 한다.

ⓒ 선장 · 사관 및 적합한 범위의 선원은 해상에서의 인명안전, 충돌의 방지, 해양오염의 방지 · 경감 · 통제 및 무선통신의 유지와 관련하여 적용가능한 국제규칙에 완전히 정통하고 또한 이를 준수한다.

5. 제3항과 제4항에서 요구되는 조치를 취함에 있어서, 각국은 일반적으로 수락된 국제적인 규제 조치, 절차 및 관행을 따르고, 이를 준수하기 위하여 필요한 조치를 취한다.

6. 선박에 관한 적절한 관할권이나 통제가 행하여지지 않았다고 믿을 만한 충분한 근거를 가지고 있는 국가는 기국에 그러한 사실을 통보할 수 있다. 기국은 이러한 통보를 접수한 즉시 그 사실을 조사하고, 적절한 경우, 상황을 개선하기 위하여 필요한 조치를 취한다.

7. 각국은 다른 국가의 국민에 대한 인명손실이나 중대한 상해, 다른 국가의 선박이나 시설, 또는 해양환경에 대한 중대한 손해를 일으킨 공해상의 해난이나 항행사고에 관하여 자국기를 게양한 선박이 관계되는 모든 경우, 적절한 자격을 갖춘 사람에 의하여 또는 그 입회 아래 조사가 실시되도록 한다. 기국 및 다른 관련국은 이러한 해난이나 항행사고에 관한 그 다른 관련국의 조사실시에 서로 협력한다.

11.1.2. 크루즈 선박기

크루즈선의 선미에는 Flag(상선기)가 게양되어 있다. 선박기라고도 하지만 상선기(商船旗, Civil Ensign)라고 알려져 있는데 이것은 항해하는 상선에 달아서 그 배의 국적과 선적(船籍)임을 나타내는 기(Flag)를 말하며 Merchant Ensign 혹은 Merchant Flag라고도 한다. 크루즈선은 여객선의 일종이며 여객선은 상선에 속하기 때문에 크루즈선의 전통은 상선의 전통을 그대로 이어받고 있다.

특히 영국의 상선기를 레드 엔사인(Red Ensign)이라고 하는데 영국뿐만 아니라 영국연방의 소속된 국가의 상선에서 사용하기 때문에 상선기의 대명사로서 불리고, 영국 국기는 유니온잭(Union Jack)이라고 하며 영국 해군기는 화이트 엔사인(White Ensign)이라고 한다. 한편 우리나라의 상선기는 국기가 갈음하며 해군기는 별도로 마련되어 있는데, 어선에서 사용하는 어선기라는 명칭은 선신 해운국가에서는 존재하지 않는다(김성국, 2022).

그림 11-1 크루즈선의 선적기

SS United States(1962)
미국 선적

RMS Majestic(1914)
영국 선적

Mariner of the SEAS(2003)
바하마 선적

그림 11-2 주요국의 국기, 상선기와 해군기

	국기	상선기	해군기
대한민국			
미국			
영국			
싱가포르			

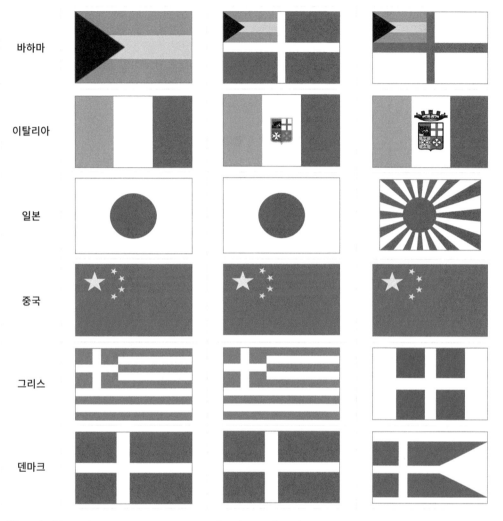

바하마

이탈리아

일본

중국

그리스

덴마크

자료: United States Navy Department Bureau of Equipment(2010).

11.2 신호기 계양

11.2.1. 드래싱과 스트리머

전통적으로 선박이 경축일, 기념일에 본선에 있는 신호기를 모두 계양하는 관습이 있다. 이것을 풀드래싱(Full Dressing)이라고 하며 신호기를 모두 계양한 선박을 드래싱십(Full Dressing Ship)이라고 한다. [그림 11-3]은 크루즈선이 풀드래싱 상태로 항해 중인 모습인데 대부분 입항 전 혹은 출항후에 사용한다. 항해 중에는 바람의 영향으로 게양된 신호기가 손상될 수 있기 때문에 정박하고 있을 때 보통 게양한다. 풀드래싱은 국경일, 축하일 혹은 기념행사를 위해서 선박에 신호기를 모두 게양한다.

그림 11-3 풀 드래싱

Carnival Glory

과거 오션라이너 시절에 대표적으로 출항파티에서는 출항시 부두와 현측간에 스트리머(Streamers)를 던지고 색종이를 뿌리는 행사가 있었다. 당시의 관습으로는 선박측에서 던진 스트리머를 부두에서 받아서 끊어 질 때까지 선박이 출항하는 동안 스트리머의 끝을 붙잡는 전통이 있었다. 그러나 2000년대 들어서는 출항식때의 이런 장면은 사라졌다.

9/11 테러 이후 강화된 항만보안에 따라서 여객이 아닌 환송객은 항만에 들어올 수 없게 되었다. 또한 MARPOL 등의 해상오염 방지에 대한 강화가 결과적으로 스트리머 전통을 사라지게 하였다.

그림 11-4 크루즈선 스트리머

Orion ocean liner   RMS Queen Mary

11.2.2. 국제신호기

통신기술이 발달해 일상적인 경우에는 무전으로 통신을 하는 것이 일반적이다. 하지만 통신기기의 문제가 생겨 통신이 불가능할 때는 국제신호서를 기반으로 선박 간 통신을 한다. 국제신호서(International Code of Signals, INTERCO)는 항해와 인명의 안전에 관한 여러 가지 상황이 발생한 경우에 있어서 특히 언어적 장애가 있을 때 신호방법과 수단을 규정하는 것을 목적으로 한다(National Imagery and Mapping Agency, 2003).

신호에는 기류신호(국제신호기), 등화신호(모르스 부호), 음향신호(모르스 부호), 확성기 음성통화, 무전전신, 무선전화, 수기 또는 거수 신호(수기신호방식, 모르스 부호를 수기 또는 팔로 하는 방식) 등이 있다.

국제신호기(International Signal Flag)의 사용법은 국제신호서에 정의되어 있고 국제신호기의 신호는 기류신호(Flag Signalling)라 부른다. 기류신호는 [그림 11-5]와 같이 26장의 알파벳 신호기(Alphabet Flag), 10장의 숫자기(Numerical Pennant), 4장의 대체기(Substitute)로 총 40기이다.

그림 11-5 국제신호서 문자기, 숫자기, 대체기

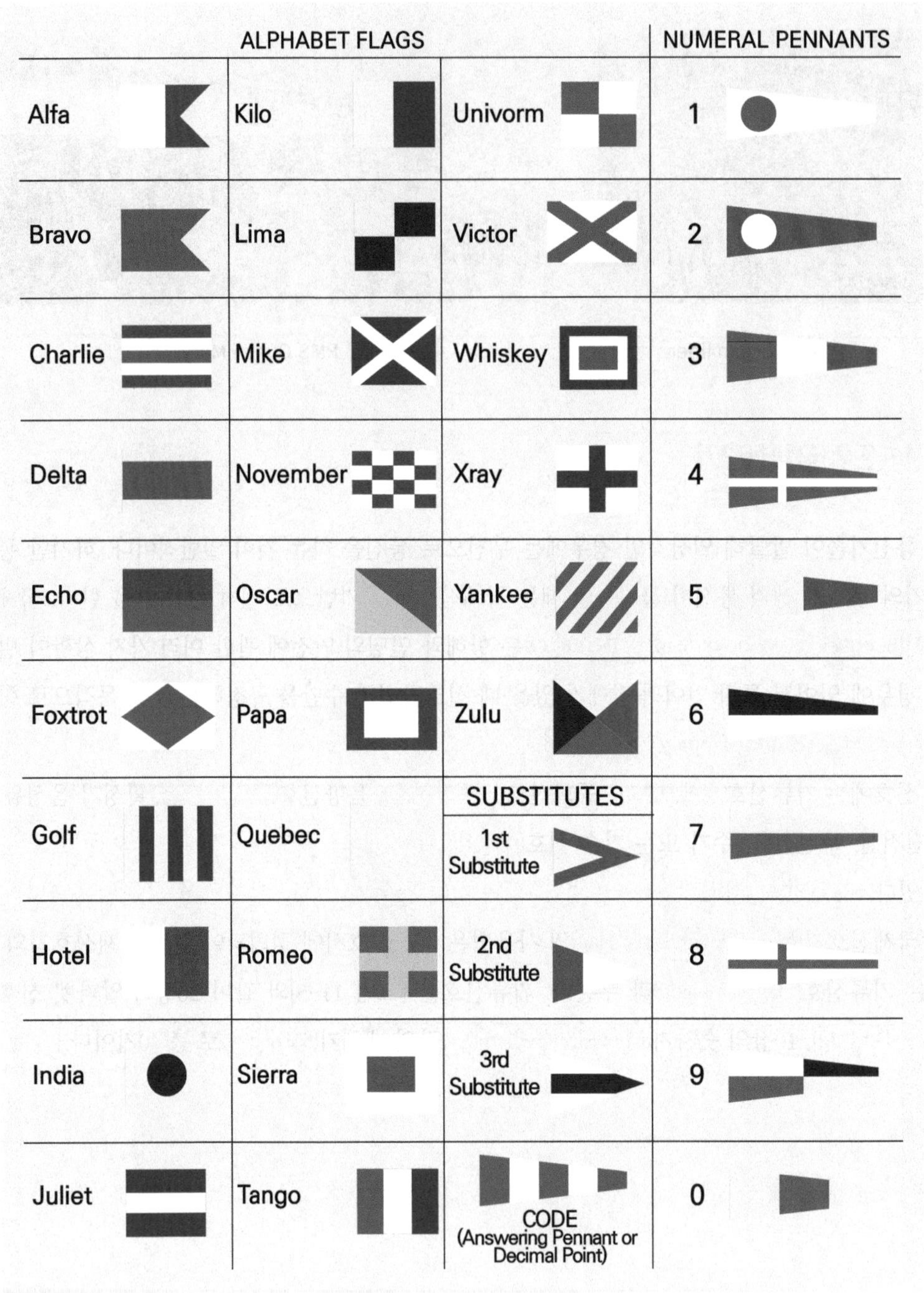

ALPHABET FLAGS						NUMERAL PENNANTS	
Alfa		Kilo		Univorm		1	
Bravo		Lima		Victor		2	
Charlie		Mike		Whiskey		3	
Delta		November		Xray		4	
Echo		Oscar		Yankee		5	
Foxtrot		Papa		Zulu		6	
Golf		Quebec		**SUBSTITUTES**		7	
				1st Substitute			
Hotel		Romeo		2nd Substitute		8	
India		Sierra		3rd Substitute		9	
Juliet		Tango		CODE (Answering Pennant or Decimal Point)		0	

자료: National Imagery and Mapping Agency(2003).

표 11-1	국제신호서 문자 의미

문자	발음	의미
A	알파(Alpha)	본선에서 잠수부가 활동 중이다. 천천히 통과하라
B	브라보(Bravo)	위험물의 운반 · 하역 중
C	찰리(Charlie)	긍정
D	델타(Delta)	주의하라. 조종에 어려움이 있다
E	에코(Echo)	오른쪽으로 진로 변경 중이다
F	폭스트롯(Foxtrot)	조종 불능이다. 본함과 통신하라
G	골프(Golf)	수로 안내인이 필요하다
H	호텔(Hotel)	수로 안내인이 승선하고 있다
I	인디아(India)	왼쪽으로 진로 변경 중이다
J	줄리엣(Juliet)	화재가 발생했으며, 위험물을 적재하고 있다. 본선을 회피하라
K	킬로(Kilo)	귀함과의 통신을 요구한다
L	리마(Lima)	귀함을 즉시 정선하라
M	마이크(Mike)	정선중이다
N	노벰버(November)	부정
O	오스카(Oscar)	바다에 떨어진 사람이 있다
P	파파(Papa)	항만에서 - 출항 준비 중이므로 승무원은 귀선하라 바다에서 어선이 - 본함의 어망이 장애물에 걸렸다
Q	퀘벡(Quebec)	본함 승무원의 건강에 문제가 없으며, 검역 필증을 요구한다
R	로미오(Romeo)	신호 확인
S	시에라(Sierra)	기관을 후진으로 가동 중이다
T	탱고(Tango)	본선을 회피하라. 페어 트롤링 중이다
U	유니폼(Uniform)	귀함의 진로에 위험이 있다
V	빅터(Victor)	구원을 바란다
W	위스키(Whiskey)	의료 구호를 바란다
X	엑스레이(X-ray)	본함의 신호에 주의하라
Y	양키(Yankee)	닻을 조작 중이다
Z	줄루(Zulu)	예인선을 요구한다

자료: National Imagery and Mapping Agency(2003).

11.2.3. 의료수송용 선박 표지

제네바조약(Geneva Convention for the Amelioration of the Condition of Wounded, Sick and Ship-wrecked Members of Armed Forces at Sea, of August 12 1949)은 1949년 8월 12일 채택된 국제조약으로, 전쟁 시 민간인과 전투원의 보호를 목적으로 한다. 특히 이 조약의 제27조에서는 의료수송 선박에 대한 보호 조치를 규정하고 있다.

제27조에 따르면 전시에 의료수송 선박은 특별한 식별표지를 부착하여 보호를 받을 수 있다. 이 식별표지는 [그림 11-6]과 같은 적십자(Red Cross)는 선측, 선수, 선미 또는 갑판상에 백색바탕에 적색으로 표식하면 된다. 크루즈선뿐만 아니라 소형의 연안구조용 단정에도 부착할 수 있다. 이를 통해 의료수송 선박이 무력 분쟁 상황에서 보호받을 수 있도록 하고 있다.

의료수송 선박에 대한 보호 조치는 전쟁 중에도 부상자와 병자에 대한 신속한 구호와 치료를 가능하게 한다. 이를 통해 전쟁으로 인한 인명 피해를 줄이고 인도주의적 가치를 실현하고자 하는 노력이 이루어지고 있다.

앙리 뒤낭(Jean-Henri Dunant, 1828~1910)이 최초로 적십자(red cross)를 주창했을 때는 국적과 이념은 물론 종교적 차이를 배제한 전시 구호 체제를 만들자고 했다. 그는 1848년 이탈리아 통일 전쟁 당시 3만여 명 이상이 사망한 전장을 둘러본 뒤, 이런 국제기구의 창설에 앞장섰다. 1863년에 적십자사를 만들면서 앙리 뒤낭은 적십자 표식을 자신의 모국인 스위스 국기에서 따왔다. 빨간 바탕에 흰 십자 문양 대신 흰 바탕에 빨간 십자 문양을 선택한 것이다.

그림 11-6 의료수송용 선박 표지

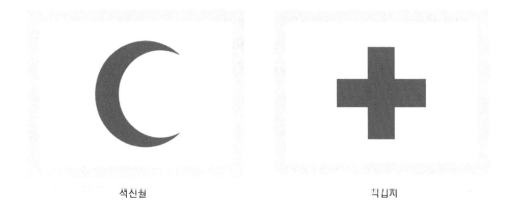

적신월   적십자

적신월(Red Crescent)은 1877년 벌어진 러시아와 오스만 투르크 간의 전쟁에서 처음 선보였다. 이전까지의 전쟁에서 이슬람 지역 전사들이 적십자 표식을 한 국제 구호 요원들을 싫어해 공격하는 일이 잦았다. 이 때문에 이슬람 전쟁 참가자들을 보살피는 구호 요원들을 구별할 필요가 생겼다. 제1차 세계대전 후 전쟁과 포로에 대한 국제 규칙을 정한 1929년 제네바 협정에서 공인됐다. 현재 적십자 대신 적신월을 쓰는 국가는 185개국 가운데 33개국이다.

11.3 ▶ 크루즈선 관습

11.3.1. 적도제

선박 문화의 대표격이 적도제(Crossing Equator Ceremony 혹은 Line-Crossing Ceremony)이다. 이것은 연안을 항행하는 선박에서는 볼 수 없으며 대양항해 즉, 적도를 지나는 대륙 간 이동이 전제되는 항해에서 의식을 쉽게 볼 수 있다. 예로부터 지구가 둥글다는 것을 증명하지 못했던 시절에는 원양항해라는 것은 지구의 끝으로 가는 미지의 공포가 가득하였다. 그래서 바다사람이라고 하면 연안에서 벗어나 적도(Equator)를 통과하는 것이 진정한 바다사람으로 인정 받는 것이라고 여겼다.

따라서 적도제에 관한 의식은 일종의 능력있는 선원의 통과의례로 관리되고 있었다. 초기 적도제로 알려진 1816년 7월 1일, 프랑스 해군함정 메듀즈호(Méduse)에서의 적도제는 [그림 11-7]과 같이 묘사되어 있다(Caudin, 1816).

18세기까지 영국 해군에는 적도제 의식이 잘 확립되어 있었다. 1768년에 제임스 쿡(James Cook) 선장이 지휘한 HMS 인데버호(Endeavour)의 태평양 항해에서 동승한 자연학자 조셉 뱅크스(Joseph Banks, 1743~1820)는 적도제에 대하여 기술하였다.

고양이와 개를 포함해 승선한 모든 사람의 명단을 작성하고 그들이 적도를 건넜는지 확인하고, 만약 적도를 건너지 않은 선원은 4일 동안 허가된 포도주 음주를 포기하거나 바다에 세 번 몸을 담그는 오리 의식(Ducking Ceremony)을 진행하였다. 적도제에 참가한 선원의 일부는 웃고 그들의 강건함에 기뻐했지만 다른 일부는 거의 질식할 뻔 했다고 기록하고 있다.

그림 11-7 1816년의 Méduse호 적도제

자료: Caudin.

• The Endeavour Journal of Sir Joseph Banks, 1768-1771
1768년 10월 25일 항해기록

　오늘 아침 8시경에 그리니치에서 서경 33도(33° West)에서 적도선(Equinoctial line)을 건넜다. 우리 선원들이 말하기를 이례적으로 좋은 바람이라고 말했고 측정된 온도계의 온도는 29도이다. 이번 항해에 사용된 온도계는 버즈씨(Mr Birds)가 만든 2개의 온도계로서 화씨온도(Farenheights scale)와 거의 차이가 없는 것이다.

　저녁 식사 시간이 되자 선박에 있는 모든 선원과 사물의 이름이 적힌 목록이 여객실로 전달되었다. 여기에는 과거에 적도선을 넘었는지 여부를 알 수 있도록 해당 목록에 있는 모든 선원과 사물을 조사할 수 있도록 선박회사가 허가를 서명한 청원서가 도착되었다. 선원뿐만 아니라 개와 고양이도 조사대상으로 포함되었다.

　모든 선원은 갑판에 집결하여 확인을 받았는데 당직사관이 선원들과 모든 것들을 검사했다. 쿡 선장(Captain Cooke)과 솔랜더 박사(Doctor Solander)는 블랙리스트(black list)에 올라서 제외되었다. 나는 일정량의 브랜디 술(Brandy)을 제공하여 적도제에서 본인과 하인 그리고 강아지를 면제시켜 주도록 요청했다.

　그러나 적도를 통과하지 않은 남성 선원들은 4일간 허용된 와인량을 마시고자, 적도제 의식에서 면제받기 보다는 오리 의식(ducking ceremony)을 진행하는 것을 선택했다. 그래서 21명의 선원은 오리 의식을 진행하였다.

적도를 횡단한 선원들을 Shellbacks(쉘백) 혹은 Trusty Shellbacks(진짜 쉘벡) 또는 Honorable Shellbacks(영예로운 쉘벡)로 부르거나 Sons of Neptune(넵튠의 아들) 이라고 호칭한다. 이에 비하여 적도를 지나지 않은 선원들은 Pollywogs(폴리우그) 또는 Slimy Pollywogs(끈적한 폴리우그) 때로는 Slimy Wogs(끈적한 우그)라고 부른다. pollywog는 중세 영어의 tadpole에 기원하고 있으나 shellback의 기원이나 pollywog 용례에 대해서는 알려진 바가 없다(Cashman, 2019).

오늘날 현대적 크루즈선에서도 전통적인 의식은 적도제를 거행한다. 하지만 대부분의 크루즈선이 주요 크루즈 항행구역 안에서 운항하기 때문에 적도를 건너는 경우는 거의 없다. 그래서 대륙과 대륙을 건너는 세계일주 크루즈(World Cruise) 상품이거나 재배치 크루즈(Rposition Cruise) 항해시에 적도를 통과할 경우가 있다.

[그림 11-8]은 현대적 크루즈 문화를 개막한 Carnival Cruise Line(2012)에서 수행한 적도제 의식이다. 여객 가운데 적도제에 지원한 사람을 대상으로 적도를 통과한 적이 없는 여객은 오리 의식을 위해 준비한 풀에 빠트리고 남은 음식 비스크(Galley-Left-Overs Bisque)로 퓨레(Puree)를 만들어 Slimy Pollywogs(끈적한 폴리우그)로 만드는 전통을 시현한다.

그림 11-8 현대 크루즈선의 적도제

자료: Carnival Cruise Line(2012).

오늘날 적도제는 바다사람에게는 시공을 초월하여 전승되고 있는 육상의 관습과 다른 차별적인 강력한 문화로 알려져 있다.

11.3.2. 대모

크루즈선뿐만 아니라 전통 있는 선박은 일반적으로 취항식과 명명식에 참석하여 축복하고 선박에 공식적인 이름을 붙인다. 지난 세기에는 행운을 위해 새로운 선박의 선체에 샴페인 한 병을 깨트리는 전통이 있다(Eyers, 2011).

이때 선박의 후원자로서 여성이 나서는데 선박의 대모(Godmother)라고 한다. 크루즈선의 대모는 새로 취항하는 크루즈선의 성공을 기원하는 세련된 흥행요소이며서 스폰서(Ship sponsor)이다.

아마도 최초의 진정한 대모는 1969년 그녀의 이름을 딴 큐나드의 상징적인 선박 진수식에 세례를 준 엘리자베스 2세 여왕(Queen Elizabeth II, 1926-2022)이었다. 이 행사를 기회로 호화 오션라이너가 명망있는 여성들이 대모로서 선박의 행운을 빌었다(Smith, 2014).

오션라이너의 경쟁력이 제트 항공기에 밀리면서 사양화되고 있던 시점에 오션라이너의 대모는 크게 주목을 받지 못했다. 그러다가 플로리다에서 시작된 크루즈 열풍이 시작되어 1980년대에 이르러 드디어 오로지 레저와 오락에 집중한 초대형 크루즈선이 등장하기 시작했다. 이때부터 선박의 대모가 왕실과 같은 엄숙함에서 새로운 크루즈 시대에 맞는 대모가 선정되기 시작했다.

1989년에는 스크린의 전설 오드리 헵번(Audrey Hepburn, 1929-1938)은 스타 프린세스(Star Princess)의 뱃머리에 있는 병을 깨뜨렸을 뿐만 아니라 7박의 카리브해 유람선을 타고 항해한 최초의 유명 여배우가 되면서 오늘날 대모는 크루즈 선사의 행운과 운명에 가장 일치하는 인물로 채워지게 되었다.

그림 11-9 크루즈선의 대모

대모	Audrey Hepburn	Margaret Thatcher	The Duchess of Cambridge
선명	Star Princess	Regal Princess	Royal Princess
장소	Ft. Lauderdale	New York	Southampton
일시	23rd March, 1989	8th August, 1991	13th June, 2013

자료: Princess Cruise.

11.3.3. 변화하는 관습

현대 크루즈 문화를 주도했던 북미대륙과 유럽의 크루즈 선사들의 전통이 하나둘씩 변화하고 있다. 시대의 변화에 따라서 여러 가지 풍습이 고정적이지 않고 변하고 있는데 2020년대 들어서 하나둘씩 사라지고 있는 현대 크루즈 문화는 다음과 같다(Cruise Blog Media, 2023).

11.3.3.1. 스킷 사격

그림 11-10 크루즈선 스킷 사격

함정 사격(Trap Shooting)이라고도 하는 스킷 사격(Skeet Shooting)은 1980년대와 1990년대 크루즈선에서 즐긴 문화였다. 여객은 장전된 산탄총을 크루즈선 선미로 가져가고 승무원이 던지는

점토 비둘기(Clay Pigeons)를 던져 사격했다. 그러나 크루즈선에 총기, 화기를 실은 경우 안전에 큰 영향을 미친다. 또한 여객이 사격하는 가운데는 음주에 관대한 문화에 노출되어 위험하였기 때문에 사라지고 있다. 또한 최근 MARPOL 등 해상오염 방지 강화에 따라 크루즈선에서 배출되는 물체가 강력히 규제되고 있으며 산탄총 발사에 따른 소음에 대한 우려로 사라지고 있다.

11.3.3.2. 목마 경주

1980년대와 1990년대 크루즈선에서는 경주용 게임인 경마를 위해 목마(木馬)를 만들어 말을 장식(Horse Decorating)하는 풍습이 있었다. 크루즈선에서는 수영장 데크에서 열리는 라이벌 경기인 더비(Derby)가 개최된다. 본질적으로 주사위 베팅 게임인 더비에서는 6마리의 말이 경쟁했고 여객은 자신이 베팅한 말을 응원하고 우승한 말이 큰 배당금을 받는다.

그림 11-11 크루즈선 목마 경주

11.3.3.3. 얼음 조각 전시

오늘날 크루즈 관광을 할 때 여전히 얼음 조각이 전시(Ice Sculpture Carvings)되어 있는 것을 볼 수 있지만 과거 수십 년 동안에는 지금보다 많은 얼음 조각을 보았을 것이다. 예전에는 수영장 갑판의 얼음 조각 전시가 있었고 재능 있는 셰프(Chef)들은 거대한 얼음 블록으로 마스터 조각 기술을 선보였고, 아름답고 복잡한 예술 전시를 만들었다. 하지만 요즘 크루즈선에는 선상 활동이 너무 많아서 이러한 얼음 조각 전시는 더 이상 인기가 따르지 않게 되었다.

그림 11-12 크루즈선 얼음 조각 전시

11.3.3.4. 자정 뷔페

한때 매일 크루즈 선상에서 놓칠 수 없는(Cannot Be Missed) 활동이었던 자정 뷔페는 음식, 퐁듀(Fondue), 얼음 조각, 초콜릿 등을 호화롭게 전시하였다. 그러나 크루즈선이 대형화되어 24시간 이용할 수 있는 식당이 운영되기 시작한 2000년대부터는 그 자취를 감추고 있다. 이러한 대규모 행사가 매일 밤 열릴 때 자정 뷔페는 확실히 낭비 요소가 되었다. 또한 쓰레기를 줄이는 것도 자정 뷔페가 단계적으로 폐지되는 이유 중 하나가 되었다.

그림 11-13 크루즈선 심야 뷔페

11.3.3.5. 선상 골프연습장

스킷 사격과 유사하게 선미에서 골프를 연습하는 선상 골프연습장(Onboard Driving Range)이 운영되었다. 선미에서 골프공을 바다로 바로 칠 수 있는 온보드 연습장으로 사용되었지만 환경적 우려 때문에 골프공을 바다에 날려 보내는 이런 크루즈선 문화 활동은 점차 사라지게 되었다. 오늘날 골프공을 바다로 치는 것은 온보드 골프 시뮬레이터(Onboard Golf Simulator)로 대체되었다.

그림 11-14 크루즈선 선상 골프연습장

11.3.3.6. 토플리스 일광욕

크루즈선에서의 토플리스 일광욕(Topless Sunbathing)은 오랜 역사를 지닌 관행이었다. 그러나 시대의 변화에 발맞추어 점차 그 모습이 사라져 가고 있다.

과거 1980년대까지만 해도 유럽을 중심으로 크루즈선에서 토플리스 일광욕이 일반적으로 허용되었다. 이는 유럽의 상대적으로 개방적인 문화와 더불어 크루즈선이 제공하는 자유로운 분위기 때문이었다. 크루즈선의 상부 데크에는 수영복을 벗고 일광욕을 할 수 있는 특별 지정 구역이 마련되어 있었고, 이는 여행객들에게 인기 있는 활동이었다.

북미 지역에서도 이러한 관행이 수십 년간 지속되었다. Carnival Cruise Line에서 유명한 Carnival Tail을 둘러싼 풀 데크 공간은 토플리스 일광욕 장소로 알려져 있다(Simms, 2019). 이처럼 크루즈선은 여행객들에게 비교적 자유로운 환경을 제공했고, 크루즈선에서의 토플리스 일광욕은 일종의 관행으로 알려졌다.

그러나 2000년대 들어서 크루즈 관광의 대중화와 더불어 가족 친화적인 분위기가 강조되면서 이러한 관행은 점차 사라지게 되었다. 북미 지역의 크루즈선들은 토플리스 일광욕을 전면 금지하기 시작했다. 이는 보수적인 가치관과 더불어 보다 넓은 고객층을 확보하려는 크루즈 업계의 전략적 선택이었다.

한편 유럽에서는 여전히 일부 크루즈 선사에서 토플리스 일광욕을 허용하고 있다. 이는 유럽의 상대적으로 개방적인 문화와 전통적인 크루즈 문화가 지속되고 있기 때문이다. 그러나 전반적으로 크루즈 선상이 대중화되면서 이러한 관행도 점차 사라지는 추세이다.

크루즈선에서의 토플리스 일광욕은 시대의 변화에 따라 점차 사라지고 있다. 과거에는 유럽과 북미를 막론하고 크루즈 여행객들에게 인기 있는 활동이었지만, 오늘날 보수적인 가치관과 가족 친화적인 분위기가 강조되면서 이러한 관행은 점차 사라지고 있는 것으로 보인다.

이는 단순히 크루즈 업계의 전략적 선택뿐만 아니라, 사회 전반의 가치관 변화를 반영하는 것이기도 하다. 과거에는 크루즈선이 제공하는 자유로운 분위기 속에서 토플리스 일광욕이 용인되었지만, 현대 사회에서는 이러한 관행이 점차 부적절한 것으로 여겨지고 있다.

따라서 크루즈선에서의 토플리스 일광욕은 더 이상 과거와 같은 모습으로 존재하기 어려울 것으로 보인다. 시대의 변화에 발맞추어 점차 사라져 가는 이 관행은 크루즈 여행객들의 선호도와 사회적 가치관의 변화를 반영하고 있다고 할 수 있다.

그림 11-15 크루즈선 토플리스 일광욕장

11.3.3.7. 여객 탤런트 쇼

가라오케(Karaoke)는 여전히 인기 있는 크루즈선 활동이지만 여객 탤런트 쇼(Passenger Talent Night)는 폐지되고 있다. 노래, 춤, 마술, 코미디 또는 여객이 자신의 재능이라고 느끼는 모든 것을 포함하여, 크루즈선에 승선한 여객은 무대에 올라 청중에게 공연할 수 있다. 그러나 2000년대 들어서 개인화된 미디어와 보다 많은 오락거리로 인해 사라지고 있다.

그림 11-16 크루즈선 여객 탤런트 쇼

11.3.3.8. 나이트클럽

1990년대에 건조된 선박의 경우 많은 선상에서 전용 나이트클럽을 찾을 수 있었다. 심야 활동으로 크루즈선은 나이트 클럽을 운영하고(Nightclubbing) 음료와 DJ와 함께 밤새도록 춤을 출 수 있었다. 예를 들어 Royal Caribbean의 선박에서 이러한 나이트클럽은 각각 The Crypt 및 The Labyrinth와 같은 명칭을 갖고 있었지만 2000년대 들어서는 전용실(Stateroom)과 전문 레스토랑(Specialty Restaurant)으로 교체되고 있다.

크루즈 선사들이 보다 높은 수익을 창출하기 위하여 야간에만 사용되는 나이트클럽은 주간 중에 빈 공간으로 방치되고 있기 때문에 주간에도 수익이 가능한 공간으로 전환시키고 있다.

그림 11-17 크루즈선 나이트클럽

Norwegian Cruise Line Glow Party

11.3.3.9. 인라인 롤러스케이트

오늘날 대부분의 크루즈선에서는 실내 링크에서 아이스 스케이트(Ice Skate)를 탈 수 있다. 그러나 2000년대부터는 갑판 위에서 인라인 롤러스케이트(In-Line Roller Skating)를 타는 모습이 점차 사라지고 있다. 바다 전망을 보며 롤러스케이트를 타는 즐거움이 있었지만, 2000년대에는 이러한 공간이 워터슬라이드(Waterslide) 공간으로 대체되었다. 이러한 변화는 크루즈선의 여가 시설이 더욱 다양해지고, 여객들에게 새로운 경험을 제공하기 위한 노력의 일환으로 볼 수 있다. 따라서 현대의 크루즈선은 아이스 스케이트와 워터슬라이드 등 다양한 활동을 제공하며, 여객들의 다양한 취향을 만족시키고 있다.

그림 11-18 크루즈선 인라인 롤러스케이트

선박의 속력

항해학에서 1해리(海里, Nautical Mile)는 중심각 1'(분)에 대한 자오선(Meridian) 호의 길이라고 정의되며, 이러한 해리는 육상의 육리(陸里, Statute Mile)와는 개념적으로 크게 다르다. 육리는 영국과 미국에서 사용하는 육상거리 측정 단위로서 1,609.344m로 정의되며 추상적인 길이이며, 자연의 어느 치수와도 관계가 없다.

지구의 중심각 1'(분)에 대한 적도 호의 길이를 지리리(地理里, Geographical Mile)라고 하는데, 적도는 원이기 때문에 별다른 가정 없이도 그 호의 길이는 어디서나 일정하며 1,855.4미터이다. 그렇다면 왜 적도(Equator) 호의 길이를 1해리의 기준으로 삼지 않았을까?

기하학적인 관점에서 볼 때, 지구상 두 지점 간 경도(Longitude) 사이의 길이는 양극으로 가까이 갈수록 줄어들어 결국 양극에서는 0이 되는 반면에 두 지점 사이의 위도(Latitude) 차이(즉 자오선 호의 길이 차이)는 360도 회전하여도 변하지 않는다. 따라서 항해학에서는 지구상 두 점 사이의 거리를 잴 때 전통적으로 경도선을 기준으로 하지 않고 위도선을 기준으로 삼고 있다.

하지만 이러한 중심각 1'(분)에 대한 자오선 호의 길이도 지구상의 위치에 따라 일정하지 않다. 왜냐하면 지구의 모양이 완전한 구면체가 아니라 양극 쪽에서 눌려져서 적도 부근이 약간 불룩한 모습의 편평체(An Oblate Spheroid)이기 때문이다. 다시 말해, 1해리의 길이는 위도 1'(분)에 대한 자오선 호의 길이로서, 자오선의 길이는 위도에 따라 다르다. 여기서 위도는 항해학적으로는 지리위도(Geographic Latitude)라고 한다. 이것은 천체의 관측으로 결정되는 위도인 천문위도(Astronomical Latitude)와 구별하기 위한 것이다.

예를 들면, 1해리가 적도에서는 1,482.7미터, 극지방에서는 1,861.2미터 그리고 중위도인 45도 지점에서는 1,852미터이다. 따라서 1해리의 거리는 적도지방으로 갈수록 짧아지는 반면에 극지방으로 갈수록 길어진다. 그래서 국제수로기구(International Hydrographic Organization, IHO)에서는 위도 45도에서의 지리위도 1'(분)에 대한 자오선의 길이와 같은 1,852미터를 1해리로 정하고 이의 사용을 적극 권장하고 있다.

그렇다면 이러한 해리를 이용하여 선박의 속력은 어떻게 알 수 있을까?

항해학에서는 전통적으로 선박의 속력을 나타내는 단위로서 노트(Knot)라는 용어를 사용해 왔는데, 1노트는 1시간에 1해리 항주(航走)하는 속력을 말한다. 만약에 어느 일정시간 동안 짧은 구간의 두 지점 사이의 이동거리를 측정할 수 있다면 물리학의 간단한 공식인 "신빡=

거리/시간"을 이용하여 선속을 구할 수 있을 것이다.

이를 위해 고안된 것이 최초의 선속측정기(Maritime Speedometer) 인 Chip Log이다. 이것은 Ship Log 또는 Common Log 또는 그냥 Log 라고도 한다. 그림에서 보이듯이, 스풀(Spool, 로프를 감아 놓은 릴)에 감겨있는 노끈(Rope)의 한쪽 끝은 반경 6인치의 쐐기형 4분원 나무조각(Chip)에 연결되어 있는데, 이 노끈은 매 47피트3인치(약 14.4m) 마다 매듭(Knot)으로 표시되어 있다. 처음에는 노끈에 매듭이 없었지만 15세기에 해리(Nautical Mile)의 개념이 도입되면서부터 측정에 이용되는 시간간격에 비례하고 해리개념에 부합하는 등간격으로 매듭을 표시하기 시작하였다고 한다.

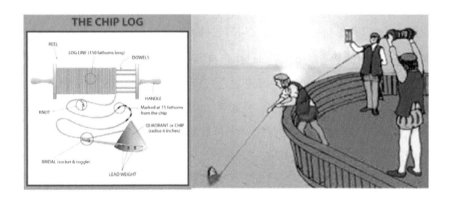

선박이 전진할 때, 선미에서 이 나무조각을 수면으로 던지면 나무조각 모양의 특성으로 인해 수면에 수직으로 서게 되어 저항력이 발생하면서 노끈이 스풀로부터 풀려나가게 된다. 이때 처음에는 30초짜리 모래시계(Sandglass)가 사용되었지만 28초짜리 모래시계를 사용하여 이 시간 동안 선미 뒤쪽으로 풀려나간 매듭을 확인함으로써 선속을 추산하였다고 한다.

다시 말해 28초 동안 풀려나간 매듭의 수가 바로 1시간에 항주한 거리, 즉 선속이었다는 것(예를 들어, 만일 28초 동안 10매듭이 풀려나갔다면 선속은 10노트)으로, 1노트라는 선속은 1해리와는 개념적으로 확연히 다르다. 따라서 실무에서 종종 선속을 얘기할 때 "지금 선속이 1 시간에 10노트이다"라고 말하는 것은 잘못된 표현이다. 왜냐하면 선속을 의미하는 노트라는 말에는 이미 시간이라는 개념이 포함되어 있기 때문이다. 따라서 이는 그냥 "지금 선속이 10노트이다"라고 말해야 옳다.

여기에서 이용된 매듭간의 길이 47피트 3인치와 측정기간 28초는 어떠한 상관관계가 있는 것일까? 시간당 항주한 거리(1 Nautical Mile Per Hour)를 1초당 피트(Feet Per Second, fps)로 환산한 후, 이에 28초를 곱한 것이 바로 1매듭의 길이가 되는 것이다. 즉 1,852미터(또는 6,076피트)/1시간 = 0.5144미터/초이며, 이를 초당 피트로 환산하면 1.6878피트/초이고 이에 28을 곱하면 47피트3인치가 된다. 다시 말해 이때 초로 환산한 1시간(즉 3,600초)에 대한 28초의 비율은 피트로 환산한 1해리의 거리(즉 6,076피트)에 대한 47피트 3인치의 비율과 같게 된다(3,600/28 = 6,076/47.25 = 128.6).

오늘날에는 선속을 재는데 더 이상 이러한 Chip Log를 사용하지는 않고 있다. 오히려 도플러(Doppler) 효과나 초음파센서를 이용한 최첨단의 선속측정기를 사용하고 있다. 하지만 이러한 기기에 여전히 Log라는 용어(예를 들어 Doppler Log)를 사용하고 있으며 선박 및 항공기에서 해리를 거리 측정단위로 사용하고 있다는 사실은 우리가 왜 이들의 어원적 의미를 제대로 알아야 하는가 하는 이유를 말하고 있다고 할 수 있을 것이다.

선속과는 직접적인 연관은 없지만 노트(Knot)와 관련한 재미난 영어식 관용구가 많이 있다. 예를 들어, 'Tie the knot'라는 표현은 '결혼하다'라는 의미이고 'A knot in a play'는 '연극에서의 절정(혹은 중요대목)'을 뜻할 때 쓰이는 숙어이다. 'A knot in someone's stomach'는 속이 거북하거나 불편할 때 사용하는 말이다. 또한 알렉산더 대왕(Alexander the Great)과 관련한 일화 중에 나오는 고르디우스의 매듭(Gordian knot)에 얽힌 'Cut the Gordian knot'이라는 표현은 아주 난해한 문제에 봉착했을 때일수록 아주 단순한 방법으로 해결해야 한다는 뜻으로 널리 알려져 있다.

출처: 문성혁(2015), "Ocean History: 1해리(Nautical Mile)와 1노트(Knot)", 『도선』, 제59호, pp.16-17.

제11장 참고문헌

김성국(2022), 『해상운송론』, 서울: 문현.

Banks, Joseph(1997), University of Sydney Library(Ed.), The Endeavour Journal of Joseph Banks, 1768-1771. Sydney: State Library of NSW.

United States Navy Department Bureau of Equipment(2010), Flags of Maritime Nations, Washington: Nabu Press.

Carnival Cruise Line(2012), Carnival Spirit Marks Equator Crossing with Traditional Ceremony, Carnival Newsroom, October 10, https://carnival-news.com/2012/10/10/carnival-spirit-marks-equator-crossing-with-traditional-ceremony

Caudin, Jules de(1816), Relation complète du naufrage de la frégate La Méduse faisant partie de l'expédition du Sénégal en 1816, by A. Correard, H. Savigny, D'Anglas de Praviel and Paul C.L. Alexandre Rand des Adrets(dit Sander Rang), Jean de Bonnot éditeur, 1968.

Cruise Blog Media(2023), "10 abandoned cruise ship activities", https://cruise.blog/2023/01/10-abandoned-cruise-ship-activities

Eyers, Jonathan(2011), Don't Shoot the Albatross!: Nautical Myths and Superstitions. London: A&C Black.

National Imagery and Mapping Agency(2003), International Code of Signals: As adopted by the Fourth Assembly of the Inter-Governmental Maritime Consultative Organization in 1965, Bethesda, Maryland: National Imagery and Mapping Agency.

Simms, Richard(2019), "A Nude Cruise Just Set Sail On Carnival Sunshine", Cruise Radio, https://Cruiseradio.Net/A-Nude-Cruise-Just-Set-Sail-On-Carnival-Sunshine

To reach a port, we must sail – sail, not tie at anchor – sail, not drift.
항구에 도달하기 위해서는 우리가 항해를 해야 한다
– 닻을 내리지 말고 항해를 해야 한다
– 표류하지 말고 항해를 해야 한다.

미국대통령 *Franklin D. Roosevelt(1938)*의 *Fireside Chat* 내용 중

제12장
크루즈 마케팅

크루즈 관광에서 여행자 만족도는 크루즈 선사가 여행 일정을 구성하는 방법에 대한 핵심 결정 요소 중 하나이기 때문에 크루즈 선사와 항만 당국 모두에게 중요하다(Rodrigue and Noteboom, 2013).

항만 당국의 경우 크루즈 여행자의 만족도가 높을 경우 더 많은 크루즈선을 유치할 수 있는 것으로 해석하며, 지역 경제에 상당한 금전적 및 비화폐적 이익을 창출할 것을 기대한다(Dwyer and Forsys, 1998). 또한 크루즈 여행의 경험 추천은 잠재적인 관광객의 상품 선택에 영향을 미치기 때문에 구전효과(word-of-mouth, WOM)와 같은 비화폐적 가치가 크다(Litvin, Goldsmith, Pan 2008).

구전은 소비자 선택, 서비스 전환, 구매 결정, 제품·서비스에 대한 인식과 같은 여러 요인에 영향을 미치는 것으로 확인되었으며, 소비자를 위한 브랜드 선택 촉진 효과가 있다. 때로는 개인 판매 및 다양한 유형의 광고의 기존 마케팅 도구보다 더 효과적이다. 특히 WOM은 신뢰할 수 있고 맞춤형이며 제품을 추진하는 데 사심이 없는 것으로 인식되는 사람들에 의해 생성되기 때문에, 고객은 다른 다양한 마케팅 수단 중에서 WOM에 더 많은 관심을 기울인다.

소비자들은 직접적으로 표현된 의견에 귀를 기울이게 마련이다. 구전(입소문)은 모든 구매의 사결정의 20~50%를 좌우하는 요인이다. 특히 최초 구매 시 혹은 상대적으로 고가 제품을 구입할 경우 소비자들은 더 많은 정보와 의견을 구하며, 더 오랜 시간을 들여 심사숙고하는 경향이 있어서 구전의 영향도 최대에 달한다(Bughin, Doogan and Vetvik(2010).

소비자의 구매 의사결정 단계별 핵심은 [표 12-1]과 같이 조사되었다. 성숙시장 혹은 도입 시장에 따라서 구매단계에 이르는 절차는 3단계가 있다. 이 가운데 소비자들에 미치는 영향력의 정도는 다르지만 모든 단계에서 소비자에게 영향력을 미치는 유일한 요소는 구전(word-of-mouth, WOM)이다.

Satta, Parola, Penco and Persico(2015)의 연구결과는 전반적인 만족도가 구전효과에 유의한 영향을 미치고 있음을 밝혔다. Penco and Di Vaio(2014)는 구전효과의 측정 가능한 지표인 울림효과(echo effect)를 측정했다. 이들은 연구 결과, 크루즈 관광의 만족감을 표현한 크루즈 여행자들은 13명에서 18명 정도의 사람들에게 추천한다는 것을 발견했다.

표 12-1 소비자 구매 의사결정 단계별 결정 요인

	성숙시장		도입시장	
1단계 일차적 고려대상	광고	30%	구전	18%
	이전 사용경험	26%	광고	17%
	구전	18%	이전 사용경험	15%
2단계 적극적 평가	인터넷정보	29%	구전	28%
	쇼핑	20%	광고	26%
	구전 마케팅	19%	이전 사용경험	13%
3단계 구매	인터넷정보	65%	구전	13%
	쇼핑	20%	광고	46%
	구전 마케팅	10%	이전 사용경험	40%

주: 상기 수치의 합은 일부 변수의 비율이 포함되지 않았기 때문에 100%가 아님.

자료: Bughin, Doogan and Vetvik(2010).

크루즈 여행자 만족도 연구는 조사가 실시된 항만의 유형에 따라 분류할 수 있다. 예를 들어, 크루즈 모항은 크루즈선이 여행을 시작하고 음식과 상품과 같은 필요한 물자를 공급받는 항만이다. 기항지는 크루즈 여객들의 관광명소로 크루즈선이 필요에 의해 기항하는 항만이다.

Brida, Pulina, Riaño and Zapata-Aguirre(2012)의 연구에 의하면 여행자들은 그들이 크루즈 모항(cruise homeport)에 있는지 또는 기항지(port of call)에 있는지에 따라 다른 패턴을 보인다. 기항지에 있는 여객들은 지역 관광지를 우선시하지만, 모항에 있는 여객들은 지역 사람들과 접촉하고 지역 문화를 경험하는 경향이 있다. 게다가 국제공항과의 근접성은 모항에 있는 크루즈선과 달리 기항지에 있는 크루즈선에는 문제가 되지 않는다. 크루즈 선사가 국제공항과의 근접성을 모항 선정에 가장 중요한 요소로 고려하는 이유이다(Lekakou, Pallis and Vaggelas, 2009). 따라서 항만의 분류는 여객 만족도의 명확한 분석을 위해 정의되어야 한다.

또 다른 분류는 여행자들이 겪고 있는 경험의 유형일 수 있다. 크루즈선을 승선하고 여행하는 경험인식은 많은 연구에서 분석하였다. Teye and Leclerc(1998)는 지중해 지역에서 두 가지 여행 일정을 가진 여행자를 대상으로 설문조사를 실시하고, 크루즈선에 탑승한 여행자의 인식을 분석했다. 핵심 서비스 구성요소에 대한 기대와 만족도를 평가했다.

Qu and Ping(1999)은 홍콩의 크루즈 여행자 동기를 분석하고 전체적인 만족도가 재방문의도에 미치는 영향을 측정하였다. 그들은 숙박, 오락, 식음료가 그들의 재방문 의도에 주로 영향을 미쳤다고 발표하였다.

Andriotis and Agiomirgianakis(2010)는 요인분석을 이용하여 크루즈 여행자 동기부여 차원과 만족도 차원을 조사하였다. 이들은 기항지 역할을 하는 그리스 헤라클리온(Heraklion) 항만의 크루즈 여객들을 대상으로 연구했다. 그들의 연구 결과는 여행자의 만족 우선순위가 관광 경험 중에 바뀔 수 있기 때문에 동기부여와 만족도 척도가 다르다는 것을 시사했다.

한편 Brida, Pulina, Riaño and Zapata-Aguirre(2012)은 콜롬비아의 카르타헤나 데 인디아스(Cartagena de Indias) 항만을 대상으로 한 연구에서 요인 군집 분석을 사용하여 여행자를 분류하고 여행자의 만족도와 지출에 영향을 미치는 요인을 식별했다. 이 연구 결과 환승하는 여행자(Travelers In Transit)가 만족도가 가장 높았고, 다음으로 장기 체류자(Long Stay Travelers), 단기 체류자(Short Stay Travelers)의 순서로 그 뒤를 이었다

Chang, Liu, Park and Roh(2016)는 크루즈 관광 여행자들에 대한 기항지 만족도를 아시아 항만을 대상으로 분석하였다. 분석에서 전체적인 편의성/사람(Overall convenience/People), 문화/탐구(Culture/Exploration), 상품/매력(Commodities and Attractions)의 세 가지 요인을 추출하였고, 이들 요인 중 문화/탐구 요인이 전체 만족도의 가장 많은 부분을 설명하고 있다.

12.2 ▶ 크루즈 광고

12.2.1. 크루즈 관광 브로셔

크루즈 마케팅에 있어서 크루즈 촉진전략의 방향에 대해 우선적으로 지리적인 상품이 고객의 흥미를 이끌어낼 수 있어야 하며, 여객의 흥미를 충족시킬 수 있는 테마 마케팅, 인구가 풍부한 지역을 목표로 하는 사회경제적인 마케팅, 여정 마케팅이 중요하다. 또한 여행사의 주요 판매수단이 브로셔(Brochure)이기 때문에 브로셔 제작의 중요성이 제기되고 있으며 반복 구매자보다도 새로운 고객을 창출하기 위한 적절한 촉진전략으로서 브로셔는 중요하다.

브로셔는 팜플렛(Pamphlet)과 전단지의 일종이다. 일반적으로 브로셔는 회사나 조직을 소개하고 표적 고객에게 제품 또는 서비스를 알리기 위한 광고 작품으로 사용된다. 브로셔는 우편으로 배포하거나 개인적으로 전달되며, 브로셔 랙에 배치되어 제공되기도 한다. 영어 사전에서는 브로셔를 안내서, 제품 설명서 등의 용도로 자주 쓰이는 팜플렛이나 간단한 문서로 정의한다. 비슷하게 사용되는 카탈로그(Catalog)가 이익 중심의 인쇄물이라면, 브로셔는 홍보 중심의 인쇄물로서 광고 또는 정보 전달을 위해 제작된 것이다.

한편 크루즈 브로셔에 관한 분석의 연구로는 내용분석법에 입각하여 속성분석에 의한 브로셔의 내용분석을 실시한 연구가 있다. Puzycki and Puzycki(1999)의 연구에서는 브로셔의 구성을 위한 촉진 부문, 여정 및 기항지, 가격표와 Deck 플랜, 예약 정보와 여행 조건으로 제시하였다. 크루즈 브로셔의 종류를 통합 브로셔, 특정 지역 브로셔, 특정 선박 브로셔, 계절별 브로셔, 목표 시장 접근 브로셔로 나누고, 그 구성이 판매 제시, 크루즈 여정 부문, 여행 정보 부문으로 이루어져 있다(Mancini, 2000).

우리나라에서는 하인수(2006)가 카리브와 알래스카의 크루즈 브로셔를 대상으로 브로셔가 포괄하고 있는 콘텐츠를 분석하였다. 즉, 지역별 크루즈 브로셔를 분석한 결과 사진과 소비자에게 소구할 메시지 내용은 자사의 브랜드의 특성을 반영하고는 있지만 용어의 선택은 차별화되어 있지 못하다고 진단하였다. 이것은 새로운 상품이 지속적으로 크루즈 산업에 출현하고 있는 현실을 감안하면 크루즈 선사의 마케팅 프로그램은 효과성이 다소 장애를 받는 것으로 진단하였다.

광고는 의도적으로 설득성이 강하고, 다양한 매체를 통해 반복적으로 전달되며 전문적으로 고안된다(박종민 · 박재진 · 이창환, 2007). 따라서 크루즈 관광 산업에 있어서도 광고를 통하여 영향을 미칠 것이 자명하므로 광고언어의 사용에 대한 관심이 필요하다.

언어학적으로 광고언어를 연구하는 방법으로는 구조론, 음운론, 의미론, 화용론 차원에서 진행되고 있으며, IT 기술의 발전과 컴퓨터 프로그램의 개발에 기초한 광고 언어분석이 진행되고 있다.

광고언어의 분석에 있어서 양적 및 질적인 방법으로 다양하게 접근하고 있으며, 최근에는 객관적인 수량적 지표로 분석하고자 하는 방식으로 단어의 수에 근거한 방식이 사용되고 있다(Hart, 2001; Stone, Dunphy, Smith and Ogilvie, 1996).

이러한 방식을 상용하기 위한 컴퓨터 프로그램으로 구조화된 분석방법을 사용하게 된 것은 Mergenthaler(1996)가 TAS/S를 이용하여 분석하기 시작하면서 부터였다. 또한 LIWC(Linguistic Inquiry and Word Count)라는 언어분석 프로그램은 기존 프로그램을 한 단계 업그레이드 시킨 프로그램으로 사용하고 있다(Pennebaker and King, 1999). LIWC과 유사한 프로그램으로 WordSmith와 같은 프로그램이 등장하였다(Scott, 2012).

12.2.2. 크루즈 브로셔의 콘텐츠

일반적으로 크루즈 관광 상품은 선박, 서비스, 활동과 경험, 식사, 객실, 엔터테인먼트 등으로 구성되어 있으며, 여객들은 여객실 서비스 및 청결, 식음료의 시설과 품질, 직원들의 친절, 유니폼의 착용자세 등에 만족과 기대감을 보이고 있다(Ward, 2020).

그러나 크루즈는 호텔과 선박이라는 특수성을 포함하고 있어서 다양한 상품들의 종합으로 구성되며 크루즈 승선 기간 동안 다양한 상품들 간의 혼재성이 일어나기도 한다. Dickinson and Vladimir(1997)에 따르면 크루즈 체험이 다양한 상품들의 집합 속에서 여객이 시간적 공간적인 차원에서 선택을 해 나가면서 스스로 정의해 나가는 것과도 밀접한 관련이 있다고 파악한다.

크루즈 관광의 특징은 다양하게 나타나는데 이러한 특성은 크루즈 여행을 일반적인 여행과 구별 짓는 주요한 요소로 작용한다(김규헌·하인수, 1999).

첫째, 크루즈는 떠다니는 리조트(floating resort)의 개념으로 크루즈 자체가 관광자원이다. 둘째, 크루즈는 관광 목적으로 운영되며, 크루즈 운영선사의 대부분은 정규일정을 갖고 있다. 셋째, 크루즈는 사교성이 강한 여행이다. 넷째, 크루즈는 특수목적관광(SIT, Special Interest Tourism)의 성격이 강한 상품으로서 그 기간도 2~3일에서 수개월에 걸쳐 제공된다. 다섯째, 규모의 경제에 의해 대규모화됨으로써 안전성이 확보된 해상여행이다. 여섯째, 크루즈는 선내 편의시설이 아주 다양하며 세계의 별미, 교양프로그램, 크루즈 테마 등 "재미있는 선박"이라는 개념을 보강함으로써 일반 여객선과는 시설면에서 현격한 차이가 난다. 일곱째, 즐거움과 편안함 그리고 시간의 낭비가 전혀 없는 여행이다. 이처럼 크루즈 여행은 여행객의 여행 경험을 풍요롭게 만들어주는 독특한 관광 형태라고 할 수 있다.

한편 기항지에서의 크루즈 관광은 고소득층의 도시관광과 유사함으로써 일반적 형태의 국제관광과는 달리 비교적 무해하고, 지속가능한 관광이라고 볼 수 있다. Mancini(2000)에 따르면 일반관광과 크루즈 관광의 인식의 차이에 대해서 [표 12-2]와 같이 나타내고 있다.

표 12-2 관광 특성에 따른 일반 관광 및 크루즈 관광의 인식

항목	일반 관광	크루즈 관광
좋은 식사	67%	81%
다양한 장소 방문	63%	79%
너긋함	66%	78%
여행중 휴양	55%	77%
자유로움	46%	76%
고급취향	64%	74%
쉬운 접근	42%	71%
수준높은 유흥	53%	69%
고가치	31%	69%
활동의 자유	42%	68%

자료: Mancini(2000).

크루즈 관광에서도 일반적인 관광의 만족요소인 감정적 요소도 중요하다. 특히 신기성 (novelty), 통제감(control), 쾌락감(hedonics)을 제시하고 있다. 따라서 크루즈 브로셔에서는 구매자 즉 관광객이 요구하는 니즈를 파악하고 이를 잘 전달하는 역할이 중요하다.

김성국(2012)은 세계적인 크루즈 선사인 Carnival Cruises Line(미국항로), P&O Cruises(영국항로), Disney Cruise Line(미국항로), Royal Caribbean International(영국항로) 등의 4개 크루즈 선사가 제공하고 있는 2012년의 브로셔를 분석하였다.

분석결과 사용빈도수에 따른 크루즈 관광 브로셔의 어휘목록을 보면 일반 미국인이 사용하는 단어수준과 달리 cruise, port, ports, sail, shore, ships, board, onboard라는 크루즈선과 관련된 단어가 사용된다. 또한 호텔의 개념에 포함되는 night, service, dining, including, itinerary, enjoy 등의 단어도 높은 수준으로 나타났다.

어떤 단어가 일반적인 사용 예에 비해서 많이 사용된다는 점은 결국 그 단어가 포함된 언어적인 특징을 보여줄 수 있는데, 크루즈 관광의 특징이라고 할 수 있는 호텔+선박의 개념이 잘 나타나 있다. 그 결과 onboard, balcony, seas, pacific, ship, stateroom이라는 단어가 두드러지게 사용되고 있음을 발견하였다.

12.3 크루즈 마케팅 전략

12.3.1. 마케팅 목표 설정

새로운 시장진입을 위한 크루즈 선사의 사업목표를 달성하기 위해 선사의 부문별 목표 및 전략을 수립해야 한다. 또한 사업 목표를 달성하기 위한 마케팅 부문의 목표 및 전략은 환경과 경쟁요인을 고려해야 하며, 기업의 자원을 적절히 배분하고 크루즈 선사의 강점을 최대한 활용하는 방향으로 수립해야 한다.

그런데 기업의 인적, 물적자원과 시간은 한정되어 있고, 부서별로 관점이 다를 수 있어서 처음부터 하나의 목표를 수립하기가 어려운 것이 현실이다. 특히 부서 간에 의견이 상충되는 경우 부서간 협조가 잘 안 되는 등 전체 회사로서는 불이익을 당할 수 있다. 예를 들어 마케팅부서가 매출액을 증가시키기 위한 판매비 증가 의도와 재무부서에서 순이익을 증가시키기 위한 판매비 및 일반관리비 절감 계획은 상충되어 부서 간 갈등을 일으킬 수 있다.

따라서 크루즈 선사에 미치는 모든 환경요인과 추구하고자 하는 의지를 모두 고려하여 복수의 대안을 설정한 다음 의사결정과정을 거쳐 최종적으로 단일안 혹은 가능한 범위 내에서 복수안을 선택할 수 있다. 크루즈 선사가 수립할 수 있는 마케팅 목표 대안과 이를 선택하기 위한 전략적 기준의 예를 열거하면 [표 12-3]과 같다.

표 12-3 마케팅 목표 및 전략적 기준결정요인

선택안	마케팅 목표 대안	전략적 기준
1안	시장점유율	시장세분화
2안	매출액	위치 정립
3안	이윤추구(매출액 순이익률)	가격 전략

자료: 김성국(1998).

[표 12-2]의 세 가지 마케팅 목표 대안은 서로 완전히 독립적인 것은 아니다. 즉 기업의 판매량 증가에 따른 시장점유율의 증대는 제품단위당 비용을 하락시키고 기업의 이윤규모 및 현금흐름을 증대시키는 것과 같이 서로 영향을 주고 받는다(김정남, 1989). 시장점유율과 매출액이 서로 연관되어 있는데도 별개의 대안으로 설정한 이유는 첫걸음의 방향이 향후 진로에 큰 영향을 미친다고 생각하기 때문이다. 그러나 이들 중에 어느 것을 강조하느냐에 따라 마케팅 전략이나 사업의 결과가 달라질 수 있다. 예를 들면, 가격 하락 등의 전략으로 시장점유율 확대를 시도하면 단기적으로 매출액의 변화가 없거나 혹은 매출액을 감소시킬 수 있다.

시장점유율이 중요한 경우는 특정 회사의 서비스나 제품이 표준 이미지로 자리 잡는 것이 미래의 성공 여부를 결정할 때이다. 특히 크루즈선과 같은 서비스업에서는 이미지가 중요한 역할을 하기 때문에 시장점유율의 확대가 필수적이다. 한편 매출액을 목표로 설정했을 경우, 새로운 시장을 개척하거나 사업을 다각화하는 방향으로 나아갈 수 있을 것이

12.3.2. 시장세분화

각 세분시장을 평가한 후에는 진출하고자 하는 하나 또는 그 이상의 세분시장을 선정해야 한다. 그런 다음, 어떤 세분시장에 진출하고 얼마나 많은 세분시장에서 활동할 것인지를 결정해야 하는데, 이는 표적 시장(Target Market) 선택의 문제이다(Kotler and Armstrong, 1991).

표적 시장은 기업이 서비스를 제공하기로 결정한, 공통된 요구 또는 특징을 공유하는 구매자 집단이다. 기업은 세 가지 시장 범위 전략(Market Coverage Strategy) 중 하나를 선택할 수 있다.

오랫동안 크루즈선은 자존심이 강하고 특권층의 전유물로 간주되었기 때문에 시장세분화는 크게 중요하지 않았다. 그러나 최근에는 과거의 인식이 변하고 있고, 실제 주 수요고객은 과거와 달리 다양하게 변하고 있기 때문에 시장세분화(Market Segmentation)가 반드시 필요하다.

과거 크루즈 여객들은 대부분 시장과 경제적 여유가 있는 중장년층으로 구성되어 있었다. 즉 여객을 대상으로 한 크루즈선 문화와 환경, 그리고 여객의 행태에 관한 연구를 한 Foster(1986)와 알래스카 크루즈선을 대상으로 연구한 Field, Clark and Koth(1985)는 크루즈선 여객의 사회, 인구통계학적 특성을 다음과 같이 주장했다. 즉 크루즈선 여객들은 일반적으로 고령이고 고학력이며, 전문직에 근무하거나 정년퇴임한 사람이고, 또한 소득이 높은 사람들이며, 부부동반의 부류가 압도적 이라는 결과를 얻어내었다.

그러나 1980년대에 들어서면서 모든 연령층으로 이용 대상이 확대되어 세분시장에 적합한 상품이 개발되었다. 즉, 고소득층을 대상으로 한 고급 순항 관광 상품과 중산층을 위한 크루즈선 여행 상품의 개발로 인해 크루즈선 관광산업의 수요는 연평균 12~15% 수준으로 증가할 것으로 전망된다. 특히 청소년층의 크루즈선 관광 경험이 확대되고 있으며, 이들은 크루즈 선상에서 전개되는 다양한 행사에 매력을 느끼고 있다(Kendall, Booms and Needham, 1988).

또한 서비스 기업인 크루즈 선사의 입장에서 보면 마케팅 전략은 승선하는 모든 고객을 만족시키는 방향으로 설정되어야 할 것이다. 그러나 후발 업체가 신규로 시장에 참여하면서 시장의 모든 고객을 만족시키기란 여간 어려운 것이 아니다. 그것은 고객의 수는 무척 많으며, 널리 분산되어 있고, 또 각 고객의 성향도 다르기 때문이다. 그러나 모든 고객을 만족시키기 위해 시장을 세분화한다면 고객의 숫자만큼 시장을 세분화해야 할 것이다. 왜냐하면 고객의 욕구는 완전히 동일할 수 없기 때문이다. 따라서 크루즈 선사에서 추구하는 사업의 성격을 고려하여 모든 고객에게 똑같은 마케팅전략을 적용할 것인가와 몇 개의 동질적인 고객집단으로 시장을 구분하여 각기 다른 마케팅전략을 적용할 것인가를 정해야 한다.

한편 모든 고객을 만족시키기 어렵다면 크루즈 선사가 갖고 있는 강점을 최대한 발휘할 수 있는 소수의 세분시장에 마케팅 노력을 집중적으로 투입 할 수도 있다. 시장을 어떻게 나눌 것인가에 대한 장단점을 비차별화 마케팅, 차별화 마케팅, 그리고 집중화 마케팅으로 나누면 [그림 12-1]과 같이 나타난다.

그림 12-1 시장세분화에 따른 마케팅 시장공략 방법

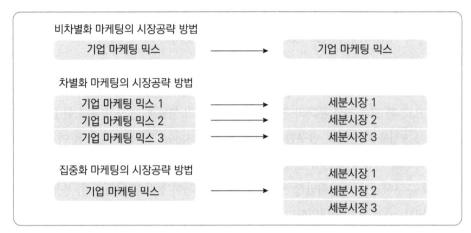

자료: Kotler and Armstrong(1991).

① 비차별화 마케팅

비차별화 마케팅(Undifferentiated Marketing) 방안은 각 세분시장의 차이를 무시하고 전체 소비자를 대상으로 하나의 마케팅전략을 구사하는 것이다. 즉, 이 방안은 소비자들 사이의 차이점 보다는 공통점에 초점을 맞추는 것이다. 따라서 제품이나 광고, 유통경로도 소수의 선택된 소비자 계층보다는 일반대중의 마음에 들도록 하는 데 주안점을 둔다. 이 방안의 장점은 물론 경제성이다. 하나의 일관된 마케팅믹스를 추구하니까 제품생산비, 재고비용, 수송비 등이 절감되고, 세분화하는데 필요한 마케팅 조사비용이 적게 든다. 광고프로그램도 다양하게 개발할 필요도 없으므로 광고비도 절감된다.

이 방안은 소비자들 사이의 욕구 차이가 그다지 크지 않고, 단일 마케팅믹스의 사용으로 인한 비용절감효과가 아주 클 때 적당하다. 또한 판매자가 주도권을 쥐고 서비스품목, 공급시기, 공급방법 등을 결정하는 대량시장(Mass Market)의 판매자 주도 시장(Seller's Market)에 적합하다고 할 것이다. 그러나 판매자보다 고객이 우세하다면 이 전략은 실패할 가능성이 크다. 어떤 구매자이든지 개별고객들은 개별적으로 취급받기를 원한다고 할 때 고객들은 더 많은 것을 기대하고 요구한다. 왜냐하면 더 많은 것을 요구하면 더 많은 것을 얻을 수 있다는 것을 소비자들이 알기 때문이다.

② 차별화 마케팅

차별화 마케팅(Differentiated Marketing) 방안은 기업이 복수의 세분시장에서 사업을 할 것을 결정하고 각 세분시장에 맞는 마케팅믹스를 개발하여 활용하는 것이다. 각 세분시장에 적당한 마케팅 전략을 쓰면 전체적인 소비자의 만족도가 올라가므로 매출액도 비차별화 마케팅을 쓸 때보다 많을 수 있다.

그러나 이 방안은 복수의 마케팅믹스를 운용하므로 여러 종류의 서비스품목에 따른 관리비, 광고비 등이 더 많이 들 수 있어서 비용의 증가보다 매출액의 증가가 더 커서 전체적인 수익률이 향상될 것으로 예상될 때 적용해야 한다.

③ 집중화 마케팅

차별화 방안이나 비차별화 방안은 모든 시장을 상대로 마케팅활동을 전개한다. 그러나 기업의 자원이 한정되어 있는 경우에 큰 시장에서 고전하는 것보다는 정선된 소수시장에서 지배적인 위치를 차지하는 집중화 마케팅(Concentrated Marketing) 방안이 훨씬 효율적이다. 즉 작은 시장에 집중함으로써 해당 시장에서의 전문적인 지식과 그 시장에서의 명성으로 높은 시장점유율을 확보할 확률이 높아진다. 또한 소수의 세분시장에 집중하므로 유통, 광고 등에서 비용을 크게 절감할 수 있다. 그러나 이 방안은 높은 수익률을 기대할 수 있지만 위험 또한 크다. 왜냐하면 크기가 작은 시장에 전념하므로 그 시장의 기호가 변하거나 강력한 경쟁자가 들어오면 회사의 기초가 흔들릴 수 있기 때문이다.

12.3.3. 시장에서의 위치정립

제품의 위치(Position)란 소비자들이 그 제품을 경쟁제품과 비교해서 어떻게 인식하느냐 하는 것이다. 이때의 비교기준은 상품의 주요한 속성(Attributes)들이 된다(Kotler and Armstrong, 1991).

현대의 소비자들은 수많은 상품에 대한 많은 정보에 노출되어 있다. 따라서 그들은 물건을 구매할 때마다 모든 정보를 바탕으로 물건의 가치를 평가할 수 없게 된다. 그래서 구매의사결정을 단순화하기 위해 그들은 상품, 상표, 회사 등을 일정한 틀에 끼워 넣는다. 예를 들면 A상표는 비싸고 고급품인 것으로 B상표는 싸고 서민층이 애용하는 것으로 인식 하고 있다고 하는 것 등이다(Aaker and Myers, 1987).

따라서 경영자는 소비자의 마음속에서 형성되는 자사제품의 위치를 회사에게 유리하게 정립하기 위해 적극적으로 노력해야 한다. 기업이 자사 제품의 성공적인 위치 정립을 위해 취할 수 있는 방법은 다음과 같다.

먼저, 현재 자사 제품과 경쟁 제품의 위치를 파악해야 한다. 이를 위해 제품 위치도(Product

Position Map)를 활용할 수 있다. 이 위치도에 크루즈선과 관련된 관광 상품들의 위치를 표시하고, 어느 지점이 가장 적합한지를 결정해야 한다. 이를 위해서는 해당 위치에 들어갈 제품을 기술적, 경제적으로 만들 수 있고, 그러한 제품을 찾는 소비자 수가 많다는 확신이 있어야 한다.

다른 방안으로는 현재의 경쟁제품에 가깝게 위치를 정하는 것이다. 이 방안을 선택하려면, 첫째, 경쟁 제품보다 우수한 제품을 만들 수 있어야 하고, 둘째, 그 시장의 크기가 두 회사를 감당할 수 있을 만큼 커야 하며, 셋째, 경쟁사보다 자금력 면에서 더 뛰어나거나 그 위치가 회사의 강점을 활용할 수 있는 위치여야 한다.

이와 같은 다양한 방법을 고려하여 경영자는 자사 제품의 성공적인 위치 정립을 위해 노력해야 한다. 이를 통해 소비자의 마음속에서 형성되는 자사제품의 위치를 회사에게 유리하게 만들어 나갈 수 있다.

12.3.3.1. 가격/품질에 의한 위치정립

특수한 제품 속성에 따라 제품을 위치화할 수 있는데, 비교적 널리 채택된 것으로 많은 제품 및 서비스들은 품질이 다양하고, 뛰어난 것을 추구한다. 이런 경우 생산자는 더욱 많은 생산비를 투입하거나 아니면 더욱 높은 수준의 품질을 추구하기 위한 노력을 경주해야 한다. 또한 가격과 품질은 상충되는 면이 있어서 가격을 낮추면 품질이 저하되고, 품질을 높이면 가격이 대체로 상승하게 된다. 따라서 경영자는 적절한 가격과 품질을 결정해야만 한다.

특히 크루즈 산업이 본격화된 주된 배경 중 하나는 서비스 제품 정책에서 획기적인 크루즈선 순항 일수의 다양화를 도모한 점이다. 크루즈 순항 일정을 최단 2일에서 80일 이상 소요되는 장기 크루즈와 세계일주 크루즈에 이르기까지 다양화함으로써 이용자의 선택 폭을 현격히 확대시켰다. 즉, 세계 각국의 유명 관광지를 순항하는 프로그램을 개발하고 운용하고 있다. 부정기 유람선의 운영과 더불어, 특히 투어 오퍼레이터(Tour Operator)들이 기획한 세계 유명 관광지를 순회하는 코스에 용선(Charter)을 운용함으로써 크루즈의 가동률 향상 및 채산성의 제고와 함께 크루즈 이용을 일반화하고 있다.

아울러 크루즈선 자체의 품질로서 쾌적성과 안락성을 더욱 향상시킨 선박이 건조되어 운항되고 있다. 선박 건조 기술의 향상으로 기관의 진동과 선체의 동요를 최소화하고 안전성을 크게 제고시킨 한편, 선체의 대형화와 스피드화의 실현으로 쾌적성을 더욱 향상시켜 여객 흡인력을 증대시키고 있다. 최근에는 이러한 수요 증가에 부응하고, 보다 안락하고 쾌적하며 스피디한 크루즈선을 선호하는 이용객의 욕구에 맞추어 새로 건조되는 크루즈선이 더욱 대형화, 고속화되는 추세에 있다. 크루즈선의 운항 제피드 시장 선호를 반영하여 기획, 제시되며, 더불어 크루즈선의 크기도 다양화되고 있다.

12.3.3.2. 유용성에 의한 위치정립

제품은 충족시켜줄 수 있는 욕구 또는 제공하는 편익(Benefit)에 따라 위치화할 수 있다. 이 방안은 유용성(Application)에 근거하여 제품의 위치를 정립하는 것으로, 제품을 여러 가지 용도로 사용할 수 있다는 점을 강조한다. 즉, 제품 특성의 강조를 여러 측면에서 한다는 것인데, 이 방안의 부정적 측면은 한 가지 차원에서도 제대로 성공하지 못할 위험을 감수해야 한다는 것이다. 유용성에 의한 위치 정립은 시장을 확대하려 할 때 유용하다.

현대의 크루즈선은 여객 욕구를 모두 선내에서 충족시킬 각종 시설을 구비하고, 이를 확대시키는 전략을 사용하고 있다. 즉, 선박 외관의 화려함, 선내 설비의 고급화, 오락과 운동을 위한 다양한 시설의 완비, 그리고 양질의 인적 서비스를 제공함으로써 여객의 욕구를 만족시키고 있다. 또한 최근에는 크루즈 선사의 마케팅 수단으로 주제 크루즈(Theme Cruise/Special Interest Cruise) 개념을 도입하고 있다. 이것은 아주 유용한 마케팅 수단으로서, 각 크루즈 선사는 여객들의 상이한 여행 동기를 반영할 목적으로 각종 스포츠 놀이, 고전 음악, 오페라, 밴드, 영화 상영 등 문화적인 주제와 역사 강의 및 전문적인 연구 프로그램을 다루는 교육적인 행사의 주제 크루즈 메뉴(Menu)를 활용하고 있다. 뿐만 아니라 저칼로리(Low Calorie) 음식 먹기와 운동 문제를 다루는 건강 지향적인 주제와 우표 수집 및 사진 촬영 등 취미 지향적인 주제도 인기 있는 프로그램으로 평가받고 있다. 특히 구미 제국에서는 케냐의 사파리(Safari)와 남아프리카의 다이아몬드 광산을 탐험하는 것과 같은 탐험 크루즈(Exploration Cruise)가 여객들로부터 호평을 받고 있다.

12.3.3.3. 사용자에 의한 위치 정립

크루즈선의 사용자 또는 사용 계층에 따라 위치를 정립하는 것인데, 제품의 사용자를 연령별, 직업별, 성별 등으로 나누어 분명하게 명시하여 위치화할 수 있다. 주기적인 신상품의 개발과 적극적인 고객 유치에 의한 이용 대중화가 크루즈선 관광 산업에서 중요하다. 과거에는 시간적 및 경제적 여유가 있는 50대 이상의 계층이 크루즈 마켓의 주류를 형성하였으나, 오늘날에는 시장 세분화를 통하여 목표 시장의 선정과 시장 기호에 부합되는 패키지 상품을 개발하고, 지상 휴양지를 방불케 하는 각종 선상 행사를 다양하게 개발해 나감과 동시에 서정적 무드를 조성하는 등의 변화를 보이자 젊은이들의 이용이 보다 확대되어 대중화가 실현되고 있다.

이와 같은 위치 정립을 위해서는 인구통계적 연구가 중요하다. 광대한 크루즈 마켓을 구성하고 있는 미국의 크루즈 여객을 대상으로 한 조사에서 여객들 간에는 다음과 같은 세 가지 세분 시장이 존재함을 확인하였다(Tripp, 1988). 이와 같은 연구는 위치 정립에 중요하게 작용할 것이다.

첫째, 시장의 1/3을 점하는 열렬한 크루즈선 여객(Cruise Enthusiasts)들로서 특정 국가를 대표하는 크루즈를 선호하는 부류가 있다. 이들은 크루즈 운항 선사(Actual Cruise Lines)를 중시하기보다는 크루즈가 제공하는 특성을 선호하며 크루즈 승선 경험이 많기 때문에 높은 가격도 기꺼이 지불하려 한다.

둘째, 크루즈 마켓의 약 40%는 크루즈 선사 또는 상표 지향적인 시장으로 그들은 호화롭고 사치스러운 크루즈를 선호하지만 그렇다고 가격 의식적(Price-Sensitive)이라고 할 수 없는 부류가 존재한다.

셋째, 크루즈 마켓의 1/4을 점하는 다분히 가격 의식적인 시장으로서 그들은 일정 비용으로 가급적 장거리 항해와 기항지가 스케줄에 많이 포함되기를 기대하는 부류이다.

12.3.3.4. 문화배경에 의한 위치정립

제품 사용자의 특정 계층에 따라 특성화시키는 것으로, 주로 이미지 차별화(Image Differentia-tion)에 의존한다. 경쟁 기업이 거의 동일한 제품 및 부수 서비스를 제공하더라도, 구매자들은 기업이나 상표 이미지에 기인하는 차이를 인식할 수도 있기 때문에, 기업이나 상표 이미지는 제품의 주요 편익과 위치화를 전달할 수 있는 유일하고도 독특한 메시지를 전달하여야 한다. 경쟁 제품에 대해 문화적으로 차별화를 시도하는 전략으로서, 대개 경쟁사에서 사용하지 않는 상징(Symbol)을 찾는 것이 중요하다. 따라서 상징은 강력한 기업 또는 상표 인식과 차별화에 크게 기여할 수 있다.

한편 크루즈선 관광은 다음과 같은 부정적인 문화적인 이미지가 있다. 첫째, 선박 여행은 고립적이고 태풍에 무방비적이며 뱃멀미가 연상된다. 둘째, 선박 여행은 느리고 비좁고 갑갑한 실내와 지루한 것이라 인식된다.

그럼에도 불구하고, 크루즈는 여객에게 수준 높은 만족을 제공하므로 승선 경험자들은 85%라는 높은 재구매율(Rate of Repurchase)을 나타내는 것으로 조사되고 있다. 따라서 일련의 부정적인 인식을 긍정적으로 바꾸어 높은 만족 서비스를 제공한다는 인식을 심어놓을 상징이 요구된다. 여기에서, 크루즈 산업이 본격화된 주된 배경 중 하나인 크루즈 이용 경험자들의 구전(Words of Mouth) 효과가 발휘될 것이다.

12.3.3.5. 경쟁자에 의한 위치정립

이것은 경쟁자와 직접 대비를 하거나 혹은 전혀 별개의 것이라고 위치화하는 것으로, 대부분의 위치정립 전략에는 묵시적이든 명시적이든 하나 또는 그 이상의 경쟁자가 있는 것을 배경으로 한다.

어떤 경우에는 경쟁자에 대한 도전이 가장 중요한 전략이 될 수 있는데, 그 이유는 첫째, 경쟁자는 여러 해 동안 제품 이미지를 세워 왔으며 새롭게 진입하는 상품을 알리는 가교로서 이용할 수 있기 때문에 경쟁자와 직접 대비를 하거나, 둘째, 소비자가 주어진 경쟁 제품보다 더 좋은 것이 있다고 믿는 부분이 있는 것이 중요할 수 있기 때문에 경쟁자와는 전혀 별개라고 위치화하는 것을 말한다.

선박을 통한 여행은 19세기 중엽까지 철도 여행을 앞선 선도적 입지였다. 그러나 1940년대 대륙 간 정기 운항을 기초로 한 정기선 운영 이후 상용 항공기(Commercial Airlines)라는 경쟁자가 나타나자 선박 이용은 급격히 쇠퇴하였다. 특히 1960년대 제트 항공기의 운항으로 해상 관광 운송 업계는 급격히 쇠퇴하였으나, 마케팅 개념의 도입으로 항공 여행과 차별화하는 전략으로 위기를 타개하고 현재의 가장 각광받는 상품으로 인식되고 있다. 또한, 이 시장에 새로 진입하려는 크루즈 선사 역시 경쟁자와는 구별되는 마케팅 전략을 수립해야 한다.

12.3.4. 가격전략

현재의 가격이 현재의 판매와 이익에만 영향을 끼치는 것이 아니라 미래의 판매와 이익에도 영향을 미치게 되므로, 장기적 관점에서 동적으로(Dynamic) 가격 결정을 내려야 할 것이다. 그리고 가격과 같이 맞물려 움직이는 것이 있는데, 바로 품질이다. 이 두 가지는 싼 가격과 좋은 품질을 추구하게 되어 상반된 것이라고 보통 여겨지고 있다. 그러나 고급의 숙련된 기술은 품질을 향상하게 시킬 뿐만 아니라 장차 원가를 하락시켜 가격을 내리게 할 수 있으며, 생산에서의 오랜 경험은 학습 효과를 가져와 점차 원가를 하락시킬 수 있어서, 고품질과 저가격이 꼭 실현 불가능한 명제는 아닌 것으로 생각된다. [표 12-4]는 가격과 서비스의 질에 관한 전략적 기준을 나타내고 있다.

표 12-4 **가격과 품질에 관한 전략**

		가격		
		고가격	중간가격	저가격
품질	고급	우등 전략 (Premium Strategy)	침투 전략 (Market-Penetration Strategy)	가치우월 전략 (Superb-Value Strategy)
	중급	초과가격 전략 (Overcasting Strategy)	평균 전략 (Medium-Value Strategy)	가치상위 전략 (Good-Value Strategy)
	저급	착취가격 전략 (Rip-Off Strategy)	기만가격 전략 (False Economy Strategy)	가치하위 전략 (Economy Strategy)

자료: Kotler and Armstrong(1991).

　대체적으로 저가격으로 시장에 접근할 때에는 단기적으로 손해를 감수해야 하기 때문에 장기적 안목과 위험 부담 능력이 요구된다. 저가격 전략을 신중히 고려할 수 있는 시장 상황은 첫째, 소비자들이 가격에 매우 민감하고 낮은 가격으로 상품을 공급하면 시장의 성장이 촉진된다고 판단될 때, 둘째, 높은 경험 곡선(Experience Curve Effect)으로 인해 생산 원가가 급속히 하락할 것으로 여겨질 때이다.

　반대로 고가격 전략은 ① 그 상품을 사겠다는 사람이 비교적 많고, ② 여러 종류의 서비스를 제공할 때, ③ 경쟁사의 시장 진입이 다소 어렵고, ④ 소비자 심리가 가격이 비싸면 물건도 좋을 것이라고 생각할 때 취할 수 있는 전략이다.

　현재 크루즈선의 가격은 일반적으로 패키지(Package) 형태로 되어 있다. 즉, 포괄여행상품(All Inclusive Package)의 형태로 크루즈를 판매하고 있다. 크루즈선 관광의 요금은 일부 개인적인 서비스 비용을 제외한 모든 경비를 포함하는 포괄여행상품 형태이므로, 여객은 승선 후 추가 지출이 거의 없는 경제성 때문에 이용이 증대되고 있다(Kendall, Booms and Needham, 1988).

MARPOL 협약

MARPOL(International Convention for the Prevention of Pollution from Ships, 선박으로부터의 오염방지를 위한 국제 협약, Adoption: 1973(Convention), 1978(1978 Protocol), 1997(Protocol - Annex VI); Entry into force: 2 October 1983(Annexes I and II))은 IMO의 3대 주요 협약(SOLAS, MARPOL, STCW)의 하나이다.

MARPOL(International Convention for the Prevention of Pollution from Ships)은 선박으로부터의 오염방지를 위한 국제 협약이다.

1973년 11월 2일 IMO에서 MARPOL 협약이 채택되었다. 1978년 의정서는 1976-1977년에 발생한 수많은 유조선 사고에 대응하여 채택되었다. 1973년 MARPOL 협약이 아직 발효되지 않았기 때문에 1978년 MARPOL 의정서는 모체 협약을 흡수했다. 이 통합 기구는 1983년 10월 2일에 발효되었다. 1997년에 협약을 개정하기 위한 의정서가 채택되었고 2005년 5월 19일에 발효된 새로운 부속서 6이 추가되었다. MARPOL은 수년간 개정작업에 의해 향상되었다.

협약에는 선박 오염 방지 및 최소화를 목적으로 하는 규정이 포함되어 있으며, 현재 6개의 기술 부속서를 포함하고 있다. 운영상의 배출에 대한 엄격한 통제가 있는 특별 구역은 대부분의 부속서에 포함되어 있다.

부속서 I: 유류에 의한 오염 방지를 위한 규정(1983년 10월 2일 발효)

운영 조치 및 우발적 배출로 인한 유류 오염 방지를 다룬다. 1992년 부속서 I의 개정으로 새로운 유조선의 이중 선체(double hull) 장착이 의무화되었고, 기존 유조선의 이중 선체 장착을 위한 단계적 일정이 도입되었으며, 이후 2001년과 2003년에 개정되었다.

부속서 II: 대량유해 액체물질에 의한 오염통제 규정(1983년 10월 2일 시행)

대량으로 운반되는 유해 액체 물질에 의한 오염을 통제하기 위한 배출 기준과 조치를 상세히 기술한다. 약 250개의 물질이 평가되어 협약에 첨부된 목록에 포함되었다. 잔류물의 배출은 특정 농도와 조건(물질의 범주에 따라 다름)이 준수될 때까지 수용 시설에만 허용된다. 어떤 경우에도 가장 가까운 육지에서 12마일 이내에는 유해 물질을 포함한 잔류물의 배출이 허용되지 않는다.

부속서 III: 해상 운송 유해 물질에 의한 오염 방지(1992년 7월 1일 시행)

포장, 표시, 라벨링, 문서화, 보관, 수량 제한, 예외 및 통지에 대한 세부 표준 발행에 대합 일반 요구사항을 포함한다. 이 부속서의 목적상 "유해물질(harmful substances)"은 국제해양위험물규정(IMDG 코드, International Maritime Dangerous Goods Code)에서 해양오염물질로 확인되거나 부속서 III의 기준을 충족하는 물질이다.

부속서 IV: 선박 오수에 의한 오염 방지(2003년 9월 27일 시행)

오수(sewage)에 의한 바다의 오염을 제어하기 위한 요건을 포함한다. 선박이 승인된 하수처리장을 운영하고 있거나 선박이 가장 가까운 육지로부터 3해리 이상의 거리에서 승인된 시스템을 사용하여 분쇄 및 소독된 하수를 배출하는 경우를 제외하고는 바다로의 오수 배출이 금지된다; 분쇄되거나 소독되지 않은 하수는 가장 가까운 육지로부터 12해리 이상의 거리에서 배출되어야 한다.

부속서 V: 선박의 쓰레기 오염 방지(1988년 12월 31일 시행)

다양한 유형의 쓰레기를 처리하고 육지와의 거리와 처리 방법을 명시한다. 부속서의 가장 중요한 특징은 모든 형태의 플라스틱을 바다에 처리하는 것을 전면 금지하는 것이다.

부속서 VI: 선박 대기오염 방지(2005년 5월 19일 발효)

선박 배기 가스에서 발생하는 황산화물 및 질소산화물 배출에 대한 제한을 설정하고 오존 소모 물질의 의도적 배출을 금지한다. 지정된 배출 통제 구역은 SOx, NOx 및 미립자 물질에 대해 보다 엄격한 기준을 설정한다. 2011년에 채택된 장(chapter)에서는 선박의 온실가스 배출을 줄이기 위한 의무적인 기술 및 운영 에너지 효율 조치를 다룬다.

출처: IMO, International Convention on Standards of Training, Certification and Watchkeeping for Seafarers(STCW), https://www.imo.org/en/About/Conventions

제12장 참고문헌

김규헌 · 하인수(1999), "크루즈산업의 동향과 미래에 관한 연구", 『산업경제연구』, 제12권 제6호, pp.209-224.

김성국(1998), "해상관광업의 마케팅전략에 관한 연구: 신규시장 진입을 위한 크루즈船 산업의 마케팅전략 결정을 중심으로", 『해사산업연구소논문집』, 제7권, pp.189-219.

김성국(2012), "코퍼스분석을 이용한 크루즈관광브로셔의 콘텐츠 분석에 관한 연구", 『해양비즈니스』, 제23호, pp.1-23.

김정남(1989), 『경영전략과 의사결정』, 서울: 학문사.

박종민 · 박재진 · 이창환(2007), "1960년에서 2005년까지 우리나라 광고언어의 시대 차이분석", 『한국언론학보』, 제51권 제5호, pp.394-423.

하인수(2006), "크루즈 브로셔에 관한 컨텐츠 분석: 카리브와 알래스카를 중심으로", 『호텔경영학연구』, 제15권 제4호, pp.205-220.

Aaker, D. and Myers, J.(1987), Advertizing Management, Englewood Cliffs, New Jersey: Prentice-Hall.

Andriotis, K. and Agiomirgianakis, G.(2010), "Cruise Visitors' Experience in a Mediterranean Port of Call", International Journal of Tourism Research, Vol.12, No.4, pp.390-404. doi:10.1002/jtr.v12:4.

Brida, J. G., Pulina, M., Riaño, E. and Zapata-Aguirre, S.(2012), "Cruise Passengers' Experience Embarking in a Caribbean Home Port. the Case Study of Cartagena De Indias", Ocean & Coastal Management, Vol.55, pp.135-145. doi:10.1016/j.ocecoaman.2011.10.003.

Bughin, Jacques, Doogan, Jonathan and Vetvik, Ole Jørgen(2010), A new way to measure word-of-mouth marketing, McKinsey Quarterly, April.

Chang, Y. T., Liu, S. M., Park, H. and Roh, Y.(2015), "Cruise traveler satisfaction at a port of call", Maritime Policy & Management, Vol.43, No.4, pp.483-494, doi: 10.1080/03088839.2015.1107920

Dickinson, Bob and Vladimir, Andy(1997), Selling the Sea: An Inside Look at the Cruise Industry, New York: Wiley.

Dwyer, L. and Forsyth, P.(1998), "Economic Significance of Cruise Tourism", Annals of Tourism Research, Vol.25, No.2, pp.393-415. doi:10.1016/S0160-7383(97)00098-4.

Field, D. R., Clark, R. N. and Koth, B. A.(1985), "Cruise ship Travel in ALASKA: A Profile of Passengers", TTRA, Vol.24, No.2, pp.2-8.

Foster, George M.(1986), "South Seas Cruise : A Case Study of short - lived Society", Annals of Tourism Research, Vol.13, No.1, pp.215-237

Hart, R. P.(2001), "Redeveloping DICTION: theoretical considerations", in West, Mark Douglas(Ed.),

Theory, Methods and Practice of Computer Content Analysis, Westport, CT: Ablex Pub., pp.43-60.

Kendall, K. W., Booms, Bernard H. and Needham, James P.(1988), "The Passenger Service Act and Transfer of Economic Impacts in the Alaska Cruise Market", paper presented at the nineteenth annual conference of The Travel and Tourism Research Association.

Kotler, Phlip and Armstrong, Gray(1991), Principles of Marketing, 5th ed., Englewood Cliffs, New Jersey: Prentice-Hall.

Lekakou, M. B., Pallis, A. A. and Vaggelas, G. K.(2009), "Which Homeport in Europe: The Cruise Industry's Selection Criteria", Tourismos: an International Multidisciplinary Jounal of Tourism, Vol.4, No.4, pp.215-240.

Litvin, S., Goldsmith, R. and Pan, B.(2008), "Electronic Word-Of-Mouth in Hospitality and Tourism Management", Tourism Management, Vol.29, No.3, pp.458-468, doi:10.1016/j.tourman.2007.05.011.

Mancini, Marc(2000), Cruising: A Guide To The Cruise Industry, 2nd ed., New York: Delamr.

Mergenthaler, E.(1996), "Emotion-abstraction patterns in verbatim protocols: a new way of describing psychotherapeutic processes", Journal of Consulting and Clinical Psychology, Vol.64, pp.1306-1315.

Penco, Lara and Di Vaio, Assunta(2014), "Monetary and Non-Monetary Value Creation in Cruise Port Destinations: An Empirical Assessment", Maritime Policy & Management, Vol.41, No.5, pp.501-513., doi:10.1080/03088839.2014.930934.

Pennebaker, J. W, and King, L. A.(1999), "Linguistic styles: language use as an individual difference", Journal of Personality and Society Psychology, Vol.77, pp.1296-1312.

Puzycki, J. and Puzycki, R.(1999), Sails for Profit, New York: Printice-Hall.

Qu, H. and E. Ping, W. Y.(1999), "A Service Performance Model of Hong Kong Cruise Travelers' Motivation Factors and Satisfaction", Tourism Management, Vol.20, No.2, pp.237-244, doi:10.1016/S0261-5177(98)00073-9.

Rodrigue, J.P. and Notteboom, T.(2013), "The Geography of Cruises: Itineraries, Not Destinations", Applied Geography, Vol.38, pp.31-42, doi:10.1016/j.apgeog.2012.11.011

Satta, G., Parola, F., Penco, L. and Persico, L.(2015), "Word of Mouth and Satisfaction in Cruise Port Destinations", Tourism Geographies, Vol.17, No.1, pp.54-75, doi:10.1080/14616688.2014.938689

Scott, Mike(2012), WordSmith Tools Manual, Liverpool: Lexical Analysis Software.

Stone, P. J., Dunphy, D. D., Smith, M. S. and Ogilvie, D. M.(1966), The General Inquirer: A Computer Approach to Content Analysis, Cambridge, Massachusetts: MIT Press.

Teye, V. B. and Leclerc, D.(1998), "Product and Service Delivery Satisfaction among North American Cruise Passengers", Tourism Management, Vol.19, No.2, pp.153-160, doi:10.1016/S0261-5177(97)00107-6.

Tripp, William K.(1988), "A Market Segmentation Strategy for Cruise Package Design", paper presented at the nineteenth annual conference of The Travel and Tourism Research Association.

Ward, Douglas(2020), Berlitz Complete Guide to Cruising and Cruise Ships 2020, 35th ed., London: Berlitz

Why do we love the sea?
우리가 바다를 사랑하는 이유는 무엇일까?
It is because it has some potent power to make us think things we like to think.
그것은 바다가 우리로 하여금 좋아하는 생각을 하게 만드는 강력한 힘을 가지고 있기 때문이다.

화가 Robert Henri(1923)의 The Art Spirit 내용 중

제13장
크루즈와 지역사회

13.1.1. 성장동력 요인

크루즈 관광 시장의 미래는 다음과 같은 요인들에 의해 좌우될 것이다. 첫째, 인구 고령화와 중산층 확대에 따른 수요 증가가 예상된다. 둘째, 환경 규제 강화로 인해 친환경 연료 사용, 탄소 배출 감소 등의 기술적 혁신이 필요하다. 셋째, 스마트 기술과 인공지능 도입으로 비접촉식 체크인, 스마트 객실 서비스 등 편의성이 향상될 것이다. 넷째, 테마 크루즈와 맞춤형 여행 일정 등 다양한 여행 경험 제공이 중요할 것이다. 다섯째, 팬데믹 이후 건강과 안전에 대한 관심 증가로 엄격한 위생 관리와 의료 서비스 강화가 필요하다. 여섯째, 글로벌 경제 상황에 따라 여행 수요가 변동할 수 있다. 마지막으로, 경쟁 심화에 따라 혁신적인 서비스와 마케팅 전략이 요구된다. 이러한 요인들을 고려할 때, 크루즈 관광 시장은 지속적인 성장 가능성을 보이지만, 환경 규제와 건강 및 안전 문제에 대한 대응이 성공의 열쇠가 될 것이다.

Notteboom, Pallis And Rodrigue(2022)는 오늘날 현대 크루즈 마켓의 성장동력으로서 다음과 같은 6가지 트렌드가 있다는 것을 밝혔다.

① **수익원 확장**: 크루즈 선사는 정기적인 선단 갱신과 확장된 선상 편의시설 및 기항지 관광(Shore Excursion)을 통해 수익원을 확장하고 포착하였다. 크루즈선은 그 자체로 목적지를 나타내기 때문에, 크루즈선 경험의 필수적인 부분이 되었다.

② **크루즈선 대형화**: 규모의 경제 원칙과 광범위한 고객 기반 개발로 인해 대형 크루즈선이 배치되었다. 1990년대에는 여객 2,000명을 승선시키는 크루즈선이 드물었지만, 2020년대에는 3,000명의 이상을 승선할 수 있는 크루즈선이 주류가 되었다. 또한 대형 크루즈선은 더 다양한 편의시설을 지원할 수 있다.

③ **시장세분화**: 선상 및 해안에서 제공되는 다양한 편의시설과 관련된 다양한 유형의 크루즈선으로 시장을 세분화하였다. 다양한 유형의 크루즈선과 함께 사회 및 연령의 다양한 잠재 크루즈 그룹을 대상으로 한다.

④ **세계화**: 여러 세계 시장에서 크루즈선을 배치하고 정교한 여정 계획을 통해 배치 패턴을 세계화하였다. 첫째, 크루즈 선사는 전체가 부분의 합보다 큰 여정을 제공한다. 항해 시간과 기항지 선택을 통해 특정 지역 및 문화 체험을 제공한다. 둘째, 선박의 위치를 변경하고 계절적 항만 기항 구성을 변경하여 기본적 수요의 계절적 및 근본적인 변화에 적응한다. 일부 크루즈 선사의 핵심 전략은 시즌별로 고정된 일정을 제공하는 것이 아니라 1년 주 두

정 기간 동안 정기적으로 한 지역에서 다른 지역으로 크루즈선을 이동시키는 것이다.

⑤ **여객의 국제화:** 크루즈선 개발 전략을 통해 고객의 원천을 확장한다. 이는 현대 크루즈에 매료된 인구 집단의 확장과도 연결되어 있다.

⑥ **집중 및 다중 브랜드 전략:** 크루즈 산업은 소유 수준이 높고 시장 집중도가 높으며, 각 대기업은 대상 여객 그룹을 확장하기 위해 다양한 브랜드를 운영하고 있다. 예를 들어, 두 개의 주요 크루즈 대기업인 Carnival과 Royal Caribbean이 시장의 73%를 차지하고 있다.

이 6가지 트렌드는 크루즈 산업의 고유한 토대를 강조한다. 크루즈 운영사의 공급 푸시 전략은 단순히 새로운 선박을 제공하고, 여정 계획, 마케팅 및 할인 전략을 통해 고객을 찾아 채우는 것만으로 수요를 창출하는 것을 목표로 한다. 이는 일반적으로 수요가 많고 경제 상황에 민감한 관광 부문과 상반된다. 대부분의 수요는 가격 측면에서 다소 비탄력적이다.

크루즈 비즈니스의 수요는 가격 책정, 브랜딩 및 마케팅을 통해 창출된다. 크루즈 운영자는 고품질 선상 체류, 다양한 문화와 장소에 대한 접근을 제공하는 해안 기반 활동, 선박에서 쉽게 이동할 수 있는 경쟁력 있는 크루즈 관광 상품 패키지를 개발해야 한다. 대부분의 크루즈 선사에는 선박, 특히 핵심 어메니티인 식품 공급을 담당하는 물류 센터가 있다. 여행 일정, 출발지, 나이 등의 요인에 따라 여객의 선호도가 달라진다.

크루즈 산업의 또 다른 중요한 측면은 여객 경험의 지속적인 개선이다. 여객들은 단순히 이동 수단으로서의 선박을 넘어서, 다양한 엔터테인먼트 옵션과 고급 다이닝 경험을 기대한다. 따라서 크루즈 운영사는 최신 기술을 도입해 여객의 편의를 높이고, 다양한 연령대와 취향을 만족시키기 위해 지속적으로 새로운 프로그램과 서비스를 개발해야 한다. 예를 들어, 가족 단위 여객을 위해 어린이 전용 프로그램을 마련하거나, 커플을 위한 로맨틱한 저녁 식사 옵션을 제공하는 등의 맞춤형 서비스를 도입하는 것이다.

또한, 환경 보호와 지속 가능성에 대한 관심이 높아지면서 크루즈 산업도 이에 발맞춰 친환경적인 운영 방식을 도입하고 있다. 신재생 에너지를 활용한 선박 운항, 해양 생태계를 보호하기 위한 노력, 그리고 폐기물 관리를 철저히 하는 등 다양한 노력들이 이루어지고 있다. 이는 단순히 환경 보호를 넘어서, 여객들에게도 긍정적인 이미지를 심어주어 브랜드 충성도를 높이는 데 기여한다. 크루즈 산업은 단순한 이동 수단을 넘어, 다양한 문화와 경험을 제공하는 통합 여행 솔루션으로 진화하고 있다. 이를 위해 지속적인 혁신과 고객 중심의 서비스 개발이 필수적이며, 환경 보호와 지속 가능성을 고려한 운영이 중요하다.

13.1.2. 크루즈선 요인

크루즈선 건조는 여러 척이 발주돼 짧은 시간 내에 시장에 진입하는 주기로 이뤄지는 경향이 있다. 크루즈 산업은 관광 분야에서 상대적으로 작은 부분이기 때문에 지금까지 더 많은 수의 선박을 채울 고객을 찾는 데 매우 성공적이었다. 크루즈 상품은 새로운 고객을 유치하고 다양한 고객층의 선호에 부응하기 위해 다양해졌다. 여객들의 기대를 충족시키기 위해 크루즈 산업은 새로운 목적지, 독특한 선박 디자인, 새롭고 다양한 선내 편의시설, 시설 및 서비스, 그리고 광범위한 해안가 활동을 개발함으로써 혁신을 이루었다.

대부분의 크루즈선 사업자들은 특정 크루즈 테마를 중심으로 활동하며, 고객들의 변화하는 휴가 패턴에 맞춰 항해 길이가 달라질 수 있어 크루즈 마켓 집중에 기여할 수 있다. 새롭고 더 혁신적인 크루즈선은 여객들이 보통 더 많은 돈을 지불하고 새로운 선박에 탑승하기 때문에 회사들을 훨씬 더 수익성 있게 만든다. 여객들에게 더 많은 지출 기회를 제공하는 반면 더 효율적인 운항을 하는 경향이 있다. 혁신적인 크루즈선은 서비스의 대폭적인 개선을 가능하게 한다. 예를 들어, 그들은 여객의 선택을 확대하고 일정을 단순화하는 시스템과 프로세스(예: 탑승, 수하물 추적 등)를 가속화하고, 경험을 향상시키는 첨단 기술을 사용하기 쉬운 시스템을 허용한다.

20세기 후반의 평균적으로 선박에는 8개의 여객실 갑판이 있는 반면에 오늘날 현대의 크루즈선은 13, 14, 18개의 여객실 갑판을 제공한다. 1980년대 후반에 모든 여객이 동일한 품질의 침대와 시설을 제공받았던 '1등급 순항 시스템'이 오늘날 거의 모든 사람들에게 제공되고 있다. 크루즈선도 선체에 부착된 수중 날개인 안정장치를 추가해 바다의 움직임에 따른 간섭영향을 줄여 쾌적한 항해를 유지한다.

크루즈 산업의 시장 동인들은 제2차 세계 대전 이후 관광업의 성장, 특히 세계 인구의 증가하는 부유함과 이국적이고 휴양지의 증가하는 인기를 촉진한 요인들과 유사하다. 일반적인 인구의 고령화도 크루즈 여객들이 상당히 젊어지고 있지만, 1차 시장이 여전히 노인층이기 때문에 크루즈 해운을 선호하는 요인이다. 1995년 크루즈 여객의 평균 나이는 약 65세였지만, 2006년에는 45세로 젊어졌다.

크루즈선 여행에서 신기한 것은 크루즈선 자체가 목적지를 나타내며, 본질적으로 모든 관련 시설(바, 레스토랑, 극장, 카지노, 수영장)을 갖춘 떠다니는 호텔(또는 테마파크) 역할을 한다는 것이다. 이를 통해 크루즈 선사는 특히 크루즈 선사의 자회사가 전적으로 소유한 크루즈선 또는 시설을 위한 해안 기반 활동뿐만 아니라 그들의 선박 내에서 전속시장(Captive Market)을 개발할 수 있었다.

일부 크루즈 운영자들은 서핑 풀, 플라네타리움(Planetarium), 갑판 위 LED 영화 스크린, 골프 시뮬레이터, 고 카트 레이싱, 워터파크, 시연 주방(Demonstration Kitchen), 개인 풀장이 있는 멀티 룸 빌라, 적합한 마사지 욕조(Jacuzzi), 아이스 스케이트장, 암벽 등반벽, 번지 트램펄린(Bungee Trampoline)을 포함한 새로운 엔터테인먼트 개념을 개발하고 있다. 이러한 모든 것은 선상 및 육상 수익 모두에서 강력한 성과를 거두어 경제적 수익 증가로 이어진다. 선상 서비스는 전체 크루즈 선사 수익의 20~30%를 차지한다. 일반적인 고객들은 상품과 서비스를 위한 크루즈선과 오프쉽(Off-Ship) 비용을 포함하여 크루즈 여행에 약 1,900달러를 지출한다. 이러한 비용의 대부분은 여객들이 기항지 당 평균 100달러를 지출하는 데서 발생한다.

13.1.3. 크루즈 항만 요인

크루즈 사업이 성장하면서 크루즈 항만의 중요성이 더욱 커지고 있다. 목적지 선택은 방문할 크루즈 항만의 상태에 따라 어느 정도 조정된다. 크루즈 항만은 일정 신뢰성을 보장하고 여객이 계속 출발하고 앞으로 이동하거나 당일 여행을 할 수 있도록 하기 위해 필수적이다. 일단 시장 특성으로 인해 크루즈 항로가 확립되거나 잠재적인 목적지에 대한 관심이 표현되고 경제적 및 지정학적 조건이 허용되면, 목적지의 역량은 항만과 해안의 특성에 의존한다. 항만별 및 항만 관련 인프라의 충분한 존재, 혼잡과 프로세스 중단을 초래할 수 있는 과도한 사용의 부재, 효율적이고 효과적인 항만 서비스를 제공하기 위한 인프라 및 프로세스의 현대화는 여행 일정의 일부로 항만 사용을 허용하는 핵심 요소다.

항만은 또한 지역 경제에 영향을 미치는 산업에 서비스를 제공할 수 있는 기회를 실현한다. 여객과 승무원 지출을 포함한 직간접적인 영향으로, 항만 도시나 인근 관광 목적지로 확산될 수 있는 크루즈 여객 이동을 증가시키기 위한 항만의 관심은 일반적으로 더 광범위한 지역사회와 의사결정자들로부터 지지를 받아왔다.

항만의 사회적 통합의 중요성이 증가하는 것은 크루즈선의 성장과 일치한다. 크루즈 활동은 항만을 지역 경제에 대한 가시적인 이익과 연결하기 위한 노력으로 항만 당국과 기타 항만 관리 조직의 의제의 일부로 전환된다. 주요 크루즈 항만들이 파생 수요(Derived Demand)를 제공하는 반면에 크루즈 기항을 유치하는 이유로 항만 자체의 경쟁력도 어느 정도 존재한다. 새로운 관광 상품을 개발하기 위해 크루즈 선사는 여행 일정에 추가하고 육지에 기반을 둔 여객이나 복귀(Return)를 원하는 크루즈선을 유치하기 위해 새로운 크루즈 항만을 추가하고 계속해서 탐색하고 있다. 이 탐색은 목적지의 특징, 즉 관광 명소, 해안 여행 잠재력, 지정학적 긴장과 관련이 있다. 그러나 항만의 상태와 그 인프라 복잡성, 즉 정박 접근, 육상 인프라 및 물류, 도선사(Pilot), 예인선과 같은 해상 서비스 및 보안, 절차 및 수하물 처리와 같은 육상 측 운영은 주어진 항만에서 크루즈 관광의 성장에 영향을 미친다. 게다가 많은 항만들이 다른 항만들과 관광지와 근접성을 공유하기 때문에 모든 경우에 지리적 독점이 존재하는 것은 아니다.

크루즈 항만의 성공은 선택된 목적지가 되어 크루즈선 기항을 유치하고 크루즈 여객 이동을 주도하는 데 성공하기 위해서 다섯 가지 요소에 의존한다(Pallis, 2015).

① 항만의 위치

대중적인 여행 일정을 통합하기 위해 항만이 얼마나 잘 배치되어 있는지가 중요하다. 크루즈 선사는 특정 목적지를 제공하는 데 관심이 있지만, 여행 일정에 항만을 포함시키는 것은 항만의 매력에 의해 결정된다.

② 기항지의 관광 매력

주요한 성공 요인은 목적지와 지역의 관광 매력이다. 이는 주로 지역의 특성 즉 기후, 사회, 문화 또는 자연적 요인, 관광 명소와의 근접성에 의해 결정된다. 항만 산업 및 이해관계자는 정보 및 다국어 지원을 통해 관광객 친화성(Tourist Friendliness)을 향상시키는 것과 같은 부차적인 영향만 미친다.

③ 접근성

원천 시장(Source Market)으로의 항공편이 있는 공항, 연결이 양호한 기차역, 점점 더 인기를 얻고 있는 드라이브 앤 크루즈(Drive and Cruise) 개념을 제공하기 위한 고속도로에 대한 항만의 근접성은 항만이 회항(Turnaround)이나 단지 환승(Transit)을 유치할 수 있는 잠재력을 결정할 수 있다.

④ 항만시설과 서비스

환승 및 회항 항만에서 예상되는 다양한 유형의 시설은 [표 13-1]과 같다.

표 13-1 **기대하는 크루즈 항만 시설과 서비스**

	입출항 및 정박시설	크루즈선 서비스	여객 서비스
일반 시설	조정성능 흘수 선석 규모 묘박지 볼라드 방현재	크루즈선 전용부두 선석 예약 절차 예선 도선료 연료 공급 청수 공급 식음료 공급 폐기물 수거시설 선박 대리점 역량 선내 청소 속도 이해관계자 협력(항만과 지역)	전용 선석 사용 장애인 통로 관광객 안내 청결 출입국업무 신속 미려한 항만 육상교통 신속접속 택시 · 육상교통 풍부
크루즈 모항			여객전용 터미널 주차장(장단기) 상점 여객 처리 범위 보안 절차 수하물 보관

자료: Pallis(2015).

⑤ 항만요금

크루즈 산업의 성공 요인 중 하나는 항만 요금이다. 후자의 두 가지 요인은 일반적으로 다른 성공 요인에 비해 가장 쉽게 조정할 수 있지만, 위치, 관광 매력 및 접근성에서 열위에 있는 항만은 시설 · 서비스 또는 요금을 변경하여 성능을 맞추는 것이 어렵다.

이 모든 것에 대해 다른 크루즈 항만과의 지리적 근접성을 고려할 필요가 있다. 크루즈 선사의 시간과 속도 선호도, 특히 여러 항만을 포함하는 여행 일정에 포함될 가능성과 지리적 위치의 적합성은 특히 유명하지 않은(Non-Marquee) 크루즈 항만의 개발에 필수적이다. 오늘날 이 공식은 크루즈선들이 이상적으로 14시간 동안 18노트의 속도로 여행한다는 사실에 기인하는데, 이는 최대 항해 거리가 252해리(약 454㎞)에서 기항지를 선택할 수 있음을 의미한다. 하지만 20노트의 고속으로 항행한다면 최대 야간 항해 거리가 280해리(약 518㎞)로 증가하여 더 많은 기항지를 선택할 수 있는 여건이 된다.

환경오염 대책

13.2.1. 크루즈선 기인 오염

크루즈선의 거대한 규모, 호텔 같은 시설, 그리고 환경에 민감한 해안 지역 내에 정박하거나 여행하는 경향을 고려할 때, 크루즈선이 접촉하는 생태계에 미치는 영향은 상당하다. 크루즈선은 평균적으로 30,000갤런의 오수(black water)를 방출한다. 이와 함께 샤워, 싱크대, 빨래, 목욕, 식당에서 나오는 하수(grey water)로부터 약 255,000갤런의 하수가 방출된다. 게다가 병원균과 외래 항만의 침입종이 포함된 수만 갤런의 밸러스트 워터(ballast water)도 배출한다. 뿐만 아니라 수천 대의 디젤 자동차에 해당하는 수준의 대기 오염 물질을 발생시킨다(Wood, 2004).

정부와 크루즈 산업은 이러한 오염물질과 이에 대응하는 방식을 분석하기 위해 수많은 연구를 수행했다. 그들의 연구 결과는 이러한 영향에 대한 대중의 인식을 반영하는 발표를 통해 공개되었다.

크루즈 관광의 환경적 오염은 다음과 같다.

- 기름 오염
- 오수(Black Water): 인간의 배설물을 포함
- 하수(Grey Water): 샤워, 옷 세탁, 청소, 설거지 등의 활동에서 나오는 물
- 유해 폐기물
- 밸러스트 워터
- 고형 폐기물
- 대기 오염
- 산호초 피해
- 침전(Sedimentation)

산호초와 같은 해양 서식지는 연안에 있는 취약한 지역이며, 공해는 비교적 넓고 트인 바다로서 연안국의 통제를 받지 않는다(Davenport and Davenport, 2006). 이 가운데 연안과 공해에서 모두 발생하는 해양과 대기 오염은 연구자와 정책 입안자들로부터 가장 많은 관심을 받아왔다. Howitt(2010)는 크루즈 여행의 배출계수가 항공 여행의 3~4배에 달해 탄소 집약도가 높은 산업임을 발견했다. 특히 공해상에서의 오염은 크루즈 운영자들이 오수와 하수를 바다에 버렸을 때 흔히 발생한다.

해양 오염을 제거하여 환경을 보존하는 것을 목표로 하는 1978년 의정서(Protocol of 1978, MARPOL 73/78)에 의해 수정된 선박 오염 방지를 위한 국제 협약(International Convention for the Prevention of Pollution from Ships 1973)에도 불구하고, 다양한 종류의 해양 오염이 발생한다. 크루즈 산업에 관련된 거의 모든 국가가 서명국이기 때문에, 선박이 등록된 국가는 해당 선박이 규정된 규칙을 준수하도록 보장할 책임이 있다. 하지만 대부분의 선박들은 환경 감독을 위한 자원이 부족한 국가들의 편의를 위해 선적지를 등록하기 때문에, 환경 검사는 거의 이루어지지 않는다. 또한 선박이 방문하는 국가는 현지 조사를 할 수 있으며, 부적합 판정을 받으면 선박을 억류할 수 있지만, 관할권 밖에서 위반 행위가 발생하거나 관할권 밖에서 판단할 수 없는 경우에는 해당 국가가 해당 사건을 선적 국가(Flag Country)로 이송하여 소멸하는 경우가 많다. 예를 들어, 미국 마이애미에서 영업하는 로열 캐리비안(Royal Caribbean)과 카니발(Carnival)이 라이베리아(Liberia)와 파나마(Panama)에 등록되어 있기 때문에 해양 오염에 대한 처벌은 미국에서 거의 다루어지지 않는다(Wood, 2004).

하지만 미국과 같이 강력한 규제 조치를 시행하는 곳도 있다. 2001년 알래스카 정부는 크루즈선 방류를 위한 비교할 수 없는 모니터링 및 테스트 프로그램을 수립하여 처리되지 않은 하수가 알래스카 해역으로 방출을 금지하고, 하수에 대한 기준을 설정했다. 이 법은 또한 모든 크루즈선 소유자와 운영자가 국가에 등록하고, 모든 배출물의 기록을 보관 및 제공하며, 처리된 하수, 하수 및 기타 폐수의 정기적인 샘플을 수집하고, 국가가 준수 비용을 지불하는 것을 돕기 위해 항만 요금을 부과하도록 의무화하였다. 2000년에 알래스카는 또한 자국 해역에 있는 대형 선박에 독성이 강한 오염 방지 페인트인 TBT(유기주석화합물, Tributyltin)의 사용을 금지했다. 또한 알래스카는 2009년에 시행된 크루즈선 시행 계획(Cruise Ship Ballot Initiative)에서 크루즈 여객에게 미화 50달러의 환경 부담금을 부과했다(Scarfe and BriMar Consultants, 2011)

13.2.2. 크루즈선 환경 대책

오늘날 크루즈 산업계는 규제를 정기적으로 초과 준수하고, 사회적 책임을 입증하는 정책과 모범 사례를 통해 환경 보호에 대한 헌신을 지속적으로 보여주고 있다. 다음은 세계적인 크루즈 선사 모임인 플로리다-캐리비안 크루즈협회(Florida-Caribbean Cruise Association, FCCA)가 환경 보호에 대한 기준을 높이고 있는 가이드라인을 소개한다(FCCA, 2019). FCCA와 CLIA는 별개의 단체이지만, FCCA에 가입한 대부분의 크루즈 선사는 CLIA(크루즈선사국제협회, Cruise Lines International

Association)에 가입되어 있기 때문에 FCCA의 환경 대책은 CLIA와 동일하다.

① 폐기물 관리

폐기물 관리가 환경 보호에 필수적이라는 것을 인식한 FCCA/CLIA 회원 크루즈 선사는 법적 요건을 충족하거나 초과하기 위해 폐기물 관리 정책을 제정했다. 폐기물 관리 정책은 이사회가 채택하고 회원 크루즈 선사 최고경영자가 매년 검토하며, 임원과 승무원으로 구성된 환경 위원회 회의에서 정기적으로 검토하여 관행을 평가하고 개선 사항을 논의한다.

모든 하수는 배출 전에 국제, 국가 및 지역 표준에 따라 처리되어야 하며, 업계의 폐기물 관리 정책은 법적 요건을 준수하여 관리된다. 회원 크루즈 선사는 처리되지 않은 하수(Untreated Sewage)를 언제 어디서나 배출하지 않는다.

회원 크루즈 선사는 엄격한 폐기물 관리 계획과 안전하고 위생적인 폐기물 수집, 분리 및 처리를 촉진하며, 승인된 해안 폐기물 처리업체를 통해 폐기물을 배출한다. 회원 크루즈 선사는 포괄적인 교육 프로그램을 따르는 폐기물 배출 제로 정책을 가지고 있다.

회원 크루즈 선사는 또한 안내 방송과 안내 비디오 및 팜플렛을 통해 여객과 선원에 의한 재활용과 폐기물 최소화를 촉진한다. 현재 회원 크루즈 선사에 의해 매년 80만 톤이 재활용되고 있으며, 크루즈 여객은 평균적으로 70% 이상의 쓰레기를 덜 배출하고 있다.

② 대기 오염 방지

지난 10년 동안 크루즈 산업은 대기 배출을 줄이는 데 도움이 되는 다음과 같은 신기술에 상당한 투자를 해왔다.

- 배기가스 스크러버(Exhaust Gas Scrubbers) 장착
- 디젤 전기 엔진 개발과 보다 효율적인 엔진 개발
- 대체 연료
- 부두 접안 시 육상 기반 전력공급으로 엔진 운영중단 기술
- 선박 속도 조절

③ 연비 개선

연비 개선은 크루즈 선사에 있어 비용과 환경에 미치는 영향이 적어진다는 것을 의미한다. 회원 크루즈 선사는 대기 배출 감소를 위해 구형 선박을 선대에서 은퇴시키는 것과 함께 연료 효율을 개선하기 위한 개발에 광범위하게 투자했다. 크루즈 선사는 또한 뜨거운 물을 재활용하여 여객의 여객실을 가열하는 열 교환기를 사용하여 에너지 소비를 낮췄다.

에어컨을 덜 사용하면서 선내를 더 시원하게 유지하는 기술을 개발하였다. 또한 선박의 소비전력의 10%에 달하는 조명분야에서 에너지 사용량이 적은 LED 조명으로 전환하였다. 이와 같은 방법으로 에너지 효율을 거의 20% 향상시켰다.

기타 추진 기술은 다음과 같다.

- 새로운 페인트를 사용한 생태적 선체 코팅으로 연료 소비량을 5% 가량 감소
- 추진 및 선체 설계 최적화
- 일부 선박에서 사용 가능한 무배출 에너지를 제공하는 태양 전지판
- 바람 등 대체 및 재생 에너지 형태의 시험
- 엔진 냉각에 사용되는 물을 에어컨 시스템을 위한 증류수로 활용
- 바닷물 담수화 및 물 사용 최소화(저류 샤워 및 수도꼭지, 진공 화장실)
- 고효율 가전 및 난방, 환기 및 에어컨 시스템
- 자동 조명 및 에어컨 제어 시스템

④ 깨끗한 물

회원 크루즈 선사가 개발한 첨단 폐수 처리 시스템은 미국 해안 도시의 대부분 폐수 처리 시설보다 더 깨끗한 물을 생산한다. 많은 크루즈 선사는 법에 의해 요구되는 것보다 훨씬 더 높은 기준으로 환경을 보호하는 관행과 절차를 확보하였다.

⑤ 팀 효과

크루즈 업계는 환경 보호의 중요성이 여객과 선원에게도 적용된다는 점을 인식하고 비디오와 수많은 선박내 환경자원 보존 프로그램 및 재활용 옵션을 통해 이들의 지원을 적극 권장하고 있다.

⑥ 견제와 균형

선박은 정기적으로 일일 물 소비량 및 기타 환경 성과 측정을 독립적으로 모니터링하며, 회원 크루즈 선사에는 환경 프로그램에 대한 승무원 교육 및 필요한 환경 관행 구현을 담당하는 고위급 직원을 확보하고 있다.

회원 크루즈 선사는 기준을 뛰어넘는 모범 사례를 확립한 것을 자랑스럽게 생각하지만, 적어도 모든 해양 생물의 해양 환경오염 방지를 다루는 주요 국제 협약인 선박 오염 방지 국제 협약(MARPOL)과 선박 및 환경 표준에 대한 감시 및 감사 관행인 ISM(International Safety Management) 코드에 명시된 국제 표준을 준수해야 한다.

또한 회원 크루즈 선사들은 건전한 환경 관행을 개발하기 위해 국제해사기구(IMO)와 긴밀히 협력하고 있으며, 2025년까지 선박의 이산화탄소 배출량을 30% 줄여야 하는 IMO의 에너지 효율 설계 지수를 지원하고, 배출 통제 구역(Emissions Control Areas, ECA) 내의 유황 배출량에 대한 국제 및 국가 표준을 충족시키고 있다.

미국의 해역에서는 미국 환경보호청(Environmental Protection Agency)이 청정수법(U.S. Clean Water Act)으로 규제하고 미국 해안경비대(U.S. Coast Guard)가 북미대륙 배출 통제 구역(North America ECA)을 운영하면서 대기, 물, 전력 및 폐기물에 대하여 엄격히 규제하고 있다.

상기와 같은 FCCA 회원 크루즈 선사의 환경 보호 규제 조치는 사실상 전세계 크루즈 산업의 국제 기준으로 보아도 무방하다. 회원 크루즈 선사는 2022년 현재 AIDA Cruises, Azamara, Carnival Cruise Line, Celebrity Cruises, Costa Cruise Lines, Cunard Line, Disney Cruise Line, Hapag-Lloyd Cruises, Holland America Line, MSC Cruises(USA), Margaritaville at Sea, Norwegian Cruise Line, Oceania Cruises, P&O Cruises, Princess Cruises, Regent Seven Seas Cruises, Royal Caribbean International, Seabourn, SeaDream Yacht Club, Silversea Cruises, TUI Cruises, Virgin Voyages, Windstar Cruises 등이다. CLIA(Cruise Lines International Association)에 대부분 중복 가입된 크루즈 선사이다. 협회 본부는 FCCA는 마이애미에 있고, CLIA는 워싱턴 DC에 있다는 차이가 있다.

크루즈선의 특성상 전 세계를 대상으로 항행이 가능하기 때문에, 미국의 규정이 적용된 크루즈선이라고 하더라도 활동 무대는 전 세계가 된다. 또한 세계 최대의 크루즈 시장이 카리브해 지역이기 때문에, 세계적 수준의 크루즈 선사들이 집결한 FCCA(Florida-Caribbean Cruise Association)를 단순히 일부 지역에 국한된 지역 단체로 볼 수 없다. FCCA는 1972년에 설립되어 크루즈 산업 발전을 위한 논의의 장을 제공하고 있으며 관광 개발, 항만, 안전, 보안 등 크루즈 산업 전반에 걸친 이슈를 다루고 있다.

특히 카리브해 지역은 세계 최대의 크루즈 시장으로, 미국과 유럽에서 이미 대중화된 크루즈 관광이 이 지역에서 활발히 이루어지고 있다. 이에 따라 FCCA는 이 지역의 크루즈 산업 발전을 위한 핵심 역할을 수행하고 있다. 따라서 FCCA는 글로벌 차원에서 크루즈 산업 발전을 위한 논의와 협력을 이끌어나가는 중요한 역할을 하고 있다고 할 수 있다.

13.3 ▸ 지속가능한 크루즈 관광

13.3.1. 크루즈와 지역사회

세계에서 크루즈선과 공동체 간의 갈등이 역사적으로 가장 심각한 곳이 있다면 바로 베네치아(Venice, Italy)이다. 주데카 운하(Giudecca Canal)를 항해하는 배들은 기념물과 취약한 유산에 위험하게 가까이 접근함으로써 환경과 역사적인 도시 경관을 손상시킨다.

그림 13-1 베네치아 입항 크루즈선

자료: Avrami(2013).

수천 명의 방문객들도 마찬가지로 지역 이동성과 삶의 질에 부정적인 영향을 미쳐며, 지역사회는 극적으로 변화하고 도시에서 점점 더 많은 주민들이 빠져나가고 있다.

베네치아를 방문하는 연간 관광객의 약 20%가 크루즈선을 타고 도착하는데, 이는 10년도 채 되지 않아 400% 이상 증가한 수치이다. 2005년에는 407척의 크루즈선이 베네치아 항만을 방문했고, 70만 명의 여객이 다녀갔다. 2010년까지 800척의 선박이 200만 명을 수송했고, 2012년에는 1,000척 이상의 크루즈선과 280만 명 이상의 여객을 수송할 것으로 추정되었다. 성수기에는 매일 약 2만 명의 크루즈 관광객들이 베니스에 정박한다.

또한 베네치아에서 크루즈 관광을 관리하는 것은 역사적인 건축물을 보존하고 지역사회의 삶의 질을 보장하는 것을 의미한다. 크루즈선 터미널 및 기타 관련 인프라의 가능한 이전과 새로운 교통 및 도시 접근 방식의 개발을 검토하여, 베네치아 방문객을 역사적 중심지로 관광시키기 위해서 포괄적인 계획과 기관간의 협력이 필요하다(Motta, 2013).

현재 베네치아 인구는 50,000여 명에 불과하다. 1950년대의 17만 5천여 명과 비교하면 크게 줄었다. 주민들은 관광객을 수용하기 위한 숙박시설 증가로 주택 임대료가 올라간 데다 물가가 급격히 상승하여 고향을 떠날 수밖에 없다고 호소한다. 도시 곳곳엔 베네치아(Venezia)와 대탈출(exodus)의 합성어인 베넥소더스(Venexodus)라고 적힌 현수막도 걸렸다.

과거 베네치아가 고요하다는 뜻으로 '라 세레니시마(La Serenissima)'로 불렸지만 이제는 이런 분위기를 기대하기 어려워졌다. 매년 주민 2천여 명이 베네치아를 떠나고 있는데 이러한 추세라면 베네치아엔 관광객만 남게 된다. 이것은 사회적, 인류학적, 역사적인 재앙으로 남을 것이다.

COVID-19 이후 2021년에 재개된 초대형 크루즈선의 베네치아 기항에서, 베네치아 주민들은 열렬한 환영이 아닌 불만을 표출하였다. 이는 크루즈 관광으로 인한 환경파괴와 비관광 사업에 종사하는 주민들이 축출되면서 지역 사회의 구조가 잠식되었기 때문이다. 크루즈 관광으로 인한 부작용에 대한 지역 사회의 우려를 보여주는 사례라고 할 수 있다(Momigliano, 2021).

따라서 베네치아는 크루즈 관광과 지역사회가 함께 공생할 수 있는 지속 가능한 관광 생태계를 구축해야 할 필요성이 제기되고 있다. 이를 통해 지역 주민의 삶의 질을 보장하면서도 크루즈 관광의 장점을 활용할 수 있는 균형 잡힌 접근이 요구되고 있다. 베네치아는 크루즈 관광과 지역 사회가 함께 공생할 수 있는 지속가능한 관광 생태계가 구축되어야 할 것으로 지적되는 대표적인 사례로 간주 되고 있다.

그림 13-2 크루즈선 입항 거부 베네치아 주민

자료: Anna(2021).

13.3.2. 공존 가능한 크루즈 관광

크루즈 여행이 전 세계 관광 시장의 극히 일부에 불과하지만, 크루즈 산업은 책임 있는 관광 분야의 선두주자이며 지역 경제를 지원하고 지역 인구, 환경 및 문화를 존중하는 최고 수준의 목적지 관리에 전념해야 한다.

크루즈 선사는 고객의 해안가 관광 경험과 지역 사회에 미치는 영향에 집중하는 것을 포함하여 선박 안팎에서 책임 있는 관광 관행에 전념하고 있다.

크루즈 커뮤니티는 방문객들이 목적지를 방문할 때마다 새로운 환경에서 환영받고 편안함을 느끼도록 노력하고 있다. 지난 10년간 세계 관광객이 급증하면서 많은 도시와 국가 정부는 현지화된 인파로 어려움을 겪고 있으며, 이러한 문제를 해결하는 것이 크루즈 관광의 최우선 과제가 되고 있다.

크루즈 산업은 여러 항만을 기항하면서 발생한 지연 입항(Staggered Arrivals), 연안여행 다양화(Excursion Diversification) 및 해안가 전력(Shoreside Power) 문제를 경험하였다. 이러한 문제를 해결하기 위해 크루즈 선사는 지역 주민을 존중하고 지역 경제를 지원하는 균형 잡힌 접근법을 계속

찾고 있다. 크루즈 산업은 지난 10년간 크루즈 수요가 크게 증가함에 따라 혁신적이고 존중받는 관광 관행을 개발해야 할 책임을 인식하고 있다.

이러한 상황 인식하에 CLIA(크루즈선사국제협회, Cruise Lines International Association)는 CLIA는 UNWTO(World Tourism Organization, 세계관광기구), WTTC(World Travel & Tourism Council, 세계여행관광협회) 및 GSTC(Global Sustainable Tourism Council, 국제지속가능관광위원회)와 같은 국제기구와 함께 항만 도시들이 혼잡의 원인을 분석하고 해결책을 찾는 것을 돕고 있다.

크루즈 선사 회원들은 세심한 활동 선택과 연안여행에 참여하고, 여객들에게 현지 관습에 대해 교육하고 지역 사업을 지원하도록 독려하고 있다.

전세계적으로 적용할 수 있는 하나의 포괄적인 솔루션이나 접근 방식이 없다는 것을 인식하고, CLIA 크루즈 선사는 전세계 여행지와 협력하여 책임 있는 관광의 최고 수준을 지향하고 있다. 대표적으로 알래스카 주노(Juneau, Alaska)와 크로아티아 두브로브니크(Dubrovnik, Croatia) 지역에서 지역사회를 위한 크루즈 관광이 제안되고 있다.

① 알래스카 주노(Juneau, Alaska)

그림 13-3 크루즈선의 배출가스

Princess Cruise Line ship in Juneau, Alaska

사료: Avrami(2013).

알래스카는 주요 크루즈 관광지로 알려져 있지만 너무 많은 크루즈 관광으로 인해 환경 생태계가 위험에 빠졌다는 우려와 경고가 있었다. 주노에서 회원 크루즈 선사는 1997년 주노 방문객 증가에 대한 지역사회의 우려에 대응하여 여행 모범 사례 관리 프로그램(TBMP, Travel Best Practices Management program)을 설립하는 데 도움을 주었다. 매년 TBMP 프로그램의 구성원들은 지역 문제를 검토하고 토론한다. 가이드라인은 지역 주민들의 우려를 해소하면서 관광의 혜택을 보호하기 위해 개발되고 시행되고 있다. TBMP는 지역 공무원들에 의해 위대한 성공 사례로 간주되어 왔으며 종종 공개적으로 인정받고 있다. 이 프로그램은 또한 인쇄물과 라디오를 통해서 공공 교육을 실시한다.

② 크로아티아 두브로브니크(Dubrovnik, Croatia)

지중해에는 유럽뿐만 아니라 세계적으로도 매력적인 크루즈 관광 기항지이다. 이 가운데 두브로브니크는 인기가 많다. 그러나 협소한 교통체계를 갖고 있는 크로아티아의 사정상 도로로 이동하여 관광하는 것 보다 크루즈를 이용하여 해상으로 방문하는 것이 효율적이기 때문에 크루즈선의 주요 기항지가 된다.

그러나 너무 많은 크루즈선이 입항하기 때문에 항만에 선석이 가득 차 있을 경우에 보통 3~4척의 크루즈선은 부두 정박 대신에 텐더 보트를 이용한 관광에 나설 정도로 인기가 높다. 너무 많은 관광객이 유입되고 있기 때문에 문화유산에 부담이 가고 있으며, 극심한 교통 정체 등 두브로브니크에서는 관광객을 수용할 여건이 넘쳐나서 문화유산이 황폐화되고 있다고 주장하고 있다(Thomas, 2016).

두브로브니크에서는 크루즈 선사가 시청 및 시의회와 협력하여 두브로브니크의 문화유산을 보존하고 보호하기 위해 협력하고, 두브로브니크가 아드리아 지역 및 그 밖의 지역에서 지속 가능한 관광 모델로 자리매김할 수 있도록 돕기 위한 양해각서를 체결하였다.

그림 13-4 두브로브니크 크루즈 관광

자료: Thomas(2016).

뷰포트 풍력계급

모든 선박은 항해 중에는 파도와 바람의 영향에 따라 운항에 영향을 받는다. 종종 크루즈 여행중에 바람의 영향을 받아 선박의 안전한 항해가 위협을 받는 경우도 있다. 이때 사용하는 바람의 등급은 뷰포트 풍력계급(Beaufort Scale of Wind Force)을 국제적으로 채택하여 사용하고 있다.

바람의 속력(풍속, Wind Speed)은 공기 흐름의 빠르기를 말하는 것으로, 단위로는 보통 m/sec, km/hour, mile/hour, knot(1시간당의 해리, 1해리는 약1,852m) 등이 사용된다. 일반적으로 풍속 10m라 하면, 초속 10m를 의미한다.

풍속을 계기 관측이 아닌 관측자의 눈으로 관측하던 시기에 사용하였던 뷰포트 풍력계급은 19세기 초에 영국의 뷰포트(Sir Francis Beaufort, 1806)가 고안하여 사용하기 시작하였다. 연기가 똑바로 올라가는 정온 상태를 0으로 하고, 태풍에 동반된 심한 폭풍을 12로 하여 13등급으로 나누었다. 현재의 풍력계급은 1964년에 개정된 것으로 계급 13 이상이 삭제됨에 따라, 계급 12에 해당하는 풍속에 상한이 없어졌다.

계급	명칭	풍속(지상높이 10m 상당)				육상 상태	해상 상태
		m/s	kt	km/h	mph		
0	고요 (Calm)	0~0.2	< 1	< 1	< 1	연기가 수직으로 올라감	거울과 같은 해면
1	실바람 (Light air)	0.3~1.5	1~3	1~5	1~3	풍향은 연기가 날리는 것으로 알 수 있으나, 풍향계는 움직이지 않음	고기비늘 같은 작은 물결이 일고 있으나 거품은 생기지 않음
2	남실바람 (Light breeze)	1.6~3.3	4~6	6~11	4~7	바람이 얼굴에 느껴짐. 나뭇잎이 흔들리며 풍향계도 움직이기 시작함	잔물결이 좀 더 뚜렷해지고 파봉은 유리질 같고 부서지지 않음
3	산들바람 (Gentle breeze)	3.4~5.4	7~10	12~19	8~12	나뭇잎과 가는 가지가 끊임없이 흔들리고 깃발이 가볍게 날림	잔물결이 더 커지고 파봉이 부서지기 시작하며, 유리질 같은 거품이 형성되고, 백파가 간간이 보임
4	건들바람 (Moderate breeze)	5.5~7.9	11~16	20~28	13~18	먼지가 일고 종잇조이 날리며 작은 가지가 흔들림	파도는 낮으나 파장은 길어지고 백파가 빈번해짐
5	흔들바람 (Fresh breeze)	8.0~10.7	17~21	29~38	19~24	잎이 무성한 작은 나무 전체가 흔들리고 호수에 물결이 일어남	파도는 중간정도의 것이 한층 더 뚜렷하고 파장이 길어짐. 백파가 많아짐(약간의 물보라가 생길 수 있음)

6	된바람 (Strong breeze)	10.8~13.8	22~27	39~49	25~31	큰 나뭇가지가 흔들리고 전선이 울리며 우산받기가 곤란함	큰 파도가 생기기 시작하고 물거품이 있는 파봉이 광범위해짐(약간의 물보라가 나타날 수 있음)
7	센바람 (Near gale)	13.9~17.1	28~33	50~61	32~38	나무 전체가 흔들리며, 바람을 안고서 걷기가 어려움	파도가 높아지고 부서지는 파도의 흰 거품이 바람 방향을 따라 줄무늬 형태를 띠기 시작함
8	큰바람 (Gale)	17.2~20.7	34~40	62~74	39~46	작은 나뭇가지가 꺾이며, 바람을 안고서는 걸을 수가 없음	파도는 파장이 좀 더 길고 제법 높으며, 파봉의 끝은 갈라져 물보라가 됨. 거품은 바람 방향을 따라 뚜렷한 줄무늬 형태를 띰
9	큰센 바람 (Strong gale)	20.8~24.4	41~47	75~88	47~54	가옥에 다소 손해가 있음. 굴뚝이 넘어지고 기와가 벗겨짐	파도는 높고, 바람을 따라 짙은 줄무늬 형태의 거품 띠가 생성. 파봉이 허물어지고 전복되기 시작하며, 물보라가 시정에 영향을 끼침
10	노대바람 (Storm)	24.5~28.4	48~55	89~102	55~63	내륙 지방에서는 보기 드문 현상임. 수목이 뿌리째 뽑히고 가옥에 큰 손해가 일어남	파도는 긴 돌출된 파봉을 가지며 매우 높음. 많은 부분에서 바람을 따라 짙은 흰색 줄무늬의 거품띠가 형성. 해면은 전체적으로 흰색을 띠며, 파도가 격렬하게 부서지고 시정이 나빠짐
11	왕바람 (Violent storm)	28.5~32.6	56~63	103~117	64~72	이런 현상이 생기는 일은 거의 없음. 광범위한 파괴가 생김	(중소규모의 선박은 잠시 동안 파도가 가려 그 너머를 볼 수 없을 정도로) 대단히 높은 파도. 바다는 바람의 방향을 따라 생긴 긴 흰색의 거품으로 뒤덮임. 모든 곳에서 파봉의 가장자리에는 거품이 생기고 시정이 나빠짐
12	싹쓸바람 (Hurricane)	32.7이상	64~	118~	73~	-	대기는 거품과 물보라가 가득 차고, 바다는 휘몰아치는 물보라로 완전히 하얗게 됨. 시정이 극히 나빠짐

Force 0　　　　　Force 1　　　　　Force 2

Force 3　　　　　Force 4　　　　　Force 5

Force 6　　　　　Force 7　　　　　Force 8

Force 9　　　　　Force 10　　　　　Force 11

Force 12　　　　　너울 Swell(Force 4상당)

출처: United States National Weather Service(1987), "Sea State Photographs for Determining Wind Speed", U.S. Government Posters. Book 59. http://digitalcommons.cwu.edu/government_posters/59

제13장 참고문헌

Davenport, John and Davenport, Julia(2006), "The impact of tourism and personal leisure transport on coastal environments: A review", Estuarine, Coastal and Shelf Science, Vol.67, pp.280-292.

FCCA(2019), 2019 Cruise Industry Overview, Miramar, Florida: Florida-Caribbean Cruise Association.

Howitt, Oliver J. A., Revol, Vincent G. N., Smith, Inga J. and Rodger, Craig J.(2010), "Carbon Emissions from International Cruise Ship Passengers' Travel to and from New Zealand", Energy Policy, Vol.38, No. 5, pp.2552-2560.

Momigliano, Anna(2021), "Venice and Cruise Ships: A Delicate Balance", The New York Times, July 8.

Motta, Paolo(2013), "An Integrated Program for Venice Urban" in Avrami, Erica(Ed.)(2013), Harboring Tourism, International Symposium on Cruise Ships in Historic Port Communities, February 6-8, Charleston, South Carolina.

Notteboom, Theo, Pallis, Athanasios and Rodrigue, Jean-Paul(2022), Port Economics, Management and Policy, New York: Routledge.

Pallis, Thanos(2015), Cruise Shipping and Urban Development: State of The Art of The Industry and Cruise Ports, Paris: International Transport Forum/OECD.

Scarfe, Brian L. and BriMar Consultants(2011), Victoria as a Port-of-Call: The Costs and Benefits of Cruise Ship Visits: James Bay Neighborhood Association.

Thomas, Mark(2016), "How to avoid the cruise ships crowds in Dubrovnik", The Dubrovnik Times, https://www.thedubrovniktimes.com/times-travel/item/512-how-to-avoid-the-cruise

Wood, Robert E.(2004), "Cruise Ships: Deterritorialized Destinations", In Tourism and Transport: Issues and Agenda For The New Millennium, Edited By Les Lumsdon and Stephen, Amsterdam: Elsevier.

한글 색인

ㄱ

영문 색인

BBCHP   093

Cabin   139
Captain   175
Carnival   061
CLIA(크루즈선사국제협회, Cruise Lines
    International Association)   345, 352
Cruise ship   006
Cunard   153

Draugft(혹은 Draft)   134

Flag(상선기)   293

GSTC(Global Sustainable Tourism Council, 국제지
    속가능관광위원회)   352

ISM(International Safety Management)   347

KG펀드   095
KS펀드   095

MARAD(Maritime Administration, U.S. Department
    of Transportation)   179
MARPOL(International Convention for the
    Prevention of Pollution from Ships, 선박으로
    부터의 오염방지를 위한 국제 협약)   013
Master   175
MSC Cruises   061
MSC(Mediterranean Shipping Company)   080

Norwegian   061

Officer(직원 혹은 해기사)   175
OLAS(International Convention for the Safety of
    Life at Sea, 해상에서의 인명의 안전을 위한 국
    제 협약)   104

Pollywogs(폴리우그)   303
Port   132

저자 약력

김성국

동래고등학교 졸업

한국해양대학교 항해학과 졸업(공학사)

한양대학교 경영학과 졸업(경영학사)

한국해양대학교 대학원 해운경영학과 졸업(경영학박사)

성균관대학교 대학원 무역학과 졸업(경제학박사)

일본 와세다대학교 대학원 상학연구과 외국인연구원

부산광역시청, 서울특별시청 전문직공무원

성균관대학교 대학원 무역학과 초빙교수

현 국립목포해양대학교 해상운송학부 교수

현 한국해양비즈니스학회 편집위원장

박명섭

경남고등학교 졸업

성균관대학교 무역학과 학사, 석사 및 박사과정수료(ABD)

영국 리버풀대학교 경제학과 Ph.D.

부산수산대학교·부경대학교 교수

성균관대학교 경영대학 교수

전 한국무역학회장

현 성균관대학교 글로벌경영학과 명예교수

현 한국해양비즈니스학회 이사장

현 한국해양통상무역연구원 원장

크루즈 경영

초판발행	2024년 8월 31일
지은이	김성국·박명섭
펴낸이	안종만·안상준
편 집	조영은
기획/마케팅	정연환
표지디자인	Ben Story
제 작	고철민·김원표
펴낸곳	(주) **박영사**
	서울특별시 금천구 가산디지털2로 53, 210호(가산동, 한라시그마밸리)
	등록 1959.3.11. 제300-1959-1호(倫)
전 화	02)733-6771
f a x	02)736-4818
e-mail	pys@pybook.co.kr
homepage	www.pybook.co.kr
ISBN	979-11-303-2102-8 93320

정 가 30,000원